本书由中央财政支持地方高校发展专项资金提供资助

GEREN XINYONG GUANLI
LILUN SHIWU JI ANLI

个人信用管理：理论、实务及案例

▶ 主编 陈勇阳

重庆大学出版社

内容提要

本书内容包含理论、实务和案例3个部分。理论部分主要介绍个人信用及个人信用制度的形成与发展,个人信用管理的基本原理;实务部分主要介绍个人信用管理相关制度、个人信用消费、个人信用的评估、个人信用报告、个人信用档案等实务;案例部分设计了引导案例、专栏案例和习题案例。引导案例都是日常生活中的真实故事,以此引申信用管理中的相关问题,专栏案例是针对重点问题进行的实例佐证,习题案例是学习后的知识应用和巩固训练。

图书在版编目(CIP)数据

个人信用管理:理论、实务及案例/陈勇阳主编.
—重庆:重庆大学出版社,2016.10(2024.1重印)
ISBN 978-7-5689-0202-1

Ⅰ.①个… Ⅱ.①陈… Ⅲ.①个人信用—贷款—研究—中国 Ⅳ.①F832.479

中国版本图书馆CIP数据核字(2016)第243293号

个人信用管理:理论、实务及案例

主　　编:陈勇阳
策划编辑:尚东亮
责任编辑:陈　力　邓桂华　　版式设计:尚东亮
责任校对:邬小梅　　　　　　责任印制:张　策

*

重庆大学出版社出版发行
出版人:陈晓阳
社址:重庆市沙坪坝区大学城西路21号
邮编:401331
电话:(023) 88617190　88617185(中小学)
传真:(023) 88617186　88617166
网址:http://www.cqup.com.cn
邮箱:fxk@cqup.com.cn(营销中心)
全国新华书店经销
POD:重庆新生代彩印技术有限公司

*

开本:787mm×1092mm　1/16　印张:18.5　字数:427千
2016年10月第1版　2024年1月第3次印刷
ISBN 978-7-5689-0202-1　定价:48.00元

前言 PREFACE

随着信用消费的普及和信用交易的深入，信用离我们越来越近，并不断地渗透我们的生活及一切社会活动。

中国古代的传统观念非常重视信用，尤其是个人信用。“无信不立”、“人而无信不知其可”、“君子重然诺”、“一诺千金”、“好借好还再借不难”。如今，信用交易比较普遍，不过社会各种层面失信现象较为突出，我们将面临重建信用的神圣使命，一方面是弘扬中国的传统道德意识和信用观念；另一方面是进行现代社会基本信用规则的制订和信用体系的建设。

信用建设要从每一个参与主体做起。发达国家的发展史证明，如果个人没有信用或者有不良的信用记录，不但求职谋业困难重重，而且银行不会发放贷款或授予信用，商场拒绝其购物，电话公司也不会为其提供服务，甚至官方对公职人员限制高消费，给个人的消费和经营制造一道屏障。

信用分属于道德和经济两个既相区别又相联系的范畴。道德范畴的信用强调诚实守信，就是通常所说的诚信问题；经济范畴的信用强调以偿还和付息为条件的借贷行为，并且这种借贷行为是建立在交易双方诚信的基础之上的。

个人信用指的是基于信任，通过一定的协议或契约提供给自然人(及其家庭)的信用，使得接受信用的个人不用付现就可以获得商品或服务，它不仅包括用作个人或家庭消费用途的信用交易，也包括用作个人投资、创业以及生产经营的信用。个人信用制度则是关于个人信用交易的规则和体系的总和。个人信用体系是指根据居民的家庭收入、资产、已发生的借贷与偿还、信用透支、发生不良信用时所受处罚与诉讼情况，对个人的信用等级进行评估并随时记录、存档，以便信用的供给方决定是否对其贷款和贷款多少的有关管理与制度的总和。

本书总结和归纳了个人信用管理实践经验，通过对我国信用环境的认识，告诫广大的消费者，强化信用意识，重视信用积累，珍惜个人信用，保管个人信息，关注信用环境，使用好信用权，告诉人们如何提高个人信用等级，如何减少和消除不良信用记录，如何科学地进行信用消费。本书还分析了在信用消费中应该注意的细节，帮助消费者纠正不良的信用消费习惯。

本书由个人信用管理理论、个人信用管理实务及个人信用管理案例三大内容构成，相互交叉融合为一体。理论内容主要介绍个人信用及个人信用制度的形成与发展，个人信用管理的基本原理；实务内容主要介绍个人信用管理相关制度，个人信用消费，个人信用的评估、个人信用报告、个人信用档案等；案例内容设计了引导案例、专栏案例和习题案例。引导案例都是日常生活中的真实故事，以此引申信用管理中的相关问题，专栏案例是针对重点问题进行的实例佐证，习题案例是学习后的知识应用和巩固训练。

本书由陈勇阳拟写大纲，并与编写人员讨论后修订。全书的编写分工如下：第1、3、4、5、10章由重庆工商大学财政金融学院陈勇阳编写，第2章由厦门大学嘉庚学院朱苹编写，第6章、附录由重庆工商大学图书馆杨鸿编写，第7、8章由哈尔滨金融学院金融系史宁编写，第9章由中国农业银行成都分行王寒编写。全书最后陈勇阳总纂、审定完成。

本书在编写过程中，参考了大量的相关文献及研究成果，在参考文献中无法一一罗列，在此谨向有关作者深表感谢。

本书可作为高等学校信用管理、金融学、社会学等专业的专业选修课程教材，也可作为高等学校文化素质课程中信用教育的教材，也可作为信用管理机构在职人员业务培训的参考用书，也可作为开展个人信用知识宣传普及的公共读物。

信用关爱日宣传口号：**“珍爱信用记录，享受幸福人生。”**

主编的信用格言：**“珍惜信用，就是珍藏自己的财富。”**

编者

2016年4月

目录 CONTENTS

第 1 章　诚信与个人信用

【教学目的】

1.领会诚信与个人信用的含义以及两者的区别和联系。

2.认识社会诚信问题,分析社会信任度降低导致诚信危机的原因。

3.掌握个人信用的含义、特点、功能及作用。

4.调查了解个人信用的现状,包括高校中存在的失信现象。

5.初步了解个人信用管理所涉及的领域。

【引导案例】

信守承诺——重庆郑棒棒的故事

2011 年年初,以挑担为生的"棒棒"郑定祥,在重庆万州城里帮人挑了两大包货物。结果,挑货途中,货主不幸走失了,遗落两袋价值万元的羽绒服货物。

当时,郑定祥正面临巨大的困境:妻子病发住院,急需用钱。面对这笔意外之财,郑定祥丝毫没有动心。他全心全意地守护着这批货物。严寒天里,他顶着感冒,发着高烧,冒着雪雨日夜苦寻货主。没有收入,他只能连夜赶赴老家借钱,陪老伴做完手术,又返回万州寻找货主,直至 14 天后,两大包货物的主人终于找到,压在郑定祥心中的大石头才落下。

这本来只是一个平凡的故事,却在网络上引起了巨大的反响。郑定祥的行为深深地触动了网友,让他们感受到了诚实守信的意义。

（新闻来源:2011 年 06 月 27 日《重庆晚报》)

1.1　诚信与信用

1.1.1　诚信、信用的含义

1) 诚信与信用的含义

《现代汉语词典》(商务印务馆第 6 版)对"诚信"的解释是:"诚信——诚实,守信用。"这里,诚信有两个含义:①诚实,要求人与人交往时说真话,向别人传递真实信息,实事求是,不掩盖或歪曲事实真相;②讲信用,遵守诺言。这两层含义都说明诚信是为人处世的道德准则,是一个道德范畴,即从伦理角度理解诚信时,它实际上是指"信守诺言"的一种道德品质。

在《新帕格雷夫经济大辞典》中,对"信用"的解释是:"提供信贷(Credit)意味着把对某物(如一笔钱)的财产权给以让度,以交换在将来的某一特定时刻对另外的物品(如另外一部分钱)的所有权。"在《牛津法律大辞典》中,对"信用"的解释是:"信用(Credit),指在得到或提供货物或服务后并不立即而是允诺在将来付给报酬的做法。"在《货币金融学》中,对"信用"的解释是:"信用这个范畴是指借贷行为。这种经济行为的特点是以收回为条件的付出,或以归还为义务的取得;而且贷者之所以贷出,是因为有权取得利息,后者之所以可能借入,是因为承担了支付利息的义务。"

2)诚信与信用的联系

诚信顾名思义即诚实守信,是自己对他人的承诺,是一种行为规范;信誉,指声望和名誉,是他人对自己的评价,是一种形象标志;信用反映的是权利和义务的关系,是一种动态的经济过程。

诚信是信用制度的思想道德基础和精神支柱,诚信必须从提高人们的精神追求和道德品位上去把握,而不应当把它作为一种交换手段,作为一种谋取功利的工具。概括地说"诚信"不具有商业价值,而"信用"具有商业价值。在市场上,"信用"是一种交换手段,也是一种无形资产。

诚信是每一个人的义务,而不是权利,"信用"是权利与义务的结合。

信用可以量化为信用度,信用度标志着信用相关者的诚信状态。守信和失信,是信用度的两极。守信,就是遵守诺言,实践成约,从而取得信任;失信就是违背诺言,背弃成约,从而失去信任。无论个人还是企业,守信就会赢得良好信誉和发展机会,失信就会失掉商机,受到惩罚。双赢来自信用。人们的诚信心理是变动的,而信用关系则是稳定的,只有稳定的信用才能稳定人们的心理。因此,在发展社会主义市场经济的过程中,开展诚信教育十分重要,加强信用建设尤为紧迫。

1.1.2 诚信与信用的区别

"诚信"和"信用"这两个概念,无论是在内涵、历史形成、表现形式、建立和维护机制,还是在惩罚机制上都有着严格的区别。

1)内含和外延不同

从诚信概念的演变来看,"诚"与"信"是两个分别有着不同含义、相对独立的范畴,后来合二为一。"诚"在先秦时期就已经是一个重要的哲学和伦理学范畴,它既代表物理、事理,又代表特定的伦理原则和人的品质。《礼记·中庸》中写道:"诚者,天之道也""诚之者,人之道也"。《孟子》中说"诚者天之道,思诚者人之道"。因此,"诚"主要是指人言之实在不欺,心口如一,引申为诚实的道德品质。"信"首先是讲信用、守诺言。从"信"的字面意义来看,"信"由"人"和"言"组成,即"人言为信"。因此,孔子强调:"与朋友交,言而有信"。可见,"信"的基本含义是指诚实不妄、遵守诺言的品质。

信用主要是一个经济问题。作为经济意义的信用，有广义和狭义之分。广义的信用，是指以协议和契约为保障的不同时间间隔下的经济交易行为。具体来说，是经济主体之间为谋求长期的经济利益，以诚实守信为基础，在约定的期限内践约的意志和能力；狭义的信用则是指受信方在特定时间内作出的付款或还款承诺的兑现能力，是一种具有特殊形式的价值运动，即资本信用。

为此，从一定的意义讲诚信问题涉及的是道德范畴，信用问题则涉及经济范畴、经济规则。

2）形成的条件不同

诚信的形成可以说始于人类社会的开端，与人类社会同时产生，是人类相互交往的产物。对原始部落的研究也证明，不仅在一个社会和群体内部存在诚实守信要求，就是在相互敌对的原始部落之间也存在某种程度上的诚实守信。可见，诚信的产生来源于社会交往，并随着社会交往有序化程度的提高而提高。信用既不是从诚信中产生的，也不是从竞争中产生的，而是从商品交换活动中产生，并随着商品交换的发展而发展。因此，信用产生的前提条件和商品交换产生的前提条件一样，都是社会分工的出现和产品属于不同的所有者。

3）表现的形式不同

诚信作为一种道德要求，其基本表现形式是：内诚于心，外化于人，言必信，行必果，不能言而无信。信用的表现形式多种多样。按照社会形态的不同，分为前资本主义信用、资本主义信用和社会主义信用；根据主体的不同，分为政府信用、企业信用、银行信用和个人信用；根据信用接受双方地位的不同，分为公共信用和私人信用；根据信用在再生产过程中的作用不同，分为消费信用和生产信用；根据信用有无有价证券，分为借贷信用和证券信用；根据信用的范围，分为国际信用和国内信用；根据信用所属系统的不同，分为社会信用和个人信用；根据信用作用时间的长短，分为长期信用、中期信用和短期信用；根据信用提供的方向，分为单向信用、双向信用和第三方信用，等等。

4）建维的机制不同

诚信和信用在建立和维护的机制方面也存在差异。诚信作为一种道德人格，是自律和他律的统一，是道德义务和道德良心的统一。因此，培养和完善诚信道德，需要从自律和他律，即从道德修养和道德教育两个环节着手。信用度不能仅凭一次交易进行判断，需要经历一个长期的、逐渐积累的过程，经过信用调查或资信调查（征信）、信用管理、信用评估、信用监督全过程。

5）惩罚的机制不同

诚信既然是一种道德规范，依靠的是道德的自律和规范的他律，通过社会公认的价值理念、传统文化、风俗习惯、公众的舆论压力等非正式制度来发生作用的。因此，对道德失范的惩罚，一靠内心自省，二靠舆论监督。当然，失德者也会遭到市场的惩罚，受到孤立，不会再有人和没有诚信的人进行交易。而信用的惩罚机制包括道德的谴责、法律的惩罚、经济的制裁。失信者不仅会失去信任，失掉商机，提高其进入市场和获取要素的门槛，甚至将严重失信者从市场中剔除出去。

总之,尽管在经济交易中,"诚信"和"信用"有着密不可分的联系,两者都关系到同一的经济内容和实际利益,交易的客观信用行为要求个人(法人)要有诚信,个人(法人)的诚信是维系信用关系的纽带。个人或企业遵守法律和讲究道德,就会建立良好的信用,就会赢得好的信誉。但是,诚信是一个道德问题,信用本质上是一个经济问题。

1.1.3 社会诚信

1)社会诚信的定义

社会诚信是指在整个社会生活中逐渐形成的诚实守信的社会风气。社会诚信的形成不仅包括个人诚信,还包括在社会生活中被广泛认可的道德及规则。

古往今来,诚信一直都是华夏民族的崇高追求。故而有"民无信则不立,商无信则不兴,国无信则不威"的言论。然而,在爱德曼(2009 年)《信用度调查报告》关于"不同国家企业的信用度"排名中,总部设于中国的企业在 20 个国家中列倒数第二位,信任率仅为 27%。诚信建设是企业健康发展的基础,也是构建和谐社会的一大内容。

面对诚信匮乏的今天,重建社会诚信已经不单是国家的重任,也不是某个人、某个企业的责任,而是 65 亿世界公民、千千万万家企业共同的使命。

2)社会信任度与社会诚信危机

社会信任度即社会各主体之间相互信任的程度,社会信任度的高低反映诚信环境的好坏。诚信是作为一种社会关系存在的,与制度因素和社会变迁的影响密切相关。当一个体系足够诚信时,它体现的是和谐;反之当不诚信泛滥时,它会像病毒一样蔓延,使人们生活在不安全中,让人疲惫不堪——这便是诚信危机。

2013 年 1 月,中国社会科学院社会学研究所发布《社会心态蓝皮书》(社会诚信度问卷调查表见附录 1),对 2012—2013 年中国社会的心理健康、生活满意度、安全感、社会公平感、社会支持、尊重和认同、社会信任和社会情绪等方面进行了研究,从总体上分析了目前社会心态的特点、发展态势和存在的问题。蓝皮书显示,中国社会总体信任指标进一步下降,低于 60 分的"及格线"。除了人与人之间的信任度下降,超过七成人不敢相信陌生人,从行业和部门来看,人们对商业、企业信任度最低。同时,不同阶层、群体间的不信任也在加深和固化,官民、警民、医患、民商等社会关系的不信任程度也在进一步加深。

(1)需求提高,社会信任度却下降

民众对洁净空气、无污染的水、改善住房条件、保障健康的医疗条件、宜居的自然环境等基本生活需求标准进一步提高;安全的食品、安全便捷的交通、安全的生产环境、有效的灾害防范等成为基本需求;民众的民主意识、权利意识、政治参与意识增强,尊重与认同需求、个人发展已经成为新的必须满足的需求。调查显示,社会的总体信任进一步下降。人际关系之间的不信任进一步扩大,只有不到一半的人认为社会上大多数人可信,只有 2 到 3 成的人信任陌生人。群体间的不信任加深和固化,表现为官民、警民、医患、民商等社会关系的不信任,也表现在不同阶层、群体之间的不信任。社会不信任导致社会冲突增加,又进一步强化了社会的不信任,陷入恶性循环的困境中。

(2)底层认同,群体行动、冲突增加

底层认同、弱势群体认同依然比较普遍,底层认同已经成为影响社会心态和行为的关键因素,影响到社会成员对社会安全、社会信任、社会公平感和社会支持等方面的感受,也成为采取社会行动的依据。阶层分化和底层认同使得民意极端化,常常表现出一边倒的声音和行为。极端化格局下,群体进一步分化。常常出现由事件引发的,短暂、松散、无组织、无目标的利益群体。越来越多相同利益、身份、价值观念的人们采取群体形式表达诉求、争取权益,群体间的摩擦和冲突增加。

(3)缺乏共识,警惕"社会情绪反向"

社会情绪总体正向为主,但存在的一些负向情绪基调不容乐观。不断发生的社会性事件导致社会情绪的耐受性和控制点降低,社会事件的引爆点降低。仇恨、愤怒、怨恨、敌意等负向情绪与需求不满足、不信任、社会阶层分化有密切关系。弱势群体中一些本该同情却欣喜、本该愤恨却钦佩、本该谴责却赞美的"社会情绪反向"值得警惕。在社会分化和社会不良风气影响下,缺乏基本的、大家共同坚守的核心价值观念,社会互信无法实现,社会共识难以达成。

3)社会守信的典型

尽管有许多失信现象,但在我们身边又不时发生着一些守信的真实故事,敦促着每一个人、每个企业甚至每届政府,从我做起,从点滴做起,构建"诚实、守信"的和谐社会。

浙江省最南部的一个小渔村,有位"诚信老爹"。多年前,一场台风让他失去了3个儿子,3个儿子的身后留下了80多万元债务。这位老父亲为了"替子还债",承受着常人难以想象的辛酸与艰难。他的诚信守诺不仅感动了众乡亲,也赢得了无数人的尊敬。

贵阳清镇东门广场福利彩票站女站长袁宗义接受一位彩民的电话投注后,4块钱的彩票钱还没收到,却发现还握在自己手里的彩票竟然中了514.67万元的一个一等奖和一个二等奖。中大奖不稀奇,稀奇的是,这位老实的女站长,想都没多想,就第一时间通知还完全不知情的彩民赶紧来拿票去领500余万元的奖金。

诚实守信的案例还有很多,这些案例传递的是一种"正能量"。

专栏案例1.1　讲诚信的典故

●孟母教子

孟母经常教育孟子做人要诚实。她注意在日常小事上培养孟子诚实的品德,而且她深深知道身教重于言教。有一天,孟子看到附近有一户人家在杀猪,他跑回家问母亲:"妈妈,那家人为什么杀猪?"母亲正在忙着干活,就笑着随口说道:"是给你吃啊。"孟子听到有肉可吃,小脸儿马上绽开了笑容。因为家里已经好久没有吃到肉了。孟母说完就后悔了。心想明明不是为自己孩子杀的猪,我为什么要欺骗他呢?这不是教孩子说谎吗?为了弥补自己的过失,尽管家里非常穷,孟母还是拿出一些钱,到杀猪的人家买了一些肉,带回家里做给孟子吃。

●宋濂守信好学

明初文学家、史学家宋濂小时候喜欢读书,但是家里很穷,没钱买书,只好向人家借,每次借书他都讲好期限，按时还书，从不违约，人们都乐意把书借给他。一次，他借到一本书，越读越爱不释手，便决定把它抄下来。可是还书的期限快到了，他只好连夜抄书。时值寒冬腊月，滴水成冰。他母亲说："孩子，都半夜了，这么寒冷，天亮再抄吧，人家又不是等这书看。"宋濂说："不管人家等不等这本书看，到期限就要还，这是信用问题，如果说话做事不讲信用，失信于人，怎么可能得到别人的尊重呢？"

●诚实的晏殊

北宋词人晏殊14岁时，被人作为神童举荐给宋真宗。宋真宗召见了他，并要他与一千多名进士一同参加考试。结果晏殊发现考试的题目是自己10天前练习过的，就如实向宋真宗报告，并请求改换其他题目。宋真宗非常赞赏晏殊的诚实品质，便赐予他"同进士出身"。晏殊当职时，正值天下太平，京城的大小官员便经常到郊外游玩或在城内的酒楼茶馆举行各种宴会。晏殊家贫，无钱出去吃喝玩乐，只好在家里和兄弟们读书写文章。有一天，宋真宗提升晏殊为辅佐太子读书的东宫官。大臣们惊讶异常，不明白宋真宗为何作出这样的决定。宋真宗说："近来群臣经常游玩宴饮，唯有晏殊闭门读书，如此自重谨慎，正是东宫官合适的人选。"晏殊谢恩后说："我其实也是个喜欢游玩宴饮的人，只是家贫而已。若我有钱，也早就参与宴游了。"这两件事，使晏殊在群臣面前树立起了信誉，宋真宗也更加信任他了。

●杨震"不受四知金"

东汉名臣杨震在赴任东莱郡太守的途中，经过昌邑县。昌邑县令王密是他过去推荐的秀才，王密深夜带10斤黄金私赠给杨震。杨震说："老朋友了解你，你却不了解老朋友，这是为什么呢？"王密说："现在是深夜，没有人知道。"杨震回答说："天知，神知，你知，我知，怎么说没有人知道呢？"王密听了这番话，很羞愧地走了。杨震"不受四知金"的故事，说明他的道德修养已达到了不自欺的"慎独"境界。只有在没有人监督的情况下，能做到不自欺，才算是真正的"诚信"。

●东坡悔续菊花诗

苏东坡与王安石私交甚厚，经常在一起切磋诗词。有一次，苏东坡去王安石家拜访，恰逢王安石不在家，苏东坡只见书桌上有一首未完成的诗，只有两句：昨夜西风过园林，吹落黄花满地金。苏东坡看后，心中好笑，认为菊花怎能像春天里的花一样，在一夜之间落得满地花瓣？于是，他续上"秋花不比春花落，说与诗人仔细吟"，讥嘲王安石。王安石回到家看到续诗，心想：真是少见多怪！后来，苏东坡被贬到湖北黄州当团练副使。有一晚，一阵秋风过后，第二天院内菊花被刮得满地金黄。此时，苏东坡深愧自己妄自续诗，见识短浅。回到京城后，他即当面向王安石认错。王安石称赞说："知错能改，是难能可贵的啊！"从此以后，苏东坡十分谦虚谨慎，写下了许多脍炙人口的名篇佳作。

1.2　个人信用的性质

个人信用是整个社会信用的基础。市场主体是由个体组成的，市场交易中所有的经济活动，都与个人信用息息相关(个人信用状况摸底调查表见附录2)。一旦个人行为失之约束，就会发生个人失信行为，进而出现集体失信。因此，个人信用体系建设具有极其重要的意义。

1.2.1　个人信用的定义及特征

1)个人信用的内涵

个人信用指的是授信者基于信任并通过一定的协议或契约提供给自然人(及其家庭)的信用，使得接受信用的个人不用付现就可以获得商品或服务，它不仅包括用作个人或家庭消费用途的信用交易，也包括用作个人投资、创业以及生产经营的信用。故个人信用又分为个人消费信用和个人经营信用两类。

在几大文明古国，早在三四千年以前，市场上就出现了原始的个人信用，也就是原始的挂账赊欠行为。现代的个人信用大约起源于20世纪初，当时，主要西方资本主义国家的生产规模迅速扩大，买方市场已基本形成。1915年美国发行的信用卡雏形，是个人信用发展的重要里程碑。此后在1929—1933年，由于爆发经济危机的影响，包括美国在内的西方国家在凯恩斯经济理论的指导之下，推行消费信贷，鼓励居民提前消费。由此开始，金融机构面向个人的消费信贷业务出现跳跃性发展，个人信用进入高速发展时期。

中国的信用消费始于20世纪50年代，随后信用消费一度被取消。银行以住房为突破口开展的信用消费起步于20世纪80年代，但在当时短缺经济占主导地位、市场经济尚不发达的情况下，信用消费并不具备充分发展的经济基础和市场条件，因此信用消费品种单一、范围窄、规模小，仅处于萌芽和摸索阶段。

20世纪90年代以来，我国经济快速发展，居民生活水平不断提高，在住房、汽车等领域出现了比较旺盛的需求。同时，随着买方市场的形成，消费需求不足成为制约经济增长的主要因素，政府采取多种措施扩大内需，信用消费作为刺激消费需求的有效手段得到重视和推广，各项旨在鼓励个人信用消费的政策、法律、法规相继出台。

2)个人信用的特征

个人信用作为一种基本的信用形式，有别于企业信用和政府信用，具有以下特征：

(1)文化性

个人信用很大程度上取决于社会的文化、历史、道德和经济发展水平、习惯和社会规范，尤其是意识形态一旦内化为人们的偏好，就成了个人信用的一个有机组成部分。

(2)社会性

个人的日常行为只要不是与众不同，遵从社会习惯和规范，他在与其他人的交往中就会得到信任,因为他的行为是可预测的。在一定程度上,习惯和社会规范对个人信用的影响是和决定信用的其他因素相符的。

(3)外部性

当社会上绝大多数人缺乏信用、不提供信任时,少数人提供信任只能单方面受损。这些少数人在信用上的投资无法获得相应的收益,相反,这些少数人无信用行为也不会受到什么惩罚。目前,普遍存在的相互拖欠现象就是一种典型的个人信用负面效应。相反,当绝大多数人都保持并提供信任时,少数人的无信用行为就会招致严厉惩罚。例如,如果借款人拖欠贷款后就根本找不到交易伙伴,其拖贷的成本就会极高。如果借款人拖欠借贷机构贷款,就没有哪一个借贷机构再愿意贷款给他,这样就会形成个人信用的正面效应。

(4)资源性

个人诚实的品质、能够证明其操守的记录和一定的资产和负债,是一种可用的丰富资源。如果把每个人的这种资源加起来,就是一笔巨大的社会财富。充分利用个人信用资源,大力拓展个人消费信用,合理调节消费信用结构,可以促进国民经济健康快速发展,提高居民消费能力和水平,发挥消费信用在国民经济中的重要作用。

1.2.2 个人信用的历史演化

我国古代的个人信用,主要是基于道德基础之上的。古人云:“人之道德,有诚笃不欺,有约必践,夙为人所信任者,谓之信用。”这里践约不仅指履行经济合同,更强调社会道德伦理方面的意义。另外,“言必行、行必果”之类的谚语也是古代信用的体现。

个人信用从古代就存在于人们日常经济活动中,在经历了前工业时期、后工业时期的发展后,现在已经进入信用经济时代。在这个过程中,个人信用经历了 3 个发展阶段。

1)道德化阶段

信用的道德化阶段是最早形成的,在世界范围内,它可以追溯到 3 000 年以前,在古希腊、巴比伦和埃及的历史上,都曾有过关于信用交易的记载。我国古代有丰富的个人信用道德的文化,例如,儒家文化有许多对君子的行为规范,“君子一言、驷马难追”。据文献记载,我国周朝就有赊和欠等与信用交易有关的字和词出现。孔子的弟子就曾以“挂账”形式来取得赊销的生活用品。而生活并不贫寒的宋代诗人陆游,也不时在酒家挂账买酒,以图方便。在古代欧洲,信用源于在 13 世纪的南欧地区异地贸易,特别是意大利和法国之间的贸易。当前我国不少民间地区仍然处于个人信用的道德化阶段,民间的小额借款有时不需写借据,全凭借款者的个人信用,在形式上大多都是口头信用。

2)商业化阶段

个人信用的商业化阶段是将个人信用记录当作一种“信息商品”进入市场,像所有信息商品那样可以买卖。在发达国家的市场上有专门经营“个人信用记录”的公司(例如美国的全联、益百利,欧洲的波盖尔),这些公司从各种金融机构中有偿收集个人客户的信用记录资料,将其整理后,采用数据库方式保存。当借贷机构需要了解或调查某个客户信用记录时,可随时从信用记录公司买这些记录资料。

由于个人信用记录资料商业化,在金融市场上就形成了“市场信用的纪律约束”。表现在:借贷机构对于信用记录不好的客户,就不会发放贷款或提供信用卡。并且还逐渐形成了个人信用担保等商业化模式。

3)证券化阶段

个人信用的证券化就是采用市场的方法,而不是基于个别人的道德水平。个人信用发展到证券化阶段是指原来由一两个担保人来承担的贷款信用,采用由大众来担保。保险经营就是信用契约化的典型。保险公司独家是没有能力承担被担保品的风险的,但是如果通过了一个风险分散的特殊经营,由大众买保险来分担风险,保险公司就可以承担较大的风险了。同样的道理也适合于个人贷款的担保经营方面,当采用发行债券的方式,将担保的风险分散给大众时,担保人的风险也同样可以减少。这种做法就是个人信用的证券化。通过证券化的方法,以支付一定利息为条件,向大众出售担保证券、债券或契约,以及商业票据,可以筹集到大众担保的资金,这就为个人信用的发展建立了一个更有效的机制。

1.2.3 个人信用的类型

个人信用根据信用期限可以分为短期信用和长期信用,根据信用的保障条件可以分为抵押信用和非抵押信用,根据信用的用途不同可分为消费信用和经营信用。一般来讲,在进行个人信用管理时,都是以信用的用途来分类。

1)个人消费信用

个人消费信用就是由企业、银行或其他消费信用机构向消费者个人提供的信用。个人消费信用根据提供商的不同可以分为企业提供的消费信用和银行提供的消费信用等种类。其中由企业提供的消费信用主要有赊销和分期付款两种形式。赊销主要是对那些没有现款或现款不足的消费者采取的一种信用出售的方式;而分期付款则是运用于某些价值较高的耐用消费品的购买行为中。

近年来,我国消费信贷发展迅速,消费信贷从有统计数据的1997年的172亿元发展到2002年的10 669亿元,平均每年以160%的速度增长;2003年,个人消费信贷余额为15 732.6亿元,同比增加5 063.4亿元,增长47%;2010年金融机构人民币个人消费贷款新增1.89万亿元,同比多增899亿元;占人民币贷款新增额的比重由2009年的18.7%提高到2010年的23.7%;年末余额同比增长35.7%,高于同期人民币各项贷款增速15.8个百分点。2014年末,信用卡总量已达到4.55亿张,2014年底全国信用卡授信总额达到5.60万亿元。仅2014年就有357.64亿元,是2010年的4倍。从各国信用消费的构成来看,住房信用消费、汽车信用消费和信用卡消费所占比例在90%以上,是信用消费的主体部分。据波士顿咨询公司发布的最新调查结果显示,从2005—2010年,中国个人消费信贷余额以平均每年29%的速度增长,2010年末规模达到7万亿元人民币,到2015年末达到21万亿元人民币,以年均24%的速度增长。

(1)住房消费信贷

住房消费信贷通常称之为居民住房抵押贷款,是消费信贷的一个主要品种,在促进住房消费发展方面发挥了重要作用。在一些发达国家,房地产贷款占银行全部贷款余额的30%~50%,对个人发放的住房贷款占房地产贷款的60%左右。我国个人住房贷款在全部贷款中的占比接近20%。

在我国，居民住房贷款主要是按揭贷款。所谓按揭贷款，是指商业银行为解决开发商售房难和用户购房难的问题。通过开发商向借款人提供购房资金的一种融资方式，这种贷款实质是要求开发商为购房者（借款人）作担保，或以借款人所（将要或已经）购置的住房产权作为抵押的担保抵押贷款。住房贷款期限较长，通常为10~30年，以住房本身作抵押，采取分期付款的方式。

传统的住房抵押贷款的特点是固定复利、均额等付（即贷款期内，每月的还款额相等）。20世纪70年代，在利率波动加剧的背景下，西方国家的商业银行推出了新的住房抵押贷款品种：一是可调整利率抵押贷款，即在整个贷款期间根据基准利率的变化定期调整贷款利率，而基准利率通常由一定期限的政府债券利率或全国住房抵押贷款利率来充当。这种贷款方式既反映了利率的波动，又具有一定的稳定性，由借贷双方共同承担利率风险。二是累进付款抵押贷款，即根据事先安排的日程表按月增加还款数额，从而在整个贷款期间使借款人的实际负担大体均衡。

（2）汽车消费信贷

汽车消费信贷，即对申请购买汽车借款人发放的人民币担保贷款；银行与汽车销售商向购车者一次性支付车款所需的资金提供担保贷款，并联合保险、公证机构为购车者提供保险和公证。

汽车消费信贷在商业银行的消费信贷业务中也占有重要地位。但由于汽车消费信贷市场的竞争，商业银行在汽车消费信贷市场上的份额日趋下降。在主要发达国家的汽车消费信贷市场，竞争者主要有3类：银行和其他金融机构、专做汽车贷款的财务公司以及汽车制造商。2015年4月底，国内汽车金融公司达到22家。

国外商业银行提供的汽车贷款主要有两种形式：直接贷款和间接贷款。直接贷款是指银行直接受理购车人的贷款申请，并对符合资格的贷款人直接提供贷款。借款人的申请不一定与特定的车款和车型挂钩，对借款人在何处购车也没有限制。间接贷款是指银行通过汽车经销商经办购车人的借款申请，借款人一般都是先在一家汽车经销店内选好准备购买的汽车，然后由汽车经销商每做成一笔间接借款，银行都要从借款收入中按一定比例给汽车经销商提取分成，这就相应减少了银行的业务收入。不过由于间接贷款使汽车的选购、筹款、付款、过户等所有的手续都能在一地一次完成，给消费者带来极大的方便，从而使间接贷款成为汽车贷款的主流。

汽车制造商有条件将汽车的贷款业务、销售业务以及市场开发等活动结合起来，为了吸引市场的购买力，有时可以对某些促销的车型和车种提供十分优惠的贷款条件，因而在市场竞争中处于有利地位。

由于汽车属于高折旧率的耐用品，汽车贷款的期限必须满足汽车加速折旧的要求，因此汽车贷款属于中短期贷款，一般最长不超过5年，比较常见的是3~5年期的贷款。

（3）信用卡贷款

通过信用卡获得的贷款是当今最流行的消费信贷方式之一。当前，全世界消费的信用卡的数量已超过10万亿张。信用卡由银行或非银行信用卡公司发行，持卡人因各自资信状况不同而获得不同资信级别的授信额度。在此授信额度内,持卡人可以通过信用卡所代表的账户在任何接受此卡的零售商处购买商品或劳务及进行转账支付等。接受信用卡的零售商定期与发卡机构进行结算。如果持卡人在规定的期限内一次付清账单,就可以免费获得融资服务;如果不能在规定的期限内一次性付清账单,就要为所贷款项支付高额利息(通常信用卡的贷款年利率高达12%~18%即日利率0.05%)。因此,信用卡的分期付款用户能为发卡银行或信用卡公司带来高额利润。

信用卡属于无担保贷款,贷款额度的确定主要根据持卡人以往的信用记录,因而面临较高的信用风险,由信用卡引发的犯罪也正成为一个全球性的问题。

(4)个人教育贷款

个人教育贷款是银行向在读学生或其直系亲属、法定监护人发放的用于满足其就学资金需求的贷款。根据贷款性质的不同将个人教育贷款分为国家助学贷款和商业助学贷款。

国家助学贷款是由国家指定的商业银行面向在校的全日制高等学校经济确实困难的本专科学生(含高职学生)、研究生以及第二学士学位学生发放的,用于帮助他们支付在校期间的学费和日常生活费,并由教育部门设立"助学贷款专户资金"给予财政贴息的贷款。国家助学贷款是运用金融手段支持教育,资助经济困难学生完成学业的重要形式。国家助学贷款实行"财政贴息、风险补偿、信用发放、专款专用和按期偿还"的原则。

商业助学贷款是指银行按商业原则自主向个人发放的用于支持境内高等院校困难学生学费、住宿费和就读期间基本生活费的商业贷款。商业助学贷款实行"部分自筹、有效担保、专款专用和按期偿还"的原则。近年来,中国银行、中国邮政储蓄银行等还开展了出国留学贷款业务。

(5)旅游贷款

旅游贷款指商业银行等放款机构对因旅游有资金需求的借款人发放的,用于本人或家庭共有成员支付特约旅游单位旅游费用的人民币贷款。旅游费用指特约旅游单位经办且由贷款人指定的旅游项目所涉及的交通费、食宿费、门票、服务及其相关费用组成的旅游费用总额。

(6)其他类型

消费信贷还可从不同的角度来分类。按照资金的用途来分类,除了包括上面提到的住房消费信贷、汽车消费信贷、个人教育贷款、旅游贷款之外,还包括家用电器贷款、房屋修缮贷款、小额消费贷款等。

2)个人经营信用

个人经营信用就是个人进行经营性活动而获得的信用,通常表现为个人经营性贷款。国内个人经营性贷款主要支持个人创业,表现为创业贷款。

创业贷款是指具有一定生产经营能力或已经从事生产经营的个人,因创业或再创业提出资金需求申请,经银行认可有效担保后而发放的一种专项贷款。

创业贷款,是区别于现行消费贷款、用来满足城乡居民个人创业需要而发放的小额度信用贷款。从贷款金额上讲,属于小额贷款;从贷款性质上讲,属于信用贷款,不需抵押担保;从贷款对象上讲,是城乡居民个人,而不是现有企业;从贷款用途上讲,属于创业贷款,区别于现行的消费贷款；从贷款名称上讲，属于小额信贷的别称，是符合国情的中国化称谓；从扶贫效果上讲，它的扶贫效率最高、覆盖面最大、经济效益最好、贷款回收率最高、资金周转率最快，可使国家的扶贫资金发挥最大的作用。比如现行的大学生创业贷款、返乡农民工创业贷款、下岗职工再就业贷款等。

1.2.4 个人信用的功能与作用

1）个人信用的功能

个人信用可以有效地扩大社会需求的总规模，带动经济高速发展。个人信用的功能可归纳为四个方面：

（1）担保功能

个人信用的提高，能够起到担保的作用，提高获取信用的能力。例如，如果甲有15万元的存款都存在一个银行账户上，并且银行为甲提供了一种具有担保功能的金融工具，如存单、储蓄卡或"一卡通"，当节假日甲想租一辆汽车出去旅游时，就可以此为抵押，到汽车租赁公司租一辆车，从而免去了许多繁杂的手续。甲账户上的钱分文未动，只是用自己的资产信用为自己作了一次担保。再比如，一个信用状况良好的人，可以为他人提供信用担保。

（2）理财功能

理财的目的是通过合理的资产组合方式，使个人资产在承担较小风险的同时获得尽可能大的收益。例如，张某是一个股民，现有1万美元存在银行里。当张某急需买进一笔股票而手头又缺乏人民币现金时，张某就可把这一万美元抵押给银行，从银行贷出一笔人民币现金去炒股，这样张某既保持了1万美元的外币形态，又增加了炒股的资金。

（3）扩大投资的功能

个人在参与投资理财活动中，可以利用信用来实现财务杠杆效用，扩大投资。例如，某居民有20万元的存款，他就可以用这笔钱先买一套房子，再用买来的房子作抵押，从银行贷出款来开一家店铺，这样一份资产就变成了一份消费和一份投资。

（4）提高消费能力的功能

广大居民利用消费信用进行提前消费，把未来的收入提前到当前来花费，还可享受信用消费的免息期优惠，提高消费水平和消费能力。主要是通过银行贷款和透支、到期后偿还的方式来实现的。

2）个人信用的作用

个人信用对个人和家庭的消费和个体经营所带来的影响和作用越来越明显，个人信用作为社会信用体系的重要组成部分，其地位也越来越重要。个人信用的作用表现在以下四个方面：

（1）提高个人消费水平

信用工具被设计出来的主要目的之一，是使消费者提前享受物质生活的便利和舒适。例如使用信用工具中的消费信贷，可以帮助年轻的消费者购买价格昂贵的商品房、汽车、家用电器等耐用消费品，而不必等到积攒了足够的现金再购买。信用是建立在消费者未来收入能力基础上的，虽然对有些寅吃卯粮的消费者还需要在文化观念上进行调整，但消费者信用可以实际地提高他们目前的生活水平。

(2)提供个人创业机会

在市场经济条件下,信用具有等效于货币或者筹措货币的功能。当货币被用于投资目的时,它就变成了资本。当任何个人都可以利用金融机构提供的信用工具扩大个人掌握的货币时,资本得以形成。也就是说,消费者个人以信用为手段,通过信用对货币的置换,达到聚集一定资本的目的,有条件越过一个完整的资本形成过程。在我国现实的经济生活中,商业银行发放无指定用途的个人经营性信贷,使一些个人获得了资本,有了更多创业的机会。

(3)应付突发事件

信用可以帮助消费者应付突发事件。突发事件往往带有偶然性,它的发生经常是不可以预见的。当突发事件(可能是机会也可能是损失)发生时,有可能需要大额现金,对很多人来说筹措这笔款项的负担非常沉重,有时会因无法办到而失去机会。而信用工具或信用安排提供了一种应付紧急开支的手段,有了类似信用卡或消费者信贷等信用工具的帮助,很多突发事件都可以迎刃而解。

(4)提高交易安全性

一方面,贷记卡类信用卡有支付便利的优点,全球50%以上的商业企业都会接受它作为支付手段。消费者使用信用卡,可以在日常生活中减少现金的携带。有时,携带现金是很危险的,特别是到治安状况不好的地区出差旅行。如果所有人都在日常生活中使用各种信用工具,就会减少偷盗、抢劫犯等的犯罪机会,自然减少全社会的刑事犯罪率,有利于保护消费者的财产和人身安全。另一方面,个人信用征信体系的建立,对失信者有监督约束的作用,降低信用风险发生的概率,提高交易的安全性。

1.2.5 个人信用缺失

1)个人信用缺失现象

产生个人信用缺失的原因,既有宏观因素,也有微观因素;既有体制的障碍,也有管理上的漏洞。归纳起来,主要有社会信用的法律约束和保障机制乏力,已有的法律、法规对契约关系的维护和对债权人的利益保护不够;在案件审理过程中存在地方干扰、行政干扰的问题;在民事、经济等案件中普遍存在着重审判、轻执行的现象,判决执行软弱无力,从而形成无法可依,执法不严,违法不究的现象。其次是征信体系不健全,以信用为经营对象的资信公司还十分匮乏,企业和个人的信用状况得不到公正合理的评估。再次是计划经济时期遗留的企业与企业、企业与银行之间产权界定的不明晰,使企业信用观念淡化,给信用缺失的风险造成一定的可乘之机。特别是观念的偏错和道德的沦丧,使交易行为的客观规则、交易行为主体的信用观念处于涣散的状态。

近年来,操纵股市套利,商品弄虚作假,毒害食品流行,昧心嫁祸于人,伪造学历抄袭论文,买卖个人隐私信息等信用缺失现象,有不减反升的趋势。一些地方相继发生了"毒奶粉""瘦肉精""地沟油""染色馒头"等恶性的食品安全事件足以表明,诚信的缺失、道德的滑坡已经到了比较严重的地步,已经对我国经济社会的正常运行造成了严重的负面影响。一直以来,企业诚信导致的问题备受社会的关注。据商务部提供的数据显示,中国企业每年因信用缺失导致直接和间接的经济损失高达6 000亿元,其中因产品质量低劣造成各种损失达到2 000亿元。“打工皇帝”唐骏深陷“学历造假门”一事,让职场掀起“打假”旋风,也让每一位求职者自身的信用问题引起人们的关注。据招聘单位反映,有68%的雇主遇到过应聘人员在简历中有不实描述的情况,职场的信用缺失已经成为了当今比较严重的社会问题。中国团购市场已进入“千团大战”时代,但随之暴露了大量诚信问题,具体来说,许多团购网站存在卖假货、低价服务、虚高原价、虚增参团人数、搞假抽奖、假退款、接受商户贿赂、哄抬合作价格、诋毁竞争对手、欺骗投资人等恶性失信行为。

2)大学生信用缺失

(1)大学生信用缺失的种种表现

近年来,大学生诚信问题日渐突出。从教育入口(招生)中的考试作弊,到教育中间阶段日常行为的失范,再到教育出口(毕业)中的假文凭、随便毁约,都是信用缺失的行为。其典型表现有以下几个方面:作业抄袭,论文剽窃;考试作弊;伪造证件,履历掺水;轻诺寡信,肆意毁约;拖欠学费,恶意贷款;网络欺骗;借书不还,等等。所有这些已经发生和将要发生,在大学生身上存在着的“信用缺失”和“信用危机”,正在侵蚀和扭曲着大学生纯洁的灵魂,损害着大学生的形象。

例如,某高校在申请助学贷款的学生中进行了一次调查,结果显示:有近30%的被调查者表示没听说过“个人资信制度”,近20%的学生就没有考虑过还款问题,7%的学生表示“是否还款很难说”。大学生中任意变更、撕毁合同司空见惯,尤其是在履行就业协议方面违约现象严重。另据某高校对毕业生的调查显示:在考试前曾有过作弊动机的高达48%,预谋作弊和随机作弊的各占12%和36%;有32.4%的学生认为作弊很普遍,4.2%的学生认为作弊是取得好成绩的捷径。外语考试、论文写作中找“枪手”,在校园里已是一个公开的秘密。不少用人单位,对毕业生包装精美的求职书中提及的“计算机等级证书”“奖学金证书”“优秀学生干部奖状”以及“发表过的文章”等业绩感兴趣,可在学校提交的档案中却无影无踪。

(2)大学生信用缺失的主要原因

①社会大环境的变迁。在社会转型过程中,由于市场经济运行机制不完善,法制不健全,使得一些经营者在利益驱使和市场竞争的压力下,出现了较为严重的制假售假等坑蒙拐骗现象,经济生活中的虚假欺骗不同程度地渗透到社会的政治、文化、教育等领域,从而扰乱了社会经济秩序,败坏了社会风气。缺少信用制度保证,没有信用机制的约束,更缺少相应的惩戒措施,使人们不需要对不守信用的行为负责。从小学到大学,从学校到社会,都缺少可操作性的制度对诚信行为进行有效的规范,从而使不守信用者的行为得不到有效的约束,更得不到相应的惩罚。正是由于信用制度和相关机制的残缺,在某种程度上为不讲信用的行为提供了生存空间,因此,在现实中,往往是不讲信用者获得了“利益”,诚实守信者却“利益”受损,从而纵容了不守信用的心理和行为。大学不是“世外桃源”,社会的信用危机必然会影响大学校园和大学生。

②学校教育缺失。一些学校在思想道德教育上忽略了大学生的诚信教育。长期以来道德教育的简单化、形式的单一化导致大学生在最终决定自己价值观时放弃了诚信这一做人

的最基本的准则。诚信是对学生进行道德教育的重点之一。在长期的实践中,我们的教育目标虽然对德育非常重视,具体措施却往往简单化,结果忽视个人道德的完善,片面追求升学率、及格率,以卷面成绩的好坏评价学生的优良,重智轻德,重成绩轻素质,使德育流于形式,也助长了一些学生虚荣、舍“信”取利的不健康心理。另外,有些学校和教师在教育学生诚实守信的同时,自己却做出一些有悖于诚信的事情来,从学术腐败到学生干部、学生奖学金评选中的暗箱操作,从后勤采购“黑心棉”到学校招生、评估上的弄虚作假,都对学生产生了极为不利的影响。在这样的教育环境中,又如何让学生形成诚信的品格呢?

③思想认识缺位。相对于其他群体,应该说,大学生的诚信品质尽管出现了一些问题,但从整体上说仍然是比较好的。许多问题出现在学生身上,但根源在社会。不论在申请助学贷款还是在就业竞争中主观上恶意作假和欺骗的大学生是极少数,一些学生有一些迫不得已的理由和可以理解的客观原因,但在主观认识上也存在着一些误区。比如,在考试作弊的问题上,一项调查表明,有 1/4 作弊学生的动机是“别人作弊,我不作弊吃亏”。指明这一点,并不意味着可以放松对学生的诚信教育,而这恰恰反映了诚信教育的必要性和紧迫性。同时,明白这一点,也启示我们对教育的功能和作用有一个恰当的定位。

(3)大学生信用缺失的解决途径

解决大学生的诚信问题,固然需要社会、学校、家庭各负其责,需要管理和规章制度的规约,政策的利益导向,社会大环境的影响等综合作用,但学校负有更直接、更重要的责任。

①高度重视诚信教育。大学生诚信教育虽然一直贯穿在学校传统的思想道德教育中,但并未得以凸显。当前大学生不容乐观的诚信状况以及社会诚信缺失问题日益严重的情况,告诫我们应以德育创新工作为契机,从众多思想道德教育中对诚信教育加以突出强调。无论是入学教育还是毕业教育,无论是课堂教育还是课后教育,无论是德育课程教育还是专业课程教育,都要渗透诚信教育的内容。通过重温诚信格言、剖析诚信案例、举办诚信讲座等方式,把诚信道德认识内化为道德情感,进而升华为道德意志和信念,最终实现对道德行为的自觉实践。在诚信教育中,教师要率先垂范,要求学生做到的,教师自己首先要做到,禁止学生做的,教师自己坚决不做,唯有如此,才能取信于学生。苏联教育家加里宁特别强调诚实在为人师表中的作用,把“无上诚实”作为肩负重任的教师必须具备的条件之一,认为诚实的性格不仅使学生敬仰,而且能有效地教育和熏陶学生。教师的言行对学生具有强烈的示范性,其影响是全面的、深刻的、潜移默化的。因此,自古以来人们一直把教书育人、为人师表看作教师的天职。

②大力完善诚信机制。高校应当加强建章立制工作,完善各项规章制度,形成良好的诚信机制。学校的规章制度是规范和约束大学生日常行为的具体操作规程,大学生应当严格遵守,并自觉维护其权威和尊严。学校也应当加强监督和管理力度,真正做到有章必循、违章必究。如果有章不循、违章不究,或只进行隔靴搔痒般的惩罚,必然导致规章制度废弛、学风校风涣散。学校在惩罚力度上做得不够,导致失信成本过低也是大学生诚信缺失的一个重要原因。守信者未得到应有的回报和有效的保护,失信者未得到相应的惩罚和严厉的制裁,甚至还可以从失信中捞到好处,在这样一个信用环境下,“好人也会变坏”。高校应当充分利用规章制度的导向性和强制性,引导和约束学生选择诚信、崇尚诚信、实践诚信,营造良

好的校园氛围。

③切实注重实践体验。首先,从教育的途径和手段上,诚信教育不能局限于学校的课堂和讲坛,要走向实际生活,走向社会实践。学校要在校内校外为学生创设参加实践活动的条件,使学生有更多的机会在活动中锻炼和体验自己的诚信品质,调动自身内在的品质力量应对外在环境的诱惑和挑战,在不断的自我教育和自我评价中提高自己的诚信修养。其次,从教育的要求上,诚信教育既要立足于社会发展的未来需要和人格健全和完善的要求,又不能脱离学生和社会诚信水平的实际。要注意理解学生在申请助学贷款、就业竞争等社会生活中所面临的一些实际困难,帮助他们走出"两难选择"的困境。学校教育不仅要端正学生在诚信问题上的价值取向,还要帮助他们学会在复杂的社会生活中作出既符合诚信的道德要求,也具有可操作性的合情合理的行为选择。

④全面建立信用档案。建立大学生信用档案,是高校对大学生加强诚信教育和解决信用缺失问题的有效措施之一。信用档案的所有内容均为学生在校期间的写实性记录,是对大学生的基本信用状况进行描述,凡能在不同的时间、不同的场合证明大学生信用的材料都应视为信用档案归档范围,具体有个人基本信息、个人信用记录、个人经济状况记录、就业情况记录等。大学生的信用档案可以作为个人信用制度建设的一个起点、基础和尝试。学生的信用档案是联系学校和社会的一个桥梁,也是诚信教育和诚信制度建设的一个结合点,具有加强他律和自律的双重效应。

专栏案例 1.2　情景剧:贷款助学信用助人

你了解国家助学贷款政策吗?

你了解征信、信用记录吗?

你未来的房贷、车贷甚至就业、晋升都离不开信用记录,你知道吗?

使用国家助学贷款和信用卡,能帮你建立信用记录,你知道吗?

请欣赏情景剧《贷款助学　信用助人》:

第一幕

(场景一　大学校园)

米米:终于上大学了,也不知道本小姐的大学生活会是什么样子。

画外音:同学,轮到你办手续了,请你在这里登记,交纳学费,办理注册手续。

米米:笑什么?人家交的也是钱,不丢脸!来,我帮你。

琪琪:我叫琪琪,谢谢你。

米米:看你的情况,我建议你可以去那边。你没有拿到这个吗?

(场景二　大学新生宿舍走廊)

安安:我叫安安,你是?

童童:叫我童童好了。

(场景三　宿舍中)

安安:劳动工具我出钱,劳动我们一起做。

童童:这就是我的大学室友们。

安安:我叫安安,请多关照。

琪琪:我是琪琪。

米米:我是米米。

童童:还有我一个,我是童童。

4 人共同:我们是 4 个好姐妹。

(场景四　宿舍中)

童童:琪琪,你要借钱吗?

琪琪:是啊,国家助学贷款!

童童:还不都一样,都要还! 还要付利息,银行才不傻呢!

琪琪:你没有看咱们入学通知里面关于助学贷款的材料吗?

童童:我看那干什么? 我们家有钱,不用借钱。

琪琪:国家助学贷款跟普通贷款不一样,在大学期间不用还本付息,国家是有贴补的。

安安:还有这么好的事。我们家是城市中的低保户,也能申请吗?

琪琪:应该可以吧,明天我替你去问问辅导员。

童童:我劝你们想好了,借钱终归是个麻烦事。

(场景五　宿舍中)

琪琪:告诉你一个好消息,你可以申请国家助学贷款。

安安:哈哈,太好了。

童童:你也决定借钱上大学啦!

琪琪:我觉得靠贷款的方式解决学费问题是个很好的办法。现在咱们都是大学生了,应该自立了,再说国家现在实施科教兴国战略,支持家庭经济困难的学生完成学业。

安安:谢谢你我的祖国,从此我不仅有钱花,还自立喽。

童童:你也要申请国家助学贷款吗?

米米:不,我还得靠爹妈呀! 我还办了信用卡!

童童:信用卡?! 白给钱花吗?

米米:美的你! 不过可以先消费后还款,没现金了可以刷卡消费。

安安:你怎么办的信用卡?

米米:开学的时候学校门口有个什么银行的工作人员,特帅的帅哥,他说只要填写一个表就可以给我一张信用卡,而且可以随便刷。

童童:有那么好的事,不会是消费陷阱吧。

安安:我看是人家看上米米了。

安安:再说了,信用卡透支也还是要还给银行的!

童童:如果不还呢? 会不会被逮捕啊?

琪琪:借款的信息是要进征信系统的,听说借钱不还对今后的生活工作有很大的影响的。

安安:征信系统? 什么叫征信系统?

琪琪:我是在征信手册上看到的,我的国家助学贷款合同中也有这么一条,说是有关信息要录入个人信用信息基础数据库,包括个人基本资料、还款信息以及负面信息。我问过老师,老师说这个就是个人征信系统,所有贷款信息都要进去的,估计你的信用卡信息也要进去。

安安:真好！有了国家助学贷款我能上大学了,爸妈也不用替我操心了。呵呵,我还能贷款上学,这下我爸我妈管不了我喽！

米米:我是乖乖女,当然靠爸妈！

童童:不要借钱,很麻烦的！

旁白:琪琪和安安通过学校申请到了第一笔助学贷款,顺利入学,安心学习。米米和童童依然靠家庭的经济支持……

◎观众讨论区

1.什么是国家助学贷款？它与普通商业贷款有什么不同？

2.申请国家助学贷款应该具备怎样的条件？

3.国家助学贷款需要偿还利息吗？

4.信用卡可以随便刷吗？可以通过刷信用卡来缴学费吗？

5.什么是征信？

6.征信系统中的信用信息都包括哪些内容？

7.个人身份信息包括哪些？

第二幕

旁白:在校期间,学校成立了由全体贫困学生参加的"阳光服务队",琪琪和安安都加入了帮助他人的行列中。她们主动承担起了帮助残疾同学的任务。

旁白:因为是信息管理专业的学生,在校期间,电脑成为必需的学习工具。

(场景一　宿舍中)

童童:我爸说了,只要是学习需要的咱们一定买。这台笔记本电脑两万呢！我爸说了,这是他对我的阳光行动！

童童:米米,你要不要也向你妈申请一笔助学贷款啊？

米米:我不用,别忘了,我可是有卡一族。

(场景二　推着轮椅的路上)

安安:两万块,都赶上我们4年的国家助学贷款了。

残疾学生:不是所有电脑都这么贵的。

安安:不贵也要五六千呀,你有吗？

琪琪:没有……那么多。

残疾学生:你们有多少？

残疾学生:我没有打听你们隐私的意思,我是说,其实自己攒一台电脑很便宜的。

(场景三　宿舍)

琪琪:你有这么多钱呀！

安安:嘘！离买电脑还差不少呢。

琪琪:我也不多！

安安:哈哈,你还说你是贫困生呢!

琪琪:你小点声,这是我勤工俭学攒的。

米米:我决定明天去买电脑。

安安:啊,又是一台电脑!

米米:别忘了,我有这个!

(场景四 电脑城)

售货员:对不起,同学,你的信用额度已经不够了,没有现金的话,这台电脑不能卖给你。

米米:啊……

(场景五 宿舍外)

残疾学生:哎,琪琪!

琪琪、安安:哎!

残疾学生:这是你们可以买得起的电脑!

琪琪、安安:Yeah!

旁白:米米用完了信用卡的额度,不能刷卡买电脑了。而琪琪和安安拥有了适合自己消费的电脑。没有她们的自强自立和爱心奉献,她们是不会买到适合自己的电脑的。

◎观众讨论区

1.你认为大学生应该如何管理好自己的消费?

2.短片中谈到了关于隐私的问题,请问哪些属于个人隐私?

3.信用卡和储蓄卡有没有区别?有什么区别?

4.信用卡有什么用途?

5.信用卡额度指的是什么?

6.信用卡刷“黑”了意味着什么?

7.信用卡消费后未按期还款会有什么后果?

8.在手头资金紧张的情况下,有什么办法可以方便地买到自己想要的电脑?

第三幕

旁白:临近毕业,米米去了外地的实习单位。琪琪考取了本校的研究生。童童正在作出国的准备。只有安安陷入了迷茫……

(场景一 宿舍中)

辅导员:安安,你要开始规划自己的助学贷款的还款计划了,并且,要和银行签订一份还款协议书。

安安:那琪琪为什么不用这些?

辅导员:琪琪考取了研究生,因为还需要继续学习,所以按照规定可以办理展期。

安安:是不是和米米一样去了外地工作就不用还贷款了。

安安:可是我还没有找到工作啊!

辅导员:不是说你一毕业就要开始还款,自你取得毕业证书开始,可以给你两年宽限期。在宽限期内,你只需按月还贷款利息,贷款利息每月几十元左右。但有一点要说明,两年之后你必须开始归还贷款本息,因此我要帮你一起制订还款计划。

安安:太好了,我爱你,老师!

(场景二　宿舍中)

琪琪:怎么不高兴了?

米米:我妈给我找到工作了。

琪琪:这是好事啊!

米米:可是工作单位在外地。

童童:唉……

琪琪:怎么都这么郁闷呢!

童童:我爸要我办出国留学。

琪琪:这也是好事啊!

童童:可是他要我办贷款留学,说是要我自立,不再依靠家里。办贷款真的很麻烦!

安安:还是国家助学贷款政策好,还可以享受两年的宽限期,给我们一个走向社会的缓冲,很人性的!

安安:不过,米米,你到外地工作,你信用卡欠那些钱是不是就不用还了?到外地再申请一张,照样刷得高兴!

米米:唉,真可以试试。我现在这张卡上,消费带利息欠了不少钱呢,能抹去也算是去外地的一个补偿吧!

(场景三　宿舍中)

童童:银行的规定可真多啊!

安安:怎么了?

童童:这是银行让我准备的材料。

安安:啊!我们办助学贷款时,也没有填过这么多材料。

童童:你在写什么?

琪琪:我在申请国家助学贷款的展期。

米米:展期?

童童:展期?

琪琪:就是延期还款。

童童:你还可以延期?

琪琪:是呀,因为我还要继续攻读学位,以现在的经济能力,是不能按时偿还贷款的,但可以享受展期贷款政策。展期期间的贷款利息继续由国家财政贴补,等我读完学业后再考虑归还贷款。

童童:哎呀,都是继续上学,差距怎么这么大呀?都怪我爸要我出国留学,要是在国内继续深造该多好啊!能省好多麻烦!还是伟大祖国好啊!

(场景四　银行信贷办公室)

银行职员:童童同学,目前我们还不能批复您的留学贷款请求。您还要提交一份抵押担保,银行才能给您做贷款。

童童:为什么?同样申请贷款,我的同学们申请助学贷款就没准备那么多资料!他们也没办什么担保呀？

银行职员：童童同学，他们申请的是国家助学贷款，国家助学贷款是国家给予家庭经济贫困学生的一种资助政策，而您申请的是出国留学贷款，是一种商业性贷款，我们要考虑您的信用风险。而您没有信用记录，我们就无从了解你，因此按规定只好请您交抵押担保。

童童：为什么我没借过钱反而没信用了？

旁白：难道真的是银行在有意刁难童童吗？不欠债就表示信用好吗？

◎观众讨论区

1.贷款展期是怎么回事儿？什么情况下需要展期？

2.借款后到了外地如何还款？

3.出国留学贷款属于何种性质的贷款？有什么特殊要求？

4.申请留学贷款需要什么样的条件？

5.信用卡欠款时间久了是否可以抹去？

6.贷款违约了将受到什么处罚？

7.在征信中查不到个人信息，真的表示个人信用不好吗？

8.如何去了解个人的信用记录？

第四幕

旁白：琪琪研究生快毕业了，安安在一家会计公司工作，童童也早已出国留学了，而米米真的去了外地工作。

（场景一　安安的小屋）

安安：喂！

米米：亲爱的！

安安：米米！你还好吗？

米米：亲爱的，你们好吗？想死我了！

安安：米米，现在怎么样？工作顺利吗？

米米：都不错！只不过我现在是月光一族，呵呵，每个月底钱包就瘪了！

安安：米米，看来你还是今朝有酒今朝醉呀！还喜刷刷吗？

米米：过得开心就好！我现在过得可潇洒了！有时间你来旅游呀。告诉你，我刚刚学会了开车，呵呵，等你来我这边旅游，我开车陪你兜风啊。

安安：别吹牛了，你刚才还说你是月光一族呢，你哪来的钱买车呀？

米米：嘻嘻，贷款呀！我发现贷款真好，可以用明天的钱享受今天。我可以用贷款买车呀！

安安：我也正准备去申请信用卡呢。

米米：噢，你也要买车吗？

安安：不是，我要报名MBA考试，打算换一个待遇更好的工作。

米米：天哪，你考试还没考够啊！

（场景二　米米所在城市的车市）

米米：老鹰，我们进去看看！哇，这里的车可真漂亮！你看那边那辆雪铁龙，再看这辆POLO，哎呀，这辆甲壳虫也好可爱啊！

老鹰：那是今年的最新款，我觉得汽车这东西最能体现一个人的魅力和品位所在。

米米：嘿嘿，我就知道你最酷！你说我靠贷款买车真的行吗？

老鹰：绝对没问题！现在分期付款的人可多了，现在欠债的都是大爷，你怕什么？

米米：嘿嘿，这倒也是！

老鹰：好，心动不如行动，今天咱们就去选车，明天我们就去办理车贷手续。

米米：哦耶！

（场景三　米米所在城市银行业务厅）

老鹰：怎么这么费劲呀！不就是办理一个贷款嘛！

银行职员：对不起，先生，请您稍等。小姐，请您在这个表格上签个字，同意我们查阅您的信用记录。

米米：这不是你们银行的事吗？干吗还让我签字？

银行职员：征信系统是您个人的信用记录，是您的经济身份证，不仅仅是银行的事，为了保护您的隐私，只有在您本人同意的情况下，银行才能申请查阅。

米米：行，查吧，反正我也不欠谁的钱。

老鹰：米米，你想过买车之后先去哪里玩吗？

米米：嘿嘿，我想去的地方可多了，比如说……

银行职员：对不起，小姐，您的贷款我们不能办理。

米米：为什么？

银行职员：您想想看，是不是有什么贷款还没还？

米米：没有啊。

银行职员：可是您的信用报告显示，您目前已经有一笔汽车消费贷款，逾期半年多了。

米米：这怎么可能？我刚学会开车。

银行职员：您再想想，有没有把身份证外借的经历呢？

老鹰：你们这是暴露别人的隐私！

米米：你——

银行职员：另外，从记录看，您的信用卡还款记录也不太好，经常逾期。

米米：可我每次不都还了嘛，就是每次都晚几天而已，这些鸡毛蒜皮的事情还这么当真啊！

（场景四　银行外大街）

米米：我真没想到个人信用记录这么重要，假如我有良好的信用记录该多好啊！

（场景五　银行信贷部门）

银行职员：小姐，很抱歉！我们不能发放给您信用卡。

安安：为什么？

银行职员：您想想，是不是有什么贷款没有按时还？

安安:不可能啊,我只有一笔国家助学贷款,每个月都按计划足额偿还的!

琪琪:一年前,银行调整了利率,你再按原计划还款就不够足额了。

安安:什么?

琪琪:我也忘了提醒你……

旁白:你是否也有和米米和安安一样的经历呢?你是否也期望有良好的信用记录呢?用好自己的经济身份证吧。

◎观众讨论区

1.消费信用的具体用途有哪些?

2.个人信用报告是一个什么样的报告?

3.什么情况下需要个人信用报告?

4.查询个人信用报告有什么规定?

5.居民身份证是否可以外借他人使用?

6.有时需要提供身份证原件或是复印件,如何保证个人身份信息不被盗用?

7.贷款还款、信用卡还款只差那么几天,对信息记录有无影响?

8.及时还了款,但还是遭了不良信用记录,可能是什么原因?

第五幕

旁白:米米和安安在职场已经打拼好几年了。从不起眼的实习生小妹,成长为成熟干练的职场精英。米米从外地回来了,童童在国外一家国际公司任职。

(场景一　西点屋)

米米:我难道就要这样一辈子的,朝九晚五,平庸地度过我的人生吗?

安安:我期待更有挑战的生活,为此我不惜推迟我的婚姻。

米米:我渴望有一份属于自己的事业。

安安:我需要赚钱,赚钱才能满足我血拼的欲望。

米米:谁说女人就只能被人领导?

安安:谁说女人就只能花男人的钱?

米米:我决定要做一个成功者。

安安:我终于还清贷款了,现在还小有银两,嘿嘿嘿嘿!

米米:我要努力工作,过更有品质的生活,你有好办法吗?

安安:找个富翁嫁了喽!

米米:可笑!

安安:炒股?

米米:股市有风险,入市需小心。

安安:买奖券?

米米:我计算一下,中奖几率是:个、十、百、千、万、十万、百万、千万,千万分之一,你觉得你是那个千万分之一的幸运儿吗?

安安:你看我像吗?

安安:继承遗产喽!

米米:你看你像吗?

安安:可是创业也是需要本钱的呀!

米米:你有多少钱?

安安:嘿嘿嘿嘿,去年还清贷款之后,已经攒了好几万块啦!你呢?

米米:嘿嘿,和你差不多吧!

安安:可我们以前在银行都有负面记录,银行会信任我们吗?会给我们办理创业贷款吗?

米米:应该会吧,我们从那时候就按时还款,注重信用记录了。这么久了,银行应该会给我们一次机会吧!

安安:我们先去咨询一下吧!

(场景二　银行)

银行职员:您有固定住所和稳定收入,最近几年在我行及其他金融同业中信用记录良好,有按期偿还借款本息的能力,因此,您完全符合我行规定的申请创业贷款的基本条件。

童童:好呀,创业这么大的事也不叫上我!

米米、安安:童童,亲爱的童童!

安安:美女,你是怎么回来的?

童童:我是来参加咱们同学聚会的呀!

米米:对了,今天是我们老同学聚会的日子。看把我忙得,这么大的事都差点忘了。

童童:这么差的记性怎么当老板啊!

米米:你就不要嘲笑我了。

安安:童童,你又是怎么跑到银行来的呀!

童童:我和你们一样也是来咨询贷款的事情的。

米米:你也要当老板啊?

童童:是啊,我一个人在国外时间长了很想家,也想你们。因此,我打算回来创业啊!

(场景三　校园)

米米:我从报上看到现在的大学生就业很困难,我们是不是可以办一个帮助大学生找工作的公司呢?

童童:网站多好!

安安:对,办网站!利用现代的信息技术,服务大学生,也让那些申请了助学贷款的学生能早日还贷。

米米:你就不忘你那个国家助学贷款!

安安:怎么能忘了呢?我和琪琪都是靠国家贷款才念完了大学的呀!国家的贷款改变了我们的命运,我们能忘记吗?

童童:对了,说到琪琪,她也该研究生毕业了吧。

米米:是呀,我们创业这样的大事也该有她一份。

米米、童童、安安:琪琪,琪琪!

米米:我们刚刚还说到你呢!琪琪,和我们一起创业当老板吧!

米米:啊? 那你是怎么想的呀!

琪琪:我要去那儿——

米米、童童、安安:啊,你要回西部去?

琪琪:是啊,我是从西部来的,是国家给我贷款帮助我念完大学。我要回去帮助更多的人。

米米:琪琪,我会想你的!

(场景四　西点屋)

童童、米米、安安:不知道琪琪怎么样了?

安安:琪琪每个月的收入有限,她怎么能够还清助学贷款呢?

童童:嗯,我们应该发动群众,帮助琪琪。

米米:呀! 你们看,有办法了。

安安:我们赶快告诉琪琪吧!

◎观众讨论区

1.投资赚钱有哪些对象可选择?

2.奖券/彩票为什么中奖率很低?

3.什么是创业贷款?

4.个人信用报告在创业贷款中可起到什么作用?

5.大学毕业生申请到西部地区工作,有哪些优待政策?

6.什么是贷款代偿政策? 是不是只有国家助学贷款才有代偿政策?

全剧终

(资料来源:中国人民银行网站 http://www.pbc.gov.cn)

【本章小结】

1.诚信即诚实、守信用,信用是借贷行为。诚信问题涉及的是道德范畴,信用问题则涉及经济范畴、经济规则。

2.诚信与信用在内含和外延、形成的条件、表现的形式、建维的机制、惩罚的机制方面有所区别,不过"诚信"和"信用"有着密不可分的联系,两者都关系到同一的经济内容和实际利益,交易的客观信用行为要求个人(法人)要有诚信,个人(法人)的诚信是维系信用关系的纽带。

3.社会信用度的下降诱发当前社会诚信危机,需要重建信用环境。但自古以来,以及当今现实生活中还是有大量的诚实守信的典型案例,值得称赞和颂扬。

4.个人信用指的是授信者基于信任并通过一定的协议或契约提供给自然人(及其家庭)的信用,使得接受信用的个人不用付现就可以获得商品或服务。个人信用包括个人消费信用和个人经营信用两类。

5.个人信用具有文化性、社会性、外部性、资源性等特点,其发展经历了道德化、商业化和证券化 3 个阶段。

6.个人信用具有担保功能、理财功能、扩大投资的功能和提高消费能力的功能。发挥了提高个人消费水平、提供个人创业机会、应付突发事件、提高交易安全性的作用。

7.客观原因造成信用交易活动中还存在较为明显的个人失信现象，大学生也不例外。应该正确面对和认识存在的失信行为，通过法律和制度规范交易者的行为。

【关键术语】

诚信　信用　信誉　失信　守信　诚信危机　社会信任度

【思考问题】

1.社会信用交易活动的基础是什么？
2.社会诚信危机是如何产生的？
3.个人信用具有哪些特点？发挥了哪些作用？
4.个人信用缺失有哪些具体表现？应该如何对待？

【推荐阅读】

1.中国人民银行征信中心 http://www.pbccrc.org.cn
2.诚信网 http://www.china315.com
3.信用中国 http://www.ccn86.com
4.中国市场信用网 http://www.cmcma.org.cn
5.国际信用监督网 http://www.ice8000.org

【课后习题】

一、判断正误题

1.诚信是信用活动的基础。（　）
2.诚信问题涉及的是道德范畴，信用问题则涉及经济范畴、经济规则。（　）
3.社会信任危机是不可化解的。（　）
4.个人信用体现为用于消费的信用。（　）
5.个人信用是私人信用，不是公共信用。（　）
6.只有参与信用交易的人才需要关注个人信用。（　）
7.大学生收入来源都是靠家庭支持，因此不需要个人信用。（　）

二、多项选择题

1.诚信与信用的区别表现为（　）。
A.内含和外延不同　B.形成的条件不同　C.表现的形式不同
D.建维的机制不同　E.惩罚的机制不同
2.个人失信表现为（　）。
A.考试作弊　B.借钱不还　C.旷课

D.恶意透支　　E.误入传销

3.个人信用具有的特征是(　　)。

A.文化性　　B.社会性　　C.外部性

D.独立性　　E.资源性

4.个人信用具有的功能有(　　)。

A.担保　　B.理财　　C.扩大投资

D.提高消费能力　　E.改善信用环境

三、案例分析题

夫妻捡钱包归还失主反被当成骗子

黑龙江巴彦县镇季秀英夫妇到哈尔滨买房,在路边捡到一个装有 7 500 元现金的钱包,联系失主还钱被当成骗子,只好将钱包交到派出所,失主仍然认为他们和警察都是骗子,几经周折才把钱还了回去。

季秀英说:“我捡到钱包后,就根据钱包里失主的电话打过去问是不是丢了什么东西。没想到,对方说她啥也没丢,说我要是捡着钱了,就自己留着花吧,别再给她打电话了,这种骗人的伎俩她见得多了。”季秀英说当时她就蒙了,她把电话给了丈夫。丈夫把电话打过去,对方火气更大了,说再打电话骚扰她就报警了。没办法,夫妻俩把钱包送到了学院路派出所。

民警了解事情经过后,打电话给失主刘娜娜(化名),失主竟说:“你们这是团伙诈骗,有工夫骗别人去吧,我才不上当呢。”民警王艳欣解释了好几次,刘娜娜就是听不进去,王艳欣把事情交给值班的李洪达教导员处理。李洪达反复解释,还报出自己的警号。后刘娜娜拨打 110 报警,经 110 接线员核实,给刘娜娜打电话的确实是学院路派出所的固定电话,警号也是李教导员的。这时,刘娜娜检查自己的皮包,才发现自己的钱包丢了。

后来刘娜娜告诉记者,她当时第一反应就是骗子,民警打电话时,她认为是团伙行骗。直到发现钱包真的没了,才知道遇上好人了。“误会人家的一片好心,真是太羞愧了。”刘娜娜在学院路派出所向民警王艳欣、教导员李洪达表示了歉意,还拿出 2 000 块钱感谢季秀英夫妇,被二人婉言谢绝。(摘自 2013 年 11 月 18 日《贵州都市报》)

1.日常生活中你是否遭遇了类似的诚信尴尬?

2.社会信任度下降的主要原因是什么?

3.社会诚信体系建设还存在哪些不足?应该如何改进?

第2章　信用与信用风险

【教学目的】

1.了解信用的产生与发展。

2.认识信用的含义、特征、形式和功能。

3.领会对现代信用的多角度分析。

4.理解信用风险的类型、成因及防范。

5.认识信用的作用,掌握信用的基本类型。

【引导案例】

徙木立信

(战国时期,卫鞅初入秦地,深感秦的弊政,政出多门,政令不清,百姓对官府无信任。)孝公既用卫鞅,鞅欲变法,恐天下议己。令既具,未布,恐民之不信,已乃立三丈之木于国都市南门,募民有能徙置北门者予十金。民怪之,莫敢徙。复曰:"能徙者予五十金。"有一人徙之,辄予五十金,以明不欺。卒下令。(摘自《史记·卷六十八·商君列传》)

商鞅徙木立信是要确立一种政权的公信力,新的改革政府是说到做到的。

问题:

1."徙木立信"树立的是什么类型的信用?

2.卫鞅徙木立信的前提条件是什么?

2.1　信用的产生与发展

2.1.1　信用的历史演进

信用是经济活动的产物。在原始社会,人与人之间的物物交换中就已经出现了最早的信用形式。在以物物交换为主要内容的实物经济时期,人与人之间的经济交换形式非常简单,就是以物易物。据文献记载,就在这个经济活动的雏形中,信用的萌芽开始了。信用得以存在的基础就是人们之间的互相信任,人与人必须相互熟悉、信赖,在这个基础上才可以延伸出以信用为媒介的经济活动。信用经历了高利贷信用、借贷资本运动的资本主义信用和现代信用阶段。

高利贷信用就是以谋取高额利息为特征的借贷活动。高利贷产生于原始社会末期,在整个前工业时期得到了广泛发展,成为占统治地位的信用形态。高利贷资本的主要特点是高利率、非生产性和保守性。在资本主义生产关系建立和发展的整个过程中,充满了与高利贷斗争的历史。银行的产生彻底瓦解了高利贷自下而上的基础,资本主义信用也随之产生。在现代经济中,高利贷信用并未被彻底消灭,在民间和一些落后的地区仍然存在,像我国现在的一些边远农村,或是城镇的小微型企业,这种信用方式仍是筹措资金的一种重要形式。

资本主义信用表现为借贷资本的运动,它与后工业时期所产生的企业之间的活动紧密联系。借贷资本是为了谋取剩余价值而暂时贷给职能资本家使用的货币资本。与既有实物又有货币形态的高利贷信用相比,借贷资本是货币形态的。其借贷形式与货币形式紧密相连,其主要特点是:借贷资本是所有权资本、商品资本,具有独特的运动形式和规律。

现代信用与资本主义信用在信用职能与作用上没有本质的区别,对商品经济的发展都具有促进作用。但是现代信用范围更加广泛,突破了地区界限与国界,朝着全球化、一体化方向发展。在信用形式上则更加抽象,当货币形态进入电子化时代时,现代信用的特征将不再表现为借贷资本的回流运动,而是电子货币或其他的运动形式。现代信用形式随着现代货币的存在形式而不断变化,随着现代货币的逐渐抽象而越来越抽象,并将脱离任何载体,独立存在。

2.1.2 中国古代的信用

1)先秦至隋的信用和信用机构

(1)先秦以前的信用

在我国古代的《周礼》一书中就有了关于私人信贷和国家信用的借贷关系的记载。《周礼·天官冢宰上》曾提到小宰审理民间的借贷关系纠纷时,要以“傅别”为依据。傅别即债券,一般用竹木制成,分为两半,由债主执右,债务者执左。“傅”即附,指附有约束文字;“别”为两,即左、右券。在《周礼·地官司徒下》又讲到了关于国家信用的“赊贷”问题。“赊”只是不带利息的消费开支,而“贷”是能带来收入的产业经营,要收利息。春秋的史书也记载了一些实际债务或多贷少还的事例,从中反映了债务问题在当时已成为不容忽视的社会问题之一。战国时期,放债还息已非常普遍。据《史记·冯骧传》记载,孟尝君放债取息以养宾客,一年的收入超过10万钱。

(2)秦汉的信用和信用机构

先秦是我国信用产生的时期,这一时期的基本信用形式是放款,秦汉的信用只是比先秦时期发生了量的变化。在这一时期,国家对贫民救济性放款已成为一种经常性的制度,政府还鼓励各地富户参加对贫民的赈济。汉文帝、汉武帝、汉昭帝及汉宣帝等就曾放款救济百姓。王莽建制后,曾于公元10年仿《周礼》实行赊贷政策,但当时由于制度不健全,社会秩序混乱,赊贷没能真正实行。

随着生产力水平的不断提高，货币积累日益增加，国家赊贷的规模已不能满足生产和生活需要，高利贷资本随之日益扩大。早在西汉初年，长安就形成了私人放款市场。当时的资本被称为“子钱”，高利贷者被称为“子钱家”。另外，随着国家国库财富的积累，西汉初期已出现了官府放债的情况。西汉后期，随着汉朝国力衰弱，贵族家道败落，先后出现了官府和贵族借款的情况。

(3)晋至隋的信用和信用机构

在西晋南北朝时期，战乱频繁，人民生活困苦，高利贷现象更加普遍，且利率很高，特别是高利贷资本与封建权势勾结，利率更没限制。这一时期信用的基本形式依然是信用放款，称为放债、出债和举债等，债务关系以券契为证。南北朝时期，还产生了中国最早的信用机构——质库。它是当铺的前身，后来演变为当铺，质库首先由寺庙经营。在南北朝时期，佛教盛行，上至帝王，下到平民常常对佛寺施舍，寺庙逐渐拥有了雄厚的经济实力。为了牟取暴利，他们把聚敛的钱财以抵押放款的形式贷给老百姓，于是就产生了经营抵押放款的质库。其中，最著名的有南齐的招提寺和南梁的长沙寺。东晋南朝的抵店也是一种抵押放款的高利贷机构，主要经营堆贷、住宿和高利贷。此外，南北朝还有不少关于质钱的记载。如在《南史·褚炫传》中记录，褚炫曾以冠剑质钱。到了隋代官款放债合法化，称为“公廨钱”。由于官员经常利用朝廷发放的“公廨钱”“出举收利，烦扰百姓”，在文帝十四年(公元594年)被禁止。3年以后，解禁后的“公廨钱”主要被用于其他经营活动，“出举收利”则被禁止。

2)唐和五代的信用和信用机构

(1)唐代的信用及飞钱

在我国的唐代，国力强盛，对外贸易往来频繁，经济繁荣。唐代信用也有了空前发展，不仅国内高利贷的资本积累规模庞大，放债人中还出现了“蕃客”，即外国商人。唐朝初期，国库空虚，财政困难。为了解决财政收入问题，政府把官营放债变成了一种经常性的制度。官营放债的资本又称为公廨本钱、食利钱或捉钱，由诸州令史负责经营，名为“捉钱令史”。他们往往利用朝廷给的“本钱”以权谋利，但是由于政府要依赖他们，一般采取纵容的态度。随着国内外异地经济往来频繁，唐都城长安变成了世界级的经济文化交流中心，而笨重的金银和铜钱等货币已不能适应当时的经济发展。于是在唐代就产生了汇兑，汇兑被称为“飞钱”或“便换”。它减少了因货币流通而增加的运输费用，降低了流通成本，便利了异地间的经济往来。另外，唐代已产生了存款、寄售和代客保管钱财的业务。

(2)唐及五代的放款制度和质库

唐及五代的放款制度也有了进一步的完善，放款主要包括信用放款和抵押放款。信用放款又被称为举债、出举、放债、举放、责息等；抵押放款则被称为质、收质、纳质等。抵押产品包括动产和不动产。不仅私人经营抵押放款，政府机构也设立专门机构参与抵押放款。另外，唐代许多官吏也要受到高利贷者的榨取，如在武宗时，有些新选官吏，到任前先向高利贷者借款，称为“京债”。官吏到任后，通过加倍搜刮民脂民膏，才能还清债务。这实际上是官员用于贿赂上级的高利贷。产生于南北朝的由寺院经营的质库在唐代已发展为独立的机构。质库的抵押品仅限于动产。由于高利贷资本通过质库，从中牟取暴利，使自身获得了巨大的发展，但也给社会带来很大的负面影响。唐朝政府为了安顺民心，巩固政权，不得不制定有关的法律来限制高利贷的利息率。

(3)其他信用形式和信用机构

宋代商业信用已相当发达,信用与商业流通的联系不断加强。商业信用也就变成了高利贷资本的一种运动形式。它是商人之间在出售商品时以延期支付而提供的信用。这种信用就是产生于唐代,盛行于宋代的“赊购”,又称为“柜坊”。由于柜坊和赌博有关,后来受到政府的禁止,但商店保管钱财的办法还在继续实行。

宋代还有金银铺、银铺、金银交引铺、金银盐钞引交易铺等。交引、钞引和盐钞引都是买卖的凭证,可以在市场上自由买卖。金银买卖在其具有货币性时,就有了货币兑换的性质。而宋代产生的纸币——交子,通过店铺及别的商店或商人的买卖,也具有了货币兑换性质。王安石变法时期,国家信用得到了广泛的推行。金朝还曾设立官营质库“流泉”。

唐代的飞钱在宋代得到继续发展,也称为便钱、变换、兑便等。除了京师的便钱外,也有入钱各州到京师取钱的,还有不同地区之间实行便钱的。南宋高宗绍兴元年(公元1131年)发行的具有汇票性质的官营便钱称为“关子”。临安民间具有汇票性质的便钱称为“会子”。钱瑞礼任临安知府时将会子改为官办。绍兴三十年,钱瑞礼调任户部侍郎,会子成为南宋的主要纸币。在南宋时期,由于纸币携带方便,逐渐盛行起来,便钱业务随之衰落。

3)明清时期的信用和信用机构

(1)明清时期的信用

明清时期,政府制订繁多的苛捐杂税,民不聊生。高利贷者乘人之危,以极其苛刻的条件向百姓放款,进行残酷的剥削。高利贷计息方法名目繁多,主要有单利、复利、先扣后付、借钱还谷、借谷还钱等形式,其中最严重的一种就是“印子钱”。在李文治的《中国近代农业史资料》中记载,在嘉庆十五年的浙江仁和(今杭州),“曹三向金玉殿借钱千文,日还利二十文,六十日还清,本利钱共一千二百文”。明清仍有京债和营债,其中的营债发展到由军营的士兵放债,从百姓身上牟利的地步。

(2)明清时期的信用机构

明清质库得到继续发展,也有了新的名称,主要包括质明、解铺、典铺(库)、解当铺(库)、当铺、典当、当店等。另外还有押店或小押,其资本较少而取利更重。到了清代,典当业已成为重要的金融势力。当铺已不限于抵押放款,同时还经营信用放款、存款及经营货币汇兑业务,甚至还发放银票和钱票。政府也把当铺视为帮助其推行金融政策的支柱,直接开设当铺生利。清政府所谓的生息银两,就是把银两存于商家获得利息,主要的商家就是当铺。当铺的利率各地不同,一般以3分取息,也有实行差别利率的。许多当铺还对当户采取额外盘剥。

明中叶以来,为了适应工商业和资本主义萌芽的发展,产生了一些新的信用机构,最主要的机构就是钱铺,也称为钱店。钱铺的原始业务是经营货币兑换,包括金和银、金和钱之间的兑换,但主要是钱和钱之间的兑换。明代还有钱米铺、兑店、兑钱店、兑钱铺、钱桌等名称,钱米铺是兼营货币兑换和粮食买卖的店铺。兑店即货币兑换店,兑钱铺的经营业务与兑店相似,钱桌的最初形式是在街头设摊的兑换者,后来发展到店铺,但仍保留原名。明末的钱铺已开始经营存放款、汇兑及发行兑换券等业务。清代的钱铺有了进一步的发展。清代时北方还产生了一种信用机构——账局，账局既对工商业放款也贷放京债，早期的账局偏重于京债，账局经营放债，也吸收存款，以扩大资本来源。

在钱铺发展到一定规模后，产生了钱庄。到了清朝乾隆初年又被称为银号，是发行汇票的主要机构。后来还出现了以经营汇兑业务为主的银号。但钱铺的涵盖面大，有的钱铺并不是钱庄。清初时还出现了钱市经纪人，后因经纪人参与了抬高钱价的活动，在乾隆三年被予以裁革。后来钱铺囤积居奇，抬高物价，政府不得不在4年后恢复了经纪人的活动。

在鸦片战争爆发之后，从西方传入的现代金融体系逐步代替了我国古代的信用制度，我国古代的信用制度最终结束了它的历史使命。

2.2 信用的经济含义、特点、分类及功能

2.2.1 信用的经济含义

1）对信用的多角度理解

对现代信用的真正含义的认识，可以从不同的角度进行探究。在通常意义上，我们至少可以从以下几个不同角度来理解"信用"：

（1）从伦理的角度

从伦理角度理解"信用"，它实际上是指"信守诺言"的一种道德品质。人们在日常生活中讲的"诚信"、"可信"、"讲信用"、"一诺千金"、"答应的事一定办到"、"君子一言，驷马难追"反映的就是这个层面的意思。从这个层面来看信用，它对一个国家、一个民族都是至关重要的，因为一个社会只有讲信用，才能够形成一个良好的社会"信任结构"（trust structure），而这个信任结构是一个社会正常运转的重要基础。

从企业的商业伦理角度来看信用的含义，诚信行为既指与自身所接受的最高行为规范相一致的行为，也是指将伦理道德要求的规范加于自身的行为。

（2）从经济的角度

从经济的角度理解"信用"，它实际上是指"借"和"贷"的关系。信用实际上是指"在一段限定的时间内获得一笔钱的预期"。你借得一笔钱、一批货物（赊销），实际上就相当于你得到了对方的一个"有期限的信用额度"，你之所以能够得到了对方的这个"有期限的信用额度"，大部分是因为对方对你的信任，有时也可能是因为战略考虑和其他的因素不得已而为之。从经济的角度理解信用有着丰富的层次，至少可以从国家、银行、企业、个人几个层次来理解。

（3）从法律的角度

从法律的角度理解"信用"，它实际上有两层含义：一是指当事人之间的一种关系，但凡"契约"规定的双方的权利和义务不是当时交割的，存在时滞，就存在信用；第二层含义是指双方当事人按照"契约"规定享有的权利和肩负的义务。

(4)从货币的角度

在信用创造学派的眼中,信用就是货币,货币就是信用,信用创造货币,信用形成资本。

2)信用的内涵和外延

以上从不同角度对信用的论述表明,信用是建立在互相信任基础上的一种能力。这种能力以受益方在其应允许的时间期限内为所获得的资金、物资、服务而偿还的承诺为条件。这个时间期限必须得到提供资金、物资、服务的一方即授信方的认可。这种交易过程天生就蕴涵着一定程度的风险:客户信用风险。在商品交换和货币流通存在的条件下,债权人以有条件让渡形式贷出货币或除销商品,债务人则按约定的日期和金额偿还贷款并支付利息。

对于信用的概念,学者吴晶妹认为,经济学上的信用是以社会、心理上的信用为基础的,即授信人(债权人)以对受信人(债务人)所作还款承诺和能力有没有信心为基础,从而决定其是否授信。信用媒介论认为,信用是将资本从一个部门转移到另一个部门的媒介,信用不是资本,也不创造资本。信用可以节约流通费用,促进利润率的平均化,可以促进国家财富增加。信用对物价和商业危机有影响。银行创造信用是有限度的。学者林钧跃认为,对于现代的市场交易活动而言,信用是一种建立在信任基础上的能力,不用立即付款就可获取资金、物资、服务的能力。这种能力受到一个条件的约束,即受信人在其允许的时间期限内为所获得的资金、物资、服务等付清账款,而上述时间期限必须得到提供资金、物资、服务的授信人的认可。这些都是从某些侧面对信用的界定,但没有把信用的范围、条件等都包含在内。一般认为,在现代市场经济中,信用是经济活动中以道德和法律为基础,经济主体保证在将来一个或多个特定的时间内实现其承诺,不用立即付款就可以得到金钱、货物或服务的能力。

从信用的定义来看,信用的要素包括授信方、受信方、时间限定和信用工具。信用作为特定的经济交易行为,有行为的主体,其中转移资产、服务的一方为授信人,而接受的一方为受信人。授信人通过授信取得一定的权利,即在一定时间内向受信人收回一定量货币和其他资产与服务的权利,而受信人则有偿还的义务。信用作为一种交易行为,其客体为被交易的对象,也就是授信方的资产,它能够以货币的形式存在,也能以商品或服务的形式存在。信用行为与其他交易行为的最大不同就在于,它是在一定的时间间隔下进行的。没有时间间隔的交易,就不能称其为信用交易。

总之,信用就是以偿还和付息为条件的借贷行为。其基本的特征就是偿还性和付息性。

2.2.2　信用的特点

信用含有信任和借贷两层含义,分为社会学和经济学范畴,信用的这一本质内涵,决定信用具有下列基本特点:

1)社会性

首先,信用的社会性体现在社会心理因素上。信用是以信任为前提和基础的。对受信人的信任实际上是授信人对信用关系所具有的安全感,它是一种社会心理因素,因为安全感并非凭空产生,而是依赖于受信人的资信,取决于授信人的理性判断,因此,它是一种特殊的社会心理现象。

其次，信用体现一种社会关系。信用不仅是个体行为，而是发生在授信人和受信人之间的社会关系。成千上万的授信人和受信人发生信用关系，行为主体时而是授信人，时而是受信人，身份在不断变换。这充分体现信用错综复杂的社会关系。随着信用的发展，信用内涵及其表现形式愈加丰富，信用作为一种社会关系也愈加复杂。

最后，信用的社会性对经济发展和社会生活的影响越来越大。随着时代的发展，信用始终处于发展变化之中。不同的时代，信用有不同的表现形式，人们对信用有着不同看法。信用影响着经济发展和社会生活，成为一种越来越重要的社会关系。

2）人格性

信用作为一种资格，它表明一种特定的法律和社会身份、地位，信用是一种道德上的人格利益，信用体现为一种人格权。

3）伦理性

信用属于伦理学范畴，体现为一种约束人们行为的道德准则。信用不仅仅是一种社会关系，也不仅仅是一种交易方式，它更是人类社会的一种价值观。诚实守信得到社会的推崇和信任，失信则将受到谴责和孤立。当人们都认同并遵守这种价值观和道德准则的时候，社会信用环境就会优化，失信的行为就会减少。

4）文化性

就信用的文化特征来看，不同的文化背景对信用具有不同的理解。在中国传统文化背景下，借债始终被认为是在不得已的情况下作出的选择。人们常常将债务称为“饥荒”，即只有到了饥荒的时候才可以借债。在消费上，将“寅吃卯粮”视为“恶习”，主张禁欲节俭和量入为出。在西方文化背景下，情况则大为不同，人们对透支习以为常，超前消费成为普遍现象。尽管信用的产生是人类社会发展的共同规律，“诚实守信”是人类普遍认同的美德，但是，不同的文化对信用的理解存在差异，体现出信用的文化特征。

5）财产性

信用以财产为基础，促成各种信用交易的完成；信用本身也是一种无形资产，是一种可循环利用的资源，也是一种再生资源。对信用主体而言，珍惜信用就是珍藏自己的财富。

6）信息性

信用由信息构成，信用是可以量化的信息，信用是一种信息服务机制，信用也是一种信息监督机制，不管是征信，还是信用评级、信用管理等活动都与信用信息密切相关。

7）偿还性和付息性

经济范畴中的信用有其特定的含义，它是指一种借贷行为，表示的是债权人和债务人之间发生的债权债务关系。这种借贷行为是指以偿还为条件的付出，且这种付出只是使用权的转移，所有权并没有转移，偿还性和支付利息是它的基本特征。

2.2.3 信用的分类

依据受信对象性质的不同，信用可以分为公共（政府）信用、企业（包括工商企业和银行）信用和消费者个人信用；也可将其划分为公共信用和私人信用，这种划分方法一般适用于资本主义国家。根据信用发出的主体和表现形式不同，信用的分类是多元的，但从本质上讲，不论对商业信用和消费者信用怎样分类，不外乎是企业法人对企业法人、企业对个人、金融机构对企业、金融机构对个人的某种形式的短期融资。如果受信对象是个体工商户或者消费者个人，信用自然可以被划分为私人信用了。从授信人角度而论，信用可以分为银行信用、投资信用和商品信用等。本书重点探讨的是个人信用。

1）公共信用

公共信用也称为政府信用，是指一个国家各级政府举债的能力。政府为对人民提供各种服务，诸如国防、教育、交通、保健及社会福利，需要庞大的经费支持。但是政府税收的增加往往赶不上支出的增加，因此，政府每年出现庞大的赤字。为弥补财政赤字，政府发行或出售各种信用工具。这些信用工具代表政府对持有人所作出的将来偿还借款的承诺。这种偿还债务的承诺来自公共机关，因此称为公共信用。

2）私人信用

（1）企业信用

企业信用泛指一个企业法人授予另一个企业法人的信用，其本质是卖方企业对买方企业的货币借贷。它包括生产制造企业在信用管理中，对企业法人性质的客户进行的赊销，即产品信用销售（又称为商业信用）。

（2）银行信用

银行等金融机构也是一种企业，而且是专门经营信用的企业。银行信用是由商业银行或其他金融机构授给企业或消费者个人的信用。在产品赊销过程中，银行等金融机构为买方提供融资支持，并帮助卖方扩大销售。商业银行等金融机构以货币方式授予企业、个人信用，贷款和还贷方式的确定以企业和个人信用水平为依据。

（3）消费信用

消费者信用是指消费者以对未来偿付的承诺为条件的商品或劳务的交易关系。诸如分期付款、赊购证、信用卡等。消费者信用的出现扩大了市场的规模并使消费者可以提前享受到他们所要的东西。

①零售信用　零售信用是指零售商向消费者以赊销的方式提供产品与劳务，是消费者直接用来向零售商购买最终产品的一种交易媒介。通过这种方式，企业或零售商增加了销售，争取了更多的消费者。在现代市场经济条件下，零售信用已经成为市场竞争的一种手段。

②现金信用　现金信用即现金贷款。当消费者由于各种理由需要现金，都可以向金融机构申请贷款，消费者得到的是现金，授信主体是金融机构。现金信用比零售信用进步了很多。零售信用将交易限定在具体的商品上，而现金信用则可以使消费者购买任意的商品以及更广泛的用途。与零售信用一样，现金信用因偿还方式的不同，可以分为分期付款贷款、单笔付款贷款及一般用途信用卡3种。

2.2.4　信用的经济功能

信用在现代经济中的作用既有积极的一面也有消极的一面。

1)信用的积极作用

(1)现代信用可以促进社会资金的合理利用

通过借贷,资金可以流向投资收益更高的项目,可以使投资项目得到必要的资金,资金盈余单位又可以获得一定的收益。

(2)现代信用可以优化社会资源配置

通过信用调剂,让资源及时转移到需要这些资源的地方,就可以使资源得到最大限度的运用。

(3)现代信用可以推动经济的增长

一方面,通过信用动员闲置资金,将消费资金转化为生产资金,直接投入生产领域,扩大社会投资规模,增加社会就业机会,增加社会产出,促进经济增长;另一方面,信用可以创造和扩大消费,通过消费的增长刺激生产扩大和产出增加,也能起到促进经济增长的作用。

专栏案例 2.1 信用对 GDP 的拉动作用

信用总规模指一个国家或地区能够计量的全部信用交易的规模,是包括债券、贷款、商业赊购款、货币、存款余额在内的信用活动的总计。信用总规模是国内各个部门——包括政府部门、金融部门、非金融企业部门和居民部门信用规模的总和。

信用总规模=政府部门负债+金融部门负债+非金融企业部门负债+居民部门负债

美国信用规模年增长量与 GDP 年增长量的相关系数是 0.919 9,两者呈强正相关关系;信用总规模年均增长速度是 GDP 年均增长速度的 1.5 倍以上;20 世纪 70 年代以前,信用总规模和 GDP 的增长速度几乎完全同步,20 世纪 80 年代以后,信用总规模的增长速度快于 GDP,且这种趋势正在加剧。在美国,非金融部门的信用规模比金融部门对 GDP 的影响大:非金融部门的信用规模每增加 1 亿美元,GDP 平均就多增加 2 498 万美元;金融部门的信用规模每增加 1 亿美元,GDP 会多增加 1 831 万美元;消费者最厉害,其信用规模每增加 1 亿美元,能拉动 GDP 增长 5 619 万美元。

在 1987—1996 年相当长的时间内,我国信用规模的发展情况与 20 世纪 70 年代前美国的情况基本相同,信用规模和 GDP 几乎都是 1∶1 的增长,和其他国家情况不同的是,在这个阶段我国的信用总规模比 GDP 规模低,1996 年以后信用总规模才开始高于 GDP 规模,大幅度增长。在 20 世纪 90 年代初,我国投资每增长 1%,一般来说可能推进 GDP 增长0.55%左右,金融部门的信用规模每增长 1 亿元,GDP 增长 4 753 万元;非金融部门信用规模每增长 1 亿元,GDP 反而下降 8 852 万元。

(根据相关资料整理而成)

2)信用的消极作用

信用对经济的消极作用表现为信用风险和经济泡沫的出现。在现代社会,信用关系已经成为最普遍、最基本的经济关系,社会各个主体之间债权债务交错,形成了错综复杂的债权债务链条,这个链条上有一个环节断裂,就会引发连锁反应,对整个社会的信用联系造成很大的危害。经济泡沫是指某种资产或商品的价格大大地偏离其基本价值,经济泡沫的开始是资产或商品的价格暴涨,价格暴涨是供求不均衡的结果,即这些资产或商品的需求急剧膨胀,极大地超出了供给,而信用对膨胀的需求给予了现实的购买和支付能力的支撑,使经济泡沫的出现成为可能。

2.3 信用风险的类型及成因

2.3.1 对"风险"的一般认识

"风险"一词的由来,最为普遍的一种说法是,在远古时期,以打鱼捕捞为生的渔民们,每次出海前都要祈祷,祈求神灵保佑自己能够平安归来,其中主要的祈祷内容就是让神灵保佑自己在出海时能够风平浪静、满载而归;他们在长期的捕捞实践中,深深地体会到"风"给他们带来的无法预测、无法确定的危险,他们认识到,在出海捕捞打鱼的生活中,"风"即意味着"险",因此有了"风险"一词的由来。

而另一种据说经过多位学者论证的"风险"一词的"源出说"称,风险(RISk)一词是舶来品,有人认为来自阿拉伯语,有人认为来源于西班牙语或拉丁语,但比较权威的说法是来源于意大利语的"RISQUE"一词。在早期的运用中,也是被理解为客观的危险,体现为自然现象或者航海遇到礁石、风暴等事件。大约到了19世纪,在英文的使用中,风险一词常常用法文拼写,主要是用于与保险有关的事情上。

现代意义上的风险一词,已经大大超越了"遇到危险"的狭义含义,而是"遇到破坏或损失的机会或危险",可以说,经过两百多年的演义,风险一词越来越被概念化,并随着人类活动的复杂性和深刻性而逐步深化,并被赋予了从哲学、经济学、社会学、统计学甚至文化艺术领域的更广泛更深层次的含义,且与人类的决策和行为后果联系越来越紧密,风险一词也成为人们生活中出现频率很高的词汇。

无论如何定义风险一词的由来,但其基本的核心含义是"未来结果的不确定性或损失",也有人进一步定义为"个人和群体在未来遇到伤害的可能性以及对这种可能性的判断与认知"。如果采取适当的措施使破坏或损失的概率不会出现,或者说智慧的认知,理性的判断,继而采取及时而有效的防范措施,那么风险可能带来机会,由此进一步延伸的意义,不仅仅是规避了风险,可能还会带来比例不等的收益,有时风险越大,回报越高、机会越大。

因此,如何判断风险、选择风险、规避风险继而运用风险,在风险中寻求机会创造收益,意义更加深远而重大。

1)风险的定义

风险大致有两种定义:一种定义强调了风险表现为不确定性;而另一种定义则强调风险表现为损失的不确定性。若风险表现为不确定性,说明风险只能表现出损失,没有从风险中获利的可能性,属于狭义风险。而风险表现为损失的不确定性,说明风险产生的结果可能带来损失、获利或是无损失也无获利,属于广义风险,金融风险属于此类。风险和收益成正比,因此,一般积极性进取的偏向于高风险是为了获得更高的利润,而稳健型的投资者则着重于安全性的考虑。

2)风险的构成要素

(1)风险因素

风险因素是风险事故发生的潜在原因,是造成损失的内在或间接原因。根据性质不同,风险因素可分为物质风险因素、道德风险因素(故意)和心理风险因素(过失、疏忽 无意)3种类型。

(2)风险事故

风险事故是造成损失的直接的或外在的原因,是损失的媒介物,即风险只有通过风险事故的发生才能导致损失。就某一事件来说,如果它是造成损失的直接原因,那么它就是风险事故;而在其他条件下,如果它是造成损失的间接原因,它便成为风险因素。比如,下冰雹路滑发生车祸造成人员伤亡和冰雹直接击伤行人,前者属风险因素,后者属风险事故。

(3)风险损失

在风险管理中,风险损失是指非故意的、非预期的、非计划的经济价值的减少。通常我们将损失分为两种形态,即直接损失和间接损失。直接损失是指风险事故导致的财产本身损失和人身伤害,这类损失又称为实质损失;间接损失则是指由直接损失引起的其他损失,包括额外费用损失、收入损失和责任损失。

(4)风险构成要素之间的关系

风险是由风险因素、风险事故和损失三者构成的统一体,三者的关系为:风险因素是风险事故发生的潜在原因;风险事故是造成生命财产损失的偶发事件,是造成损失的直接的或外在的原因,是损失的媒介;损失是风险事故的经济价值的减少。

上述三者关系为:风险是由风险因素、风险事故和损失三者构成的统一体,风险因素引起或增加风险事故;风险事故发生可能造成风险损失。

3)风险的分类

基于风险分析、风险管理的需要,可以从不同的角度出发,对风险作出不同的分类。

①按照风险产生的社会环境分为静态风险和动态风险。

a.静态风险(Static Risk)是指由于自然力的不规则作用,或者由于人们的错误或失当行为而招致的风险。例如,洪灾、火灾、海难,人的死亡、残废、疾病、盗窃、欺诈,呆账、破产等。静态风险是在社会经济正常情况(Stationary State)下存在的一种风险,故谓之“静态”。

b.动态风险(Dynamic Risk)是指以社会经济的变动(Dynamic Change)为直接原因的风险,通常由人们欲望的变化、生产方式和生产技术以及产业组织的变化等所引起。例如,消费者爱好转移、市场结构调整、资本扩大、技术改进、人口增长、利率变化、环境改变等。

静态风险与动态风险的划分,以其是否由社会经济变动而引起为标准,两者的区别主要在于:第一,静态风险的风险事故对于社会而言一般是实实在在的损失,而动态风险的风险事故对社会而言并不一定都是损失,即可能对部分社会个体(经济单位)有益,而对另一部分个体则有实际的损失;第二,从影响的范围来看,静态风险一般只对少数社会成员(个体)产生影响,而动态风险的影响则较为广泛;第三,静态风险对个体而言,风险事故的发生是偶然的，不规则的，但就社会整体而言，可以发现其具有一定的规律性，然而动态风险则都很难找到其规律。

②按照是否有获利机会（风险的性质）分为纯粹风险与投机风险。

a.纯粹风险（Pure Risk）是指那些只有损失机会而无获利可能的风险。纯粹风险的风险事故发生，对当事人而言，必有损失形成。例如，火灾、沉船、车祸等事故发生，则只有受害者的财产损失和人身伤亡，而无任何利益可言。当然，如果为了某种目的蓄意肇事，则从根本上改变了风险因素的性质。

b.投机风险（Speculative Risk）是指那些既有损失可能也有获利机会的风险。例如，市场行情变化，对此企业造成损失，对彼企业则可能是有利的；对某企业而言，市场的此种变化将招致损失，而市场的彼种变化则可能带来好处。

纯粹风险的风险事故及其损失，一般可以通过大量的统计资料进行科学测算，而投机风险则难以做到，因为投机风险在很大程度上受到政治环境、市场变化和道德因素等的制约。这与静态风险与动态风险的情形类似。事实上虽然关于纯粹风险与投机风险和静态风险与动态风险的分类既不是按同一标准，也不是完全重叠，但由于纯粹风险与静态风险、投机风险与动态风险所包含的情形大体相同，故实际运用时往往被相互替代使用。

纯粹风险与投机风险有时相互交织，此时进行风险分析，就必须根据风险因素的形成与风险事故的发生过程进行逻辑分析和判断，以准确认定风险的性质。例如，建筑物失火应该属于纯粹风险，但某幢建筑物在失火前已经被确定为丧失使用价值而准备拆除，如果此时失火将建筑物焚毁，则业主可因此而减少拆除费用的开支。

③按照潜在的损失形态（标的）分为财产风险、人身风险和责任风险。

a.财产风险（Property Risk）是指财产发生毁损、灭失和贬值的风险。例如，建筑物遭受地震、洪水、火灾的风险，飞机坠毁的风险，汽车碰撞的风险，船舶沉没的风险，财产价值由于经济因素而贬值的风险等。

b.人身风险（Personal Risk）是指由于人的死亡、残废、疾病、衰老及丧失或降低劳动能力等所造成的风险。人身风险通常又可分为生命风险（Life Risk）和健康风险（Health Risk）两类。

c.责任风险（Liability Risk）是指由于社会个体（经济单位）的侵权行为造成他人财产损失或人身伤亡，依照法律负有经济赔偿责任，以及无法履行合同致使对方受损而应负的合同责任所形成的风险。与财产风险和人身风险相比，责任风险是一种更为复杂而又较难控制的风险，尤以专业技术人员如医师、律师、会计师、理发师、教师等职业的责任风险为甚。

④按照形成损失的原因分为自然风险、社会风险、经济风险和政治风险。

a.自然风险（Physical Risk）是指由于自然现象、物理现象和其他实质风险因素所形成的风险。例如，地震、海啸、暴风雨、洪水、火灾等。

b.社会风险（Social Risk）是指由于个人行为的反常或不可预料的团体行动而形成的风险。例如，抢劫、偷盗、罢工、暴动等。

c.经济风险（Economic Risk）是指生产经营过程中，由于相关因素的变动或估计错误导致产量减少或价格涨跌的风险。

d.政治风险（Political Risk）是指起源于种族、宗教、国家之间的冲突、叛乱、战争所引起的风险。现在人们对政治风险的理解已更为广泛。通常由于政策、制度的变动以及权力的更替而引起的风险也称为政治风险。在国外，政治风险又指投资风险，即因为政局、政策的变化，投资环境恶化，使投资者蒙受损失的风险。

需要注意的是，自然风险、社会风险、经济风险和政治风险是相互联系、相互影响的，有时很难明确区分。例如，由于人的行为引起的风险，以某种自然现象表现出来，则风险本身属于自然风险，但由于它是人们行为的反常所致，因此又属于社会风险。又如，由于价格变动引起产品销售不畅，利润减少，这本身是一种经济风险，但价格变动导致某些部门、行业生产不景气，造成社会不安定，于是又是一种社会风险。还有，社会问题积累可能演变成政治问题，因此社会风险酝酿着政治风险。

⑤按照风险来源和影响的可控制程度分为自生性风险、他生性风险、天生性风险和地生性风险。

a.自生性风险是指由企业内部人为操作，自我制造，自发形成的风险。引发之后，企业对风险的发展趋势及损失后果可以通过应对行动控制和左右的风险。例如，战略决策失误、财务现金流不畅、产品质量下降、生产中断、人员流失严重等。

b.他生性风险是指由他人引发的，企业无法控制其发生，但对风险引发后的发展趋势及损失后果具有一定可为性和控制空间的风险。如供应商停产导致生产中断、客户投诉、股东纠纷、国家强制政策对行业发展的影响、新技术替代威胁等。

c.天生性风险是指那些非企业人为，也非他人控制，由环境因素产生，并且企业对风险发生以及局势的发展和损失都无法预测、无法控制的系统性风险。如911恐怖事件、SARS、禽流感、飓风、印度洋海啸、社会动乱、人民币汇率调整、股价波动等。

d.地生性风险是指由企业触及产生，并且风险一经触发，企业对事态局势的发展和损失失去控制能力，无法应对的风险。例如，由于企业的行业特殊性必须接受行政行业的监管、上市公司违规、违反国家法律法规招致执法处罚、法律纠纷和诉讼等。

⑥按照承担风险的主体分为个人风险（Personal Risk）、家庭风险（Family Risk）、企业风险（Business Risk）、国家风险（Country Risk），其中个人风险、家庭风险和一般企业风险也可谓之个体风险（Micro-risk），而国家（政府）风险和跨国企业的风险则称为总体风险（Macro-risk）。

⑦按照风险所涉及的范围分为基本风险（Fundamental Risk）和特定风险（Particular Risk）。

⑧按照能否预测和控制分为管理风险（Manageable Risk）和不可管理风险（Non-manageable Risk）。

可见，风险分类并无绝对的标准。既然分类的目的是为了认知、评估和控制风险，那么，只要有利于风险认知和管理需要的分类即可确定。

通过个人生活和企业实践的观察，可以看到，在不同的场景人们经常以不同的方式赋予风险不同的内涵。说明人们可以根据需要接受不同的风险。战胜风险就是要增加确定性，减少不确定性，变不确定性为确定性，这取决于风险的可控程度。既然风险是一种不确定性，基于人们对风险不确定性的把握和控制程度进行划分，更符合人们“赢”的心理和操作需要，也更加有利于风险控制。

2.3.2 信用风险的含义及特点

1)信用风险的含义

信用风险(Credit Risk)又称为违约风险,是指交易对手未能履行约定契约中的义务而造成经济损失的风险,即受信人不能履行还本付息的责任而使授信人的预期收益与实际收益发生偏离的可能性,它是金融风险的主要类型。在借贷活动中,信用风险是借款人因各种原因未能及时、足额偿还债务或银行贷款而违约的可能性。发生违约时,债权人或银行必将因为未能得到预期的收益而承担财务上的损失。

2)信用风险的特点

(1)客观性

信用风险是客观存在于各种信用交易活动中,不以人的意志为转移,尽管交易的场所、交易对象、交易品种、交易的方式有所不同,但信用风险是客观存在着的。

(2)传染性

一个或少数信用主体经营困难或破产就会导致信用链条的中断和整个信用秩序的紊乱。

(3)可控性

信用风险是可以进行有效控制的,可以通过信用评估、信用管理进行科学决策,实施风险控制措施,将信用风险降到最低。

(4)周期性

经济周期和交易活动的周期变化,信用扩张与收缩也会交替出现。由于信用风险会对公司或个人的利益产生很大的影响,因此信用风险管理变成很重要的工作,较大的公司常有专门人员,针对各个交易对象的信用状况作评估来衡量可能的损益以及降低可能的损失。

(5)潜在性

由于信息不对称的客观存在,在信用风险控制中,只能降低信息不对称减少风险事故的发生,但不可做到完全消除信息不对称,因此受信人有隐瞒信息的客观必然。例如,很多逃废银行债务的企业,明知还不起也要借。据调查,目前国有企业平均资产负债率高达80%左右,其中有70%以上是银行贷款。这种高负债造成了企业的低效益,潜在的风险也就与日俱增。

(6)长期性

观念的转变是一个长期的、潜移默化的过程,切实培养个人(家庭)、企业、金融机构、政府之间的"契约"规则,强化交易主体的信用意识,建立有效的信用体系,需要长期的付出和努力。

(7)破坏性

信用风险容易打击交易者的信心,也可能使授信人形成不良的资产,甚至产生明显的经济、信誉损失。例如,当不良资产形成以后,如果企业本着合作的态度,双方的损失将会减少到最低限度;但许多企业在此情况下,往往会选择不闻不问、能躲则躲的方式,使银行耗费大量的人力、物力、财力,也不能弥补所受的损失。

2.3.3 信用风险的成因及类型

1)信用风险的成因

信用风险是借款人因各种原因未能及时、足额偿还债务或银行贷款而违约的可能性。发生违约时,债权人或银行必将因为未能得到预期的收益而承担财务上的损失。信用风险是由3个方面的原因造成的。

(1)信息不对称

在社会政治、经济等活动中,一些成员拥有其他成员无法拥有的信息,由此造成信息的不对称。信息不对称(asymmetric information)是指市场交易的各方所拥有的信息不对等,买卖双方所掌握的商品或服务的价格,质量等信息不相同,即一方比另一方占有较多的相关信息,处于信息优势地位,而另一方则处于信息劣势地位。在各种交易市场上,都不同程度地存在着信息不对称问题。一般而言,卖家比买家拥有更多关于交易物品的信息,但相反的情况也可能存在。前者例子比如二手车的买卖,卖主对该卖出的车辆比买方了解。后者例子比如医疗保险,买方通常拥有更多信息。信息不对称的存在能产生交易关系和契约安排的不公平或者市场效率降低问题。

(2)经济运行的周期性

在处于经济扩张期时,信用风险降低,因为较强的赢利能力使总体违约率降低。在处于经济紧缩期时,信用风险增加,因为赢利情况总体恶化,借款人因各种原因不能及时足额还款的可能性增加。

(3)特殊事件的影响

这种特殊事件发生与经济运行周期无关,并且与公司经营有重要的影响。例如,美国的安然事件、中国的三鹿奶粉事件。

2)信用风险的类型

(1)道德风险

道德风险是20世纪80年代西方经济学家提出的一个经济哲学范畴的概念,即“从事经济活动的人在最大限度地增进自身效用的同时做出不利于他人的行动”。或者说是:当签约一方不完全承担风险后果时所采取的自身效用最大化的自私行为。道德风险也称为道德危机。

道德风险一般存在于下列情况:由于不确定性和不完全的、或者限制的合同使负有责任的经济行为者不能承担全部损失(或利益),因而他们不承受他们的行动的全部后果;同样的,也不享有行动的所有好处。

(2)逆向选择

“逆向选择”在经济学中是一个含义丰富的词汇,它的一个定义是指由交易双方信息不对称和市场价格下降产生的劣质品驱逐优质品,进而出现市场交易产品平均质量下降的现象。逆向选择的典型表现是“二手车现象”或“柠檬现象”。

阿克洛夫通过对美国旧车市场的分析于1970年发表了文章《“柠檬”市场:品质不确定性与市场机制》,得出了“柠檬”原理(“柠檬”来源于美国口语对“缺陷车”、“二手车”的经验称呼),并且开创了逆向选择(adverse selection)理论。在旧车市场上,既定的卖者和关心旧车质量的买者之间存在着信息的非对称性,卖者知道车的真实质量,买者不知道,在他不能确知所购车辆的内在质量的前提下,他愿意接受的价格只能是所有旧车价值按概率加权计算的一个平均值,因而只愿意根据平均值来支付价格,但这样一来,质量高于平均值水平的卖者就会退出交易,只有质量低的进入市场。也就是说只有低质量旧汽车出售,而没有高质量的旧汽车交易,结果是低质量旧汽车将高质量旧汽车挤出交易市场。由此,阿克洛夫解释了为什么即使是只使用过一次的"新"汽车,在柠檬市场上也难以卖到好价钱——它是"逆向选择"的必然结果,即由于消费者所处的信息劣势而被迫作出的反向选择。这一过程不断持续,最后市场上只剩下损坏最严重的旧车,所有好一点的旧车都会从市场上消失。于是,市场上只剩下了劣质商品——"柠檬"。

一个市场经济的有效运行,需要买者和卖者之间有足够的共同的信息。如果信息不对称非常严重,就有可能限制市场功能的发挥,引起市场交易的低效率,甚至会导致整个市场的失灵。

2.3.4 信用风险管理

信用风险管理是指通过制订信息政策,指导和协调各机构业务活动,对从客户资信调查、付款方式的选择、信用限额的确定到款项回收等环节实行的全面监督和控制,以保障应收款项的安全及时回收。授信人在授信过程中都必须加强信用风险管理,加强事前、事中和事后的风险控制。个人信用管理,一方面是在对外授信时如何防范信用风险的发生;另一方面是如何提高个人信用等级、保护个人信用权。

1)信用风险的测量

信用风险对于银行、债券发行者和投资者来说都是一种非常重要的影响决策的因素。若某公司违约,则银行和投资者都得不到预期的收益。现有多种方法可以对信用风险进行管理。

2)信用评级

国际上,测量个人信用风险指标中最为常用的是对个人信用评分。这个指标简单并易于理解。比如银行对客户的信用评分,有专门的评分模型,利用个人自然信息、职业信息、信用信息、不良记录等进行评分,根据评分确定授信规模。

3)征信系统的建立

通过建立个人和企业征信系统,收集储存个人和企业信息,用一支"无形的手"进行信用跟踪,对守信者进行奖励,对失信者进行处罚。

【本章小结】

1.信用的发展经历了一个很长的过程,对"信用"的认识可以从多个不同的角度,现代信用最核心的就是以偿还和付息为基本特征的借贷行为。

2.信用具有社会性、人格性、伦理性、文化性、财产性、信息性、偿还性和付息性等特点,信用在现代经济和社会活动中发挥着重要的作用,但其消极作用也不可忽视。

3.信用分类方法很多,依据受信对象性质的不同可以分为公共(政府)信用、企业(包括工商企业和银行)信用和消费者个人信用;也可将其划分为公共信用和私人信用。根据信用发出的主体和表现形式不同可分为政府信用、商业信用、银行信用、个人信用、民间信用等;从授信人角度而论,信用可以分为银行信用、投资信用和商品信用等。

4.信用交易活动的风险主要是信用风险。信用风险又称为违约风险,是指交易对手未能履行约定契约中的义务而造成经济损失的风险,即受信人不能履行还本付息的责任而使授信人的预期收益与实际收益发生偏离的可能性。信用风险具有客观性、可控性、传染性、周期性、潜在性、长期性和破坏性。

5.正是由于信用风险的存在,信用管理也才有了它的实际意义。各种信用主体,不管是授信者,还是受信者都必须加强信用的管理,防范信用风险。

【关键术语】

信用　商业信用　银行信用　政府信用　个人信用　消费信用　民间信用　信用交易　信息不对称　信用风险　道德风险　逆向选择

【思考问题】

1.如何理解现代信用?
2.信用有哪些类型和表现?
3.信用在现代经济活动中有何积极作用和消极作用?
4.个人在信用交易中为什么会面临信用风险?
5.个人在信息交易活动中哪些时候会面临信用风险?
6.个人应该如何提高信用风险防范意识?

【推荐阅读】

1.李东雷.中国古代信用和信用机构的发展轨迹[J].河海大学常州分校学报,2001(12).
2.吴晶妹.信用管理概论[M].上海:上海财经大学出版社,2005.
3.吴晶妹.现代信用学[M].北京:中国人民大学出版社,2009.
4.郭生祥.信用是什么?——信用读本:寓言、故事及答问[M].北京:东方出版社,2007.
5.骆志芳,许世琴.金融学[M].北京:科学出版社,2013.

【课后习题】

一、单项选择题

1.将信用分为直接信用和间接信用的分类标准是(　　)。
A.偿还期限　B.信用双方联系方式　C.用途　D.信用主体

2.商业信用可以直接用商品形式提供,也可以用货币形式提供,但一定与其相结合的是

(　　)。

A.货币媒介　B.预付货款　C.商品交易　D.货币运动

3.典型的商业信用同时包含着(　　)。

A.商品促销行为和商品借贷行为　B.商品买卖行为和借贷行为

C.商品推销方式和推销技巧　D.生产商赊销行为和销售商赊购行为

4.银行信用是银行等金融机构向企业等经济主体提供的信用,最基本的形式是(　　)。

A.货币资金　B.贷款　C.金融服务　D.现金

5.银行信用是在商业信用的基础上发展起来的一种(　　)。

A.直接信用　B.间接信用　C.生产信用　D.消费信用

6.国家信用是指以国家及其附属机构作为债务人或债权人,向社会公众和国外政府举债或向债务国放债的一种形式,其依据的原则是(　　)。

A.公共利益　B.价值对等　C.无偿和有偿结合　D.信用

7.国家信用的最基本形式是发行(　　)。

A.透支　B.借款　C.公债　D.有偿周转

8.消费信用指企业、银行及其他非银行金融机构向消费者个人提供的一种信用形式,其用途是(　　)。

A.流动资金支出　B.固定资产支出　C.生产支出　D.消费支出

9.消费信用的形态表现为(　　)。

A.商品　B.货币　C.商品和货币　D.预付

10.信用风险产生的直接原因是(　　)。

A.交易与交割时间分离　B.信息不对称

C.交易对象的特殊性　D.信用期限的延长

二、多项选择题

1.信用活动的基本特征是(　　)。

A.偿还性　B.长期性　C.付息性

D.短期性　E.周转性

2.根据信用产生的形式不同,商业信用的基本类型有(　　)。

A.赊销　B.贷款　C.分期付款

D.透支　E.预付货款

3.商业信用具有的特点是(　　)。

A.债权债务人主要是企业　B.贷出的资本是商品资本

C.同时包含着买卖行为和信贷行为　D.信用期限比较长

E.与产业资本动态是一致的

4.国家信用的特点有(　　)。

A.以政府作为债权人或债务人　B.最基本形式是发行公债

C.具有财政和信用双重性　D.用途具有一定的专一性

E.安全性高和信用风险小

5.消费信用根据提供商的不同,其具体形式有(　　)。

A.赊销　　B.分期付款　　C.间接消费信用

D.直接消费信用　　E.银行对消费者发放贷款

三、连线题(根据具体的信用交易行为,进行信用分类,用直线连接起来)

(1)丙公司同意丁公司在30日内付款		
(2)工行吸收居民储蓄存款2 000万元	商业信用	
(3)银行向甲公司承诺贷款10万元		
(4)张三贷款10万元购汽车1辆	银行信用	公共信用
(5)乙公司分期付款购了设备	政府信用	私人信用
(6)央行发行钞票2 000亿元		
(7)消费者持信用卡消费	消费信用	
(8)财政发行国库券		

四、案例分析题

(一)中外银行信用差距有多大

长沙县春华镇松元村村民龙孟雄的叔叔1958年在农村信用合作社存了26元钱,当时约定存期3个月,但不知何故一直没有去兑付,时隔55年后龙孟雄认为按利滚利大概七八万元,但去取款时却遭遇尴尬。已经"改头换面"的信用社——湖南星沙农村商业银行春华分行(原长沙县九木乡天河信用合作社)的相关负责人则表示,这存款无法兑付。银行工作人员表示即使能兑付,存款人还要倒贴。那时的定期存款是不计复利的,也不自动转存,按存期及存单标明利率计算定期利息,超期部分至取款日一律按取款日活期挂牌利率计息,初步估算了一下,以现今的利率来计算,这笔存款的本息合计约为31.5元,如果银行找他收取小额不动户管理费的话,他还要倒给银行不少钱。(摘自2013年12月16日红网)

一美国老太在祖先遗物中找到一张200年前手写的存单,老祖宗在瑞士银行存了100美元。老太去该银行在美分行取钱,该行即报总行,总行即核对,查到该笔存款的底账。总行行长到美国找到老太,举行兑现仪式,给老太兑现50万美元,并奖励她100万美元。行长说:"钱存在我们银行,只要地球在,你的钱就在。"(摘自2014年8月1日中商情报网)

1.银行信用的优势表现在哪些方面?

2.中外银行的信用为什么有这么大的差异?

3.银行信用在一个国家信用体系中的作用是什么?

(二)农夫和蛇

一个农夫干完农活,看见一条蛇冻僵了,就把它拾起来,小心翼翼地揣进怀里,用暖热的身体温暖着它。那蛇彻底苏醒过来后,便以迅雷不及掩耳的速度用尖利的毒牙狠狠地咬了农夫一口。农夫临死的时候痛悔地说:"我可怜恶人,不辨好坏,结果害了自己,遭到这样的恶报,我真是活该!”

农夫和蛇的故事说明了做人一定要分清善恶,只能把援助之手伸向善良的人。对那些恶人即使仁至义尽,他们的本性也是不会改变的。

这个故事大家再熟悉不过了,但在我们深刻记忆中农夫和蛇的故事说的是“做人一定要分清善恶,只能把援助之手伸向善良的人。对那些恶人即使仁至义尽,他们的本性也是不会改变的。”

问题:

1.农夫在拾起蛇的时候是否考虑过有风险?有什么样的风险?

2.经济活动中什么时候会面临信用风险?

第3章　个人信用体系建设

【教学目的】

1.理解个人信用及个人信用体系的内涵。

2.了解我国个人信用体系建设的现状。

3.认识失信惩戒机制运行原理,掌握失信惩戒的方法和措施。

4.认识加强信用教育的重要性,了解如何加强信用教育。

【引导案例】

两则寓言:演绎现代版的人生

寓言一:两位老太太,到了天堂,一位是中国老太太,一位是美国老太太。中国老太太感叹地说,我一生省吃俭用,在来到天堂之前终于拥有了自己的房产;那位美国老太太释然地说,我从二十多岁开始按揭房产,到天堂来之前,终于还完了银行欠款,拥有了自己的房产。两者的共同之处在于,到了生命的尽头,都拥有了自己梦寐以求的房产;不同之处在于,一位是在几十年的享受中最终拥有了自己的房产,一位是在几十年的煎熬与期待中最终才获得了属于自己的房产。当然,今天的中国人也学聪明了,纷纷采用按揭的方式,早日实现购房、买车的梦想,用明天的钱享受今天的生活。

寓言二:两位中国公民,到美国去闯荡,甲先生家境富足,乙先生家境贫寒,甲先生买车、买房以及个人消费,全部现款一次付清,乙先生买车、买房以及消费都采用按揭和信用卡借贷,并按时还款,在银行留下了良好的信用记录。当商机来临的时候,乙先生可以迅速从银行融资开展业务,而甲先生却遭到了拒绝,原因是没有信用记录。多年以后,乙先生的事业是甲先生所不能望其项背的。也许,我们会说甲先生可以把房产抵押给银行获得融资,但那烦琐的手续,缓慢的时间,往往会贻误商机。

当今世界,无论是东方还是西方,朋友之间,最难张口的事情就是借钱,那么,还是记住中国人常说的那句老话:“求人不如求己!”向银行借钱,并呵护好自己的信用。

3.1 个人信用体系概述

3.1.1 个人信用体系的含义及内容

1) 个人信用体系的含义

个人信用体系是指根据居民的家庭收入资产、已发生的借贷与偿还、信用透支、发生不良信用时所受处罚与诉讼情况，对个人的信用等级进行评估并随时记录、存档，以便信用的供给方决定是否对其贷款和贷款多少的有关管理与制度的总和。个人信用体系包括个人信息调查、个人信用调查、个人信用咨询、个人信用评价以及个人信用的延伸管理。在征信国家，个人体系早已完备，但在我国，个人信用体系正在逐步完善中。

个人信用体系就是一套详细记录消费者历次信用活动的登记查询系统，这是在社会范围内构建发达的信用消费经济的基础，也是目前大力提倡的金融生态环境建设的支柱之一。个人信用体系作为社会信用体系的基础，近几年来，其重要性已日益凸显出来。

在我国，由于个人信用制度缺失，个人信息无法有效评估，导致各家银行的消费信贷信息不能互通，个人信用制度的缺陷对消费者信贷业务的发展形成"瓶颈"制约。一方面，我国银行无法完全通过个人信用体系高效准确地获得个人信用报告，其唯一的选择就是进行严格的信用审查，不可避免地对信誉良好的资金需求者也进行了不必要的资信审查，造成资源的浪费和低效使用，银行信息获得的高成本被转嫁到消费信贷者身上，从而使消费信贷资金价格偏高，从而制约消费信贷的发展；另一方面，作为资金需求的消费者面对烦琐的贷款手续，近乎苛刻的贷款条件，以及种种担保、抵押、保险、审核而"望贷"兴叹。个人信用体系的缺乏，不仅仅制约了消费信贷业务，而且影响了个人金融业务的整体开展，建立完善的个人信用体系是当务之急。

2) 个人信用体系的内容

(1) 个人信用登记体系

首先要明确纳入体系的信用数据范围，通常包括银行、保险、证券、房地产、医疗、商业、治安、交通等方面的数据。最佳的方式就是"一人一生一卡一号"制，但在电子设备支持达不到的情况下，可先设一个单独的个人信用账户来记录用户的信用情况。

(2) 信用数据评价体系

信用数据收集起来后最终要提供给用户的是简单明了、易懂的信用产品，而不是密密麻麻的原始数据。目前评价方法有评分和评级两种，各有利弊。最重要的是在全国范围内有一个统一科学的评价体制，避免出现地区间或不同的征信机构间的评价标准出现冲突。

(3)信用监督管理体系

主要包括隶属于政府的监管机构,商业化的信用中介机构和在全社会范围内参与消费信用产品和提供信用数据的各个部门。而要使这诸多部门在个人信用经济中扮演好自己的角色,最主要的是要靠完善的法律法规的保障。

(4)风险防范体系

包括信用风险警戒体系指标、信用风险的转嫁体系及风险担保基金和再保险基金等。把风险扩散化,使损失最小化。

(5)失信惩戒体系

通过失信惩戒体系的建立,要在全社会范围内形成一种震慑力,对失信行为要给予惩处,并且其恶性信用记录应该在较长的时间内不予删除,并对社会公开,以制约其以后的经济活动。

3)建立和完善个人信用体系的重要性

(1)有利于加快我国消费信贷领域与国际惯例接轨进程

目前,西方发达国家个人消费信贷占信贷比重的30%以上,而个人信用记录的有无和优劣是能否得到消费贷款和分期付款优惠的先决条件,堪称一个人在社会中安身立命的"通行证"。在美国,每个有经济活动的人都有一个社会保障号码和相应的账户,该账户记录个人金融交易情况。银行在接受客户贷款申请后通过统一联网的专用网络查询其信用情况,决定是否贷款,是否给予优惠,是否要密切关注其经济信用情况,乃至采取防范措施。此外,个人在进行申请工作、领取工资、租房、赋税等经济活动时都需出示和登记该号码以备接受资信调查。因而,许多人爱护自己的信誉胜于爱护生命。目前,我国与国外的私人间商业活动已经十分普遍,许多时候外商会因为对投资保障度质疑,从而影响到外资的利用,而有了个人信用号码后,双方将会打消顾虑,提高合作的效率与效益。

(2)有利于为社会经济发展提供基础保障

个人信用体系完善之后,银行就可以根据个人信用评估资料,充分满足那些资信程度高、具备还款能力的消费者的贷款需求,并以此促进居民消费和银行消费信贷业务的快速、健康发展。当个人信用制度为社会所认同时,就能建立良好的市场运行机制,并促使个人消费信贷业务及国民经济的全面发展。

(3)有利于改善社会信用状况,促进和谐社会构建

通过建立个人信用制度,实施强制性的法律法规来指导个人信用活动,规范当事人的信用行为,形成外部约束力量,依法惩治违约行为,从而有效增强个人守信意识,在全社会树立起良好的社会信用风气。这与我国传统的"诚实守信"美德是不谋而合的,其效果也是仅靠传统观念去约束所达不到的。据此,将会更大程度地提高人们的"社会信用度",对构建和谐社会有很大的促进作用。

专栏案例 3.1　深圳市诚信体系建设

2012年3月,深圳市发布《关于廉洁城市创建中诚信建设若干问题的决定》,规定公务

行为将实行终身负责制,公务行为出现过错的,责任的追究不因行为主体的职务变动、岗位调整而分离。该决定是深圳市建设诚信体系、创造廉洁城市的有机组成部分,涵盖国家机关、企业、社会组织、个人4个方面的诚信建设。涉及整治商业贿赂、企业诚信建设、打击商业欺诈、社会组织诚信建设、个人诚信建设、诚信档案的使用、守信激励、诚信信息共享机制等多方面。

1.建公务行为终身负责制。完善行政过错责任追究制度和评议考核制度,制订公务人员诚信标准,建立公务人员个人诚信记录制度,同时建立"公务行为终身负责制度",即在公务活动中推行责任到人、记录在案、问题倒查的公务行为终身负责制,健全公务活动过程的资料保存制度,其各个环节相对应的责任单位和人员均应详细记录并妥善保存。

2.建立商业贿赂一票否决制。建立商业贿赂一票否决制,即企业、社会组织和个人在参与公务活动中出现商业贿赂行为的,其因行贿所获取的不正当利益将立即取消或追回。尚未获得不正当利益的,取消其参与该次公务活动的资格。

3.社会组织接受捐赠要公开。建立社会组织诚信档案、诚信信息公开制度和诚信评估标准,除了指导社会组织严格按照章程和业务范围开展活动,建立健全财务制度,建立公开、透明的信息披露制度,督促社会组织及时公布年度工作报告外,还要求社会组织主动将重大活动,接受捐赠、资助的数目、用途使用及财务状况等重要信息向社会披露,接受社会的查询、监督。

4.信用好的企业可免年检。对信用良好的,国家机关在审批相关专业资质认定等方面应优先考虑、优先办结,对长期遵纪守法、经营业绩好、商业信誉高的企业实行企业年检免检。对失信行为没有达到犯罪程度或现行法律没有惩戒规定的,对失信者采取廉洁诚信教育、记录生产、经营行为诚信履行情况等措施加以惩戒。

5.建立诚信"黑名单"制度。与国家机关及其公务人员公务活动发生关联的企业、社会组织和个人存在3次失信或1次严重失信行为的,将纳入本部门的"黑名单"。凡纳入"黑名单"的,在特定期间内,禁止其参与政府采购项目、政府招投标项目及其他财政资金扶持项目;对其申请行政审批事项给予限制。

(资料来源:南方日报,2013年3月13日)

3.1.2 个人信用体系建设的国际借鉴

征信国家个人信用体系建设各有特色,积累了丰富的经验,值得我们借鉴。

1) 澳大利亚

在澳大利亚,个人信用信息,比如说个人的借贷情况以及不良的信用记录等并不是由政府来征集的。几个大型的信用公司负责为澳大利亚人以及新西兰人进行信用征集。

比如,澳大利亚最大的个人信用信息的征集公司韦达公司就收集了1 350万个澳大利亚人的信用信息,而整个澳大利亚的总人口只有两千多万人。个人信用记录在澳大利亚的使用非常广泛,在银行贷款、申请信用卡、贷款买一辆汽车、签一个移动手机电话,贷款方都有资格查询你的信用记录。通常银行、贷款公司等这些机构授权可以看到普通用户的个人信用记录，个人很难看到个人信用记录，而这种个人信用记录通常保存5年，如果是不良的信用记录，我们俗称为黑名单，会保留7年之久。到目前为止，澳大利亚的信用记录仅局限在澳大利亚和新西兰两个国家之内共享，因此有一些其他国籍的人士到澳大利亚后会钻这个空子，在离开澳大利亚的时候贷款购买笔记本电脑或者是贷款购买手机，没有还完所有的欠款就离开澳大利亚，不过欠款不还这样的事情对于澳大利亚人来说很少会发生，因为对于澳大利亚人来说，信用记录会跟随自己一辈子，除非你离开澳大利亚，否则的话有一个不好的信用记录，将会在澳大利亚寸步难行。

2）德国

在德国，无论是贷款还是租房，通常会被要求出具Schufa信用证明。所谓Schufa，是一家成立于1920年的通用信用保险保障机构，是德国最大的信用数据收集以及保证机构，也是一家私有的上市企业。

这个信用保障系统有着相当完善的配套法律体系。采用0~100分的评分制度，分数越高信誉度越高。其中，个人信用数据每季度会更新一次，企业信用数据每天都更新。

Schufa主要的业务就是在法律允许的范围内收集各种与信用有关的公司以及个人数据，目前总共收集存储了4.79亿条数据信息，其中就有6 620万属于个人信息，囊括了德国3/4以上的人口。由于德国对个人数据和信息保护比较严格，因此除了政府机构的特别调查部门，一般人和机构无法查询别人的信息。但是可以自我查询。德国Schufa每年收到的信用查询高达1.029亿个，其中有部分是自我查询。根据德国联邦数据保护法，每位公民都有每人一次获得自己的相关信用报告的权利，并且可以要求更正数据中的不实之处，Schufa的信息和数据收集通常都是公开的，而且必须是在严格的法律框架内进行。比如在发生债务纠纷等失信行为的情况下，最坏的结果就是失信者被债务人移交给Schufa，这样的话其不良信用就会被记录在案。一般情况下在失信者偿还自己债务或者说是履行自己的义务之后，相关的不利信息会在3年之后从数据库中自动删除，如果是未成年人则必须在偿还债务之后立即删除。

3）日本

日本的社会信用体系采用的是会员制。无论是企业还是个人提供虚假的信息都将受到严惩。

日本的信用体系已经有一百多年的历史，它的发展是由政府资助到自由经营的过程，特别是在资金和协助进行信息调查方面，日本政府在初期给予了一定的扶持，现在政府对外免费公开信息，同时有偿使用业界的服务，比如破产分析、行业预测等，这份关系有利于保持信用调查的公平、独立、客观和公正。日本的信用体系是会员制模式，仅向会员提供信用信息的查询服务，比如个人信用体系方面有3个全国性的个人信用信息中心，它们是日本银行家协会主办的银行个人信用信息中心、日本信贷业联合会主办的个人信用信息中心和信用产业协会主办的CIC信用信息中心，三大行业协会的信用信息服务基本上能够满足会员对个人信息的征集和考察需求。而且信息只能在调查消费者的偿还能力和支付能力的时候使用,不能用于其他的目的。作为企业,在提供信息的时候是绝对不能弄虚作假的,一旦被发现有不诚信的记录,将会无法申请到贷款,失去合作伙伴等,代价非常高。作为个人如果提供虚假信息会有不良记录,会给生活带来很多不便。比如日本文部省会把逾期不还贷的人的不良记录向个人信用信息机构通报,这对申请信用卡、申请房贷等都会有很大的影响。

3.1.3 我国个人信用体系的建设

1)加强思想道德建设,强化诚信意识,树立诚信为本的良好风尚

诚信需要从小就开始培养,学校和家长都要抓好孩子的思想品德教育,加强孩子的诚信实践;社会诚信和个人诚信还需要媒体、舆论的正确引导、政府倡议和制订诚信规则等多途径来循序渐进地解决。在新的历史条件下,从公民道德建设入手,继承中华民族几千年的传统美德,强化国民信用意识,树立诚信为本的良好风尚,构建我国的个人信用体系、保证社会主义市场经济的健康发展。

2)信用档案存储、查询网络化

信用档案记录一个人的信用状况、信用历史。信用档案就像公民的第二身份证,任何人如需要某人的信用记录,都可以查看此人的信用档案。为了给使用个人信用档案的人提供方便,个人信用档案不管是存储、查询都必须网络化。因为也只有这样,信用档案的必要性、实效性才能充分体现出来。有了周密完备的个人信用网络,借助于计算机等现代化管理手段,建立了一套完善的个人信用体系,银行和商家通过网络可及时了解消费者的信用情况,因而能够迅速地确定能否向消费者提供贷款。例如,美国的消费者到汽车金融公司申请按揭买车,公司职员将他的“社会安全保险号码”输入电脑,查询以往的消费贷款有无不良记录,查实能按时还款后,立即通知汽车公司可以让他自由选车。

3)建立个人信用评估体系

在个人信用评估方面,要逐渐从国外引进可靠的计量模型,根据历史的信用记录计算出结果,并结合分析当事人当时的生活状况,凭自己的经验和专业知识,对其未来的信用作出决策。在进行信用评估时,必须以定量为基础,再加上自己的定性模估来得出尽可能正确的结论。建立个人信用评估体系方面,主要是在一定信用范围内建立个人信用奖惩机制。如将信用不良的个人进行舆论监控(媒体公布)或请专门机构追究责任,构成犯罪的,追究刑事责任;对“老赖”有必要限制其高消费;对信用良好的个人给予贷款激励,如增加可贷款额度、延长还贷期等。

4)出台、实施有关个人信用方面的法律、法规

一套完善的个人信用体系必须包括社会的道德准则以及与信用相关的法律、法规。只有道德与法律结合,信用行业才能健康地发展。《居民储蓄存款实名制》(2001 年 4 月)《电话用户真实身份信息登记规定》(2013 年 12 月)等法规的实施都有助于诚信社会的构建。应该尽快出台《个人信用征信及评级业务管理办法》和《个人信息保护法》等相应法规。

3.2 失信惩戒机制

3.2.1 失信惩戒机制的含义及功能

1) 失信惩戒机制的含义

失信惩戒机制也称为信用奖惩机制，是指对失信主体进行处罚，对守信主体进行褒扬的制度和措施。失信惩戒机制是社会信用体系的重要组成部分，它是由所有授信单位共同参与的，以企业和个人征信数据库的记录为依据的，通过信用记录和信用信息的公开，来降低市场交易中信息的不对称程度，约束社会各经济主体信用行为的社会机制。

信用惩戒机制有3个基本要素：一是信用信息的开放。企业和个人的信用信息对征信机构的开放；二是联合征信。专业征信机构通过联合征信形式采集征信数据，构筑征信数据库，并合法公开不同级别和类型的资信调查结果；三是社会联动。由政府倡导，建立一个由所有授信单位参加的社会联防，使失信企业或个人及时被曝光并受到处罚。

2) 失信惩戒机制的功能

失信惩戒机制的作用就是经济手段和道德谴责手段并用，惩罚市场经济活动中的失信者，将有严重失信行为的企业和个人从市场的主流中剔除出去。一个运行良好的失信惩戒机制至少包括三大功能。

(1) 惩罚功能

失信惩戒机制要具有对任何经济类型的失信行为进行惩罚的作用，惩罚是围绕着经济性质的处罚进行的，间接地对失信行为进行道德谴责。

(2) 震慑功能

失信惩戒机制还应对潜在失信者产生震慑、警示作用，力求将失信的动机消灭在萌芽状态之中，对失信行为产生事先约束性。

(3) 奖励功能

失信惩戒机制还具备奖励功能，奖励诚实守信的商户和消费者，从而起到对失信者及潜在失信者的示范作用。

失信惩戒机制具有主动出击和覆盖面广的特征。失信惩戒机制对失信行为的打击是主动的，它不对任何企业和个人事先通知，也不对失信者进行任何思想道德方面的教育，甚至可以在有失信行为者不知情的情况下，就开始实施对失信者的处罚。失信惩戒机制的覆盖范围很大，不仅让失信记录在全国甚至是全球范围内传播，而且市场联防也是在对应范围内施行的。

3.2.2 失信惩戒机制的建立

1) 失信惩戒机制的手段

失信行为惩戒机制具体的手段和措施有：

①由政府相关部门作出惩戒,公布“黑名单”“不良记录”,给予警告、罚款、取消市场准入等行政处罚措施,惩罚、制止违法违规的失信行为。

②建立市场自我调节、监督机制,如建立信用等级评定与银行授信额度挂钩等制度。

③通过信用信息公开机制,让失信者受到全社会的监督和制约。

④建立与惩戒失信行为相适应的法律惩戒体系,如社区义务劳动、社区矫正、罚款、短期刑罚等。

专栏案例 3.2　多部门联合发布失信惩戒措施

中央文明办、最高人民法院、公安部、国务院国资委、国家工商总局、中国银监会、中国民用航空局和中国铁路总公司于 2014 年 1 月 16 日在北京举行“构建诚信惩戒失信”首次发布会,向社会公布对失信被执行人限制高消费,并采取其他信用惩戒措施。

此次发布的惩戒对象是最高人民法院失信被执行人,以及被人民法院发出限制高消费令的其他被执行人。首批推出的惩戒措施有 3 项:

一是禁止部分高消费行为,包括禁止乘坐飞机、列车软卧。

二是实施其他信用惩戒,包括限制在金融机构贷款或办理信用卡。

三是失信被执行人为自然人的,不得担任企业的法定代表人、董事、监事、高级管理人员等。

最高人民法院通过信息技术手段向相关职能部门推送失信被执行人名单,各部门收到名单后,在其管理系统中记载限制高消费和实施其他信用惩戒措施等内容的名单信息,或者要求受监管各企业、单位、行业成员和分支机构实时监控,进行有效信用惩戒,使失信者一处失信、处处受限。

（资料来源:2014 年 1 月 17 日新华社）

2)失信惩戒机制的建立

应从加强信用立法、明确政府主管部门并建立市场退出机制、发展信用机构、建立行业信用数据库、健全信用信息公开制度以及塑造良好的信用文化氛围几方面来完善失信惩戒机制。

(1)加强信用立法

司法惩戒是失信惩戒的最后一道防线,是一种“事后救济”,司法惩戒强制性和威慑力使失信者明确失信所要付出的人身自由或经济制裁等严重后果。因此要建立健全信用领域的法律法规,一个良好的失信惩戒机制要对触犯法律的失信行为和失信者做到“执法必严、违法必究”。另外,还要通过法律程序授权给政府或有关部门行使信用惩罚的权利及其界限,明确规定什么是企业失信行为,如何惩罚等。

(2)明确政府主管部门并建立市场退出机制

随着社会对信用的重视以及信用活动的迅速发展,要求全国的信用活动统一管理,规范一致、加强力度、协调发展。因此我国应尽快明确失信惩戒的政府主管部门,依法对失信行为进行行政处罚,特别是政府工商注册部门要严格市场主体的市场退出制度,使不遵守信用原则、破坏信用关系的严重失信者退出市场。由于政府管理部门的监督管理具有日常性、长期性、强制性等特征，因此，政府监督应成为失信惩戒的主导。

(3)发展信用机构

信用机构在信用体系建设中起着重要作用，信用机构的完善与否关系着信用制度能否真正建立。信用机构，包括信用调查、征集、评价、担保、信用咨询公司等。其根本作用是以自身的信用和必要的资本承担经营责任，独立、公正、客观、平等地以第三者身份为社会各界提供信用产品或服务。培育信用机构应是信用工作的一个重点。

(4)建立行业信用数据库

信用机构应开展联合征信，利用会员资料设立信用数据库，建立企业的信用档案，建成及时反映企业信用的记录系统。要充分发挥行业自律的作用。要完善自律维权功能，建立行业信用体系，行业协会可利用会员资料设立信用数据库，建立本行业的信用查询系统，依法公布行业内失信者的黑名单，从而细化了对企业的监督管理，对企业的守信维护多一道防线。

(5)健全信用信息公开制度

依法公布失信者的"黑名单"，通过使用统一的信用编码，尽快实现银行信贷咨询系统、工商信用管理系统以及税务、质检、公安、司法、海关、证监等部门和各类行业自律组织之间的信用信息系统的互联、互通、互享，实现企业信用资料的查询、交流及共享的社会化。建立社会信用查询系统，征信机构能够接受客户的委托，提供有关企业信用状况的信息，实行信用信息商品化。有效的征信体系使受信者的信用状况置于社会监督之下，从而迫使其提高自身的信用水平，以满足社会对其的诚信要求。

只有完善信用信息公示制度，才能为失信惩戒机制的运行提供基础与支持。完善信用信息公示制度主要包括 4 个方面的制度建议：形成以各级政府为主体和电子政务为基础的基本政务信息披露和开放制度；以企业为主体建立信用风险管理和控制制度，提高企业防范信用风险的能力和意识，加强企业信用风险管理；建立以行业协会为主体和会员单位为基础的自律维权的信用平台，在一些行业逐步形成各种形式的同业征信制度，对此应更多地发挥行业协会的作用；建立以信用中介服务机构为主体和市场化运作为主要形式的社会信用信息的调查、资信评级和信用管理服务制度，促进并规范信用中介服务行业的健康发展。

(6)加强企业信用文化的建设

失信惩戒机制在社会上充分发挥其作用的前提条件是各经济主体具有较强的信用观念，而信用观念的培养需要良好的文化氛围。企业信用文化，是指企业在生产经营活动中所形成的信用价值理念和行为准则，是企业信用观的外在表现。企业信用文化的内容包括：企业信用物质文化、企业信用行为文化、企业信用制度文化、企业信用精神文化。企业信用文化是企业实现价值创造的根本原因，企业信用文化在本质上反映的是企业生产力成果的进步程度，是企业经营理念及其具体体现的集合。它影响着企业员工的行为方式，并通过经营决策过程体现在企业的技术实践和管理实践之中。良好的企业信用文化是企业整合资源、迅速成长的重要工具。

专栏案例 3.3 旅游企业建“信用”制 游客当心被拉黑

出游本是一件快乐的事情。随着国家旅游法规的完善,旅游企业“乱来”的情况越来越少,而不少游客的不文明行为开始凸现,却让游客和旅游企业都很受伤。出现公共场所大声喧哗不听劝阻、不分场合打牌、使用不文明用语、游客不尊重服务人员等言行举止不文明现象。此外,还出现大量预约报名后在不提前告知的情况下爽约或借故不及时支付相关费用等不诚信行为。重庆市不少旅游企业纷纷开始学习银行的“信用”制度,对于不文明行为说“不”。有不文明旅游、不诚实守信的客人就会留下“信用不良”记录,被拉入临时“不诚信游客名单”,一段时间内无法享受企业提供的旅游服务。

(资料来源:《重庆时报》,2014 年 4 月 18 日第 56 版)

3.3 个人信用教育

信用教育是一个国家信用体系建设的重要环节。家庭是信用教育的开始,是信用教育的基础,诚信意识的形成和诚信行为的培养是从小认识和积累的;学校是信用教育的关键,不管是在小学及中学的诚信意识强化,还是高等学校的专业教育,有利于帮助个体更加成熟地认识和体验诚信的价值;工作单位是信用教育的深化,当个体进入单位开始工作,单位的诚信教育和信用消费意识的培养,以及在各种交往、交易中形成的“讲信用、重合同”的观念,都会不断地得到深化和提升,并通过外部失信惩戒机制的激励来强化人生的第四观,即“信用观”。

3.3.1 公众信用知识的普及

全社会信用意识的增强不是一朝一夕的事情,需要通过媒体、教育机构从社会伦理和思想道德规范的角度大力宣传和教育,出版“个人信用知识问答”“个人征信手册”等知识普及性刊物,建立个人信用知识网站,让“诚实守信”和“履约践诺”观念深入人心,形成讲信用的风气,营造视信用为财富甚至生命的良好社会氛围。

1)培养、铸造公民的信用意识

公民的信用意识是一个国家信用文化的重要体现,是各项信用制度发挥作用的必备条件。我国信用的普遍缺失恰恰在于民众信用意识的淡薄。要增强全社会的信用意识,政府、企业和个人都要把诚实守信作为基本行为准则,让尊重他人经济权利、尊重市场规则成为普遍的社会价值理念。

2)激励守信者,惩罚失信者

要让守信者名利双收,失信者身败名裂的观念深入人心。一方面,以物质、精神利益为杠杆或导向,重奖诚实守信的企业或个人,通过利益机制调节人们传统的认识水平和心理定势，营造出守信者扬名得利的社会氛围，引导人们树立健康的信用观念和信用行为；另一方面，严惩违反社会信用道德的不良行为，让信用记录不良的企业和个人声誉扫地，利益尽失，使社会公众在约束性的制度氛围中，认识到信用是财富，信用是名誉，逐渐养成诚实守信的行为，最终将外在的法律条文内化为自身的价值追求。

3）发挥上层建筑对信用文化建设的导向作用

信用文化无论是作为生产关系的反映，还是社会关系的反映，它都受到上层建筑的调节、引导和规范。一般而言，信用文化与上层建筑的稳定、政策的连续性和一致性、承诺的兑现性呈正相关关系。领导干部廉洁诚信，会增强群众对社会的信心、安全感以及对社会规则的认同、对社会进步的追求；反之，就会增强群众对社会的失望感，对社会规则的不信任感和畏惧感。因此，保持政策的连续性、一致性，加强领导干部的廉政建设和诚信建设，对于加强信用文化建设、规范信用秩序也十分必要。

3.3.2 专业管理者的职业教育

随着我们国家经济社会的发展和社会信用体系建设事业的推进，党和政府非常重视信用管理人才的培养。信用管理人才主要是指从事信用风险管理和征信技术的专业人员，由于信用管理专业技术人才所从事的这种工作需要多学科的理论知识和多方面的专业技能，因此它是属于专业技术人才当中知识技能型的高端人才。对于这样一种人才的培养，这些年来应当说我们国家有了很大的进步。

我们国家已经有了高等院校的专业教育，本科学历的专业教育和研究生教育，这是培养信用管理人才非常重要的一个方面。但是实事求是，从我们国家现在对于信用管理人才的需求来看，目前我们仅有这样的学历教育是远远不够的。信用管理专业培养出来的人 70% 以上是在企业里从事信用风险管理；另外，还有相当多的群体从事企业征信、个人征信、资信评级等，提供信用产品和信用专业服务的专业机构。

目前来看，我们国家随着企业信用管理功能的成长，已经有成千上万的企业开始建立信用管理部门，对企业进行信用管理。另外，从我们国家的实际情况来看，从 20 世纪 80 年代以后到现在，信用管理征信服务业已经具有了相当的规模。在这种情况下，如何解决信用管理领域对市场的需求，职业教育的开展起了非常重要的作用。也正是在这样的情况下，根据中国的实际状况，由中国市场协会信用工作委员会从 2002 年开始研究这个问题，2003 年正式开始向国家主管部门汇报，申请设立信用管理属于国家职业。在劳动社会保障部，国家职业技能鉴定中心的大力支持下，经过反复的论证、调研、公示，征求各方面的意见，在 2005 年 3 月 31 号，劳动社会保障部在人民大会堂正式召开新闻发布会，向全社会宣布信用管理成为我们国家一个新的职业。在这之后，在劳动社会保障部领导主持之下，由信用工作委员会依靠众多的专家，又开始编制信用管理国家职业标准。2006 年的 1 月 17 号，劳动社会保障部以劳社厅发第 1 号文件，把信用管理国家职业标准正式发布并开始实施。

3.3.3 家庭和学校的诚信教育

诚信是人类共同追求的一种美德，世界各国都非常重视对全体国民特别是青年一代进行诚信教育。

1)高等学校中常见的失信现象

(1)考试作弊

我们经常可以看到某校大学生因考试作弊而受到严厉处分的报道,轻者受到各种处分,重者则被勒令退学。据集美大学调查显示,有 28.1% 的学生表示曾有过作弊行为,而且作弊形式和手段越来越“高明”。

(2)抄袭作业

通过对教学检查、同学座谈以及任课教师反映的情况,抄袭作业较为普遍,甚至已不被学生认为是失信行为,更有少数学生在校外通宵上网,由网吧老板找人代抄作业。

(3)有钱不交学费

有的学生在新年伊始,拿着家长给的学费不交到学校却擅自存入银行进行“增值”,认为反正国家有确保不让学生因家庭经济困难而辍学的政策,岂不知他们这样做的同时,剥夺了那些政府和学校给予真正家庭贫困学生的学费减免、困难补助的机会,对学校、家长、同学都没有做到以“诚”相待。

(4)贷款到期不还

国家助学贷款是国家为了缓解家庭困难学生的就学压力而设置的一种无担保的信用贷款,即在校大学生通过学校提供贷款介绍人和借款学生自行提供见证人,以信用方式向银行申请发放的助学贷款。但是,有极少数学生恶意逃债,给银行信贷工作蒙上阴影,甚至直接影响了一些银行继续办理国家助学贷款的信心。

(5)毕业时的失信行为

首先,自荐材料的虚假包装。由于毕业生就业的主要渠道是参加各种形式的人才招聘会,首先要向用人单位提供自荐材料,很多用人单位也正是通过自荐材料这一途径来了解、评价、衡量毕业生的基本素质和能力,并决定是否给予面试机会进而影响录用或聘用。一些毕业生使出浑身解数弄虚作假,有的伪造各种证书,有的涂改成绩,有的在校期间未受过什么表彰,却采取“偷梁换柱”的方法,摇身一变成为“三好学生”“优秀学生干部”“奖学金获得者”“优秀毕业生”等。于是就出现一家用人单位接收的简历中,竟有多人同为该校学生会主席,一个班大多都是一等奖学金获得者的怪事。其次,随意签约、毁约。有的毕业生由于害怕没有合适岗位,求职心切,缺少慎重考虑,一遇到接收单位就迫不及待地草草签约,等到后来,发现可供选择的单位多了,回头一想,又觉得自己所签的单位不理想,于是马上要求毁约。也有的毕业生看到各方面不如自己的同学签了一份较好的单位,于是心里感到不平衡,便不顾一切地与用人单位毁约。另外,还有少数毕业“脚踏两只船”,同时与多家用人单位签约。

(6)其他方面

一些学生经常旷课,当被老师或有关部门查到后,他们采取欺骗方式编造各种理由开脱;少数学生隐瞒实情同时与多名男(女)同学谈恋爱;还有极少数学生在宿舍里偷盗其他同学的财物等。

另外,也有个别教师师德师风有问题,比如个人生活作风问题、学术不端、不合理修改成绩、纵容学生抄袭和违纪、收受学生家长礼品和宴请等，对学生的诚信教育产生了负效应。

2）国外诚信教育的经验

（1）国外诚信教育的成功做法

①美国的诚信教育。美国在对学生开展诚信教育方面有一套独特的方法。从幼儿园和小学就重视对孩子的诚信教育。美国波士顿大学教育学院设计的基础教材中突出了诚信方面的内容，其中一篇课文讲述了这样一则故事：一位国王要选择继承人，于是发给国中每个孩子一粒花种，约好谁能种出最美丽的花就将谁选为未来的国王。当评选时间到来时，绝大多数孩子都端着美丽的鲜花前来参选，只有一个孩子端着空无一物的花盆前来。最后，这个孩子却被选中了。因为孩子们得到的花种都已经被蒸过，根本不会发芽。这次测试，不是为了发现最好的花匠，而是选出最诚实的孩子。教材建议老师在班上组织讨论，向学生介绍“最大程度的诚实是最好的处世之道”这句谚语，并且要求学生制作“诚信”的标语在教室里张贴。

美国的大学也非常重视对学生的诚信教育，特别是像哈佛、耶鲁这样的研究型大学，从本科生入校开始就进行诚信教育。美国的大学都制订有学生学术诚信条例。条例对考试作弊、论文抄袭等学术不诚实行为，从定义、表现形式到处罚规则和申辩程序，都作了详尽的规定。上述条例均印制在新生手册中，在报到之际发给每一位新生。许多大学还建立了荣誉守则制度。新生入学时，都要求在荣誉守则上签名，作出学术诚实的保证。一些大学甚至将此作为新生最终入学的条件。比如普林斯顿大学在新生报到时，会发给每位新生一封信，告知如其署名，将视为已理解并信守荣誉守则的承诺；未签署此承诺书，则不得注册入学。宾夕法尼亚大学在每年秋季开学之际，都会举行一次“学术诚信周”的活动，让每位新生在签署保证书的时候阅读学术诚信条例。阿尔伯特大学也有一个名为“学术诚信周”的活动。

②德国的诚信教育。德国对诚信教育也非常重视。德国的教育心理学家普遍认为，孩子在四五岁时是培养其价值观和辨别是非能力的最主要的时期，97%的孩子的品性是在这个时期养成的。因此，在德国的青少年教育体系里，家庭是道德教育的重要场所，父母则是孩子的道德教育的启蒙者。德国在教育法中明确规定，家长有义务担当起教育孩子的职责。德国家庭里家长都非常注重为孩子营造一个真诚的氛围。家长们普遍遵守这样一个原则：教育孩子诚实守信，家长必须做出榜样。在德国城镇的十字路口随处可见到这样一块牌子，上面写着“为了孩子请不要闯红灯”。据了解，自从立了这块牌子，闯红灯的行人和车辆明显减少。在德国，你如果随地乱扔垃圾或者在没有停车标志的地方停车，马上就会有人过来阻止你，并给你灌输一套遵守社会公德、为下一代作好榜样的理论。氛围教育不仅培养了孩子良好的道德品质，同时也规范了成人自觉遵守社会秩序，诚信待人。

诚信教育与诚信管理是相辅相成的。德国用以监督社会成员是否遵守社会秩序的最好途径就是社会信用记录。德国中央银行设有专门掌管社会成员包括企业和个人信用信息的服务机构，从事信用评级、信用管理等业务。这一任务由德国的信贷信用保护协会承担。德国的各金融机构均是该协会的成员，一旦客户出现信用问题，如恶意透支信用卡或不及时还款，都会被记入资料库。而有过不良信贷信用记录的客户在今后的生活中会碰到很多困难，如申请贷款时会被拒绝或者支付高利率，要想用分期付款方式购买一些大件商品时也会被商家拒绝。即使在日常生活中,这种监督也无处不在。就拿乘车买票来说,如果逃票被查到,就会写入个人的信用记录,成为终身的污点。

③瑞士的诚信教育。瑞士人很早就将"诚信"入法,1907 年瑞士国会通过的《瑞士民法典》是世界上最早制定的民法典之一。这部法典的第二条就规定"任何人行使任何权利,或履行义务,均应以诚实信用为之",使诚信原则成为民法的基本原则。在瑞士国家公务员中,有一个官职叫"价格先生",专门负责监督餐饮、医药、旅游等行业的定价,防止不法商人哄抬物价。但自设立这一官职以来,很少发生"价格先生"处罚不法商贩的事件。在瑞士,商家倘若一味追求利润,不搞诚信经营就没有立足之地,早晚会被市场淘汰。许多瑞士服务行业都实行事后付账的方式,将账单寄到家中,在规定的日期内支付,其基础靠的就是信用。

(2)国外诚信教育的启迪

①诚信教育应该从娃娃做起。注重家庭成员的示范作用,家庭成员的以德育人,学校重视校内外的德育教育。要想使孩子从小就做到诚实守信,必须从幼儿园和小学开始就进行诚信教育。教育引导学生诚实待人,说老实话,办老实事,做老实人,言行一致,不自欺欺人,不欺骗他人,以真诚的言行对待他人、关心他人,作业和考试求真实,不抄袭、不作弊。培养学生守时、遵守承诺,讲诚信,富有责任心,一旦许诺就一定要说话算数,言必信、行必果。

②诚信教育的方式方法要多种多样。诚信教育不能采取单一的教育方法,防止枯燥无味。只有根据不同的教育对象采取不同的教育手段,才能取得比较理想的教育效果。

③要建立诚信教育的系统格局。诚信教育是一项系统工程,需要靠家庭、学校、单位和社会诸方面密切配合。单一性的诚信教育虽然也可以见效,但离开其他环节的有效配合,其效果往往不能持久。

④诚信教育要同时辅之以诚信管理。诚信教育虽然重要,但是有时仅靠教育不能取得理想的效果,需要加强诚信管理,特别是要建立相应的诚信制度、诚信机制和诚信措施。建立"诚信档案",督促学生诚信行为,形成诚信教育长效机制。

【本章小结】

1.个人信用体系是指根据居民的家庭收入资产、已发生的借贷与偿还、信用透支、发生不良信用时所受处罚与诉讼情况,对个人的信用等级进行评估并随时记录、存档,以便信用的供给方决定是否对其贷款和贷款多少的有关管理与制度的总和。个人信用体系包括个人信息调查、个人信用调查、个人信用咨询、个人信用评价以及个人信用的延伸管理。

2.失信惩戒机制也称为信用奖惩机制,是指对失信主体进行处罚,对守信主体进行褒扬的制度和措施。失信惩戒措施和手段具有处罚、震慑、奖励的功能。

3.失信惩戒机制起到惩罚失信者,奖励守信者,具体手段分直接惩罚和间接惩罚。

4.信用教育是一个国家信用体系建设的重要环节。家庭是信用教育的开始,是信用教育的基础,学校是信用教育的关键,工作单位是信用教育的深化。

【关键术语】

个人信用 消费信用 经营信用 个人信用体系 失信 惩戒机制

【思考问题】

1.如何认识个人信用的特征、功能与作用?

2.在高等教育中开设个人信用管理课程有何必要性和现实意义?

3.联系我国信用体系建设的实际情况,谈谈如何创造一个良好的信用环境?

4.如何完善我国个人信用体系?

5.直接惩戒措施和间接惩戒措施各有何优缺点?

6.对信用缺失的消费者如何进行有效的惩罚,以激励守信者的行为?

【推荐阅读】

1.徐宪平.社会信用体系知识读本[M].长沙:湖南人民出版社,2006.

2.林均跃.企业与消费者信用管理[M].上海:上海财经大学出版社,2005.

3.艾洪德,范南.市场经济中的个人信用问题研究[M].北京:经济科学出版社,2004.

4.潘金生,安贺新,李志强.中国信用制度建设[M].北京:经济科学出版社,2003.

5.张亦春,等.中国社会信用问题研究[M].北京:中国金融出版社,2004.

6.谭中明,等.社会信用管理体系——理论、模式、体制与机制[M].合肥:中国科学技术大学出版社,2005.

【课后习题】

一、单项选择题

1.我国的信用消费开始于(　　)。

A.20 世纪 30 年代　　B.20 世纪 50 年代　　C.20 世纪 90 年代　　D.21 世纪初

2.失信惩戒的间接手段是(　　)。

A.公布黑名单　　B.行业通报　　C.限制高消费　　D.记入信用档案

3.个人信用教育的关键环节是(　　)。

A.家庭　　B.学校　　C.单位　　D.社会

4.个人信用教育的基础环节是(　　)。

A.社会　　B.单位　　C.学校　　D.家庭

5.能够称为个人信用发展里程碑的是(　　)。

A.开办消费贷款　　B.建立个人信用体系

C.信用卡产生　　D.建立失信惩戒机制

二、多项选择题

1.属于个人消费信用的是(　　)。

A.创业贷款　　B.助学贷款　　C.旅游贷款

D.住房贷款　　E.汽车贷款

2.个人信用体系的子系统包括(　　)。

A.个人信用登记体系　　B.信用数据评价体系　　C.信用监督管理体系
D.信用风险防范体系　　E.失信惩戒体系

3.失信惩戒机制所具有的功能是(　　)。

A.惩罚功能　　B.震慑功能　　C.刺激功能
D.奖励功能　　E.提醒功能

三、案例分析题

美国个人信用体系建设及其应用

在美国,普遍使用以商业征信公司为基础的社会信用管理方式,遍布美国的个人征信公司、追账公司等都是从营利目的出发,向社会提供有偿服务,包括资信调查、资信评级、资信咨询、商账追收等,完全实行市场化运作。

在美国,每个人都有一个"社会安全号"SSN(social security number),这个安全号可以把一个美国人一生几乎所有的信用记录串在一起,包括个人的银行账号、税号、信用卡号、社会医疗保障号等,都与之挂钩。自20世纪30年代美国成立社会安全管理局后,联邦政府下令,所有合法公民和居民必须持有有效的社会安全号,该号由国家社会安全管理局统一赋予。只要把某个人的社会安全号码输入全国联网的计算机,任何人均可查到自己的背景资料,既包括年龄、性别、出生日期等这些自然状况,也包括教育背景、工作经历及与税务、保险、银行打交道时的信用状况、有无犯罪记录等。如果一个人有过不良纳税记录,那么,这一记录将永远伴随着他,当他去求职、买保险、买汽车、开公司时,几乎无论他做什么,无论他到哪个州,这一污点都无法抹去,他将因此而四处碰壁。

在美国,社会安全号就如同中国的公民身份证号码,每人只有一个,并且终身不变,终身使用。美国是一个联邦国家,即使是作为"身份证"的驾驶执照,也是每个州不同。因此,唯一跟着你一生不变的,唯有社会安全号。在很多学校,拿此来做学籍号码。没有它,你只能算是一个社会边缘人,用不了多久,你就会明白,许多东西你必须有社会安全号才能享受到。

对消费者信用评估和提供个人信用服务的中介机构,在美国叫信用局,或称为消费信用报告机构。它们专门从事个人信用资料的收集、加工整理、量化分析、制作和售后服务,形成了个人信用产品的一条龙服务。美国的个人信用服务机构实行的是自由的市场运作模式,这些机构都是由私人部门设立的。整个美国有1 000多家当地或地区的信用局为消费者服务,但这些信用局中的绝大多数都附属于Equifax,Ex-perian和TransUnion三家最主要的征信局,或者与这三家公司保持业务上的联系。而这三家征信局都建有覆盖全美国的数据库,包含了超过1.7亿消费者的信用记录,从而在事实上形成了三足鼎立的局面。这也构成了美国信用局制度的核心。

美国的信用局制度就个人信用信息的收集、个人信用产品的开发和管理,形成了一套科学的体系,其主要包括3个环节:①个人信用资料的收集和登记;②个人信用数据的加工处理和信用评估;③个人信用产品的销售使用。

在美国,几乎每个成年人都离不开信用消费,要申请信用卡、分期付款、抵押贷款等,都需要对消费者的信用资格、信用状态和信用能力进行评价,这种评价集中表现为信用报告。美国的个人信用报告由三大信用机构提供,对个人的借款习惯进行详细记录和分析。

为了达到既保护个人隐私和合法权益，又保证正常信用信息充分交流的目的，美国法律在以下 3 个方面作出界定：①什么信息属于个人隐私，应当予以保护；什么信息属于正常的信用信息，应当公开并允许征信机构搜集；②如何保证信息的使用目的是正当的，即不能被滥用；③如何保证信用信息的准确性、完整性和及时更新。为了保证消费者的知情权，美国规定任何机构或个人根据征信机构提供的信用报告作出不利于消费者的决定，如拒绝消费者的贷款、工作、牌照申请等，都必须告知消费者提供该信用报告的征信机构的名称、通信地址和电话号码。

如果有了不良记录，可能没人再愿意贷款给你，这时，信用修复机制会帮你解除顾虑，给你提供建议，包括如何清理、重组债务，如何加强理财，以便分批偿还债务等。还清贷款后，再对你观察两三年，如果没有污点，就可以消除不良记录。

问题：

1.请简要评价一下美国的个人信用管理制度，并从中能够得到什么样的启示？

2.个人信用体系建设应该包括哪些方面的内容？

第4章　个人信用征信制度的建立与完善

【教学目的】

1.了解征信的起源和演进。

2.认识个人信用征信制度的特征和范围，领会个人征信的好处。

3.掌握个人征信的主要模式及特点。

4.了解个人信息的内容，认识个人信息保护的重要性及其措施。

5.了解我国个人信用征信的现状及解决措施。

【引导案例】

发生在德国的一个真实故事——“闯红灯”事件

一个初冬的夜晚，天空下着小雪。德国人凯里抱着侥幸心理驾车闯了红灯，结果被一个睡不着觉的老太太发现。

没过几天，保险公司的电话就到了：“凯里，你的保费明天开始增加1%。”

“为什么？”

“我们刚刚接到交通局的通知，你闯红灯，按照我们的逻辑，这种人很危险，因此保费要增加1%。”

没过多久，他的太太也得到银行的通知。“老公，银行突然通知我们购房分期付款从15年改成10年，到底发生什么事了？”

“实在对不起，因为我前几天闯了红灯。”

“啊！闯红灯？我们家已经没有钱了，还搞这种事情，你自己想办法。”

没多久，他的宝贝儿子从学校回来。“爸，老师叫我把学费现金送过去，说不能分期付款。”当儿子得知这一切都是因为爸爸闯红灯造成的，感到不可思议。

“啊！爸，你闯红灯！难怪同学都笑我，下礼拜我不想去学校了，真丢脸。”这位德国人陷入困境，只是因为闯了一次红灯。

问题：

1.保险公司、交通局、银行、学校是如何快速获得凯里违章信息的？

2.这种快速信息反馈机制是如何形成的？

4.1 征信的起源与演进

4.1.1 征信的产生

征信活动的产生源于信用交易的产生和发展。信用是以偿还为条件的价值运动的特殊形式，包括货币借贷和商品赊销等形式，如银行信用、商业信用等。现代经济是信用经济，信用作为特定的经济交易行为，是商品经济发展到一定阶段的产物。信用本质是一种债权债务关系，即授信者（债权人）相信受信者（债务人）具有偿还能力，而同意受信者所作的未来偿还的承诺。但当商品经济高度发达，信用交易的范围日益广泛时，特别是当信用交易扩散至全国、全球时，信用交易的一方想要了解对方的资信状况就会极为困难。此时，了解市场交易主体的资信就成为一种需求，征信活动也应运而生。可见，征信实际上是随着商品经济的产生和发展而产生、发展的，是为信用活动提供的信用信息服务。

4.1.2 我国征信业的兴起

“征信”在中国是个古老的词汇，《左传》中就有“君子之言，信而有征”的说法，意思是说一个人说话是否算数，是可以得到验证的。随着现代征信系统的发展，从事经济活动的个人有了除居民身份证外又一个“经济身份证”，也就是个人信用报告。

征信能够从制度上约束企业和个人行为，有利于形成良好的社会信用环境。而我国自古以来就崇尚诚实守信这一美德，并通过道德意义上的批判促进诚信观念的形成。诚信是一种社会公德，一种为人处世的基本准则。诚实守信对企业和个人都是不可或缺的美德。曾经雄踞华夏商业数百年之久的晋商和徽商能够崛起称雄，一个核心就是树立了“诚信为本”的商业理念。

企业征信在美国的历史和金融发展史上证明是成功的，世界各国也都借鉴美国的经验，相继建立起本国的评估机构。穆迪和标准普尔公司已成为全球性的评估机构，其确定的级别在许多国家都是通用的，有权威的。在中国，企业征信基本上是于 1987 年与企业发行债券同步产生的，但受制于发育尚不成熟的金融市场，目前仍处于起步阶段。

中国正处于市场经济成型阶段，市场经济是信用经济，又是风险经济，在市场经济下，规避风险、严守信用、确保经济交往中的各种契约关系的如期履行，是整个经济体系正常运行的基本前提。市场经济越发达，各种经济活动的信用关系就越复杂。随着市场经济的发展，建立和完善征信和社会监督调节体系，以保证各种信用关系的健康发展及整个市场经济体正常运行，是一项十分重要的任务。

1）我国征信业发展史上的曲折历程

我国有关信用管理的理念已经流行，专门的征信机构也有开设，甚至在一段时间里非常兴旺，只是由于种种历史原因，信用管理和征信机构的发展才没有达到理想的程度。

(1)征信机构开办缘起

19世纪开始,西方资本主义市场经济进入发展期,金融借贷业务日益频繁,每天有大量新的企业产生,但这些企业的资信状况如何,谁也说不清楚,而对客户资信状况的正确了解和掌握往往是银行能否成功经营的关键。同时,随着市场竞争的加剧,对市场信息的掌握日益成为决定竞争胜负的一个重要因素,谁最早获得某种信息,谁就能在竞争中具有优势。于是,一些专门从事信用调查的行当应运而生,这些行当取名为征信所,以接受用户委托的信用调查并及时提供有关信息为职责。1830年第一个专业征信所创办于英国,此后其他国家相继仿效,日本也于1892年在东京设立征信机构。19世纪末20世纪初,征信所业务在欧美和日本已很流行,像其他行业一样,一些外国商人也在中国开设了征信机构,专门为在华的外商企业提供信用咨询服务。在当时工商业较为发达的上海,就有美国人和日本人开办的几家征信所。

受西方经营模式影响,民国建立后,北洋政府财政部颁布了《银行公会章程》,其第一条条款便规定银行公会应办理征信机构,为各银行提供信用咨询服务。1920年,从日本留学归国担任上海《银行周报》总编辑的徐沧水根据其在日本所见,草拟了一份上海征信所章程。这份章程对征信机构的组织、经费来源、服务范围和服务方式等都作了具体描述。徐沧水提出:征信所的业务,应该包括"调查探访各种工商事项",以编制和刊印各种统计或报告,"考察一般经济状况","俾应委托者之咨询",随时研究有关公共事业之重要事件等诸项。根据徐沧水的意见,上海银行公会在1921年召开的全国银行公会第二届联合会上正式提出了设立征信所的议案。然而因当时人力、物力等条件欠缺,加之政局动荡,社会经济不稳,实质性的征信所的创办毫无进展。

尽管如此,由上海银行公会主办的《银行周报》从20世纪20年代开始,陆续发表文章,对西方经济界已经流行的信用调查、信用理论和征信机构等进行介绍,加深了社会对征信机构功能和作用的认识,使征信机构的创办迈开了实质性步伐。

(2)我国征信所的兴衰

20世纪20年代前后,受西方银行界经营模式影响,同时也因面临市场竞争的压力,一些华资银行已开始设立调查部,从事调查和收集客户信用状况资料,建立客户信用档案。20世纪30年代初,在上海开设的专门信用调查机构已有5家,没有一家是中国人自己开办的。1932年3月,浙江实业银行的章乃器,中国银行的张禹九、祝仰辰,上海商业储蓄银行的资耀华,新华银行的孙瑞璜,浙江兴业银行的方寿培等一批对开展征信业务富有经验的人经过几度磋商,策划建立了一个团体——中国兴信社。刚开始中国兴信社只是一个学术团体,其宗旨是研究信用调查的方法,促进信用调查技术的发展,交换信用调查的资料。为充分达到这3个目标,经过几个月的筹备,由中国兴信社出面,在1932年6月6日正式创办了一个专职征信机构——中国征信所。其创办计划书声称:"中国征信所专负调剂工商金融之使命,藉对于报告市场消息,促进工商信用,略有贡献。"并规定其主要业务为:报告市场实况,受会员或外界委托,调查工厂、商店及个人身家事业之财产信用状况,于最短时间内将调查结果报告给委托者。

中国征信所开办之初,有基本会员18家,均为参与发起和出资单位。此外,中国征信所按照每年交纳费用的多寡将其服务对象分为甲、乙、丙3种普通会员，并提供不同的咨询服务。甲种会员每年交纳会费300元，征信所每年提供委托调查报告书在100份之内，每份收费1元，超过100份，每份收费两元；乙种会员每年交纳会费200元，征信所提供委托调查报告书在50份之内，每份收费1元5角，超过50份，每份收费3元；丙种会员每年交纳会费100元，征信所提供委托调查报告书在20份之内，每份收费两元，超过20份，每份收费5元。对于非会员单位的委托调查，则规定提供中文报告书每份收费10元，英文报告书每份收费10两银子(当时有银元流通)。中国征信所开办后，也吸引了汇丰银行、花旗银行、横滨正金银行、卜内门洋行、怡和洋行等一批著名外资银行和企业加入作为普通会员。

在中国征信所开展的信用调查业务中有相当一部分是各会员单位委托的对客户的信用状况进行调查。征信所在进行调查后所提供的报告，因提供的资料可信度较高，对所委托的银行及企业业务的顺利开展和避免可能遇到的风险起了重要作用。如中国征信所为上海商业储蓄银行提供的某王姓客户的调查报告书，对此人的资信状况作了简洁而真切的描述：①品性：富有才干，行迹不俭。②生活状况：衣履奢华，食性优裕，出入以自备之包车代步，交际广泛，微闻有不良习惯。③每年开支：王均浪费无度，虽进益不菲，仍有入不敷出之虞。④现有财产：王君不治生产，金钱到手辄尽，目下已入破产状态。据接近王君者云，王君进益虽丰，而开支亦巨，目前恐无甚资产。对于这样一个信用状况很差的客户，尽管此人挂着留美博士的头衔，并担任中央研究院研究员等职，上海商业储蓄银行在进行放贷业务时对他也要防备三分了。又如1935年有一家外国纸商代理行在投机活动中失败，但该纸行仍一面接受商号订货，收取定金，一面向银行贷款，后经中国征信所调查，获知其拖欠40万元债务的底细，即通报各会员，因此引起银行防范和各家纸商的警惕，避免了一场灾难。

由于中国征信所开展的信用调查和提供的客户信用状况为会员提供了极大的方便，因此开办半年即有普通会员39家，其中外商会员30家。一年后，即1933年8月，有基本会员29家，普通会员67家，固定的服务对象将近100家。到1935年11月，已有会员154家，每天接受的委托调查平均在20~30份。到1936年7月，中国征信所在开业以来的4年中总共发出调查报告3万份。这一段时间，是中国征信所最为兴旺的时期。可惜的是1937年日本帝国主义发动的侵华战争，使中国征信所的发展遭到重大挫折，征信所在经济上也陷入困境，入不敷出，最少时总共有员工14人，同高峰时有七八十人的规模已不可同日而语。

抗日战争胜利后，经济开始复苏，曾经一度给中国征信所重振业务带来希望。1946年1月，中国兴信社召开社员大会，有20家基本会员单位派代表出席，并决定将基本会员会费增加到每月10万元。到1947年，中国征信所又恢复到每月发出100余份委托调查报告，已有的调查人员已感不够应付，同时征信所的收入也有增加。但好景不长，国民党政权推行的内战政策使经济环境又趋恶化，货币一再贬值，物价节节高涨，社会对于信用调查的需要又降至低点，刚开始有点起色的中国征信所又面临新的困境，就这样勉强维持到1949年5月上海解放。新旧政权更替使中国征信所面临新的形势。处于上海解放初期经济恢复整顿之际，中国征信所的主办者中国兴信社认为："默察当前的环境，欲希望中国征信所继续推进业务，非常困难，故势非被迫暂时停顿不可。"在这样的判断下，中国兴信社决定"即日起办理结束，俟将来环境许可，再行设法恢复。"后来随着银行业进行资本主义改造和实行公私合营，中国征信所这个由多家商业银行联合主办的征信机构也就失去了恢复的机会。

(3)联合征信所的开办和运作

抗日战争后期,当中国征信所在上海艰难地予以维持时,在大后方重庆,一个新的征信机构却在策划筹建。原来抗战时期,不少工矿企业转移到大后方,或在大后方创办,战时经济比较活跃,地区经济的发展,使征信业务的开展有了需要。1944 年 10 月,重庆的联合票据承兑所开设了一个征信机构,进行一些有关工商行情的调查。但这一机构没有章程,组织机构也不健全,因此不久联合票据承兑所联络了四联总处,中央银行、中国银行、交通银行、中国农业银行 4 个国家银行及重庆市银钱业公会,筹建联合征信所,重新拟订了章程,健全了机构,于 1945 年 3 月正式成立,宣称其宗旨是"调查工矿贸易交通金融各业情形,培植工商信用,促进互助合作及金融经济之发展。"抗战胜利后,联合征信所总部由重庆迁往上海,1946 年 1 月,在上海的联合征信所正式开业。与此同时,为了在京汉渝赣等主要城市开展信用调查,形成全国范围的信息网,联合征信所在各地的分支机构也陆续开设。1946 年 4 月设立汉口分所,同年 9 月开设南京分所,1947 年 4 月设立平津分所暨北平办事处和南昌分所,9 月又设立平津分所沈阳通讯处。联合征信所的这些分支机构,除开展一般的征信业务外,在很大程度上承担了四行二局(中央信托局、邮政储金汇业局)委托的一些业务调查。

联合征信所在组织体系上基本上接受四联总处的领导,在经费方面,联合征信所除了以委托调查、发行征信新闻的收入作弥补外,不足部分均由四行二局分担,由此使联合征信所的业务调查有相当一部分以四联总处的指令为转移。1948 年国民党政府经济紊乱,各地工商金融不稳,为此联合征信所应四联总处的要求提供了市场动态报告,并将 1948 年币制改革后上海市场的反应做成专题报给四联总处。1948 年年底四联总处结束后,联合征信所所务委员会在 1949 年 2 月决定将联合征信所改组为股份有限公司,额定资本为金圆券 2 000 万元,其中一半以征信所资产作价,另一半向各工商企业募集。资金募集进行得很顺利,这也许同联合征信所以往的业务开展得比较扎实有关,一个多月时间即已募得现金股款 1 190 万元。1949 年 5 月中旬,按照认股比例推选了银行界王志莘等 9 人为新的所务委员会,但此时解放军已兵临上海城下,股份制形式的联合征信所终成泡影。

从联合征信所开业 3 年来所提供的调查报告来看,其对当时工商企业情况及市场行情的调查是颇有成效的。联合征信所在上海共接受各类调查达 1 万余件,南京分所 1947 年全年达 900 余件。与此同时,联合征信所还编辑出版了《上海金融业概览》《上海股票厂商概览》《上海纺织业概览》《平津金融业概览》《平津制造厂商概览》《南京金融业概览》等资料,为当时经济界人士及时了解金融等行业情况提供了方便。更值得一提的是联合征信所在开办后不久出版的《征信新闻》,先是重庆版,后是上海版,每日一期,及时刊载各地每日经济要闻和市场行情,内容包括黄金牌价、公债、外币及成都、昆明、兰州、西安、贵阳等地的内汇行情,米粮、油、糖、肉、燃料、五金、百货等 21 个大类物质的即日行情等,这些信息,是当地开展工商金融活动信息来源的主要渠道,同时也成为各地报纸的主要经济新闻来源。

无论是中国征信所还是联合征信所,都曾经为当时的经济运行提供了丰富而宝贵的信息,为促进社会诚信观念的建立和推进信用管理提供了可贵的经验,但由于受日本侵华战争和中国内战等因素的影响,这两个征信机构都没有能够按照其固有的规律得到充分的发展,从中国金融中介机构发展史来说，这是一件十分遗憾的事情。

2）我国现代个人征信业的发展

（1）我国个人征信业的萌芽（1992—1998 年）

中国征信业的发展是从企业征信业开始的。1992 年，中国明确提出要建立社会主义市场经济体制，这标志着中国的改革开放进入一个新阶段，同时，新中国征信业开始出现，其标志是华夏国际信用咨询有限公司和北京新华信商业风险管理有限责任公司的成立。1994 年 4 月，上海中商商业征信有限公司在上海成立。同年，国际最大的企业征信公司邓白氏公司在中国上海设立了邓白氏国际信息（上海）有限公司，与中国本土公司进行竞争。此后几年，国内又陆续成立了一些企业征信公司，这些征信公司主要集中在北京、上海、广州 3 个城市，但在重庆、大连、青岛、沈阳等城市也开始出现。1997 年，企业信用信息基础数据库初步建立。

在企业征信业发展到 1998 年时，中国个人征信业开始萌芽。1998 年 8 月，应消费数据产业联盟中国成员华夏信用之邀，消费数据产业联盟总裁康纳利先生访问了中国，向中国政府官员、金融界和商界人士介绍了国际上个人征信业的发展状况。同年，北京市商业银行开始研究个人消费信贷产品，并和华夏国际信用有限公司合作开展大额耐用消费品消费信贷业务，开始了中国个人征信业务服务于金融业的尝试，这标志着个人征信业务在中国的起步。

（2）我国个人征信业的诞生（1999—2005 年）

1999 年，个人信用信息基础数据库开始建设。1999 年 7 月，上海地方政府实行个人信用联合征信制度试点，并成立了由政府主导的上海资信有限公司，为当地银行等单位提供个人信用信息。2003 年中国人民银行征信中心成立。

2004 年，中国人民银行启动全国统一企业信用信息基础数据库的升级改造，新系统改用全国集中式数据库结构，信贷数据由各商业银行顶级机构向人民银行总行一点接入，数据采集项由原来的 300 多项扩展到 800 多项。

2005 年全国征信数据库联网运行，标志着我国征信行业正式起步。2005 年 8 月，完成个人信用信息基础数据库与全国所有商业银行和部分有条件的农信社的联网运行。2006 年 1 月，个人信用信息基础数据库正式运行。2006 年 7 月，企业信用信息基础数据实现全国联网查询，全国集中统一的信贷征信系统基本建立。

（3）我国个人征信业的发展（2006 年— ）

2008 年，国务院赋予中国人民银行“管理征信业，推动建立社会信用体系”的新职能，并成为社会信用体系部际联席会议的牵头部门。2009 年底，数据库收录企业及其他组织共计 1 000 多万户，其中 600 多万户有信贷记录；数据库收录自然人数共计 6 亿多人，其中 1 亿多人有信贷记录。

2010 年，中国人民银行征信中心上海数据中心建成投产。《征信管理条例》等一系列征信规章制度即将出台。2011 年，国务院常务会议全面部署建立全国统一的信用平台。2012 年年底，基础数据库已收录超过 1 800 万家企业和 8 亿个人信用信息。2013 年 2 月，中国人民银行将小额贷款公司和融资性担保对接入中国人民银行征信系统。

2013 年 3 月,《征信业管理条例》正式颁布实施。

2014 年 6 月底以前,推动部署建立统一的信用信息平台,逐步纳入金融、工商登记、税收缴纳、社保缴费、交通违章等信用信息;提出加强政务诚信制度建设的方案;提出建立以公民身份证为基础的公民统一社会代码制度的方案;建立以组织机构代码为基础的法人和其他组织统一社会信用代码制度。

2015 年年底以前,推进商务诚信建设,出台并实施政务诚信制度,出台并实施以公民身份证号码为基础的公民统一社会信用代码制度,出台并实施以组织机构代码为基础的法人和其他组织统一社会信用代码制度。

2017 年,我国将建成集合金融、工商登记、税收缴纳、社保缴费、交通违法等信用信息的统一平台,实现资源共享。

专栏案例 4.1　征信业管理条例

第一章　总则

第一条　为了规范征信活动,保护当事人合法权益,引导、促进征信业健康发展,推进社会信用体系建设,制定本条例。

第二条　在中国境内从事征信业务及相关活动,适用本条例。

本条例所称征信业务,是指对企业、事业单位等组织(以下统称企业)的信用信息和个人的信用信息进行采集、整理、保存、加工,并向信息使用者提供的活动。

国家设立的金融信用信息基础数据库进行信息的采集、整理、保存、加工和提供,适用本条例第五章规定。

国家机关以及法律、法规授权的具有管理公共事务职能的组织依照法律、行政法规和国务院的规定,为履行职责进行的企业和个人信息的采集、整理、保存、加工和公布,不适用本条例。

第三条　从事征信业务及相关活动,应当遵守法律法规,诚实守信,不得危害国家秘密,不得侵犯商业秘密和个人隐私。

第四条　中国人民银行(以下称国务院征信业监督管理部门)及其派出机构依法对征信业进行监督管理。

县级以上地方人民政府和国务院有关部门依法推进本地区、本行业的社会信用体系建设,培育征信市场,推动征信业发展。

第二章　征信机构

第五条　本条例所称征信机构,是指依法设立,主要经营征信业务的机构。

第六条　设立经营个人征信业务的征信机构,应当符合《中华人民共和国公司法》规定的公司设立条件和下列条件,并经国务院征信业监督管理部门批准:

(一)主要股东信誉良好,最近 3 年无重大违法违规记录;

(二)注册资本不少于人民币 5 000 万元;

(三)有符合国务院征信业监督管理部门规定的保障信息安全的设施、设备和制度、措施;

（四）拟任董事、监事和高级管理人员符合本条例第八条规定的任职条件；

（五）国务院征信业监督管理部门规定的其他审慎性条件。

第七条 申请设立经营个人征信业务的征信机构，应当向国务院征信业监督管理部门提交申请书和证明其符合本条例第六条规定条件的材料。

国务院征信业监督管理部门应当依法进行审查，自受理申请之日起60日内作出批准或者不予批准的决定。决定批准的，颁发个人征信业务经营许可证；不予批准的，应当书面说明理由。

经批准设立的经营个人征信业务的征信机构，凭个人征信业务经营许可证向公司登记机关办理登记。

未经国务院征信业监督管理部门批准，任何单位和个人不得经营个人征信业务。

第八条 经营个人征信业务的征信机构的董事、监事和高级管理人员，应当熟悉与征信业务相关的法律法规，具有履行职责所需的征信业从业经验和管理能力，最近3年无重大违法违规记录，并取得国务院征信业监督管理部门核准的任职资格。

第九条 经营个人征信业务的征信机构设立分支机构、合并或者分立、变更注册资本、变更出资额占公司资本总额5%以上或者持股占公司股份5%以上的股东的，应当经国务院征信业监督管理部门批准。

经营个人征信业务的征信机构变更名称的，应当向国务院征信业监督管理部门办理备案。

第十条 设立经营企业征信业务的征信机构，应当符合《中华人民共和国公司法》规定的设立条件，并自公司登记机关准予登记之日起30日内向所在地的国务院征信业监督管理部门派出机构办理备案，并提供下列材料：

（一）营业执照；

（二）股权结构、组织机构说明；

（三）业务范围、业务规则、业务系统的基本情况；

（四）信息安全和风险防范措施。

备案事项发生变更的，应当自变更之日起30日内向原备案机构办理变更备案。

第十一条 征信机构应当按照国务院征信业监督管理部门的规定，报告上一年度开展征信业务的情况。

国务院征信业监督管理部门应当向社会公告经营个人征信业务和企业征信业务的征信机构名单，并及时更新。

第十二条 征信机构解散或者被依法宣告破产的，应当向国务院征信业监督管理部门报告，并按照下列方式处理信息数据库：

（一）与其他征信机构约定并经国务院征信业监督管理部门同意，转让给其他征信机构；

（二）不能依照前项规定转让的，移交给国务院征信业监督管理部门指定的征信机构；

（三）不能依照前两项规定转让、移交的，在国务院征信业监督管理部门的监督下销毁。

经营个人征信业务的征信机构解散或者被依法宣告破产的，还应当在国务院征信业监督管理部门指定的媒体上公告，并将个人征信业务经营许可证交国务院征信业监督管理部门注销。

第三章 征信业务规则

第十三条 采集个人信息应当经信息主体本人同意,未经本人同意不得采集。但是,依照法律、行政法规规定公开的信息除外。

企业的董事、监事、高级管理人员与其履行职务相关的信息,不作为个人信息。

第十四条 禁止征信机构采集个人的宗教信仰、基因、指纹、血型、疾病和病史信息以及法律、行政法规规定禁止采集的其他个人信息。

征信机构不得采集个人的收入、存款、有价证券、商业保险、不动产的信息和纳税数额信息。但是,征信机构明确告知信息主体提供该信息可能产生的不利后果,并取得其书面同意的除外。

第十五条 信息提供者向征信机构提供个人不良信息,应当事先告知信息主体本人。但是,依照法律、行政法规规定公开的不良信息除外。

第十六条 征信机构对个人不良信息的保存期限,自不良行为或者事件终止之日起为5年;超过5年的,应当予以删除。

在不良信息保存期限内,信息主体可以对不良信息作出说明,征信机构应当予以记载。

第十七条 信息主体可以向征信机构查询自身信息。个人信息主体有权每年两次免费获取本人的信用报告。

第十八条 向征信机构查询个人信息的,应当取得信息主体本人的书面同意并约定用途。但是,法律规定可以不经同意查询的除外。

征信机构不得违反前款规定提供个人信息。

第十九条 征信机构或者信息提供者、信息使用者采用格式合同条款取得个人信息主体同意的,应当在合同中作出足以引起信息主体注意的提示,并按照信息主体的要求作出明确说明。

第二十条 信息使用者应当按照与个人信息主体约定的用途使用个人信息,不得用作约定以外的用途,不得未经个人信息主体同意向第三方提供。

第二十一条 征信机构可以通过信息主体、企业交易对方、行业协会提供信息,政府有关部门依法已公开的信息,人民法院依法公布的判决、裁定等渠道,采集企业信息。

征信机构不得采集法律、行政法规禁止采集的企业信息。

第二十二条 征信机构应当按照国务院征信业监督管理部门的规定,建立健全和严格执行保障信息安全的规章制度,并采取有效技术措施保障信息安全。

经营个人征信业务的征信机构应当对其工作人员查询个人信息的权限和程序作出明确规定,对工作人员查询个人信息的情况进行登记,如实记载查询工作人员的姓名,查询的时间、内容及用途。工作人员不得违反规定的权限和程序查询信息,不得泄露工作中获取的信息。

第二十三条 征信机构应当采取合理措施,保障其提供信息的准确性。

征信机构提供的信息供信息使用者参考。

第二十四条 征信机构在中国境内采集的信息的整理、保存和加工,应当在中国境内进行。

征信机构向境外组织或者个人提供信息，应当遵守法律、行政法规和国务院征信业监督管理部门的有关规定。

第四章　异议和投诉

第二十五条　信息主体认为征信机构采集、保存、提供的信息存在错误、遗漏的，有权向征信机构或者信息提供者提出异议，要求更正。

征信机构或者信息提供者收到异议，应当按照国务院征信业监督管理部门的规定对相关信息作出存在异议的标注，自收到异议之日起20日内进行核查和处理，并将结果书面答复异议人。

经核查，确认相关信息确有错误、遗漏的，信息提供者、征信机构应当予以更正；确认不存在错误、遗漏的，应当取消异议标注；经核查仍不能确认的，对核查情况和异议内容应当予以记载。

第二十六条　信息主体认为征信机构或者信息提供者、信息使用者侵害其合法权益的，可以向所在地的国务院征信业监督管理部门派出机构投诉。

受理投诉的机构应当及时进行核查和处理，自受理之日起30日内书面答复投诉人。

信息主体认为征信机构或者信息提供者、信息使用者侵害其合法权益的，可以直接向人民法院起诉。

第五章　金融信用信息基础数据库

第二十七条　国家设立金融信用信息基础数据库，为防范金融风险、促进金融业发展提供相关信息服务。

金融信用信息基础数据库由专业运行机构建设、运行和维护。该运行机构不以营利为目的，由国务院征信业监督管理部门监督管理。

第二十八条　金融信用信息基础数据库接收从事信贷业务的机构按照规定提供的信贷信息。

金融信用信息基础数据库为信息主体和取得信息主体本人书面同意的信息使用者提供查询服务。国家机关可以依法查询金融信用信息基础数据库的信息。

第二十九条　从事信贷业务的机构应当按照规定向金融信用信息基础数据库提供信贷信息。

从事信贷业务的机构向金融信用信息基础数据库或者其他主体提供信贷信息，应当事先取得信息主体的书面同意，并适用本条例关于信息提供者的规定。

第三十条　不从事信贷业务的金融机构向金融信用信息基础数据库提供、查询信用信息以及金融信用信息基础数据库接收其提供的信用信息的具体办法，由国务院征信业监督管理部门会同国务院有关金融监督管理机构依法制定。

第三十一条　金融信用信息基础数据库运行机构可以按照补偿成本原则收取查询服务费用，收费标准由国务院价格主管部门规定。

第三十二条　本条例第十四条、第十六条、第十七条、第十八条、第二十二条、第二十三条、第二十四条、第二十五条、第二十六条适用于金融信用信息基础数据库运行机构。

第六章　监督管理

第三十三条　国务院征信业监督管理部门及其派出机构依照法律、行政法规和国务院的规定，履行对征信业和金融信用信息基础数据库运行机构的监督管理职责，可以采取下列监督检查措施：

（一）进入征信机构、金融信用信息基础数据库运行机构进行现场检查，对向金融信用信息基础数据库提供或者查询信息的机构遵守本条例有关规定的情况进行检查；

（二）询问当事人和与被调查事件有关的单位和个人，要求其对与被调查事件有关的事项作出说明；

（三）查阅、复制与被调查事件有关的文件、资料，对可能被转移、销毁、隐匿或者篡改的文件、资料予以封存；

（四）检查相关信息系统。

进行现场检查或者调查的人员不得少于2人，并应当出示合法证件和检查、调查通知书。

被检查、调查的单位和个人应当配合，如实提供有关文件、资料，不得隐瞒、拒绝和阻碍。

第三十四条　经营个人征信业务的征信机构、金融信用信息基础数据库、向金融信用信息基础数据库提供或者查询信息的机构发生重大信息泄露等事件的，国务院征信业监督管理部门可以采取临时接管相关信息系统等必要措施，避免损害扩大。

第三十五条　国务院征信业监督管理部门及其派出机构的工作人员对在工作中知悉的国家秘密和信息主体的信息，应当依法保密。

第七章　法律责任

第三十六条　未经国务院征信业监督管理部门批准，擅自设立经营个人征信业务的征信机构或者从事个人征信业务活动的，由国务院征信业监督管理部门予以取缔，没收违法所得，并处5万元以上50万元以下的罚款；构成犯罪的，依法追究刑事责任。

第三十七条　经营个人征信业务的征信机构违反本条例第九条规定的，由国务院征信业监督管理部门责令限期改正，对单位处2万元以上20万元以下的罚款；对直接负责的主管人员和其他直接责任人员给予警告，处1万元以下的罚款。

经营企业征信业务的征信机构未按照本条例第十条规定办理备案的，由其所在地的国务院征信业监督管理部门派出机构责令限期改正；逾期不改正的，依照前款规定处罚。

第三十八条　征信机构、金融信用信息基础数据库运行机构违反本条例规定，有下列行为之一的，由国务院征信业监督管理部门或者其派出机构责令限期改正，对单位处5万元以上50万元以下的罚款；对直接负责的主管人员和其他直接责任人员处1万元以上10万元以下的罚款；有违法所得的，没收违法所得。给信息主体造成损失的，依法承担民事责任；构成犯罪的，依法追究刑事责任：

（一）窃取或者以其他方式非法获取信息；

（二）采集禁止采集的个人信息或者未经同意采集个人信息；

（三）违法提供或者出售信息；

（四）因过失泄露信息；

（五）逾期不删除个人不良信息；

（六）未按照规定对异议信息进行核查和处理；

（七）拒绝、阻碍国务院征信业监督管理部门或者其派出机构检查、调查或者不如实提供有关文件、资料；

（八）违反征信业务规则，侵害信息主体合法权益的其他行为。经营个人征信业务的征信机构有前款所列行为之一，情节严重或者造成严重后果的，由国务院征信业监督管理部门吊销其个人征信业务经营许可证。

第三十九条　征信机构违反本条例规定，未按照规定报告其上一年度开展征信业务情况的，由国务院征信业监督管理部门或者其派出机构责令限期改正；逾期不改正的，对单位处 2 万元以上 10 万元以下的罚款；对直接负责的主管人员和其他直接责任人员给予警告，处 1 万元以下的罚款。

第四十条　向金融信用信息基础数据库提供或者查询信息的机构违反本条例规定，有下列行为之一的，由国务院征信业监督管理部门或者其派出机构责令限期改正，对单位处 5 万元以上 50 万元以下的罚款；对直接负责的主管人员和其他直接责任人员处 1 万元以上 10 万元以下的罚款；有违法所得的，没收违法所得。给信息主体造成损失的，依法承担民事责任；构成犯罪的，依法追究刑事责任：

（一）违法提供或者出售信息；

（二）因过失泄露信息；

（三）未经同意查询个人信息或者企业的信贷信息；

（四）未按照规定处理异议或者对确有错误、遗漏的信息不予更正；

（五）拒绝、阻碍国务院征信业监督管理部门或者其派出机构检查、调查或者不如实提供有关文件、资料。

第四十一条　信息提供者违反本条例规定，向征信机构、金融信用信息基础数据库提供非依法公开的个人不良信息，未事先告知信息主体本人，情节严重或者造成严重后果的，由国务院征信业监督管理部门或者其派出机构对单位处 2 万元以上 20 万元以下的罚款；对个人处 1 万元以上 5 万元以下的罚款。

第四十二条　信息使用者违反本条例规定，未按照与个人信息主体约定的用途使用个人信息或者未经个人信息主体同意向第三方提供个人信息，情节严重或者造成严重后果的，由国务院征信业监督管理部门或者其派出机构对单位处 2 万元以上 20 万元以下的罚款；对个人处 1 万元以上 5 万元以下的罚款；有违法所得的，没收违法所得。给信息主体造成损失的，依法承担民事责任；构成犯罪的，依法追究刑事责任。

第四十三条　国务院征信业监督管理部门及其派出机构的工作人员滥用职权、玩忽职守、徇私舞弊，不依法履行监督管理职责，或者泄露国家秘密、信息主体信息的，依法给予处分。给信息主体造成损失的，依法承担民事责任；构成犯罪的，依法追究刑事责任。

第八章　附则

第四十四条　本条例下列用语的含义：

（一）信息提供者，是指向征信机构提供信息的单位和个人，以及向金融信用信息基础数据库提供信息的单位。

（二）信息使用者，是指从征信机构和金融信用信息基础数据库获取信息的单位和个人。

（三）不良信息，是指对信息主体信用状况构成负面影响的下列信息：信息主体在借贷、赊购、担保、租赁、保险、使用信用卡等活动中未按照合同履行义务的信息，对信息主体的行政处罚信息，人民法院判决或者裁定信息主体履行义务以及强制执行的信息，以及国务院征信业监督管理部门规定的其他不良信息。

第四十五条　外商投资征信机构的设立条件，由国务院征信业监督管理部门会同国务院有关部门制定，报国务院批准。

境外征信机构在境内经营征信业务，应当经国务院征信业监督管理部门批准。

第四十六条　本条例施行前已经经营个人征信业务的机构，应当自本条例施行之日起6个月内，依照本条例的规定申请个人征信业务经营许可证。

本条例施行前已经经营企业征信业务的机构，应当自本条例施行之日起3个月内，依照本条例的规定办理备案。

第四十七条　本条例自2013年3月15日起施行。

4.2　个人信用征信制度

4.2.1　个人信用征信概述

1)征信的含义

征信一词最早在我国出现是在《左传·昭公八年》中，有“君子之言，信而有征，故怨远于其身”，其中，“信而有征”即为可验证其言为信实，或征求、验证信用。征信被广泛用作信用调查的同义词是在民国初期。近现代以来，中国大陆、香港、台湾等地使用“征信”一词来概括企业和个人信用调查。

征信最为重要的作用显然是为了防范在非即付经济交往中受到损失(我们也不排除征信用于其他目的，如用于雇佣目的等)，也就是说，征信最重要的目的是落在经济层面上。那么，什么最能显示一个人按期履约的能力和意愿呢？显然，其以往在非即付经济交往中的履约历史记录最能反映。如果一个信息主体平时说话、做事不是很坦诚，但是，其履约历史记录却一直非常良好，那么，作为牟利的经济人、授信机构仍然会相信这个人在经济上是一个守约的人，仍然值得与其进行非即付经济交易。什么时候其说话、做事不坦诚等非经济层面的信息会影响到授信机构对其守约能力和意愿的判断呢？那就是当没有以往在非即付经济交往中的履约历史记录时，只能依靠这类信息来判断了。

因此，我们在预测一个人在非即付并无抵押的经济活动中是否守约时，需要的信息是有层次、有重点的，首先是赊销、借贷等活动的历史记录信息，因为这在非即付并无抵押经济活动中金额通常最大，对交易双方的影响也就最大，如果受信方能够按时履约，那么，可信度也就非常高，至于像电费、通信费、水费等，即使有拖欠，也影响不大，因为影响这些费用的原因很多。当没有赊销、借贷等信息时，才不得不依靠电费、通信费、水费等信息来判断，这就是我们通常所讲的依靠非传统数据进行授信。

目前，全球一些大型的跨国征信机构，在信息采集上越来越全面，主要是为了相互印证，全方位、多角度、更准确地来判断信息主体的信用状况，如采集各类登记信息、行政处罚信息等，同时，也有利于促进信息主体在这些方面更加遵守承诺。

征信还有一个重要的特点是尊重事实，让事实说话，即这条信息是可验证、有记录的。对于准确性不高的信息，坚决不能采集，因为异议处理将会使征信活动从经济层面看很不划算，并且会影响到征信的公信力。

综上所述，征信是指依法收集、整理、保存、加工自然人、法人及其他组织的信用信息，并对外提供信用报告、信用评估、信用信息咨询等服务，帮助客户判断、控制信用风险，进行信用管理的活动。

2）个人信用征信的主体

（1）征信机构

征信机构是指经征信监督管理部门批准专门从事征信活动的企业法人、政府机关、社会组织。如征信公司、央行征信中心、信用管理协会等。

（2）被征信人

被征信人是指其信用信息被征信机构采集、整理、加工和使用的自然人、法人及其他机构或组织。个人信用征信的被征信人就是自然人，不论性别、职业、职位、收入，首先被征信机构征信的主体就是和银行之间有借贷关系的客户。在联合征信用中，被征信人的范围非常广泛。

（3）信用信息提供人

信用信息提供人是指向征信机构提供他人信用信息的自然人、法人、有关组织等。包括企业、政府职能部门、被征信人本人。

（4）信用信息使用人

信用信息使用人是征信机构为其提供信用信息咨询、调查和信用评估等服务的自然人、法人和组织。

3）个人信用征信的特点

（1）独立性

征信机构是第三方中介机构，独立于信用交易关系之外，它在采集、整理和分析信息资料，并以此为基础对外提供信息咨询、调查和信用评估等服务时都处于独立的地位，确保征信结果公正、公平、公开。

（2）信息性

以信用信息为原料，源于信用信息，也止于信用信息，不参与具体的经济活动，只参与价值的分配过程。

（3）公正性、客观性

征信活动涉及国家安全、商业秘密和个人隐私，信息的加工、整理、保存或出售，都必须基于客观中立的立场,依据真实的材料,按照一定的评估程序和方法,提供规范的征信产品和服务。

(4)时效性

征信数据须时时更新,以确保征信结果的时效性。

4)个人信用征信的范围

个人信用征信是为信用管理和评价提供信用信息,征信的触角会触及以下3个方面:

(1)个人基本信息

包括个人身份信息(姓名、性别、证件类型及号码、通讯地址、联系方式、婚姻状况等)、居住信息(居住地址及邮编等)、职业信息(单位名称、地址、邮编、职位及收入等)。

(2)信用交易信息

包括信用卡明细信息(卡类型、发卡机构、币种、信用额度、透支/还款状态等)、贷款明细信息(贷款种类、贷款机构、担保方式、币种、贷款额、贷款余额、还款状态等)、个人住房公积金信息(账号、单位、缴存比例及缴纳状态等)、个人养老保险金信息(经办机构所在地、离退休类别及养老金发放状态等)、个人电信缴费信息(报送机构名称、业务情况及缴/欠费情况等)、查询记录。

(3)影响征信记录的因素

贷款信息(包括贷款发放银行、贷款额、贷款期限、还款方式、实际还款记录、担保信息等),信用卡信息(包括发卡银行、授信额度、还款记录等),信贷领域以外的信用信息,个人缴纳水费、电费、燃气费等公用事业费用的信息,个人欠税的信息,法院判决信息。

5)个人信用征信的好处

(1)节省时间

银行需要了解的很多信息都在客户的信用报告里,因此就不用再花那么多时间去调查核实客户在借款申请表上填报信息的真实性了。征信的第一个好处就是给客户节省时间,帮助客户更快速地获得借款。

(2)借款便利

俗话说"好借好还,再借不难"。如果客户的信用报告反映出客户是一个按时还款、认真履约的"人",银行肯定喜欢这样的客户,银行不但能为其提供贷款、信用卡等信贷服务,还可能在金额、利率上给予优惠。

(3)信用提醒

如果信用报告中记载客户曾经借钱不还,银行在考虑是否给客户提供贷款时必然要慎重对待。银行极有可能让客户提供抵押、担保,或降低贷款额度,或提高贷款利率,或者拒绝给客户贷款。如果信用报告中反映客户已经借了很多钱,银行也会很慎重,担心客户负债过多难以承担,可能会拒绝再给客户提供贷款。由此提醒客户珍惜自己的信用记录,自觉积累自己的信用财富。

(4)公平信贷

征信对信用申请人还有一大好处,帮助信用申请人获得更公平的信贷机会。征信机构提供给银行的是信用申请人信用历史的客观记录,让事实说话,减少了信贷员的主观感受、个人情绪等因素对信用申请人贷款、信用卡申请结果的影响，让信用申请人得到更公平的信贷机会。

6）征信的原则

征信的原则是征信业在长期发展过程中逐渐形成的科学的指导原则，是征信活动顺利开展的根本。通常，我们将其归纳为真实性原则、全面性原则、及时性原则和保密性原则。

（1）真实性原则

真实性原则是指在征信过程中，征信机构应采取适当的方法核实原始资料的真实性，以保证所采集的信用信息是真实的，这是征信工作最重要的条件。只有信息准确无误，才能正确反映被征信人的信用状况，保证对被征信人的公平。真实性原则有效地反映了征信活动的科学性。征信机构应基于第三方立场提供被征信人的历史信用记录，对信用报告的内容，不妄下结论，在信用报告中要摒弃含有虚伪偏袒的成分，以保持客观中立的立场。基于此原则，征信机构应给予被征信人一定的知情权和申诉权，以便能够及时纠正错误的信用信息，确保信用信息的准确性。

（2）全面性原则

全面性原则又称为完整性原则，是指征信工作要做到资料全面、内容明晰。被征信人，不论企业或个人，均处在一个开放性的经济环境中。人格、财务、资产、生产、管理、行销、人事和经济环境等要素虽然性质互异，但都具有密切的关联，直接或间接地在不同程度上影响着被征信人的信用水平。不过，征信机构往往搜集客户历史信用记录等负债信息，通过其在履约中的历史表现，判断该信息主体的信用状况。历史信用记录既包括正面信息，也包括负面信息。正面信息指客户正常的基础信息、贷款、赊销、支付等信用信息；负面信息指客户欠款、破产、诉讼等信息。负面信息可以帮助授信人快速甄别客户信用状况，正面信息能够全面反映客户的信用状况。

（3）及时性原则

及时性原则是指征信机构在采集信息时要尽量实现实时跟踪，能够使用被征信人最新的信用记录，反映其最新的信用状况，避免因不能及时掌握被征信人的信用变动而给授信机构带来损失。信息及时性关系到征信机构的生命力，从征信机构发展历史看，许多征信机构由于不能及时更新信息，授信机构难以据此及时判断被征信人的信用风险，而导致最终难以经营下去。目前，我国许多征信机构也因此处于经营困境。

（4）保密性原则

保密性原则是指对被征信人的个人隐私或商业秘密进行保护，这是征信机构最基本的职业道德，也是征信立法的主要内容之一。征信机构应建立严格的业务规章和内控制度，谨慎处理信用信息，保障被征信人的信用信息安全。在征信过程中，征信机构应明确征信信息和个人隐私与企业商业秘密之间的界限，严格遵守隐私和商业秘密保护原则，才能保证征信活动的顺利开展。

7）个人征信的基本流程

征信活动可以分为两类：一类是征信机构主动去调查被征信人的信用状况；另一类是依靠授信机构或其他机构批量报送被征信人的信用状况。两者最大的区别在于前者往往是一种个体活动，通过接受客户的委托，亲自到一线去收集调查客户的信用状况，后者往往是商业银行等授信机构组织起来，将信息定期报给征信机构，从而建立信息共享机制。两者还有一个区别是前者评价的范围更广，把被征信人的资质情况、诚信度考察、资产状况等都包括在内，而后者由于是批量采集信息，因此灵活性和主观性上不如前者，但规律性和客观性则强于前者。但两类方式在征信的基本流程上是相同的，例如，前一类流程要制订计划，决定采集哪些信息，而后一类流程也同样如此，由征信机构事先确定好需要采集的信息后，与信息拥有方协商，达成协议或其他形式的约定，定期向征信机构批量报送数据，因此，在介绍流程时，可以将两者合并在一起。

（1）制订数据采集计划

能够反映被征信人信用状况的信息范围广泛，为提高效率、节省成本，征信机构应事先制订数据采集计划，做到有的放矢。这是征信基本流程中一个重要的环节，一份好的计划能够有效减轻后面环节的工作负担。一般来说，数据采集计划包括以下内容：

①采集数据项。客户使用征信产品的目的都不尽相同，有的希望了解被征信人短期的信用状况，有的则是作为中长期商业决策的参考。客户的不同需求决定了数据采集重点的迥异。征信机构要本着重点突出、不重不漏的原则，从客户的实际需求出发，进而确定所需采集数据的种类。例如，A 银行决定是否对 B 企业发放一笔短期贷款时，应重点关注该企业的历史信贷记录、资金周转情况，需采集的数据项为企业基本概况、历史信贷记录、财务状况等。

②采集方式。确定科学合理的采集方式是采集计划的另一主要内容。不论主动调查，还是授信机构或其他机构批量报送数据，征信机构都应制订最经济便捷的采集方式，做好时间、空间各项准备工作。对于批量报送数据的方式，由于所提供的数据项种类多、信息量大，征信机构应事先制订一个规范的数据报送格式，让授信机构或其他机构按照格式报送数据。

③其他事项。在实际征信过程中，如果存在各种特殊情况或发生突发状况，征信机构应在数据采集计划中加以说明，以便顺利开展工作。

（2）采集数据

数据采集计划完成后，征信机构应依照计划开展采集数据工作。数据一般来源于已公开信息、征信机构内部存档资料、授信机构等专业机构提供的信息、被征信人主动提供的信息、征信机构正面或侧面了解到的信息。出于采集数据真实性和全面性的考虑，征信机构可通过多种途径采集信息。但要注意，这并不意味着数据越多越好，要兼顾数据的可用性和规模，在适度的范围内采集合适的数据。

（3）数据分析

征信机构收集到的原始数据，只有经过一系列的科学分析之后，才能成为具有参考价值的征信数据。

①数据查证。数据查证是保证征信产品真实性的关键步骤。一查数据的真实性。对于存疑的数据，征信机构可以通过比较不同采集渠道的数据，来确认正确的数据。当数据来源唯一时，可通过二次调查或实地调查，进一步确定数据的真实性。二查数据来源的可信度。某些被征信人为达到不正当目的，可能向征信机构提供虚假的信息。如果发现这种情况，征

信机构除及时修改数据外，还应记录该被征信人的“不诚信行为”，作为以后业务的参考依据。三查缺失的数据。如果发现采集信息不完整，征信机构可以依据其他信息进行合理推断，从而将缺失部分补充完整。比如利用某企业连续几年的财务报表推算出某几个数据缺失项。最后是被征信人自查，即异议处理程序。当被征信人发现自己的信用信息有误时，可向征信机构提出申请，修正错误的信息或添加异议声明。特别是批量报送数据时，征信机构无法对数据进行一一查证，一般常用异议处理方式。

②信用评分。信用评分是个人征信活动中最核心的数据分析手段，它运用先进的数据挖掘技术和统计分析方法，通过对个人的基本概况、信用历史记录、行为记录、交易记录等大量数据进行系统的分析，挖掘数据中蕴含的行为模式和信用特征，捕捉历史信息和未来信息表现之间的关系，以信用评分的形式对个人未来的某种信用表现作出综合评估。信用评分模型有各种类型，能够预测未来不同的信用表现。常见的有信用局风险评分、信用局破产评分、征信局收益评分、申请风险评分、交易欺诈评分、申请欺诈评分等。

③其他数据分析方法。在对征信数据进行分析时，还有其他许多的方法，主要是借助统计分析方法对征信数据进行全方位分析，并将分析获得的综合信息用于不同的目的，如市场营销、决策支持、宏观分析、行业分析等领域。使用的统计方法主要有关联分析、分类分析、预测分析、时间序列分析、神经网络分析等。

(4)形成信用报告

征信机构完成数据采集后，根据收集到的数据和分析结果，加以综合整理，最终形成信用报告。信用报告是征信机构前期工作的智慧结晶，体现了征信机构的业务水平，同时也是客户了解被征信人信用状况、制订商业决策的重要参考。因此，征信机构在生成信用报告时，务必要贯彻客观性、全面性、隐私和商业秘密保护的科学原则。所谓客观性，指的是信用报告的内容完全是真实客观的，没有掺杂征信机构的任何主观判断。基于全面性原则，征信报告应充分披露任何能够体现被征信人信用状况的信息。但这并不等于长篇大论，一份高质量的信用报告言简意赅、重点突出，使客户能够一目了然。征信机构在撰写信用报告过程中，一定要严格遵守隐私和商业秘密保护原则，避免泄露相关信息，致使客户和被征信人权益受到损害。信用报告是征信机构最基本的终端产品，随着征信技术的不断发展，征信机构在信用报告的基础上衍生出越来越多的征信增值产品，如信用评分等。

4.2.2 个人征信的作用

1)理论界对征信作用的看法

根据理论界的研究成果，从抽象的角度出发，可以总结出征信的四大作用，分别为：减轻逆向选择、减轻对申请借款者的掠夺、产生违约披露的纪律约束和避免过度借贷。

(1)减轻逆向选择

逆向选择是信贷交易在信息不对称情况下发生的问题，不良贷款风险往往来自那些积极寻找贷款的人。在信息不对称条件下，那些不良借款者往往可能采用各种手段骗取贷款机构的信任，从而导致贷款机构将贷款投向不良借款者而非优质借款者，即信贷交易中出现了逆向选择问题。

征信活动能使信贷机构有效甄别借款者信用风险的大小。举例来看，当一家企业在一家本地银行发生借贷关系并且信用良好时，则通过信息传递机制的安排(例如征信机构)，使得这家银行的信息能够为外地的银行所了解，外地银行就像对待自己的长期客户一样来对待这些新的客户。因此，征信有助于改善银行对申请借款者特征的了解和比较准确地预测还款概率，有利于实现对贷款对象的优化和贷款定价的合理化，减轻逆向选择问题。

(2)减轻对申请借款者的掠夺

征信可以降低银行从其客户处收取的信息租金(信息租金是指贷款机构凭借自身对中小企业信息的垄断而获得的一种超额利润，贷款机构的利润等于市场平均利润加上信息租金，但是，在信息共享的情况下，这一超额利润将不存在，贷款机构只能获得市场平均利润)，原因在于：当银行对借款者的特征认识非常充分时，能够比那些不了解情况的竞争对手收取更低的租金，从所拥有的信息中获取信息租金。

银行自身所拥有的信息优势赋予银行享有对其拥有的客户一定的市场垄断权力，产生了对客户的掠夺行为，而客户预期未来银行可能会收取掠夺性利率，借款者将降低合约履约的努力。这种局面将会导致更高的违约和利率，可能会导致信贷市场的崩溃。然而，如果银行互相交换信息，将会保证借款者的信息能够有效共享，银行收取信息租金的能力将会受到约束，这意味着融资项目中所产生的总剩余中将有更大的部分为借款者所获得，借款者从贷款中所获得的净福利提高。因此，借款者将有更大的动力去确保他们所投资项目的成功，从而降低了违约的可能性，银行收取的利率将伴随违约率的降低而降低，相比于没有信息传递时的情况，总的贷款额将会增加。

将各家银行的信息汇集，保证借款者的信息能够及时传递到信贷市场，有助于降低各家贷款机构的信息优势和隐含的租金，迫使每个贷款机构的贷款价格更具竞争力。利率的降低提高了借款者的净收益，增加了他们还款的动力。因此，通过征信活动，促使信息在银行之间传递，减轻了银行从关系客户中所榨取的信息租金。贷款机构也有动力去组建征信机构，实现信息共享，保证信息在贷款机构之间的传递。当申请高额的潜在借款者的可选择机会多时，贷款机构越有动力去推动借款者的信息在银行间共享。

(3)产生违约披露的纪律约束

即使没有掠夺行为，银行之间也存在共享借款者记录的动力。因为银行共享借款者的违约信息，对借款者而言，会产生一种纪律约束：违约行为变成了较差的信号，其他银行在对其放贷时会考虑到信用风险溢价，执行更高的利率，甚至拒绝贷款。为了避免这种惩罚，借款者将会更加努力偿还贷款，从而降低信贷市场的违约率和利率，增加信贷市场的贷款金额。这一机制提高了借款者的还款激励，减少了道德风险和商业银行的损失，是银行共享借款者的动力之一。

(4)避免过度借贷

借款者会同时向好几个放贷机构申请信贷，并且经常能从多个放贷机构那里获得贷款。在某些国家，可同时借贷的银行数量相对较小，例如英国、挪威、瑞典，平均数量少于3家，爱尔兰、匈牙利、波兰、荷兰、瑞士和芬兰，平均数量为3~4家，但其他国家可同时借贷的银行数量非常大，例如意大利、法国、西班牙、葡萄牙和比利时等，有10家以上，我国也是如此。

如果每个潜在的贷款机构不能确切知晓借款者从其他贷款机构已经或者能够获得的信贷额的信息，多银行贷款关系的成本会逐渐加大。站在单个贷款机构的角度看，一个借款者的风险大小依赖于它对该借款者的债权到期时该借款者的负债总额。然而如果贷款机构不知此信息，借款者就有动机过度借贷。例如，考虑一个借款者从两家银行借款的情形，两家银行都没有告诉对方借款者从自家借出的贷款数额，假设借款者的违约概率是其负债总额的增函数，当该借款者向两家银行中的一家申请贷款时，每多借一美元就会减少对另一家银行本金和利息偿付的概率，而另一家银行却不能修改借贷合同条约来对该借款者的这种行为作出反应。因此，借款者要对总负债支付的期望利息负担是总负债的减函数，他就有动机过度借贷。

考虑到这种道德风险，贷款机构在发放贷款时会实行信贷配给，而且（或者）要求支付更高的利率，甚至拒绝所有的信贷申请，除非借款者有担保或条约限制负债总额。如果贷款机构达成一致协议，同意相互披露对每个借款者贷款额度和信贷最高限额，这种道德风险就可以避免。这表明，当贷款机构共享贷款余额信息时，将会增加放款额度，并且可能会改善提供给借款者的利率条款。

2）征信服务的功能

征信活动服务的范围很广，例如金融业、电信业、公共事业、政府部门等，从这些服务对象的不同角度出发，可以总结出征信具有六大功能：

（1）防范信用风险，促进信贷市场发展

对于单一个体而言，人类行为在很大程度上具有路径依赖的特点，预测一个人未来行为的最好方法是看其过去的表现，这一点成为社会信用体系建设的理论基础。

银行如果不了解企业和个人的信用状况，为了防范风险，就会采取相对紧缩的信贷政策。通过征信活动，查阅被征信人以前的历史记录，商业银行能够比较方便地了解企业和个人的信用状况，采取相对灵活的信贷政策，扩大信贷范围，特别是对缺少抵押品的中小企业、中低收入者等边缘借款人。

（2）服务其他授信市场，提高履约水平

现代经济的核心是信用经济，授信市场包含的范围非常广泛，除银行信贷外，还包括大量的授信活动，如企业和企业（多以应收账款形式存在）、企业和个人（各种购物卡、消费卡等）、个人与个人（借款）之间的授信活动，一些从事授信中介活动的机构如担保公司、租赁公司、保险公司、电信公司等在开展业务时，均需要了解受信方的信用状况。

征信活动通过信息共享、各种风险评估等手段将受信方的信息全面、准确、及时地传递给授信方，有效揭示受信方的信用状况，采用的手段有信用报告、信用评分、资信评级等。

（3）加强金融监管和宏观调控，维护金融稳定

通过征信机构强大的征信数据库，收录工商登记、信贷记录、纳税记录、合同履约、民事司法判决、产品质量、身份证明等多方面的信息，以综合反映企业或个人的信用状况。当从更为宏观的角度进行数据分析时，则可以整合出一个企业集团、一个行业和国家整体的信用风险状况，因此，可以按照不同的监管和调控需要，对信贷市场、宏观经济的运行状况进行全面、深入的统计和分析，统计出不同地区、不同金融机构、不同行业和各类机构、人群的负债、坏账水平等，为加强金融监管和宏观调控创造了条件。

征信对监管者的帮助主要有两个:监控总体信贷质量和测试银行是否满足监管要求(尤其是满足新巴塞尔资本协议要求)。征信对宏观调控者的帮助主要体现在通过整体违约率的测算来判断经济目前所处的周期,例如,意大利的监管机构就利用征信数据库来测算商业银行的资本金要求、总体风险构成等,作为对商业银行进行监管依据的外部补充。

(4)服务其他政府部门,提升执法效率

根据国际经验,征信机构在信息采集中除了采集银行信贷信息外,还依据各国政府的政府信息公开的法规采集了大量的非银行信息,用于帮助授信机构的风险防范。在这种情况下,当政府部门出于执法需要征信机构提供帮助时,可以依法查询征信机构的数据库,或要求征信机构提供相应的数据。

通过征信活动,使政府在依法行政过程中存在的信息不对称问题得到有效解决,为政府部门决策提供了重要的依据,这些依据主要是通过第三方反映出来的,信息的准确性比较强,有效地提高了执法效率。

(5)有效揭示风险,为市场参与各方提供决策依据

征信机构不仅通过信用报告实现信息共享,而且,会在这些客观数据的基础上通过加工而推出对企业和个人的综合评价,如信用评分等。通过这些评价,可以有效反映企业和个人的实际风险水平,有效降低授信市场参与各方的信息不对称,从而得到市场的广泛认可,作出更好的决策。

根据学者的研究,这些综合评价主要有两个作用:第一,信号传递作用。通过这些综合评价,将新信息或现有的信息加以综合,提供给市场,市场根据这些综合评价所处的信用区间,对受信方的信用状况作出一个整体的评价。第二,证明作用。满足一定门槛的信用评分,往往成为监管者规定取得授信的条件之一。

(6)提高社会信用意识,维护社会稳定

在现代市场经济中,培养企业和个人具有良好的社会信用意识,有利于提升宏观经济运行效率。但是,良好的社会信用意识并不是仅仅依靠教育和道德的约束就能够建立的,必须在制度建设上有完备的约束机制。以美国为例,美国国民的社会信用意识和遵纪守法意识比较强,主要是靠完善的制度约束达成的,当制度约束缺失时,国民的社会信用意识和遵纪守法意识也会面临严峻的挑战。

征信在维护社会稳定方面也发挥着重要的作用。实践经验表明,不少企业和个人具有过度负债的冲动,如果不加约束,可能会造成企业和个人债务负担过重,影响企业和个人的正常经营和活动,甚至引发社会问题。有的国家就曾发生过信用卡过度发展,几乎酿成全民债务危机。一些西方国家建立公共征信机构的目的之一就是防止企业、个人过度负债,维护社会稳定。在我国,征信活动有助于金融机构全面了解企业和个人的整体负债状况,从制度上防止企业和个人过度负债,有助于政府部门及时了解社会的信用状况变动,防范突发事件对国计民生造成重大影响,维护社会稳定。

综上所述,正是因为征信能够帮助实现信息共享,提高对交易对手风险的识别,所以,征信在经济和金融活动中具有重要的地位,构成了现代金融体系运行的基石,是金融稳定的基础,对于建设良好的社会信用环境具有非常深远的意义。

4.2.3 个人信用征信制度及运行模式

1)个人信用征信制度

个人信用征信制度就是指在对个人信息的收集、分析、验证、利用、提供、维护和管理中所必须遵循的规则或准则，主要包括个人信用登记制度、个人信用分析、评估制度、个人信用查询使用制度等一系列相应的制度的总和。

个人征信制度是对个人信用历史、信用状况、信用程度等进行确认的一整套制度。它是一个国家的经济、金融发展的制度基础，包括个人信用档案、个人信用评估、个人风险预警和个人信用风险管理等。它的建立和发展对于一个国家的个人银行业务的发展起着至关重要的助推作用。

(1)个人信用登记制度

个人信用登记制度是个人信用制度的其中一部分内容，是开展个人信用活动的基础。在国外，金融机构在向消费者或私人企业主发放个人贷款之前，都需要向有关机构查询该贷款者的资信情况，而提供这类服务的机构往往是专业的个人资信档案登记机构。个人信用登记最主要的做法就是建立信用档案、建立基础信息数据库，并实施个人财产登记制度、个人纳税登记制度、个人及直系亲属经商登记制度等。

(2)个人信用分析评估制度

个人信用分析评估制度就是配合个人信用制度的实施，由权威机构统一制订个人信用评估标准，由信用评价机构运用科学合理的评估方法，在建立个人信用档案系统的基础上，对每一位客户的授信内容进行科学、准确的信用风险评级。制度要求所有受信主体在接受信用前都应该受专业机构或授信人的信用等级评估，并以此作为授信的依据，确定授信额度、授信期限和交易价格。

(3)个人信用查询使用制度

在个人信用管理过程中，个人的信用信息是可以被相关机构查询的，但必须经当事人授权。信用管理部门应该就有关查询的程序、条件、内容、要求等作出相应的制度规定。经营个人征信业务的征信机构应当对其工作人员查询个人信息的权限和程序作出明确规定，对工作人员查询个人信息的情况进行登记，如实记载查询工作人员的姓名，查询的时间、内容及用途。工作人员不得违反规定的权限和程序查询信息，不得泄露工作中获取的信息。

2)个人信用征信模式

(1)市场型模式及其特点

市场型模式是一种信息共享、信用共建的模式，是指信用体系中的信用征信系统和评级系统由独立于政府之外的征信机构开发完成，同时，这些征信机构的管理和运作完全按市场化的模式进行。美国的信用征信系统是典型的市场型模式，另外，英国、加拿大以及北欧的部分国家的信用征信系统也是按市场型模式构建的。市场型模式的主要特点表现在以下4个方面：

①信用信息来源的广泛性。信用征信机构的信息除来自银行和相关的金融机构外，还来自信贷协会和其他各类协会、财务公司、租赁公司、信用卡发行公司和商业零售机构等。

②信用信息内容的全面性。民营信用征信机构的信息较为全面，不仅征集负面信用信息，也征集正面信用信息。

③信用信息服务的规范性。在美国，信用数据的获取和使用要受国家《公平信用报告法》及其他相关法律的约束，只有在法律规定的原则和范围内，才能使用相关的消费者信用信息。

④信用信息提供的有偿性。民营信用中介服务完全按照市场化原则运作，信用调查机构提供的信用报告是商品，按照商品交易的原则出售给需求者。

(2)公益型模式及其特点

所谓公益型模式，是指依据国家和政府的力量组建公共信用征信机构，并由相应职能部门负责运行管理。信息共享、信用共建。建立公共信用征信系统的主要目的是为中央银行的监管职能服务，并提供发放信贷的信息，包括金融机构对借款人发放的贷款、贷款评级和贷款附属担保品的价值信息等，而不是为社会提供个人或企业的信用报告。法国是这一模式的典型代表。在世行专家调查的56个国家中，有30个国家是按公益型模式组建公共信用征信系统的，而更多国家的信用征信系统则是市场型和公益型并存。公益型模式的主要特点表现在以下3个方面：

①信用数据获取的强制性。在信用数据的获得方面，公共信用征信系统通过法律或决议的形式，强制性要求所监管的所有金融机构必须参加公共信用登记系统。

②信用信息来源的特定性。公共信用机构的信用信息来源相对较窄。

③信用信息使用的限制性。在信用数据的使用方面，许多国家对公共信用登记系统的数据使用有较严格的限制。

3)两种模式互存

公益型模式与市场型模式不能简单地互相取代，而是在各自范围内发挥作用，是相互补充的关系。比如，公共信用登记系统是由金融监管机构设立，更多地体现了监管者的意志和需要，主要为金融监管部门的信用监管服务。民营信用征信机构则为社会更广泛的信用需求服务，范围更宽、更广、更全面。再比如，在公共信用登记系统的数据使用上，多数金融机构内部为防范风险而进行信息互通，民营信用征信机构的信用报告则是商品，强调为需求者提供商业化、个性化服务。因此，在许多国家民营信用征信机构和公共信用征信机构是并存的，一类机构不可能完全取代另一类机构。

4.3　征信中的个人信用信息保护

4.3.1　个人信用信息的内容与来源渠道

1)个人信用信息的内容

(1)基本信息

基本信息包含被征信人的个人身份信息、居住信息、职业信息3个子段。

①个人身份信息。具体数据项包括姓名、性别、证件类型、证件号码、出生日期、学历、地址、配偶姓名等数据项。姓名、证件类型、证件号码，三者结合形成标志项，能够唯一地标识被征信人；性别、出生日期，能够辅助识别被征信人；最高学历和最高学位，说明被征信人的受教育程度，作为衡量该人还款能力的参考指标；通讯地址、邮政编码、住宅电话、单位电话、手机号码、电子邮箱，提供了被征信人的多种联系方式；户籍地址，是在公安部门登记的被征信人户口所在地的地址，提供了联系该人的另外一种途径；婚姻状况，能够在一定程度上反映被征信人生活的稳定程度；配偶姓名、配偶证件类型、配偶证件号码、配偶工作单位、配偶联系电话，是为了找到被征信人的配偶，进而了解该人家庭的经济状况，同时也提供了联系该人的另外一种途径。

②居住信息。居住地址、邮政编码和居住状况，反映被征信人的住址情况和居住状况，由此可以判断该人的生活稳定程度，同时可以展示该人的房产拥有信息。

③职业信息。工作单位名称、单位地址、邮政编码、单位所属行业、职业、职务、职称、本单位工作起始年份，反映被征信人的工作稳定程度及职业的分类，同时提供了了解该人信息的渠道，在一定程度上反映了该人的还款能力；年收入是指被征信人向商业银行提供的本人年收入的金额。

(2)信用交易信息

信用交易信息记录被征信人的信用交易历史和现状，包括汇总信息和明细信息，反映了信用卡、贷款两类业务和为他人贷款担保的总体情况和明细情况。信用交易信息段包含银行信贷信用信息汇总、信用卡汇总信息、准贷记卡汇总信息、贷记卡汇总信息、贷款汇总信息、为他人贷款担保汇总信息和信用卡明细信息、贷款明细信息、为他人贷款担保明细信息 9 个子段。

(3)特殊交易信息

用于描述被征信人在商业银行发生的特殊信用交易的总体情况，包括展期(延期)、担保人代偿、以资抵债等情况。

(4)特别记录

用于描述数据上报机构上报的应引起特别关注的信息（特别是负面信息），如欺诈、被起诉、破产、失踪、死亡、核销后还款等信息。

2)个人信用信息来源渠道

个人信用信息的来源渠道多，且各具优势。

(1)官方信息

通过工商、税务、法院、公安、社保等政府职能部门，或者公共服务部门获取被征信人在经营、纳税、债务裁决、守法等方面的信息。例如，2013 年 2 月南京市开始将乘客冒用他人证件、使用伪造证件乘车和其他逃票行为 3 次(含 3 次)以上的有关信息纳入个人信用信息系统，这意味着办理信用卡、申请房贷或找工作都会受到影响。

(2)银行信息

通过与银行进行对接，将银行客户信息导入征信数据库，银行信息是征信信息中最主要的信息，是最好的客户资信和背景调查信息。但银行信息涉及的面相对较窄。

(3)公共媒介信息

就是通过电视、网络、报纸、广播、广告、会议等公共媒体渠道获得的信息。这类信息获取的速度快,信息量大,但存在一定的偏见性,信息并不一定完整、真实。

(4)委托第三方调查的信息

通过第三方调查机构间接获取,信息相对可靠,但成本较高,往往是通过付费而从第三方机构购得的信息,且是动态的。

(5)信用申请人填报的信息

信用申请人在提出授信申请时,授信机构要求其提供相关的信息,可以通过填写详细申请资料、调查问卷表、客户意见表的方式,收集到被征信人的最新信息。但申请人可能隐瞒对自己不利的信息。

4.3.2　个人隐私的界定

个人隐私是指公民个人生活中不愿为他人公开或知悉的秘密。隐私权是自然人享有的对其个人的、与公共利益无关的个人信息、私人活动和私有领域进行支配的一种人格权。

征信过程中可能侵害被征信人个人隐私权的行为有。

①未经许可,公开其姓名、肖像、住址和电话号码。

②未经许可,公开其婚姻状况、家庭结构及成员。

③非法刺探他人财产状况或未经本人允许公布其财产状况。

④私拆他人银行函件,打听个人债务明细。

⑤泄露个人材料或公之于众或扩大公开范围。

⑥未经本人委托受权,私自调阅被征信人的个人信用报告。

⑦未经当事人确认擅自更改被征信人信用信息。

⑧不妥善保管造成个人资料丢失而泄漏信息。

⑨收集公民不愿向社会公开的纯属个人的情况。

4.3.3　对个人信息保护的国际经验

伴随着网络的迅速发展,国际间的信息交流快速增加,特别是网上金融交易和网上购物的实现,带来大量个人信息的流动,非法收集、利用、公开个人信息的案件也随之出现,个人信息的保护已经成为各国关注的重要问题。许多国家都已经制订了个人信息保护的相关法规和标准。

专栏案例 4.2　国际上对个人信息的保护

1.国际组织

欧盟理事会《有关个人数据自动化处理的个人保护协定》、国际经合组织《关于保护隐私和个人数据跨国流通指导原则》、欧盟《1995 年个人数据保护指南》《瑞典个人数据法》、欧盟《2002 年隐私和电子通讯指令》《美国隐私权法》《加拿大个人数据保护法》、英国《数据保护法》、美国《电子通信隐私法》、美国《互联网保护个人隐私的政策》、日本《个人信息保护法》等。

有关个人信息保护的原则最重要的是国际经合组织在1980年颁布的《关于保护隐私和个人数据跨国流通指导原则》中有关个人信息保护的七项原则，即收集限制原则、数据质量原则、列明目的原则、使用限制原则、安全保护原则、公开原则、个人参与原则。许多国家以此为依据制定本国的个人信息保护法。

2.美国

美国出台了多项法律保护个人信息。1970年的《公平信用报告法》禁止信用报告机构滥用其掌握的个人信息；1974年的《家庭教育权利与隐私权法》规定，任何教育机构如果未经学生家长的书面同意或18岁以上学生本人的同意而披露学生的教育记录，将不能获得联邦资金的资助；2000年生效的《儿童网上隐私保护法》要求商业网络的经营者在收集13岁以下儿童的个人信息时，必须事先征得可确认的家长或监护人的同意；2005年美国又通过了一批法律加强对个人信息的保护，如《隐私权法》《信息保护和安全法》《防止身份盗用法》《网上隐私保护法》《消费者隐私保护法》《反网络欺诈法》和《社会安全号码保护法》等。

3.法国

法国曾颁布法令，强调个人信息优先的权利，禁止在未经许可的情况下采集和利用私人资料，其中包括诸如个人姓名、身份、电话、住址等相关信息。根据社会进入信息化时代的特点，2006年，法国将原有相关法令进行了修改、细化，并成立了全国信息管理委员会，对使用私人信息的社会团体或个人进行严密的监管。如果利用行业之便掌握了他人信息，在未经本人同意的情况下，将隐私信息泄露出去，按照法国刑法可判处1年监禁和15 000欧元罚款。因透露隐私信息对他人声誉或其他方面造成严重损害，可最高判5年监禁和30万欧元的罚款。

4.德国

德国在保护公民个人信息的立法方面走在世界前列。早在1970年德国黑森州就颁布了德国首部地方性《数据保护法》，从而在全球开辟了一个新的立法领域；《联邦数据保护法》和《州数据保护法》在1977年和1981年先后出台；1983年，德国立法机构全面修订了《数据保护法》；为适应时代变化，德国又于2001年和2006年根据欧盟的新规定两度修订《联邦数据保护法》。

虽然德国对公民个人信息保护的立法已相当完备，但社会各界对涉及数据保护的问题仍时有争议。2006年，德国人口最多的北威州颁布了名为《在线搜查法》的地方法，允许该州情报机关通过俗称“特洛伊木马”的远程控制软件及其他技术手段全面监控嫌疑人在互联网上的活动，获取嫌疑人电脑中的数据。此法一公布即引起争议，有人认为这类法律使国家侵犯个人隐私合法化，但德国联邦刑事警察局等安全机构认为，强调数据保护不啻“保护罪犯”。

5.英国

1984年英国议会通过了《数据保护法》，并于1998年对该法进行修订。此后，英国陆续通过了《调查权法》《通信管理条例》和《通信数据保护指导原则》等一系列旨在保护公民个人信息的法律。此外，英国贸工部和计算机协会还制定了专门的信息安全认证计划，得到了全球主要软件商的承认。

尽管如此,近来频繁发生的个人信息泄露事件仍让民众对政府的信息安全系统产生怀疑。去年英国税务及海关总署因操作不规范,导致两张邮寄出去的数据光盘丢失,涉及2 500万人、725万个家庭的资料泄露,此事引起轩然大波。此外,调查显示,由于经常遭遇银行卡欺诈、身份被盗用事件,许多英国人开始有意识地避免使用网上银行和网络购物。专家认为,英国政府长期以来一直将信息安全保护工作的重点放在建立法律规范和技术标准方面,对其他方面的风险关注较少,以至公民个人信息遗失事件频发。

6.日本

2005年4月生效的《个人信息保护法》是日本保护个人信息安全的根本法律。根据这一法律,日本国家行政机关、独立行政法人和地方公共团体还制定了多项法律和条例,为个人信息保护中遇到的各种具体问题提供法律依据。

7.香港地区

香港《个人资料(私隐)条例》规定,个人资料的搜集须以"合法及公平"方式进行;除非获得当事人同意,否则个人资料的使用"只可按当时所述明的用途",违反规定者最高可被罚款5万港元及监禁两年。香港设有专门机构监管个人信息使用。个人资料私隐专员公署是一个独立的法定机构,旨在保障市民的个人资料不受侵犯,确保社会各界切实遵从《个人资料(私隐)条例》规定。在香港,大多数商家和企业也非常重视保护消费者个人信息:无论是促销活动或是电话调查,不会要求提供个人信息;市民在银行、证券公司等开设户口时,也会被告知公司不会通过电话索取个人信息。这些个人信息的保护原则体现了对人的尊重和对个人信息的规范管理,在保护个人信息的同时,让个人信息能真正实现自身价值和更好地为公众服务。个人信息的保护不是为了限制个人信息的流动,而是要对个人信息的流动进行正规的管理和规范,以保证能符合信息主体同意的目的,保持信息的正确、有效和安全。保证个人信息能够在合理、合法的状态下流动。

4.3.4 我国个人隐私和个人信息保护的法规

个人信息的法律保护问题是近半个世纪以来随着信息社会的发展而日益凸显的问题。由于社会观念、信息产业、科学技术以及立法规划等方面的原因,我国很长一段时间以来没有认识到保护个人信息的重要性,因此直到目前为止,我国还没有制定专门的个人信息保护方面的法律。当然,这并不意味着我国目前对个人信息不进行保护。现阶段,我国对个人信息的保护,主要体现在两大方面:一是在与个人信息保护有关的法律法规中设置个人信息保护条款对个人信息加以法律保护。个人信息的法律保护又可以表现为法律的直接保护和间接保护,所谓法律的直接保护即法律法规明确提出对"个人信息"进行保护;间接保护即法律法规通过提出对"人格尊严""个人隐私""个人秘密"等与个人信息相关的范畴进行保护进而引申出对个人信息的保护。二是通过信息控制人的单方承诺或特定行业的自律规范的承诺对个人信息加以自律性质的保护。个人信息在自律保护上也表现为两方面,即企业通过单方承诺这种市场运作方式对个人信息加以保护,以及特定行业组织通过行业自律规范对个人信息确立行业保护标准进行保护。

专栏案例4.3 国内有关个人隐私和个人信息保护的法规

1.保护公民隐私及个人信息的法律

(1)《中华人民共和国民法通则》第一百零一条:公民、法人享有名誉权,公民的人格尊严受法律保护,禁止用侮辱、诽谤等方式损害公民、法人的名誉。

(2)《中华人民共和国刑法》第二百五十三条第三款、第四款、第五款(出售、非法提供公民个人信息罪、非法获取公民个人信息罪):国家机关或者金融、电信、交通、教育、医疗等单位的工作人员,违反国家规定,将本单位在履行职责或者提供服务过程中获得的公民个人信息,出售或者非法提供给他人,情节严重的,处三年以下有期徒刑或者拘役,并处或者单处罚金;窃取或者以其他方法非法获取上述信息,情节严重的,依照前款的规定处罚;单位犯前两款罪的,对单位判处罚金,并对其直接负责的主管人员和其他直接责任人员,依照各该款的规定处罚。

(3)《中华人民共和国侵权责任法》第二条:侵害民事权益,应当依照本法承担侵权责任。本法所称民事权益,包括生命权、健康权、姓名权、名誉权、荣誉权、肖像权、隐私权、婚姻自主权、监护权、所有权、用益物权、担保物权、著作权、专利权、商标专用权、发现权、股权、继承权等人身、财产权益。第三条:被侵权人有权请求侵权人承担侵权责任。第三十六条:网络用户、网络服务提供者利用网络侵害他人民事权益的,应当承担侵权责任;网络用户利用网络服务实施侵权行为的,被侵权人有权通知网络服务提供者采取删除、屏蔽、断开链接等必要措施。网络服务提供者接到通知后未及时采取必要措施的,对损害的扩大部分与该网络用户承担连带责任;网络服务提供者知道网络用户利用其网络服务侵害他人民事权益,未采取必要措施的,与该网络用户承担连带责任。

(4)《中华人民共和国未成年人保护法》第三十九条:任何组织或个人不得披露未成年人的个人隐私。对未成年人的信件、日记、电子邮件,任何组织或者个人不得隐匿、毁弃;除非因追查犯罪的需要,由公安机关或人民检察院依法进行检查,或者对无行为能力的未成年人的信件、日记、电子邮件由其父母或者其他监护人代为开拆、查阅外,任何组织或个人不得开拆、查阅。第六十九条:侵犯未成年人隐私,构成违反治安管理行为的,由公安机关依法予以行政处罚。

(5)《中华人民共和国妇女权益保障法》第四十二条第一款:妇女的名誉权、荣誉权、隐私权、肖像权等人格权受法律保护。

(6)《中华人民共和国消费者权益保护法》第十四条:消费者在购买、使用商品和接受服务时,享有人格尊严、民族风俗习惯得到尊重的权利,享有个人信息依法得到保护的权利。第二十九条:经营者收集、使用消费者个人信息,应当遵循合法、正当、必要的原则,明示收集、使用信息的目的、方式和范围,并经消费者同意;经营者收集、使用消费者个人信息,应当公开其收集、使用规则,不得违反法律、法规的规定和双方的约定收集、使用信息;经营者及其工作人员对收集的消费者个人信息必须严格保密,不得泄露、出售或者非法向他人提供;经营者应当采取技术措施和其他必要措施,确保信息安全,防止消费者个人信息泄露、丢失;在发生或者可能发生信息泄露、丢失的情况时,应当立即采取补救措施;经营者未经消费者同意或者请求,或者消费者明确表示拒绝的,不得向其发送商业性信息。第五十条:经营者侵害消费者的人格尊严、侵犯消费者人身自由或者侵害消费者个人信息依法得到保护的权利的,应当停止侵害、恢复名誉、消除影响、赔礼道歉,并赔偿损失。

(7)《中华人民共和国民事诉讼法》第六十八条:证据应当在法庭上出示,并由当事人互相质证。对涉及国家秘密、商业秘密和个人隐私的证据应当保密,需要在法庭出示的,不得在公开开庭时出示。

(8)《中华人民共和国刑事诉讼法》第五十二条第三款:对涉及国家秘密、商业秘密和个人隐私的证据应当保密。第一百五十条第二款:侦查人员对采取技术侦查措施过程中知悉的国家秘密、商业秘密和个人隐私应当保密;对采取技术侦查措施获取的与案件无关的材料,必须及时销毁。第一百八十三条第一款:人民法院审判第一审案件应当公开进行。但是有关国家秘密或者个人隐私的案件,不公开审理;涉及商业秘密的案件,当事人申请不公开审理的,可以不公开审理。

(9)《全国人民代表大会常务委员会关于维护互联网安全的决定》第四条:为了保护个人、法人和其他组织的人身、财产等合法权利,对有下列行为之一,构成犯罪的,依照刑法有关规定追究刑事责任:非法截获、篡改、删除他人电子邮件或者其他数据资料,侵犯公民通信自由和通信秘密。第六条第二款:利用互联网侵犯他人合法权益,构成民事侵权的,依法承担民事责任。

(10)《全国人民代表大会常务委员会关于加强网络信息保护的决定》

①国家保护能够识别公民个人身份和涉及公民个人隐私的电子信息。任何组织和个人不得窃取或者以其他非法方式获取公民个人电子信息,不得出售或者非法向他人提供公民个人电子信息。

②网络服务提供者和其他企业事业单位在业务活动中收集、使用公民个人电子信息,应当遵循合法、正当、必要的原则,明示收集、使用信息的目的、方式和范围,并经被收集者同意,不得违反法律、法规的规定和双方的约定收集、使用信息。

网络服务提供者和其他企业事业单位收集、使用公民个人电子信息,应当公开其收集、使用规则。

③网络服务提供者和其他企业事业单位及其工作人员对在业务活动中收集的公民个人电子信息必须严格保密,不得泄露、篡改、毁损,不得出售或者非法向他人提供。

④网络服务提供者和其他企业事业单位应当采取技术措施和其他必要措施,确保信息安全,防止在业务活动中收集的公民个人电子信息泄露、毁损、丢失。在发生或者可能发生信息泄露、毁损、丢失的情况时,应当立即采取补救措施。

⑤网络服务提供者应当加强对其用户发布的信息的管理,发现法律、法规禁止发布或者传输的信息的,应当立即停止传输该信息,采取消除等处置措施,保存有关记录,并向有关主管部门报告。

⑥网络服务提供者为用户办理网站接入服务,办理固定电话、移动电话等入网手续,或者为用户提供信息发布服务,应当在与用户签订协议或者确认提供服务时,要求用户提供真实身份信息。

⑦任何组织和个人未经电子信息接收者同意或者请求，或者电子信息接收者明确表示拒绝的，不得向其固定电话、移动电话或者个人电子邮箱发送商业性电子信息。

⑧公民发现泄露个人身份、散布个人隐私等侵害其合法权益的网络信息，或者受到商业性电子信息侵扰的，有权要求网络服务提供者删除有关信息或者采取其他必要措施予以制止。

⑨任何组织和个人对窃取或者以其他非法方式获取、出售或者非法向他人提供公民个人电子信息的违法犯罪行为以及其他网络信息违法犯罪行为，有权向有关主管部门举报、控告；接到举报、控告的部门应当依法及时处理。被侵权人可以依法提起诉讼。

⑩有关主管部门应当在各自职权范围内依法履行职责，采取技术措施和其他必要措施，防范、制止和查处窃取或者以其他非法方式获取、出售或者非法向他人提供公民个人电子信息的违法犯罪行为以及其他网络信息违法犯罪行为。有关主管部门依法履行职责时，网络服务提供者应当予以配合，提供技术支持。

国家机关及其工作人员对在履行职责中知悉的公民个人电子信息应当予以保密，不得泄露、篡改、毁损，不得出售或者非法向他人提供。

……

除此之外，我国《统计法》《居民身份证法》《邮政法》《商业银行法》《传染病防治法》《执业医师法》《监狱法》《母婴保健法》等，对于一些容易获悉他人隐私的特殊行业，设有公民隐私及个人信息保护的专门规定。

2.保护公民隐私及个人信息的行政法规

(1)《中华人民共和国计算机信息系统安全保护条例》第七条：任何组织或者个人，不得利用计算机信息系统从事危害国家利益、集体利益和公民合法利益的活动，不得危害计算机信息系统的安全。第二十五条：任何组织和个人违反本条例的规定，给国家、集体或者他人财产造成损失的，应当依法承担民事责任。

(2)《保安服务管理条例》第二十五条第一款规定："保安服务中安装监控设备应当遵守国家有关技术规范，使用监控设备不得侵犯他人合法权益或者个人隐私。保安服务中形成的监控影像资料、报警记录，应当至少留存30日备查，保安从业单位和客户单位不得删改或者扩散。"第四十三条第二款"使用监控设备侵犯他人合法权益或者个人隐私的"，责令限期改正，处2万元以上10万元以下的罚款；违反治安管理的，依法给予治安管理处罚；构成犯罪的，依法追究直接负责的主管人员和其他直接责任人员的刑事责任。

(3)《中华人民共和国电信条例》第五十八条：任何组织或者个人不得利用电信网从事窃取或者破坏他人信息、损害他人合法权益的活动。第六十六条：电信用户依法使用电信的自由和通信秘密受法律保护。电信业务经营者及其工作人员不得擅自向他人提供电信用户使用电信网络所传输信息的内容。

3.保护公民隐私及个人信息的司法解释

(1)《最高人民法院关于贯彻执行〈民法通则〉若干问题的意见》(修改稿)：以书面、口头等形式宣扬他人的隐私，或者捏造事实公然丑化他人人格，以及用侮辱、诽谤等方式损害他人名誉，造成一定影响的，应当认定为侵害公民名誉权的行为。以书面、口头等形式诋毁、诽谤法人名誉,给法人造成损害的,应当认定为侵害法人名誉权的行为。

(2)《最高人民法院关于确定民事侵权精神损害赔偿责任若干问题的解释》第一条:违反社会公共利益、社会公德侵害他人隐私或者其他人格利益,受害人以侵权为由向人民法院起诉请求赔偿精神损害的,人民法院应当依法予以受理。第三条:自然人死亡后,非法披露、利用死者隐私,或者以违反社会公共利益、社会公德的其他方式侵害死者隐私,给其近亲属造成精神痛苦,当事人向人民法院起诉请求赔偿精神损害的,人民法院应当依法予以受理。

4.保护公民隐私及个人信息的重要规章

(1)《电信和互联网用户个人信息保护规定》

第四条:本规定所称用户个人信息,是指电信业务经营者和互联网信息服务提供者在提供服务的过程中收集的用户姓名、出生日期、身份证件号码、住址、电话号码、账号和密码等能够单独或者与其他信息结合识别用户的信息以及用户使用服务的时间、地点等信息。

第五条:电信业务经营者、互联网信息服务提供者在提供服务的过程中收集、使用用户个人信息,应当遵循合法、正当、必要的原则。

第九条:未经用户同意,电信业务经营者、互联网信息服务提供者不得收集、使用用户个人信息。电信业务经营者、互联网信息服务提供者收集、使用用户个人信息的,应当明确告知用户收集、使用信息的目的、方式和范围,查询、更正信息的渠道以及拒绝提供信息的后果等事项;电信业务经营者、互联网信息服务提供者不得收集其提供服务所必需以外的用户个人信息或者将信息用于提供服务之外的目的,不得以欺骗、误导或者强迫等方式或者违反法律、行政法规以及双方的约定收集、使用信息;电信业务经营者、互联网信息服务提供者在用户终止使用电信服务或者互联网信息服务后,应当停止对用户个人信息的收集和使用,并为用户提供注销号码或者账号的服务。

第十条:电信业务经营者、互联网信息服务提供者及其工作人员对在提供服务过程中收集、使用的用户个人信息应当严格保密,不得泄露、篡改或者毁损,不得出售或者非法向他人提供。

第十一条:电信业务经营者、互联网信息服务提供者委托他人代理市场销售和技术服务等直接面向用户的服务性工作,涉及收集、使用用户个人信息的,应当对代理人的用户个人信息保护工作进行监督和管理,不得委托不符合本规定有关用户个人信息保护要求的代理人代办相关服务。

第十三条:电信业务经营者、互联网信息服务提供者应当采取以下措施防止用户个人信息泄露、毁损、篡改或者丢失:

(一)确定各部门、岗位和分支机构的用户个人信息安全管理责任;

(二)建立用户个人信息收集、使用及其相关活动的工作流程和安全管理制度;

(三)对工作人员及代理人实行权限管理,对批量导出、复制、销毁信息实行审查,并采取防泄密措施;

(四)妥善保管记录用户个人信息的纸介质、光介质、电磁介质等载体,并采取相应的安全储存措施;

(五)对储存用户个人信息的信息系统实行接入审查,并采取防入侵、防病毒等措施;

(六)记录对用户个人信息进行操作的人员、时间、地点、事项等信息；

(七)按照电信管理机构的规定开展通信网络安全防护工作；

(八)电信管理机构规定的其他必要措施。

第十四条：电信业务经营者、互联网信息服务提供者保管的用户个人信息发生或者可能发生泄露、毁损、丢失的，应当立即采取补救措施；造成或者可能造成严重后果的，应当立即向准予其许可或者备案的电信管理机构报告，配合相关部门进行的调查处理。

第十八条：电信管理机构及其工作人员对在履行职责中知悉的用户个人信息应当予以保密，不得泄露、篡改或者毁损，不得出售或者非法向他人提供。

第二十一条：鼓励电信和互联网行业协会依法制订有关用户个人信息保护的自律性管理制度，引导会员加强自律管理，提高用户个人信息保护水平。

(2)《电话用户真实身份信息登记规定》第十二条：电信业务经营者及其工作人员对在提供服务过程中登记的用户真实身份信息应当严格保密，不得泄露、篡改或者毁损，不得出售或者非法向他人提供，不得用于提供服务之外的目的。第十六条第三款：电信管理机构及其工作人员对在实施监督检查过程中知悉的电话用户真实身份信息应当予以保密，不得泄露、篡改或者毁损，不得出售或者非法向他人提供。

4.3.5 消费者应重视对个人信息的保护

消费者在各种地方办会员卡，都需要留下身份证号码和手机、家庭电话等个人信息；买商品房、去医院住院、到银行办理业务、买机票、办理保险业务等，需要提供的个人资料更多，有的还必须提供父母、配偶、子女等家庭成员的详细资料。消费者的个人隐私越来越被暴露，每个人却只能无可奈何地被动接受。当发现自己的隐私被侵犯时，公众常常不知是何时何地被人利用的；另外，不少单位或个人也故意披露自己或他人的个人隐私，如社交网站上的登记交友、网上“晒工资”、一些私人公司为监督员工私下安装摄像监视器、“人肉搜索”等，用不法软件盗取他人的 QQ 或账号、银行密码等也时有发生。个人信息往往都是在不经意间就被泄漏出去的。因此，重视自己个人信息的保护是每一位消费者应面对的现实。日常生活和工作中，对个人信息的保护应该注意以下几点：

①个人身份信息的保护。对个人有效身份证件妥善保管，在每次使用时一定要问清楚用途，若需要附身份证复印件，就一定要在复印件上注明具体用途，并写上“此复印件仅用于 * * *，再次复印无效”的字样，并签上姓名和时间。

②不要轻易在网站注册。在网站注册时，要看清楚网址是否正确，防止假冒网站和钓鱼网站，建议不要轻易在不了解的网站注册。

③个人信息资料的保管。涉及个人的信息资料比较多，如履历表、信息登记表、求职应聘书、各类报名表、信用卡账单、通讯记录详单等。

④对中介要有防备。在办理信用卡、银行卡时，最好不要由中介机构或非银行工作人员代理，因为申请表的信息非常详细，以防被中介转卖。

⑤不要随意丢弃有关的银行交易清单。不管是取款还是存款，打印的回单都应带走并正确处理，不得随便丢弃。

⑥网络工具信息填写不宜太详细。能够使用网名的尽量使用网名,电话、住址、年龄、职业、单位等信息内容可以模糊一点。

个人信息保护有时是防不胜防,但我们一定要有保护的意识,首先不侵犯他人的个人信息,形成一种良好的社会风气,加上相关法规的约束,个人信息保护逐渐会走入正轨。

4.4　我国个人信用征信

西方发达国家征信工作已有100多年的历史,而我国个人信用征信工作起步较晚,虽然经过几年的发展积累了一定经验,但征信制度建设仍处于初始阶段,有很多问题亟待解决。

4.4.1　全面推动个人信用征信制度建设

重视和发挥政府部门作用,运用市场机制积极引导、推动个人信用管理机构和服务中介机构建设。

建立一个设置科学、机制灵活、管理规范的个人信用管理机构是推动个人信用征信制度建设的首要任务。当前,我国尚处于经济转型时期,市场经济发育状况和社会信用状况都不是很理想,单独依靠市场的力量来推动个人信用制度建设是行不通的,必须重视和依靠政府支持,发挥政府在制定政策、创造环境和监督管理方面的优势,推动个人信用征信制度建设的快速发展。因此,有必要设立国家信用管理局和信用管理行业协会。信用管理局作为全国信用征信管理机构,负责制定行业的法律、法规,管理国家信用市场,包括企业信用和个人信用市场。其主要职责是:促进数据开放,推动区域性征信数据网络互联互通,推动民间行业协会建设;审查从业人员和中介机构资格,协助立法机关建立失信约束和制裁机制,促进和监督征信行业的规范发展。信用管理行业协会作为民间行业协会,主要职责是:建立行业自律规范,约束从业人员和信用中介机构行为,制订信用评级技术方法和评价标准。

个人信用服务中介机构是征信活动的经营主体,组建个人信用服务机构应遵循市场原则,发挥市场竞争的作用,避免用政府行为代替市场规则。国际上,个人信用中介机构的设立通常有3种模式:以欧洲国家为主要代表的是政府和中央银行为主导的模式,政府通过建立公共征信机构,强制性要求企业和个人向征信机构提供数据。以日本为代表的是会员制模式,由会员单位共同出资组建征信机构,只有会员才能享受信息机构提供的信息。以美国为代表的是市场模式,它完全依靠市场机制,靠行业自我管理运作,政府仅负责提供立法支持和监管。借鉴西方经验,我国宜采取以会员制为核心,以股份公司为经营主体的模式来组建个人信息服务机构。由于我国经济发展不平衡,区域差别较大,个人信用服务机构的建立不能一哄而上,而应采取渐进式策略逐步扩大推广:第一步,在政府指导下,运用市场竞争机制,在有条件的地区组建区域性服务机构,探索适合本地区个人征信制度建设的路子,积累经验打好基础;第二步,按照市场为主政府为辅的原则,推动征信机构之间的联合、兼并,实现不同区域间征信业务的相互渗透,扩大征信区域,逐步建立全国性的个人信用服务机构和征信网络。

4.4.2 尽快完善与个人信用征信制度相关的法律

我国应尽快建立一套与个人征信相关的法律，为个人征信制度建设创造一个良好的法律环境。

1）重视对个人隐私权的保护

借鉴美国的《公平信用报告法》等，制定类似的法律，全面保护个人隐私权。该法律应包括以下内容：①保护被征信者的知情权，即征信必须取得被征信者同意。②合法性，即征信必须符合法定程序，以合法手段取得。③客观性和时效性，即信息的收集应以事实为基础，进行客观、公正的描述；被征信者有权消除错误的、过时的信息，保证信息的准确性和时效性。④保密性，即信息服务对象必须是根据法定的或约定的事由使用信息资料，不得随意向第三者泄密。⑤对征信中侵害个人隐私的行为进行追究和惩处。

2）完善商业银行法律体系

首先，修改、完善《商业银行法》和《储蓄存款管理条例》等法律、法规。现行的《商业银行法》和《储蓄存款管理条例》都规定商业银行有义务保护个人的信贷和储蓄存款信息，不得随意对外泄露客户资信信息，限制了征信数据的取得和使用，已不适应征信制度建设需要，阻碍了征信制度的建立和发展。修改后的《商业银行法》和《储蓄存款管理条例》应明确商业银行数据开放范围、提供方式、使用及传播限制等内容，为开展联合征信提供法律保障。其次，制定《商业银行贷款法》，对商业银行贷款条件、程序、贷后管理、清收作出规定，建立对恶意欺诈和非法侵占银行资产等不良行为的惩处制度。

3）制定《个人信用征信管理条例》规范征信活动

该条例是界定征信数据开放范围和规范行业管理的法律，其内容应主要包括个人信用征信范围、征信机构征集信息应遵循的原则、个人信息主体的权利、个人信用报告的公开、征信信息的准确性和时效性、个人征信信息的泄露及惩处、征信行业管理、法律责任等。

4.4.3 建立统一的科学的个人信用评估制度

西方发达国家个人信用评估多采用信用模型分析方法，将个人信息资料折算成信用分，根据信用分高低进行决策。如美国三大信用局都使用的“FICO”信用分就是利用 FICO 信用模型计算的消费者总得分。在 FICO 信用评分中使用的资料主要有 5 类，按重要程度依次为：①个人破产记录、扣押抵押品、拖欠债务、迟付借款。②未偿还债务。③信用历史的长短。④一年来新贷款申请的查询次数。⑤使用的信贷类型等。建立我国个人信用评估系统，既要注意借鉴国外经验，充分利用已有的较成熟的个人信用评估模型，如 Altman 的 Z-Score模型、FairIsaac 的 FICO 模型等，又要注意结合国情。各种信用模型的科学性是统计分析意义上的，基础在于样本数据。由于各国经济文化差异，必然导致样本数据的差异。因此，要结合我国国情，注重对个人信用信息的积累，建立样本数据库，以此为基础进行分析，建立起科学的、适合国情的评分模型。

4.4.4 尽快改革与个人征信制度相关的社会经济制度

个人信用信息分布广泛,分别掌握在银行、公安、法院、公共事业、税务等部门手中。因此,个人征信制度的建立需要有关部门的配合,需要对有关社会经济制度进行配套改革。如改革个人身份证和户口簿制度,建立智能型身份证;改革人事档案管理,变静态记录为动态反映;进一步完善存款实名制,实现全国银行间联网,实现信息共享;建立个人财产申报制度和个人基本账户制度,推行个人支票等新型结算工具,完善个人债权债务管理等。社会经济制度改革是推动个人征信制度发展的强有力保障。

4.4.5 立足全民,培育良好的诚实守信社会风尚

个人信用征信工作是一项社会性的系统工程,需要全民的参与。首先,要做好信用知识普及工作(个人信用与征信知识竞赛试题见附录4),加强全民道德教育,向社会大众宣传、普及信用知识。其次,要注重个人信用的培育。良好的个人信用是一种经济资源,在欧美一些发达国家,信用已经成为一个人在生活中的"第二身份证"。个人信用的培育重在日积月累。日常生活中将不用的钱及时存入银行、使用银行卡刷卡消费、按时归还贷款、避免信用卡恶意透支、按时交纳各种税费等,都有利于提高自己的信用评分,有利于个人信用的培育。

4.4.6 加强行业监管和行业自律,提高服务质量

首先,应加强行业监督,规范信用服务机构行为。强化监管和行业自律的关键是建立信用服务机构的业务规范,建立诚实、守信的行业规则。政府部门和行业协会应发挥指导监督作用,加强规章制度建设,严惩违规,解决好中介服务机构自身的信用问题。其次,应加强行业自律,提高服务质量。信用服务机构是为信用交易提供中介服务的,个人资信报告质量直接影响着报告使用者的决策质量。如果信用服务机构提供的是虚假的资信报告,将给使用者带来极大的风险,甚至造成损失。因此,信用服务中介机构进行信用评价必须遵循客观、公正、公平的原则,加强行业自律和职业道德建设,保证个人资信报告的真实、公平和有效。

【本章小结】

1.我国征信业的发展经历了一个曲折而长期的过程,现代征信开始于20世纪90年代初,经历了萌芽、诞生和发展三个阶段,现在已进入快速发展期。

2.征信是指依法收集、整理、保存、加工自然人、法人及其他组织的信用信息,并对外提供信用报告、信用评估、信用信息咨询等服务,帮助客户判断、控制信用风险,进行信用管理的活动。个人征信具有独立性、信息性、公正性、客观性和时效性的特点。

3.个人征信起到节约交易时间、借款便利、信用提醒和公平信贷的作用。个人征信应该坚持真实性原则、全面性原则、及时性原则、保密性原则。

4.个人信用征信制度就是指在对个人信息的收集、分析、验证、利用、提供、维护和管理中所必须遵循的规则或准则,主要包括个人信用登记制度、个人信用分析、评估制度、个人信用查询使用制度等一系列相应的制度的总和。个人征信有市场模式、公益型模式两种基本

模式。

5.个人征信涉及个人基本信息、信用交易信息、特殊交易信息和特别记录，这些信息的来源有工商、税务、法院、公安、社保等政府职能部门，商业银行等金融机构，公众媒体，第三方专业服务机构，也可以由申请人自主填报。

6.个人征信中一定要注意个人信息和隐私信息的保护，虽然有一些相关的隐私保护法规，但个人对其自身信息的保护至关重要，往往在不经意间泄漏了个人信息，或者个人信用信息被盗用。

【关键术语】

征信　信用信息　征信制度　公共征信　私人征信　个人隐私　信息保护

【思考问题】

1.个人信用征信制度建设对促进经济发展，实现和谐社会的建设目标有什么重大现实意义？

2.个人信用征信制度包括哪些内容？

3.个人信用征信信息涉及哪些内容？

4.比较三种征信模式的优劣。

5.征信活动中如何有效保护个人的信用信息？

6.我国个人征信制度建设在哪些方面还需要完善？

【推荐阅读】

1.钟楚男.个人信用征信制度[M].北京：中国金融出版社，2002.

2.龙西安.个人信用、征信与法[M].北京：中国金融出版社，2004.

3.杜金富，张新泽，李跃，等.征信理论与实践[M].北京：中国金融出版社，2004.

4.附录4：个人信用与征信知识竞赛试题。

【课后习题】

一、单项选择题

1.征信活动的经济基础是(　　)。

A.信用交易　B.市场经济　C.公有制　D.私有制

2.中国人民银行征信中心成立于(　　)。

A.1998年　B.2003年　C.2005年　D.2007年

3.中国古代最早有关征信的说法“君子之言，信而有征”源自(　　)。

A.《道德经》　B.《论语》　C.《左传》　D.《春秋》

4.征信，记录被征信人(　　)的信用行为。

A.过去　B.现在　C.未来　D.以上都是

5.我国《征信业管理条例》开始实施的时间是(　　)。

A.2011年5月1日　　B.2012年10月1日

C.2013年3月15日　　D.2014年1月1日

二、多项选择题

1.征信的原则是(　　)。

A.真实性原则　　B.全面性原则　　C.及时性原则

D.隐私保护原则　　E.隐蔽性原则

2.个人信用征信的特点是(　　)。

A.独立性　　B.信息性　　C.公正性

D.客观性　　E.时效性

3.个人信用信息包括个人(　　)。

A.基本信息　　B.信用交易信息　　C.特别交易信息

D.特别记录　　E.所有自然信息

4.个人信用信息来源渠道有(　　)。

A.信用申请人　　B.第三方调查机构　　C.公共媒体

D.政府职能部门　　E.商业银行等金融机构

5.可能会发生个人信息泄漏的是(　　)。

A.身份证件遗失　　B.应聘时递交简历　　C.中介代办信用卡

D.非正规网站注册　　E.通讯工具被盗

三、案例分析题

陌生的信用信息

2011年2月14日,衡水市孟刚因购房计划向农村信用联社申请个人住房按揭贷款10万元,期限10年,但农村信用联社在审查个人信用报告时发现,2007年4月11日,孟刚在工商银行办理了汽车消费贷款,还款期限为24个月,贷款现已还清。但在两年时间内,其信用报告中显示"累计逾期次数为16次",面对如此高的不良记录,审贷会没有通过其住房贷款审批。据了解,孟刚办理了汽车消费贷款后,都按时将应还款金额交给某汽车销售公司,然而该汽车公司没有将孟刚的钱及时划转给工商银行,故造成其信用报告中出现多次逾期,形成了不良记录。

问题:

1.孟刚的不良信用记录是如何产生的?

2.该案对其他的消费者有何启示?

第 5 章　个人信用评分及应用

【教学目的】

1.了解个人信用评分的基本原理和建模过程。

2.掌握个人信用评分的基本方法。

3.体会各种信用信息在个人信用评分中的应用。

4.领会个人信用评分的功能与作用。

5.学会对个人信用评分指标体系的应用。

【引导案例】

丢失的信用额度

某客户在一家私营商店任经理，个人有住房，月收入达 1 万元，最近准备扩大营业场地，特向银行申请贷款 20 万元。银行根据打分体系评判，该客户可获得 86 分的高分。但经过进一步的了解，该客户过去在某政府部门工作，后下海经商，个人资产最高时曾达到过 200 万元，后因债务纠纷，个人资产缩水。经过一段时间的经营，商店形势又有好转。

后来，银行工作人员又调配了该客户提供的财务报表，在财务报表中，该商店半年累计纳税 8 740 元，但经与税务部门核实，其实该客户已累计欠税 3 200 元，过去曾因偷漏税而被罚过款，因此，该客户纳税信用差。针对这一情况，银行部门作出以下结论：①客户信用额度从 20 万元下降到 10 万元；②贷款用街面自有房产经评估后作抵押，抵押率为 50%；③客户信用度调整为 76 分；④及时进行贷款的检查。

问题：

1.影响客户信用额度的主要因素有哪些？

2.客户信用度是如何确定的？

5.1　个人信用评分原理

个人信用评分是一种将个人信用风险进行数字量化的预测分析的方法，其可预测个人未来的信用表现。个人信用评分方法的最初使用可以追溯到20世纪30年代。当时,在美国阿尔登斯公司工作的著名统计师亨利·威尔士首先采用数量化方法对消费者个人的信用申请进行打分。在美国,一般而言,一个人的信用分数越高,代表他可以借用更多的钱,并可以缴纳较低的贷款。想要拿到最低的贷款利率,个人信用分数必须达到700分以上。想要租赁像样的房子,信用分至少也得在600分以上。

目前,国外较为成熟的个人信用评分模型有Altman的Z-score模型、FairIsaac的FICO模型等,国内的评分模型一般是将个人消费者的年龄、收入、学历等若干信息汇编成不同指标,然后对这些指标进行打分加权进行量化处理,从而对个人消费者的资信情况进行综合评价、信用评级等。

5.1.1 个人信用评分的含义、功能及作用

1)个人信用评分的含义

个人信用评分是银行或其他金融机构利用所获得的关于信用申请人的信息,进行风险预测的一种方法和技术。它是把数学和统计模型用于个人信贷发放决策,对个人履行各种承诺的能力和信誉程度进行全面评价,确定信用等级和信贷限额的一种方法。

2)个人信用评分的功能

个人信用评分的功能是以个人的信贷申请书和征信报告等资料为基础信息,对该申请人的信贷风险程度进行数学分析,并得到数字量化的结果作为贷款决策的依据,从而使信贷决策自动化、科学化。

随着个人消费信贷的发展,个人信用评分技术被高度重视,个人信用评分被广泛应用在商业银行的消费信贷领域。据有关数据统计,个人信用评分技术的预测效果比任何主观判断都科学,使用个人信用评分技术使不良信贷率下降了50%。个人信用评分主要用途有以下两个:

(1)预测信用申请人的预期违约率

商业银行等金融机构可以通过对信用申请人进行信用评分来决定是否批准一份信用申请,从潜在客户群中筛选违约率小的客户。一般商业银行会对信用申请人的个人信用评分进行排序,通过对信用风险门槛设置阈值来决定是否批准信用申请。

(2)预测现有客户的违约率

对已经成为商业银行等金融机构客户的消费者,商业银行有必要对其信用情况进行跟踪和记录。这主要是通过评分系统来分析借贷、偿还及其他情况,预测他们违约的可能性,同时评分系统也会根据客户各指标的变化情况来对客户的信用等级进行调整。

3)个人信用评分的作用

(1)个人信用评分系统可以提高商业银行授信工作的效率

商业银行采用信用评分并对其进行自动化的系统管理,提高了银行授信工作效率,使银行可以不再需要人工操作来分析是否批准信用申请人的信贷申请,也不需要人工分析违约情况。在国外,信用评分及其自动化的操作加速了整个信贷决策过程,申请人可以更加迅速地得到答复,提高了操作的效率。据了解,使用信用评分之后,信用卡的审批只要一两分钟,

甚至几秒钟,20%~80%的抵押贷款可以在两天之内获得批复,其中不少贷款项目在4~6小时内完成审批,60%的汽车贷款的审批可以在1小时内完成。据美国消费银行协会最新的一份资料显示,以前不使用信用评分,小额消费信贷的审批平均需要12小时,如今使用信用评分和自动处理程序,这类贷款的审批缩短到15分钟。同时,个人信用评分可以精确估计消费信贷风险,给授信者提供了一个可靠的技术手段,减少不良贷款。

(2)个人信用评分提高授信工作的客观性

个人信用评分主要是通过计算机完成计算工作,具有客观、一致、高效的特点,有助于克服人为因素的干扰,防止片面性。

5.1.2 个人信用评分的目的和意义

1)评估个人信用风险

个人信用评分是世界上普遍采用的评估个人信用风险的方法。在欧美发达国家,信用评分专业公司根据银行的业务需要开发不同的信用评分模型。这是因为每一家银行的业务经营存在差异,从目标客户的选择,到客户服务的水平都可能有所不同,使得各个银行开发模型所依赖的数据不同。实践证明,个人信用风险的管理有3个突破,每次突破都会给银行带来25%左右的利润增长。它们分别是信用评分、自动化管理系统和决策优化。

2)打破制约消费信用发展的瓶颈

缺少个人信用评分技术成为我国商业银行消费信贷业务发展的瓶颈。目前,我国的信用体系还不完善,银行在无法全面掌握贷款人信用的情况下,不敢承担太大风险。因此,个人信贷不能用企业贷款的方法来进行风险管理,只能靠收集数据,运用数量分析方法(信用评分模型)进行消费信贷的风险评估。

5.1.3 个人信用评分模型的建立

个人信用评分模型建立在一种假设上,即存在信用良好和信用较差的客户可以用两组分布进行描述,这两种分布都是类似正态分布的钟形曲线。两组分布之间有一个曲线重叠的区域,就是所谓的灰色地带。对处于灰色地带的消费者进行细分,是按照违约人数所占的百分比进行定标的,也就是这组消费者的信用评分值。细分型个人信用评分的任务是,对介于信用最好和信用最差之间的消费者群体进行细分。建立这种数学模型,要求建模的技术非常高,它往往要求数学模型能够细致地将个人信用评分细分成数百上千个档次。

信用极好及信用极差的消费者在整个人群中占比相对较小,占比最大是介于两者之间的人群。因此,建立一个介于两者之间的细致的信用评分模型对授信机构非常重要。

1)模型要素

(1)特性和属性

个人信用评分模型是一个数学工具,用来预测发生信用风险损失的可能性。个人信用评分模型有两个最重要的元素:特性和属性。它们是反映评估对象的特征的数据,是一切分析的基础。

(2)分值

每个特性可以有多个属性,每个属性都具有一个分值。比如,信用卡申请表中有一个特性"个人月收入",它的属性分为两类"5 000 元以下"和"5 000 元以上"。通过特性和属性以及属性的分值,金融机构可以对申请人进行分析和评估。

(3)信用许可模型和信用行为预测模型

信用许可模型适用于对新客户进行信用评估,用于设置核准信用申请的门槛,即判断一个信用申请是否应该被接受。信用行为预测评分模型的任务是对介于信用最好和最不好之间的消费群体进行细分,对其将来的违约风险进行预测,使用一种数字或字母系统表述一个人信用评分的差异,进而区分违约的概率。

2)建立模型的技术

(1)数据挖掘

数据挖掘是建立个人信用评分模型最基本的技术。所谓数据挖掘,是指对大量数据的特征进行探索、建立数据模型的一种先进的方法,包括数据取样、数据特征探索、数据调整、建立数据模型和模型评估等环节。

(2)数据仓库

数据仓库是一种以数据分析、决策支持为目的的数据结构形式。

3)建立模型的步骤

建立个人信用评分模型的过程实际上也是一个数据挖掘的过程。数据挖掘有以下 10 个步骤:

(1)商业目标确定

明确数据挖掘的目的或目标是成功完成任何数据挖掘项目的关键。例如,确定项目的目的是构建个人住房贷款的信用评分模型。

(2)确认数据源识别

在给定数据挖掘商业目标的情况下,下一个步骤是寻找可以解决和回答商业问题的数据。构建信用评分模型所需要的是关于客户的大量信息,应该尽量收集全面的信息。所需要的数据可能是业务数据,可能是数据库/数据仓库中存储的数据,也可能是外部数据。如果没有所需的数据,那么数据收集就是下一个必需的步骤。

(3)数据收集

如果银行内部不能满足构建模型所需的数据,就需要从外部收集,主要是从专门收集人口统计数据、消费者信用历史数据、地理变量、商业特征和人口普查数据的企业购买得到。

(4)数据筛选

对收集的数据进行筛选,为挖掘准备数据。在实际项目中,由于受到计算处理能力和项目期限的限制,在挖掘项目中想用到所有数据是不可能实现的。因此数据筛选是必不可少的。数据筛选考虑的因素包括数据样本的大小和质量。

(5)数据质量检测

一旦数据被筛选出来,成功的数据挖掘的下一步是数据质量检测和数据整合。目的就是提高筛选出来数据的质量。如果质量太低,就需要重新进行数据筛选。

(6)数据转换

在选择并检测了挖掘需要的数据、格式或变量后,在许多情况下数据转换是非常必要的。数据挖掘项目中的特殊转换方法取决于数据挖掘类型和数据挖掘工具。一旦数据转换完成,即可开始挖掘工作。

(7)数据挖掘

挖掘数据是所有数据挖掘项目中最核心的部分。在时间或其他相关条件(诸如软件等)允许的情况下,最好能够尝试多种不同的挖掘技巧。因为使用越多的数据挖掘技巧,可能就会解决越多的商业问题。而且使用多种不同的挖掘技巧可以对挖掘结果的质量进行检测。例如,在构建信用评分模型时,分类可以通过3种方法来实现:决策树、神经分类和逻辑回归。每一种方法都可能产生出不同的结果。如果多个不同方法生成的结果都相近或相同,那么挖掘结果是很稳定、可用度非常高的。如果得到的结果不同,在使用结果制定决策前必须查证问题所在。

(8)结果解释

数据挖掘之后,应该根据零售贷款业务情况、数据挖掘目标和商业目的来评估和解释挖掘的结果。

(9)应用建议

数据挖掘的关键问题,是如何把分析结果即信用评分模型转化为商业利润。

(10)结果应用

通过数据挖掘技术构建的信用评分模型,有助于银行决策层了解整体风险分布情况,为风险管理提供基础。当然,其最直接的应用就是将信用评分模型反馈到银行的业务操作系统,指导零售信贷业务操作。

专栏案例5.1　信用6C分析法

信用6C分析法是商业银行传统的信用风险度量方法,是指由有关专家根据借款人的品质(character)、能力(capacity)、资本(capital)、抵押品(collateral)、经营环境(condition)和事业的连续性(continuity)6个因素评定其信用程度的方法。

(1)品质

直接反映在回款速度和数额上,每一笔信用交易,都隐含了客户对公司的付款承诺,如果客户没有付款的诚意,则该应收账款的风险就大大增加了。因此,品质被认为是评估信用最重要的因素。

(2)能力

包括客户的经营能力、管理能力和偿债能力。能力越强,本企业的应收账款风险就越低。

(3)资本

是指客户的财务实力和财务状况,表明客户可能偿还债务的背景。

(4)抵押品

是客户在拒付或无力支付时被用作抵押的资产。这对于不知底细或信用状况有争议的客户尤其重要。一旦收不到这些客户的款项,债权方就可以通过处理抵押品获得补偿。

(5)经营环境

主要是指客户运营的内部和外部环境,当这些环境发生变化时,客户的偿债能力是否会受到影响,如果影响很大,则客户的信用水平就将受到威胁。

(6)连续性

是指客户持续经营的可能性,这需要从客户内部的财务状况、产品更新换代,以及科学技术发展情况等的综合评价。

5.2　个人信用评分的应用

5.2.1　美国个人信用评分

美国有多种信用评分的计算方法,其中美国三大信用局(Expuifax, Experian, TransUnion)都采取FICO评分(见表5.1)。FICO评分是由Fair Issac Company开发的一种信用分统计模型,它使用的样本高达100万个。模型所确立的指标包括个人信用、品质、能力、资本等5C指标。模型将各个指标分为若干档次并确立各档次的分值,加权各个指标,得出个人信用总分。FICO的打分范围是325~900分。一般情况下,如果借款人的信用分超过680分,银行等金融机构认为借款人的信用度非常高,可以毫不犹豫地同意发放贷款;如果借款人的分数低于620分,银行等金融机构会要求借款人提供担保,或者直接拒绝贷款;如果借款人的信用分数介于620~680分,银行等金融机构会作进一步调查,或采取其他信用分析工具,作个案处理。据统计调查显示,信用分低于600分的借款人违约率为1/8,信用分在700~800分的违约率为1/123,信用分高于800分的借款人违约率为1/1 292。

FICO评分系统用于预测情况变坏的可能性,它预测的是24个月内消费者逾期90天还款的可能性,评分中关键的要素有以下5个:

(1)付款历史

约占评分总值的35%,主要考虑的因素有:①不同种类账户的付款信息;②公共记录和收账事项;③迟付、未付(坏账)以及公共记录、收账记录的细节;④多少账户显示没有逾期付款。

(2)债务总额

约占评分总额的30%,这方面主要考虑以下因素:①所有账户的债务总额;②不同类型账户的债务额;③在某些特定类型账户上是否有余额;④多少信用账户有余额;⑤信用卡及其他信用账户中的信用限额有多少被使用;⑥与最初的借款额相比较,分期付款账户还有多少没有偿还。

(3)信用记录的时间长短

这一方面大概占15%,一般来说,较长的信用历史有助于提高评分。这方面考虑因素如下:①信用账户建立多长时间;②专门信用账户建立的时间;③使用特定账户的时间。

(4)新的信用申请

约占10%,考虑因素有:①有多少新账户,各是哪些类型;②开的新账户有多长时间;③最近提出了多少信用申请,反映在信用记录报告的查询记录中;④授信机构查询信用记录以来时间的长短;⑤在逾期付款后,最近是否有良好的信用记录。

(5)使用信用的种类是否是健康的组合

约占10%。

目前FICO信用分的计算方法至今未向社会完全公开,Fair Issac Company目前仅公布了其评分模型的主要决策因素和大致权重。对此,Fair Issac Company称,完全公开评分的细节将会导致客户以故意的行为来操纵建立在客观统计基础上的个人信用评分,从而彻底摧毁个人信用评分系统的根基。

表5.1 美国FICO信用评分表

评分要素	评分细则				
主要住房	所有或购买60分	租借8分	其他25分		
目前住址时间	6个月以下12分	6个月至两年15分	2~6年22分	6年以上35分	
受雇时间	1年以下12分	1~3年15分	3~5年25分	5年以上48分	
	退休48分	失业有资助25分	操持家务25分	失业无救济12分	
年龄	45岁以下4分	45岁以上20分			
与本行关系	结算和储蓄60分	结算40分	储蓄40分		
	贷款与结算或储蓄30分	仅贷款10分	无业务10分		
年收入	15 000元以下5分	15 000~25 000元15分	25 000~40 000元30分	40 000元以上50分	
月偿债	200元以下35分	200~500元25分	500元以上10分	无债务45分	
失信情况	未调整0分	无记录0分	两次以上-20分	1次以上0分	无失信15分

在FICO评分系统中,并不是客户所有的信息都需要考虑,还有一部分信息不能作为评分的依据,以保护客户的隐私不受侵犯或防止客户遭受歧视,这在美国的《公平信用机会法》和《客户信用保护法》中有较为具体的规定。下面几类信息是FICO评分中不考虑的因素:种族、肤色、宗教、性别、婚姻状况等;年龄;工资、职业、头衔、雇主、受雇时间、受雇历史;客户居住地点;已有信用账户的适用利率;儿童(家庭)赡养义务和租约规定事项;任何不包括在信用报告上的信息;任何未被证实的与预测客户未来信用状况有关的信息。

5.2.2　国内信用评分

20世纪90年代中后期，我国信用经济开始发展起来，国内商业银行为了控制风险，开始借鉴国外的信用评分方法，结合我国实际情况，开始设计开发自己的信用评分方法。商业银行选取的指标一般包括个人身份基本情况、个人职业情况、家庭收入情况及与银行的关系等。商业银行一般将所选取的指标量化，赋予不同的分值进行处理，从而对个人的还款能力、资信状况作出综合评价，并给予相应的信用等级。

随着我国征信业的发展，国内各征信机构也陆续推出个人信用评分。目前国内个人信用评分运作较为成熟的主要有上海资信的个人评分系统和深圳鹏元的个人综合信用评分。下面就以这两家公司的信用评分为例，结合中国建设银行客户信用评分的标准加以分析说明。

1）上海资信个人信用评分

2002年11月25日上海资信开通了自己的个人信用评分系统。上海资信根据预测目标不同，将个人信用评分分为：风险评分、价值评分、响应评分、流失评分、催收评分、欺诈评分、破产评分等。2006年3月，上海资信使用最新的征信数据和建模技术推出了新的个人信用评分——个人信用管理评分（见表5.2）。

上海资信的个人信用管理评分是用来预测消费者在未来两年内发生超过60天以上拖欠或逾期的可能性。若被确认为欺诈或没有使用银行和电信产品的消费者以及当前有超过60天以上拖欠的消费者不能进行评分。

表5.2　上海资信个人信用管理评分的分数范围

分　数	级别（活跃人群）	分　数	级别（不活跃人群）
1 977以上	A1	963~999	B1
1 966~1 976	A2	932~962	B2
1 949~1 965	A3	902~931	B3
1 924~1 948	A4	871~901	B4
1 797~1 923	A5	799~870	B5
1 685~1 796	A6	000~798	B6
1 000~1 684	A7		

2）深圳鹏元800个人信用评分

2005年4月底，公司成功自主研发了国内首个个人综合信用评分——鹏元“800”，并正式对授信机构及个人提供信用评分查询服务。2008年8月，公司对鹏元“800”版本升级到V3.0。目前版本用于的评分特征涵盖了个人基本信息、银行信用卡信息、银行个人贷款信息、缴纳社保信息、信用报告查询信息、公共缴费信息等。其中银行信用卡信息和银行个人贷款信息是影响个人信用信息的重要变量。

深圳鹏元800是通过建立数学模型对个人信用信息进行统计分析，以预测未来一段时间内借款人违约的可能性，并用一个分数综合反映个人信用状况，信用分区间为320~800分，分数越高，借款人的违约率越低。信用评分分为A—F 6个等级，每80分为一等级，其中A级为720~800分，表示可正常放贷；B级为640分以上，也可正常放贷；C级及D级为480~640分，表示可放贷但优惠条件不如B级和A级；E级为480分以下，表示放贷有较大风险；F级为320~400分，表示此类人贷款几乎100%违约。在该体系中，每个分数对应一个违约率，800分对应违约率为1.73%，320分对应的违约率为100%。目前，“鹏元800”个人信用评分已被深圳多家银行作为放贷的风险参考。

评分考察信息覆盖面广，效果良好，对个人信用情况作出准确有效的诠释，逐渐成为了解个人信用状况的评价标准，社会效益显著。

3) 中国建设银行信用卡个人信用评分

中国建设银行在1999年10月制订了《中国建设银行龙卡个人信用评估管理办法(试行)》，对个人申请信用卡的信用评估拟定了评分标准，并根据个人申请信用卡的信用评分结果与信用等级、信用额度进行匹配，见表5.3、表5.4。

表5.3 中国建设银行龙卡个人信用评估项目及计分标准

<table>
<tr><th colspan="2">项目</th><th>满分</th><th>权重</th><th colspan="5">计分标准</th></tr>
<tr><td rowspan="14">自然状况</td><td>小计</td><td>66</td><td>33.0%</td><td colspan="5"></td></tr>
<tr><td rowspan="2">年龄</td><td rowspan="2">15</td><td rowspan="2">7.5%</td><td>18—22岁</td><td>23—34岁</td><td>35—40岁</td><td>41—60岁</td><td>61岁以上</td></tr>
<tr><td>2</td><td>3~14</td><td>15</td><td>14~5</td><td>3</td></tr>
<tr><td rowspan="2">性别</td><td rowspan="2">3</td><td rowspan="2">1.5%</td><td colspan="2">女</td><td colspan="3">男</td></tr>
<tr><td colspan="2">3</td><td colspan="3">1</td></tr>
<tr><td rowspan="2">婚姻</td><td rowspan="2">15</td><td rowspan="2">7.5%</td><td>已婚有子女</td><td>已婚无子女</td><td colspan="3">未婚</td></tr>
<tr><td>15</td><td>10</td><td colspan="3">8</td></tr>
<tr><td rowspan="2">文化</td><td rowspan="2">9</td><td rowspan="2">4.5%</td><td>研究生以上</td><td>大学本科</td><td>大专</td><td>高中、中专</td><td>其他</td></tr>
<tr><td>9</td><td>8</td><td>6</td><td>4</td><td>1</td></tr>
<tr><td rowspan="2">住宅性质</td><td rowspan="2">24</td><td rowspan="2">12.0%</td><td>商业按揭购房</td><td>公积金按揭购房</td><td>自有</td><td>租用</td><td>其他</td></tr>
<tr><td>24</td><td>14</td><td>10~16</td><td>6~12</td><td>5</td></tr>
<tr><td>小计</td><td>102</td><td>51.0%</td><td colspan="5"></td></tr>
</table>

续表

项目		满分	权重	计分标准					
职业情况	职业	14	7.0%	公务员	教师、医生	军人、记者	企业主、职员	其他	
				10	14	9	1~12	5	
	在现单位	14	7.0%	1年以下	1~2年	2~3年	3~4年	4~5年	
				7	8	9	10	11	
				5~8年	8~10年	10年以上			
				14	13	12			
	职务	24	12.0%	机关事业单位	厅局级以上	处级	科级	一般干部	其他
					24	20	15	10	5
				企业单位	总经理	部门经理	一般干部	其他	
					15~24	10~20	5~10	5	
	职称	20	10.0%	高级	中级	初级	其他		
				20	15	10	8		
	年收入	30	15.0%	1万以下	1万~3万	3万~5万	5万~10万	10万以上	
				8	11~20	21~24	25~29	30	
	小计	32	16.0%						
与银行的关系	在本行账户	3	1.5%	贷款	储蓄	无账户			
				3	2	0			
	贷款历史	10	5.0%	无贷款历史	正常还款	有拖欠记录			
				0	10	-10			
	持有信用卡情况	13	6.5%	无卡	有卡				
				0	13				
	月还款/月收入	6	3.0%	10%以下	10%~30%	30%~50%	50%以上		
				4	5	6	0		

表 5.4　个人申请信用卡的信用评分结果与信用等级、信用额度的匹配(单位:万元)

信用等级	AAA	AA	A	BBB	BB	B	C
综合分	190 以上	189~180	179~170	169~160	159~150	149~140	139~110
信用额度	5~3	3~2	2~1	1 ~0.8	0.8~0.5	0.5~0.3	0.3~0.1

4) 中国建设银行个人贷款信用评分

早在 2000 年的时候,中国建设银行率先向全国公众推出“个人信用评分标准”+“个人消费额度贷款”业务,其“不限制消费用途,最高贷款额度可达 60 万元”的业务,被媒体宣传较多,而关键的“个人信用评分标准”介绍极少;其实,一个人到底能贷多少款,最关键在于他能打上多少“个人信用分”。个人信用评分标准从个人的“自然情况”“职业情况”“家庭情况”“与建行关系”四大方面,合计 19 个项目,细分 72 档分值进行逐项逐档打分,见表 5.5。

表 5.5　中国建设银行个人贷款信用评分表

①自然情况								
年　　龄:	25 岁以下	26—35 岁	36—50 岁	50 岁以上				
	2	4	6	4				
性　　别:	男	女						
	1	2						
婚姻状况:	已婚有子女	已婚无子女	未婚	其他				
	5	4	3	2				
健康状况:	良好	一般	差					
	5	3	-1					
文化程度:	研究生以上	本科	大专	中专、高中	其他			
	8	6	4	2	1			
户口性质:	常住户口	临时户口						
	2	1						
②职业情况								
单位类别:	机关事业	国营	集体	军队	个人独资	个体经营户	三资	其他
	6	4	3	5	2	2	5	1
单位经济状况:	良好	一般	差					
	4	2	-1					
行业发展前景:	较好	一般	较差					
	4	2	-1					
岗位性质:	单位主管	部门主管	一般职员					
	6	4	2					
岗位年限:	2 年以上	1~2 年	1 年以内					
	3	2	1					
职　　称:	高级	中级	初级	无职称				
	4	2	1	0				

续表

月收入:	10 000 元以上	8 000~10 000 元	5 000~8 000 元	4 000~5 000 元
	12	10	9	8
	3 000~4 000 元	2 000~3 000 元	1 000~2 000 元	1 000 元以下
	6	4	2	1
③家庭情况				
家庭月平均收入:	5 000 元以上	4 000~5000 元	3 000~4 000 元	
	9	6	5	
	2 000~3 000 元	1 000~2 000 元	1 000 元以下	
	4	3	1	
④与本行关系				
是否本行员工:	是	否		
	2	0		
本行账户:	信用卡用户	储蓄卡用户	无	
	6	4	0	
存款余额:	较高	较低	无	
	6	4	0	
业务往来:	频繁	一般	较少	
	4	2	0	
其他借款情况:	从未借款	有借款但已还清	有拖欠记录	
	4	5	-5	

总分________________分。建设银行根据个人的总分来确定信用额度贷款:

90 分以上,贷款额度为 60 万元。

80~89 分,贷款额度为 10 万元。

70~79 分,贷款额度为 5 万元。

60~69 分,贷款额度为 1 万元。

50~59 分,贷款额度为 5 000 元。

40~49 分,贷款额度为 3 000 元。

40 分以下,贷款额度为 0。

专栏案例 5.2　在校大学生信用评分

1)所在学校情况(20 分)

①学校级别:985 工程(6 分)、211 工程大学(4 分)和其他大学(2 分)。

②学校类别:综合(8 分)、多科(6 分)、单科(4 分)和职技类大学(2 分)。

③专业排名:全国前 30 名(6 分)、全国前 80 名(4 分)、全国 80 名以后(2 分)。

每一所学校都有自己的办学特色,办学侧重点不同,因而有些非综合类学校甚至专科类学校的某些专业学校管理及教育在国内仍占据着重要位置。

2)学生在校表现(20分)

在校大学生一般都具有较好的文化素质,属于可以重点开发的低风险、潜力大的客户,但是如何对其消费信用进行评价,其在校表现起到一个主导作用。主要分为以下5部分:

(1)成绩(6分)

在校期间,大学生主要任务就是学习,直接导致成绩成为衡量一个学生能力的重要指标,但却不是唯一指标。按常规“大学生在校成绩与收入水平成正比”,成绩高的大学生谋生手段相对多,进入社会的起点高,“可工作的领域越广”则借款人的还款能力越强。

(2)入学年限(2分)

刚步入大学的新生对新环境还有一定的不适应,能力上相对于那些高年级的学生较低,独立性相对较弱。这也成为一个衡量其消费信用的隐含因素。而在正常年限内没有毕业的人,也说明能力上的不足。

(3)获奖(4分)

竞赛获奖可以体现出该大学生在某一具体方面的实力,在某一项有专攻这也是其未来发展的有利条件,可以弥补整体成绩上的不足。科技创新、各类比赛(歌唱、表演等)都能体现出综合能力,也可以作为一项信用评级指标。

(4)学生工作(4分)

现在,越来越多的大学生在获取好的成绩之外,更重视锻炼自己的能力,企业也看中毕业生的综合能力,根据班级职务和参加社团的情况作一个量化标准。

(5)人际交往(4分)

在社会上能否站稳脚步,与是否有一个大的交际圈是密不可分的,大学生在校期间,和周围的同学以及老师和谐交往,体现该生为人处世的能力,是未来更好发展的基本前提。这一指标通过同学、老师给分。

表1　在校表现评分表

指　标	单项以20分计算				
成绩(30%)	专业前20%	专业前50%	专业前70%	专业前90%	其他
	20	16	12	8	4
入学年限(10%)	1年	2年	3年	4年	4年以上
	12	16	20	20	12
获奖(20%)	1次	2次	3次	4次	5次及以上
	10	14	16	18	20
学生工作(20%)	1个职务	2个职务	3个及以上	—	—
	12	16	20	—	—
人际交往(20%)	老师、同学评价				
	1~20				

3)学生经济来源(20分)

学生是否有固定的经济来源是体现其是否有良好还款能力的重要衡量标准,是学生信用评价体系中重要的一部分。具体衡量标准分为以下5个部分:

(1)家庭供给(6分)

父母家人的供给一般为学生经济来源的主要组成部分,稳定、适量的供给能够保证学生有良好的消费习惯,大学生家庭供给情况是评价学生经济来源情况以及大学生信用水平的重要标准。

(2)助学贷款(4分)

从国家取得助学贷款的学生基本可以认定其家庭收入较为不稳定或无力支付其大学期间的基本生活学习费用,以此作为经济来源的学生已经有一定的负债,在毕业后的一段时间也有还贷压力。

(3)兼职收入(4分)

能够在大学期间通过兼职获取收入的学生,有积极的融入社会的愿望和一定的通过自己能力取得收入的能力,在评价过程中倾向给予此类学生较高的信用评价。

(4)奖学金(4分)

能够在学校获得奖学金,尤其是多次获得奖学金的学生是对其学习能力的一种肯定或者在某一方面有过人之处。这样的学生有较高的起点和发展空间。并且奖学金数额也是影响学生经济来源的一种因素。

(5)投资、偶然所得(2分)

这部分收入偶然性较大,虽然是经济来源的一部分但并没有长期性和稳定性,只能作为评价学生经济能力的一项辅助指标。

表2　学生经济来源分项评分及比重表　　单位:元/年

指　标	学生经济来源分项分值				
家庭供给(30%)	>24 000	18 000~24 000	12 000~18 000	7 200~12 000	<7 200
	20	18	15	11	8
助学贷款(20%)	5 000~6 000	3 500~5 000	2 000~3 500	1 000~2 000	无
	10	13	16	18	20
兼职收入(20%)	>24 000	18 000~24 000	12 000~18 000	7 200~12 000	<7 200
	20	18	16	14	12
奖学金(20%)	>10 000	5 000~10 000	2 000~5 000	<2 000	无
	20	18	16	14	12
投资、偶然所得(10%)	>10 000	5 000~10 000	2 000~5 000	<2 000	无
	20	18	14	10	8

表3 学生经济来源总额评分依据 单位:元/年

总额	>30 000	24 000~30 000	18 000~24 000	12 000~18 000	8 000~12 000	6 000~8 000	<6 000
分值	20	19	18	16	14	12	10

注:学生经济来源项目评分按分项记录评分和总额评分取高计算。

4)日常诚信表现(20分)

(1)考试是否作弊是关乎学生诚信最重要的方面之一(5分)

考试没有作弊的同学是因为他们具有诚信,有自我道德标准和约束力。考试作弊的人大都有懒惰心理,即付出得少,又想获得最好的成绩,这样的人如果给其发放贷款,十有八九也会抱有只借不还的心理。考试作弊的学生对自我约束要求不严,长期以此下去会导致个人对诚信重要性认识的缺失,因此在向其贷款时也会增加风险。考试作弊后改过自新并没有再犯的个人可以酌情扣分。

(2)图书馆还书也是衡量学生诚信的方面之一(5分)

按时还书的同学有纪律性,讲诚信,他们知道按时还书很重要;而不按时还书的人对自己没有约束,不知道诚信的重要性,从思想道德根源就没有诚信。

(3)拾金不昧更是评价一个人诚信的重要因素(5分)

讲诚信的人知道自己的财产是自己创造所得,不能偷、抢或者把别人的东西占为已有。而缺少或没有诚信的人没有这样的思想觉悟,认为得到的就是自己的,如果借钱或者发放贷款得到的钱也就是自己的了。

(4)遵守诺言的情况也是一个重要的标准(5分)

遵守诺言也是一诺千金,允诺的事情值千斤重,可见遵守诺言是多么重要。诚信的人对于答应别人的事情就会遵守承诺、讲信用,不具备诚信的人自然不会觉得违背诺言有什么不妥之处。因此注重诚信的人一定是遵守诺言的人。

5)信用卡使用情况(20分)

随着信用体系的不断发展和完善,信用卡在我们的生活中扮演着越来越重要的角色,也是大学生生活中很重要的一个组成部分,而大学生在信用卡使用中的一些行为也可以反映出大学生的信用状况,因此在大学生的信用评价体系中,信用卡的使用情况也应纳入大学生信用评价和管理的体系,并应该成为一个重要的组成部分。

对于信用卡的使用方面的信用评价的内容主要有3个方面:一是是否使用信用卡;二是每月平均刷卡透支消费的额度;三是还款的平均速度。

(1)是否使用信用卡(5分)

如果一名学生已经拥有信用卡并已开始使用,说明他已经开始有信用的意识,并开始使用信用作为担保进行消费,因此已经开通信用卡并进行适当刷卡消费行为的学生应该享有比未开通信用卡的学生更高一级的信用评价。

(2)每月平均刷卡透支消费的额度(5分)

在信用卡刷卡消费额度方面,若学生只是开通了信用卡但并不进行透支消费,这说明学生还没有完全认识到利用信用进行担保消费的重要性,因此应该根据学生平均月透支额对学生的信用进行相应的评价。对于消费透支额适中的学生给予较高的信用评价,对于那些透支额过高或者较低的学生就要相应降低信用评价。

(3)还款的平均速度(10分)

还款的及时与否也是信用评价的一个非常重要的组成部分。若学生在刷卡透支后,在规定的还款期限内,按时足额还款,这样的学生就应获得比较高的信用评价,留有良好的记录。

对大学生的信用卡使用状况的信用管理有着重大的意义,一方面可以对现在大学生的信用进行评价,对办理信用卡等业务中有所依据;另一方面,大学生也是未来高收入人群之一,对信用评价的需求也会更强烈,因此现阶段作好对大学生信用卡使用的管理会为今后的信用体系的建立奠定良好的基础。

表4　信用卡使用情况评分表

信用卡使用情况	分项评分细则
信用卡的使用	使用信用卡,5分;未使用信用卡,3分
月平均透支额度	0~100元,2分;100~300元,5分;300元以上,2分
还款速度	按时还款,10分;到期日后一周内还款,5分;到期日后一周之后还款2分;有未还款项记录,0分

5.2.3　国内外信用评分比较

目前我国个人征信机构缺乏权威性的个人信用评分系统,上海资信、深圳鹏元虽已建立了自己的个人评分系统,但由于其信用评分系统的建立是以本地居民的数据为样本,是否适用于全国还需要检验。而在美国,FICO信用评分得到美国个人征信机构的普遍使用。

我国信用评分指标的选取及权重与国外评分有不同,如我国大多数商业银行的评分系统对个人的基本情况权重赋值太高,对反映债务和信用状况的指标赋值相对较低。在评分指标的关注方面也与外国商业银行略有不同,如职业情况方面来看,国外银行看重的是工作的稳定情况,而国内银行更看重借款人的职位、职称及职业发展前景。

目前,在变量的选择、权重的分配、模型的调整上,国外的专业机构有相对较为成熟的经验。我国个人征信机构由于成立时间较短,经验相对较浅,未来需要通过总结、调试、跟踪、分析等措施,对个人信用评分模型的建模工作进行探索,不断优化建模工作。

此外,我国的信用评估很大部分是在银行内部评估,信息采集的范围一般仅限于银行内部信息,信息覆盖面相对较窄。随着我国个人征信业的发展,个人信用评估应该由专业的独立的第三方征信机构来完成。

5.2.4　提升大学生个人信用水平的措施

大学生已经是成年人,4年的大学生活里,绝大部分的时光都是在大学度过的。大学承担着绝大部分的教育和培养任务。因此高校在加强对大学生的诚信教育的过程中承担着极为重要的作用。以下是高校在提升大学生个人信用水平方面的建议和措施。

1）开展诚信教育和信用宣传活动

高校可以开展形式多样的诚信教育的活动。如组织开展以"诚信"为主题的演讲、征文、辩论、讲座等活动。邀请事业成功人士到学校进行诚信教育讲座，让学生充分感受到诚信对事业成功的重要性。又如主题教育班会，让学生在班会活动的参与中，感受诚信的重要性。近年来，央行信用管理中心进入高校开展了"信用关爱日"信用宣传活动，大学生也自发组织了相关的信用及征信知识竞赛等活动。

2）增加诚信教育和信用教育课程

目前，很多高校都开展了关于宣传诚信的活动，如诚信教育月和诚信教育班会，也取得了一定成果，但诚信课程开设的学校较少。在少数开设诚信教育课的学校中，最为突出的就是天津商业大学的诚信教育课程和重庆工商大学的信用管理课程。原天津商业大学校长刘书瀚于 2005 年春提出面向全校开设"诚信教育"选修课的构想，并由法政学院于 2006 年春季正式开设了面向全校的"诚信教育"选修课，单独设课对学生进行诚信教育，在全国高校中属首创。重庆工商大学财政金融学院金融系陈勇阳副教授从 2003 年开始在贸易经济、金融学等专业开设信用管理、信用管理概论等专业选修课程，从 2007 年开始在全校开设个人信用征信制度、个人信用管理实务等通识教育课程，为在校大学生普及信用知识，宣传信用文化，强化学生信用意识，自课程开设以来，收到良好效果，得到广大师生的欢迎。

3）加强诚信教育宣传

在加强传统课堂教育的基础上，高校应充分发挥现代教育手段优势，运用现代化的传播媒介和手段，积极探索创新诚信教育的新方法。首先，高校要加强校园诚信文化建设，优化诚信环境。其次，高校应充分利用网络、校报、宣传栏等多种媒体进行多渠道、多形式的诚信宣传。大力宣传表扬诚实守信的先进典型，发挥其榜样示范作用，倡导建立校园诚信文化，引导学生积极参与诚信文化创建活动，自由提出校园文化主题和创建方案，从而创造良好的校园诚信环境。

4）建立完善大学生诚信评级和归档制度

高校可以建立相应的诚信评价体系，将大学生在校期间遵章守约的行为进行归纳分析，总结出量化考核指标，并按照年度对在校学生的信用程度进行评估。且将诚信等级作为大学期间评优、奖学金、竞选干部、入党等活动的一项指标，从而提高大学生对诚信的重视程度。将诚信分数记入档案，将大学时代的信用记录延伸到社会和工作单位中。使得诚信档案作为对大学生的诚信记录全面详细记录说明大学生的诚信程度。使诚信等级高的学生能够在社会上也受到认可，无形中增加大学生的隐形财富。

诚信是重要的社会道德范畴，是社会正常运行的基石，是中华民族千百年来持久以恒的优良传统和道德追求。大学生是当代青年的优秀代表，是未来祖国建设的栋梁和主力军，代表着国家的未来希望，具有良好的诚信道德是大学生成为未来合格人才的重要保证。相信通过高校开展的一系列措施定能提升大学生的信用水平。

【本章小结】

1.个人信用评分是一种将个人信用风险进行数字量化的预测分析的方法,其可预测个人未来的信用表现。个人信用评分是银行或其他金融机构利用所获得的关于信用申请人的信息,进行风险预测的一种方法和技术。它是把数学和统计模式用于个人信贷发放决策,对个人履行各种承诺的能力和信誉程度进行全面评价,确定信用等级和信贷限额的一种方法。

2.个人信用评分可以预测信用申请人的预期违约率、预测现有客户的违约率。个人信用评分系统既可以提高商业银行授信工作的效率,又可以提高授信工作的客观性。

3.国外较为成熟的个人信用评分模型有 Altman 的 Z-score 模型、FairIsaac 的 FICO 模型等,国内个人信用评分模型也在不断完善中。

4.大学生作为一个特殊消费群体,在信用评分时应该有一套与之相适应的评价体系。

【关键术语】

信用评分　信用评分模型　个人信用信息　个人信用要素　不良信用记录　信用等级

【思考问题】

1.个人信用评分涉及哪几类要素?

2.哪些个人信息是不可以作为个人信用评分指标的?

3.个人信用评分结果与个人信用等级之间是什么关系?

4.个人信用评分有何用途?

5.银行对个人授信的额度是如何确定的?

6.如何建立在校大学生信用管理和评价机制?

【推荐阅读】

1.陈勇阳.信用评估理论与实务[M].北京:清华大学出版社,北京交通大学出版社,2011.

2.石庆焱,秦宛顺.个人信用评分模型及其应用[M].北京:中国方正出版社,2006.

3.李曙光.个人信用评估研究[M].北京:中国金融出版社,2008.

【课后习题】

一、单项选择题

1.个人信用评分最初源起(　　)。

A.20 世纪 30 年代　B.20 世纪 50 年代　C.20 世纪 80 年代　D.20 世纪 90 年代

2.美国三大信用管理局信用评分普遍采用(　　)。

A.Altman 的 Z 值模型　B.FICO 模型　C.特征值模型　D.资本资产模型

3.国内个人信用评分体系中,通常性别项女性评分高于男性,是因为(　　)。

A.女性会理财　B.女性智商高　C.女性消费者违约率低　D.女性风险意识更强

4.与个人信用评分呈正相关的是(　　)。

A.年龄　B.收入　C.债务　D.违约次数

5.个人信用额度与信用评分的关系是(　　)。

A.正相关　B.成正比　C.负相关　D.成反比

二、多项选择题

1.在美国的FICO个人信用评分指标中,一定不会出现的因素有(　　)。

A.种族　B.宗教　C.性别　D.年龄　E.头衔

2.大学生信用评分指标选择的原则是(　　)。

A.科学性原则　B.全面性原则　C.简明性原则　D.灵活性原则　E.实用性原则

3.个人信用评分通常应用在(　　)。

A.助学贷款　B.申办信用卡　C.创业贷款　D.住房贷款　E.汽车贷款

三、案例分析题

(一)个人信用评分与信用额度

汪海信欲向中国建设银行申请信用卡,请对其进行信用评分。汪海信的基本情况如下:汪海信,男,生于1965年,四川人,本科文化程度,中共党员,高级工程师,1987年毕业于北京工业大学机械制造专业,同年7月参加工作至今,在重庆市一家国有控股的上市公司任总工程师,年薪10万元,其女在市内一所重点中学念初中,妻子在主城区一家百货公司做会计工作,2009年2月在奥体中心附近购买120 m^2 商品房一套,每月应偿还按揭贷款970.35元,没有其他私人间债务,除2010年10月上班途中驾车超速违章一次外,没有任何其他不良记录。持有建行工资卡和理财卡,工资卡余额5万余元。

问题:

1.中国建设银行是否会同意为汪海信发放信用卡?

2.如果银行同意为其发放信用卡,其信用额度将会是多少?

(二)山东荣成个人信用评价体系

评估对象:市内各类企业、社会团体、民办机构、个体工商户以及18周岁以上的公民。

信息收集:法人信用信息包括注册登记、生产经营、金融信贷、食品安全、职工工资保险、纳税缴费等20多项内容;自然人信用信息包括个人基本信息、商务信用、社会管理、遵纪守法、荣誉奖励等方面内容。

“信用评价”办法:

自然人信用信息评价:根据行为危害程度,分值从扣5分到200分不等,加分项目也有9项,根据所获荣誉的级别,加分从10分到100分不等。如“制造、销售假冒伪劣产品的行为,-100分”“有重大立功表现、见义勇为的,+20分”“受到记过、记大过处分的,-20分”等。

社会法人信用信息评价:包括商务领域、司法领域、诚信经营、社会公益等方面内容。包括:“制造、销售假冒伪劣产品的行为,-100分”“发生重大生产、交通、火灾、中毒、医疗等事故的,-50至200”“恶意拖欠工资、劳动报酬的,-50”“被树立诚信典型的,+50”“参与包村扶贫、捐资助学等社会公益公德事业,有关部门认定有记录的,+50”等。

信用等级:每个社会成员有1 000分的诚信基础分。1 000分及以上的为A+(诚信模范级别),960~1 000分的为A(诚信级别),850~959分的为B(较诚信级别),600~849分的为C(诚信警示级别),599分以下的为D(不诚信级别)。

分级奖惩措施:

在财政资金扶持、向上申报项目、信贷投放、出口通关、土地出让、工程招标、政府采购、评先选优等方面,优先考虑诚信度高的企业。对诚信级别不高的个人,将在就业创业扶持、低保困难救助等方面,依法采取限制措施。

信用等级为A+与A:

社会法人:给予各项经济及社会优待,如申报固定资产投资项目、招标核准、用地预审、环境影响评价等的,优先予以审批、核准或备案并加快办理以及优先安排或加大财政扶持力度等。

自然人:在入学、低保、社会救助等方面优先照顾;在就业、社会救助、安排和拨付有关补贴资金等方面优先照顾;个人创业、经办企业的,在政策和信贷、资金上优先给予扶持;符合入党、提干、参军条件的,优先考虑等。

信用等级为B级:

社会法人:相关部门将以提醒或约谈的方式纠正和规范其相关行为,经督促后仍不履行的,信用等级降为C级,并按规定予以惩戒。

自然人:对自然人进行约谈,宣传相关法律、法规、规章和政策,敦促其严格自律、诚信守法。经督促后仍不履行的,信用等级降为C级,并按规定予以惩戒。

信用等级为C:列入黄名单,为期两年。

社会法人:列为日常监督检查或者抽查的重点;减少优惠政策和资金扶持力度等。

自然人:将进行3年内禁止报考本市行政事业性岗位工作人员,暂停或者减少相关社会福利、补贴和政府优惠政策支持等相关惩处。

信用等级为D:列入黑名单,为期5年。

社会法人:政府采购等经济活动中一票否决;限制上市融资、发行企业债券;不给予优惠政策或者财政资金补贴等。

自然人:将被列为重点监控和监督检查对象,撤销相关荣誉称号,禁止参与评优、评先;禁止报考本市行政事业性岗位工作人员;暂停或者取消与失信行为相关的职业资格,缓评职称;限制土地、房屋、车辆、证券、股权等产权变更等。

问题:

1.个人诚信评估和个人信用评估有何区别?

2.山东荣成市个人信用评价体系的特点是什么?

3.该评价体系是否有在全国范围内推广的价值?

第6章　个人信用报告和信用档案

【教学目的】

1.了解个人信用报告和个人信用档案的基本内容。
2.认识建立个人信用档案的重要意义。
3.知晓个人信用报告的查询方法和个人信用档案建立途径。
4.体会各类主体建立个人信用档案的好处。
5.读懂个人信用报告,学会应用个人信用报告。

【引导案例】

市民郭先生曾在民生银行南京分行申领过信用卡,后来注销了,可是,某年的5月他意外发现,该行在他注销信用卡后仍以信用卡审批和贷款审批的名义,两次未经他授权向中国人民银行南京分行查询他的个人信用信息。民生银行南京分行给予的解释是"二次开发客户",郭先生不能接受,以隐私权受到侵犯为由起诉到玄武法院。法院一审判他胜诉,民生银行南京分行需书面赔礼道歉。民生银行南京分行不服一审判决,已经提起上诉。

问题:
1.谁有权查询郭先生的信用报告?在什么情况下需要查询个人信用报告?
2.个人信用报告可以应用在哪些领域?

6.1　个人信用报告及应用

6.1.1　个人信用报告的定义及内容

1)个人信用报告的定义

个人信用报告是个人征信系统提供的最基础产品,它记录了客户与银行之间发生的信贷交易的历史信息,只要客户在银行办理过信用卡、贷款、为他人贷款担保等信贷业务,他在银行登记过的基本信息和账户信息就会通过商业银行的数据报送而进入个人征信系统,从而形成客户的信用报告。

个人信用报告中的信息主要有6个方面：公安部身份信息核查结果、个人基本信息、银行信贷交易信息、非银行信用信息、本人声明及异议标注和查询历史信息。

个人信用报告由信用报告名称和信用报告内容组成。

2) 个人信用报告内容

(1) 报头

信用报告头主要包括报告编号、报告时间、查询信息等内容。

(2) 主体

信用报告主体由基本信息、信用交易信息、特殊交易信息、特别记录、本人声明、查询记录6段组成，主要展示被征信人的基本信息和信用信息。

基本信息包含被征信人的个人身份信息、居住信息、职业信息3个子段，具体数据项包括姓名、性别、证件类型、证件号码、出生日期、学历、地址、配偶姓名等数据项。

信用交易信息记录被征信人的信用交易历史和现状，包括汇总信息和明细信息，反映了信用卡、贷款两类业务和为他人贷款担保的总体情况和明细情况。信用交易信息段包含银行信贷信用信息汇总、信用卡汇总信息、准贷记卡汇总信息、贷记卡汇总信息、贷款汇总信息、为他人贷款担保汇总信息和信用卡明细信息、贷款明细信息、为他人贷款担保明细信息9个子段。

特殊交易信息用于描述被征信人在商业银行发生的特殊信用交易的总体情况，包括展期（延期）、担保人代还、以资抵债等情况。

特别记录用于描述数据上报机构上报的应引起特别关注的信息（特别是负面信息），如欺诈、被起诉、破产、失踪、死亡、核销后还款等信息。

本人声明用于描述消费者本人对信用报告某些内容的解释和说明。

查询记录显示何人（或机构）在何时、以何种理由查询过该人的信用报告。

(3) 说明

信用报告说明是对信用报告内容的一些解释信息和征信服务中心对信用报告所涉及的权利和责任的说明。

6.1.2　信用报告的格式

一般情况下，个人信用信息基础数据库系统提供的信用报告版本为银行标准版。同时，为适应不同的查询目的，系统也提供了信用报告用户自定义版。

1) 银行标准版

银行标准版是包括贷款和信用卡所有汇总和明细信息的版本，包含所有子段。用户默认情况下得到的是个人信用报告银行标准版。见附录3：个人信用报告（国内样本）。

2) 用户自定义版

用户自定义版是用户按照自己的需要且根据系统提供的可选方式定制的信用报告版式。提供给用户选择的最小单位为子段，基本信息中的个人身份信息为必选的部分，其他所有段及子段都为可选部分。

在用户自定义版中商业银行常用的几个版本包括贷款定制版、信用卡定制版和汇总信息定制版。

贷款定制版是专为贷款业务定制的版式，和银行标准版相比不包含信用卡汇总信息和信用卡明细信息。

信用卡定制版是专为信用卡业务定制的版式，和银行标准版相比不包含贷款汇总信息和贷款明细信息。

汇总信息定制版的信用交易信息只有汇总信息，和银行标准版相比不包含贷款明细信息、信用卡明细信息和为他人贷款担保明细信息。

6.1.3 个人信用报告的应用范围与查询方法

1）个人信用报告的应用范围

个人信用报告目前主要用于银行的各项信贷业务，并逐步拓展至商业赊销、信用交易、招聘求职、特定行业从业人员管理等领域。同时，个人信用报告也为查询者本人提供了审视和规范自己信用历史行为的途径，并形成了个人信用信息的校验机制。

在广泛地用于授信机构对个人偿债能力分析领域外，根据一些特定的用途，个人征信机构往往还提供有针对性的报告。

（1）申请消费贷款

个人信用报告提供的房屋贷款的信息比普通的消费者信用报告中提供得详细，特别是房屋贷款的还款记录，并且每项档案中的资料都经过查证。

（2）申请信用卡

个人在申请信用卡时，除填写详细的申请表外，银行信用卡中心还要查询申请人的个人信用报告，并电话核实相关的信息，然后进行信用评分，以此来决定是否授信并发放信用卡。

（3）开户

股指期货投资者在申请开户时，也要求提供个人信用报告。金融期货交易所已要求期货公司对股指期货自然人投资者进行适当性综合评估时，明确“投资者可以提供近两个月的个人信用报告或者其他信用证明文件作为诚信记录的证明”。若个人信用报告有污点，就会扣 15 分。人民银行征信中心为股指期货开户申请人提供了社会版个人信用报告的查询。

（4）工作就业

雇主能够根据报告提供的内容印证求职人所填写的申请表内容，以从品德方面考察应征者。很多雇主还为了了解应聘者的公共记录，例如有没有刑事记录，因为一些行业要求从业人员必须具备无犯罪记录。一些单位招聘时，已经把政审材料改为个人信用报告，尤其是银行、保险、证券等行业，大多数在招聘时都要求提供个人信用报告。部分企业在招聘财务人员时，也要求应聘者提供个人信用报告。在国内许多地区，个人信用报告已成为求职材料中不可缺少的内容。以湖北为例，湖北省政府曾出台《湖北省个人信用信息采集与应用管理办法（试行）》以后，不仅部分人找工作要提供个人信用报告，连评选先进也要查个人信用报告。

（5）出国

在留学、经商、进修、旅游等出国事务中，各国都有签证制度，必要时会要求当事人提供银行资信证明和个人的信用报告,以了解当事人的信用状况,特别是信用征信国家的要求就更加严格。

(6)开办公司或创业

个人信用报告是个体经营者或企业法人向银行申请经营性贷款的重要依据。个人信用报告在企业信用评定中的特殊运用,根据用户的特别请求,对非股份制小企业的法人代表的个人信用状况进行分析。个人信用状况的好坏也是衡量一个人是否有资格作为企业法人代表、开办公司或申请创业的重要指标。

(7)租房

为了解租房当事人的信用情况,防范出租房屋风险,现在已有房屋出租人要求承租人出示个人信用报告。要求租房者提供个人信用报告,主要是让租房者证明自己比较诚信,不会故意损坏屋内设施,不会逃房租。

(8)转发微博

2013 年 8 月 30 日新浪微博推出新的微博积分制度,出台了相应的积分规则。根据规则,微博信用积分初始为 80 分,造谣一次被证实扣 5 分。当用户信用积分低于 75 分的,将失去任何推荐单位的机会;积分低于 60 分的,将不能再增加粉丝,所发内容不能被转发;积分低于 40 分的,所发的全部微博将只出现在个人的页面,而不能出现在公共领域;积分被扣至 0 分的,账号将被冻结。同时规则也给予低信用用户“悔过自新”的机会,可以通过每日一善、举报其他违规信息等方式“赚”积分,恢复微博权益,而对于信用积分为零的用户则没有“复活”的机会。

2)个人信用报告查阅方法

(1)需要查询个人信用报告的组织机构

个人信用报告除自己本人需要的时候直接到相关征信管理部门查询外,还有商业银行等金融机构、司法及组织人事等相关管理部门、信用交易的授信方可以查询消费者的个人信用报告。

①商业银行。商业银行在办理审核个人贷款申请,审核个人贷记卡、准贷记卡申请,审核个人作为担保人申请,对已发放的个人信贷进行贷后风险管理,受理法人、其他组织的贷款申请,其作为担保人,需要查询其法定代表人及出资人信用状况等业务时,可以查询个人信用报告。其中,除进行贷后风险管理时无需取得被查询人的书面同意外,因办理其他业务需要查询个人信用报告的,都必须取得被查询人的书面授权。

不是商业银行的所有工作人员都可以查询客户的个人信用报告。商业银行必须按照中国人民银行相关制度规定设专门岗位,指定专人查询个人信用报告,商业银行信用报告查询员必须在人民银行征信管理部门备案。

②其他机构。除商业银行等金融机构外,个人信用报告的使用日益广泛。目前,部分地区在审查人大代表、政协委员资格时,部分单位在进行公务员录用和任用考核,部分企事业单位在招聘财务等特殊岗位的工作人员时,从全面考核候选人资格的角度出发,也需要查询个人信用报告。这些机构查询个人信用报告的一个必要条件就是必须取得被查询人的授权,授权可以是公告性的,比如在公开招聘办法或者对代表资格的要求中直接说明要查询应

聘者或候选代表的个人信用报告,也可以是特定的书面授权。

《中国人民银行征信中心个人信用报告查询业务操作规程》规定,县级以上(含县级)司法机关和其他依据法律规定有查询权限的行政管理部门(以下合称司法部门)可到当地人民银行征信管理部门申请查询相关涉案人员的信用报告。申请司法查询时应提交下列资料:

a.司法部门签发的个人信用报告协查函或介绍信(包含情况说明和查询原因,被查询人的姓名、有效身份证件号码)。

b.申请司法查询的经办人员的工作证件原件及复印件。

c.申请司法查询的经办人员应如实填写《个人信用报告司法查询申请表》。

(2)人民银行现场查询个人信用报告

申请人可以到当地的中国人民银行分支行征信管理部门,或直接向征信中心提出书面查询申请,或委托经办业务的商业银行查询个人信用报告。

①申请人应提供本人有效身份证件的复印件,并出示原件;代理他人提交查询申请的,应当提供委托人和代理人的有效身份证件复印件,并出示原件,以及委托人出具的授权查询委托书。

②申请人按要求填写《个人信用报告查询申请表》(附委托书样本),并签字确认(见表6.1)。

表6.1 个人信用报告授权查询委托书(样本)

中国人民银行征信中心: 本人________,身份证号码____________,委托代理人______, 身份证号码__________________, 于_____年_____月_____日代理查询本人的个人信用报告,并将查得的信用报告转交本人。 委托人签字: 代理人签字: 委托日期: 年 月 日 承 诺 以上委托书确系委托人亲自出具,如有不实,本人愿意承担法律责任。 代理人签字: 年 月 日

③工作人员当场进行查询,并打印查询结果交申请人签收。

注:个人有效身份证件包括身份证、军官证、士兵证、护照、港澳居民来往内地通行证、台湾同胞来往内地通行证、外国人居留证等。

④收费。查询个人信用报告是征信中心提供的一种服务,因此原则上需要收取一定成本费用,但目前暂不收费。《个人信用信息基础数据库管理暂行办法及问题解答》第十五条,征信服务中心可以根据个人申请有偿提供其本人信用报告。征信服务中心应当制订相应的处理程序,核实申请人身份。

(3)互联网自主查询个人信用报告

①个人信用信息服务平台介绍。随着我国信用体系建设的进一步深入,社会公众信用意识不断提高,了解本人信用状况的需求量日益增加。为方便社会公众便捷地获取本人信用信息,进一步拓宽个人征信系统服务渠道,中国人民银行征信中心建设了基于互联网运行的个人信用信息服务平台(以下简称“平台”)。

个人信用信息服务平台以充分保护社会公众隐私安全为前提。一是确保身份安全。社会公众必须经过严格的身份验证,才能成为平台的注册用户,使用平台的信息查询功能。二是确保操作安全。注册用户进行信用信息查询时,还须通过手机短信、数字证书等方式与平台交互,通过验证核实后方能获取信用信息结果。

个人信用信息服务平台提供两种身份验证方式:一是数字证书验证方式,即通过与中国金融认证中心(CFCA)合作的商业银行颁发的数字证书确认个人身份;二是问题验证方式,即通过在线回答问题方式确认个人身份。

个人信用信息服务平台提供个人信用信息提示、个人信用信息概要以及个人信用报告3种产品服务。注册用户可通过互联网或手机短信提交查询申请并获取查询结果。查询结果非实时反馈,一般为成功提交查询申请的第二天。

个人信用信息提示是注册用户在个人征信系统中是否有逾期记录的提示性信息。注册用户可以通过互联网平台或手机短信提交查询请求;次日,用户可以登录平台查看查询结果,对于通过手机短信方式提交查询请求的,平台还会自动通过手机短信反馈查询结果。

个人信用信息概要为注册用户提供其在个人征信系统中信贷记录、公共记录和查询记录的汇总信息。注册用户登录平台后在线提交查询申请,次日登录平台,申请获取确认码,平台会自动将确认码发送到注册用户预留的手机上,正确输入后,可在线查看本人的个人信用信息概要。

个人信用报告为注册用户提供其在个人征信系统中信贷记录、公共记录和查询记录的明细信息。为了保护个人信息安全,注册用户查询个人信用报告需要再次进行身份验证,通过身份验证后次日可登录网站查看个人信用报告。

②操作程序。

●登录 https://ipcrs.pbccrc.org.cn

●用户注册→●用户激活→●查询信用信息→●信用信息概要查询→●信用报告查询,详情登录 https://ipcrs.pbccrc.org.cn/html/czsc.html 阅读《用户操作手册》。

(4)柜员机自主查询

个人持本人身份证前往安装有个人信用报告查询机的银行、金融公司等机构自主查询。

第一步,放入身份证。将本人身份证放在身份证阅读器上,与公民联网查询系统中的身份信息进行核验,成功验证身份。

第二步,现场拍照。面对查询机顶部中端的摄像头,使头像保持在显示屏小黑方框内。

第三步,照片对比。照片拍摄完成后,系统自动将申请人的身份信息相片与现场拍摄照片进行比对。

第四步,输入手机号码。照片核对成功后屏幕出现数字界面。在屏幕上输入本人手机号码,并点击“同意”,查询机自动打印个人信用报告。

6.1.4 个人不良信用记录的形成及预防

1)个人不良信用记录

在个人信用报告中,可能会出现一些未按期还款、未足额还款、透支过度、其他不良信息等个人不良信用记录。一旦形成个人不良信用记录,会对个人信用产生不利影响。个人信用受损,信用额度缩减;不能享受贷款优惠;还可影响到就业等。

在信用报告中无记录并不代表信用就不好。不过,没有任何记录,别人没法判断你到底信用好还是不好。

(1)个人不良信用记录形成的途径

产生不良记录的情况有:

①信用卡透支消费没有按时还款而产生逾期记录。

②按揭贷款没有按期还款而产生逾期记录。

③按揭贷款、消费贷款等贷款的利率上调后,仍按原金额支付“月供”而产生的欠息逾期等。

④为第三方提供担保时,第三方没有按时偿还贷款。

⑤手机号停用,没有办理相关手续,因欠月租费而形成逾期,造成不良记录。

⑥被别人冒用身份证或身份证复印件产生信用卡欠费记录。

⑦水、电、气费逾期不交或拖欠滞纳金等。

⑧违规违法经营。

⑨偷税漏税。

⑩治安处罚、违法记录。

(2)容易产生个人不良信用记录的环节

①忘交银行卡年费也会成为不良信用的人。

其一,适量办理信用卡,有些市民为了办理银行卡的赠品,往往不顾实际需要盲目申请信用卡。虽然有些信用卡并未开通,但由于某些信用卡合同条款上规定了银行卡未激活仍需要收取年费,导致出现不良信息。其二,建立联动账户,信用卡透支但是没有及时足额归还银行贷款,容易导致银行将其归入不良信用记录名单里,建立联动账户方便及时还款,不失为一个好的选择。其三,尽快注销停用的信用卡。在信用卡停用后,应到相关部门办理停用手续,否则因年费导致的欠款也容易影响信用记录。

②小心月供不足成为不良信用的人。银行业务系统通常根据客户还款时限自动甄别逾期贷款。只要出现贷款逾期在信用报告中都会有显示,且即使补上所欠款项也不能马上消除不良记录。实际上,很多银行客户的不良信用记录并非故意欠贷所致,而是疏忽大意所致。为此,需要注意以下几点:其一,要高度重视还贷时间,每份贷款合同的还款时间

都可能不一致,如果多次逾期,即使只是两三天,有些银行也会将之列为严重违约的范围,影响个人信用。其二,浮动利率的贷款合同要关注利率变化,利率变化会引起月还款额发生变化,市民应该及时向商业银行了解自己新的还款额度,以免还款余额不足被罚息,被列入不良记录。其三,保持与贷款机构的联系,积极与贷款机构沟通。客户在通讯联系方式发生变更后,要注意及时与银行进行沟通联系,这样出现逾期银行还可以即时联系通知到本人。

此外,个人不论出于什么原因,作为银行贷款或者抵押的第三方担保,而第三方却没有能够及时履行相关的还贷义务,也会影响到担保人的个人信用记录。

③水、电、气、暖和法院判决的钱都要及时交。目前很多公共事业单位缴费信息及政府、法院的相关信息已经进入了征信系统,因此要积极履行相关义务。按期纳税、尽快执行法院生效判决、及时缴纳水、电、煤、气、电话、供暖费。特别是那些将房子出租的房东需注意一下是否缴纳了相关费用,避免因此影响个人的信用记录。

④出借身份证可能背上不良记录。在实际案例中,出现了一些因为被人假借身份证或其他有效证件而导致的个人不良信用记录。要妥善保管好各种有效身份证件及其复印件,不要轻易将这些身份证件借与他人。向他人提供身份证复印件时,最好在身份证件复印件有文字的地方标明用途,同时加上一句"再复印无效"。一旦发现自己身份被盗用,立即向公安机关报案。

2)个人不良信用记录的预防

正常情况下,因个人原因而形成的不良记录,一旦进入个人信用档案中是无法消除的,消除不良记录的主要手段就是科学消费,重视信用记录。

(1)提高个人信用等级

随着国家刺激消费、拉动内需政策的实施,各商业银行等金融机构纷纷推出个人消费信贷业务。但并不是人人都可以得到贷款,因为贷款成功与否与个人的信用度有着直接的关系。提高自己的信用等级应该注意以下几个方面:

①建立个人信用记录。

一是尽早建立个人信用记录。简单的方法就是与银行发生借贷关系,例如可以向银行申请信用卡或申请贷款。这里要澄清的一点是:不借钱不等于信用就好。因为没有借贷关系,银行就失去了一个判断信用风险的便捷方法。

二是努力保持良好的信用记录。关键是要树立诚实守信的观念,及时归还贷款及信用卡透支款项,按时交纳各种费用,避免较长时间的拖欠。否则,不良行为就会如实反映在信用记录中,对个人信用形成不良影响。

三是关心自己的信用记录。由于一些无法避免的原因,如输入错误等,信用报告中的信息可能会出现错误。一旦发现自己的个人信用记录内容有错误,应尽快联系提供信用报告的机构,及时纠正错误信息,以免使自己受到不利影响。

②建立个人信用记录的"三原则"。在建立个人"信用"时,需坚持3个原则:第一个原则是"早借钱、早立信"。建立"信用"的开端始于向银行借钱。越早借钱,才能越早在银行

建立借款记录，为逐渐建立个人“信用”打基础。第二个原则是“小额信贷是立信之初的最佳帮手”。银行向来对个人借贷持审慎态度，特别是当人们在银行没有任何信用记录的时候，借钱是很困难的。在众多借款方式中，贷记卡作为一种小额信贷的工具，是申请信贷及建立个人信用最便利的工具。贷记卡的借贷额度相对小，银行的信贷风险也相对减少，而且目前政策正在鼓励贷记卡的发行和使用，因此利用贷记卡借钱是明智之举。但是，信用卡在申请之后必须使用，否则，它只是张睡眠卡，信用并未被启动，更谈不上建立信用记录了。第三个原则是“准时还贷，再借不难”。尽早借钱、小额信贷都是在为建立个人“信用”作准备，但如果光借不还，您在银行面前就成了无信用可言的人，银行也不会再继续接受您的贷款请求。即使是有借有还，但却未按期偿还，同样也不会帮助您建立起良好的个人“信用”。只有准时还贷，良好个人“信用”才能建立，才能再借不难。遵循这 3 项原则，就在建立个人“信用”之路上有了正确的开端。不过，银行还有一套完备的信用评估标准。概言之，其标准包括评估人们的还款能力和借款、还款的记录。评估还款能力是通过看申请人的收入高低、收入是否稳定、资产多少（以净资产值为准）和是否有无形资产，包括社会地位、声誉等来评估的。评估借款、还款记录主要看是否经常借贷及是否准时还款。

③提高信用等级的具体路径。

一是提高自己的学历。一个人接受教育的程度，与自身的素质和能力密切相关。对银行来说，学历越高的人信用越高。

二是拥有技术职称。一个人的专业技术，是其工作能力的见证。相对来说，有各等级职称的借款人，更能受到银行的垂青，往往信用加分。

三是寻找一份稳定的工作。有了稳定的工作，就有了稳定的收入，偿债能力就有了保障。

四是有还贷的经济能力。目前，银行推出的个人消费信贷，数额较大，有的甚至高达数万元，还贷形式大多为分期付款。如果借款人的家庭没有稳定的收入，或每月收入少于还贷额，就容易给贷款带来风险。因此，在提出贷款时，最好按照自己的收入确定最佳的贷款额，否则，会被银行减去信用评分，这样很难得到银行的贷款。

五是拥有个人住房。拥有个人住房、商铺和车辆，表明个人有一定的经济基础。如果租房，表明借款人易变动、稳定性差，这方面的加分难以实现。

六有良好的信用记录。建立“信用”的开端是向银行借钱，如果没有与银行发生过借贷关系的个人，在银行的信用记录就为零。而经常与银行发生借贷关系，并按时偿还的个人，就会逐渐增加信用积分。

七是在贷款行开有账户。如果借款人过去在银行开有账户，且经常有资金进出，其存折上就会反映出过去存款的积数。对过去支持其发展的客户，银行也会酌情考虑给予加分。

八是要有完满的婚姻。相对来说，已婚且夫妻关系好的客户，一定会比单身者更具有稳定性，更能得到银行的青睐。

在消费信贷已成为一种趋势的情况下，个人信用等级也将扮演着日益重要的角色。尽早了解“个人信用”常识，在生活中提升自己的个人信用等级。

(2)不准确的不良信用记录的处理

不是每个人的"信用资产"都是优质的,很多人由于疏忽或其他种种原因已经有了不良信用记录,该怎么办呢?即便有不良的信用记录也不用着急,逾期还款等负面信息不是永远记录在个人的信用报告中。

在国外,一般负面记录保留7年,破产记录一般保留10年,正面记录保留的时间更长,查询记录一般保留两年。目前,国内有关的规定已基本明确,不良信用记录在征信基础数据库中保留的时间是5年。

如果出现了不准确的不良信用记录,市民不应坐而不视,可以通过以下方式来积极主张权利:

①向征信管理部门或征信中心提出异议。我国《个人信用信息基础数据库管理暂行办法》规定,个人认为本人信用报告中的信用信息存在错误(以下简称异议信息)时,可以通过所在地中国人民银行征信管理部门或直接向征信服务中心提出书面异议申请。

②向征信中心提交个人声明。对于无法核实的异议信息,征信服务中心会允许异议申请人对有关异议信息附注100字以内的个人声明。

③要求报送不良信用记录的经办机构纠正错误。经办机构会启动核查、更正程序。如商业银行记录的逾期贷款信息存在错误,市民可以直接向商业银行投诉,要求查实情况,给予更正。

④向法院提起诉讼。如果征信机构提供的信用报告中的信息有误,损害了个人利益,而且无法通过其他途径得以解决,市民还可以向法院提出起诉,通过司法途径来救济自己的权利。

专栏案例6.1　个人信用关爱日

为落实百姓征信知情权,方便百姓查询信用报告,中国人民银行在工作日提供信用报告查询的同时,于2008年6月14日首次在全国各地举办个人"信用记录关爱日"活动,面向社会公众进行个人信用报告查询、征信知识咨询等主题宣传。中国人民银行有关负责人表示,举办该活动的目的,是要让更多的人主动关心自己的信用记录,帮助消费者形成健康的信用消费习惯,提高全社会的信用意识。

自此,中国人民银行征信中心把6月14日确定为"信用记录关爱日",每年的6月14日,中国人民银行全国各分支机构都要组织相关的信用征信知识宣传活动。

信用关爱日的宣传主题是"我与我的信用记录";宣传口号是"珍爱信用记录,享受幸福人生"。

资料来源:中国人民银行征信管理中心

6.2 个人信用档案的建立及意义

6.2.1 个人信用档案的内容

1)什么是个人信用档案

个人信用档案是专业化的、独立的第三方机构为企业或个人等建立的信用档案，依法采集、客观记录信用信息，并依法对外提供信用报告的一种信用信息数据管理系统。中国人民银行组织建成的全国统一的企业和个人信用信息基础数据库，主要记录了这些企业和个人在金融领域的信贷信息，以及在环保等方面遵纪守法的信息，是以政府为主导而建立的全国公民信用档案。

2)个人信用档案的特点

(1)全面性

数据具有全面性，所形成的信用档案才有更高的社会使用价值。一个人的社会信用组成，应有政府职能部门公共信息、银行信贷信息，但更多、更重要的应是在社会活动中所形成的职业、消费、交易、交往等信用信息，只有这样才能全面反映一个人的信用状况。我国个人信用档案既涉及了政府、银行方面的信用信息，又重点采集了在社会活动中的信用内容，从而保证了信用信息的全面性。

(2)跨区域性

随着经济全球化，跨区域、跨国界的社会经济活动日益频繁，地域性的信用体系已经失去意义，只有全球联网的信用档案体系才能构成对“守信者褒，对失信惩”的强大体系。我国个人信用档案体系正具备全国覆盖、全球联网的信用机制的特点。

(3)跨行业性

随着经济的发展，社会分工日趋细化，跨行业交易成为必然，因此，行业性信用体系限定了自身存在的价值和意义。在联合征信制度支持下，我国个人信用档案解决了行业信用体系的缺陷。

(4)统一性

我国个人信用档案采用统一的信息采集模式、统一数学模型下的信用分值计算方法、统一的访问平台、统一的数据库，保证了所有建档人的信用分值具有可比性、通用性、公平性。

(5)权威性

所有信息源于市场、源于消费者、源于直接关系人，保证了我国个人信用档案信息的真实性、可靠性；诚信网分支机构到县市，专业服务人员实地征信，保证了信息的准确性、适时性；本信用体系动态、及时的信用分值，准确反映着每个建档人的即时信用状况；独立的第三方信用分值计算方法的科学性，保证了信用分值的客观性、公正性。

3)个人信用档案的内容

①个人身份证明信息:身份证号码、户口所在地、常住地址、可能的联系方式。

②教育经历:受教育情况、取得社会资格证书情况、专业培训经历等。

③工作履历:工作简历和工作情况。

④荣誉记录:受到的各类社会荣誉。

⑤信用不良记录,包括:a.职业不良记录;b.银行信用记录:在银行或其信用机构的信用记录;c.受国家部门的处罚记录;d.消费信用记录:采用分期付款购买商品或其他信用工具的记录情况;e.其他不良记录。

⑥或有事项记录:对于没有证明材料的信用信息,记录为或有事项。

6.2.2 个人信用档案的建立

1)建立个人信用档案的背景

早在2003年,国务院就提出5年内建立起社会信用体系;而后在党的十六届三中全会通过《关于完善社会主义市场经济体制若干问题的决定》中又提出:要形成以道德为支撑、产业为基础、法律为保障的社会信用体系;国家"十一五"规划也指出要以完善信贷、纳税、合同履约、产品质量的信用记录为重点,加快建设社会信用体制;在2005年国务院《关于加快电子商务发展的若干意见》中特别强调:"加快社会信用体系建设",并要求通过"特许经营、商业运作、专业服务"尽快"建立科学、合理、权威、公正的信用服务机构;建立健全相关部门间信用信息资源的共享机制,建设在线信用信息服务平台,实现信用数据的动态采集、处理、交换;严格信用监督和失信惩戒机制,逐步形成既符合我国国情又与国际接轨的信用服务体系"。胡锦涛于2005年2月19日提出的"构建和谐社会"及2006年3月4日提出的"八荣八耻"人生价值观,诚信是贯穿其中的主线。

但需要看到的是我国向市场经济体制转型的过程中,由于与社会信用体系建设相配套的法律体系相对滞后,非诚信现象频繁出现,商业、金融、学术、职业等领域尤为突出,成为严重影响我国市场经济发展、人际关系不和谐的一大社会公害。在人员广泛流动、交易频繁的大环境中,面对无处不在的失信行为,传统道德约束显得苍白无力,法律、行政干预更是鞭长莫及,口碑、舆论监督也难以涵盖。

我国个人信用档案要在这样的社会背景下建设,既需要借鉴国际信用管理经验,参照发达国家信用模式,又需要结合中国实际情况建设与完善。因为,个人信用档案依托跨越时空的互联网这一载体和技术,针对每个自然人或企业在社会活动中,散乱、琐碎的有关信用行为信息,进行全面的动态采集、处理,形成统一数学模型下直观、量化的信用分值,有利于个人信用档案的建设者与监管者了解个人以往信用状况以及对未来的信用行为的预期。

个人信用档案对于诚实守信者,是信用身份的权威证明,把建档人的信用信息予以真实、动态、延续的记录,终生保存。随着时间推移,其信用分值会随着积累而升高。良好的信用分值,使建档人在社会活动中,如求职、交友、消费、交易、银行信贷、民间借贷、社会求助等方面,处处"绿灯"开放、处处受人尊重,可以更容易获得更多社会资源为自身的发展创造更好的条件。而对于不诚信者,其失信、欺诈等恶性行为将被真实地记录在案,直接影响其信用分值。信用分值过低的人，在社会交往中，会时时遭受冷落，处处遭遇“红灯”，将为自己的失信行为付出沉重代价。“不良记录”将保留7年。

2）个人信用档案信息的来源

①本人的提供。

②本人雇主的提供。

③金融机构、商业机构或其他利益关系人的提供。

④国家机关的公告。

⑤媒体的公开报道。

除或有事项外，个人信用档案的记录必须凭相应的证明，并经信用专业人员的审核。利益关系人应当对其所提供的信用信息负责。利益关系人提供信息须加盖本单位公章。利益关系人是指与本人有直接利益关系的单位和个人。

6.2.3 个人信用档案的意义

①许多发达国家都建立了完善的信用体系，每个公民都建有个人信用档案，每个档案的编码都是唯一的，在美国叫“社会安全码”。这样一套信用体系保证了社会文明秩序，保证了经济交易诚信有序，使得人际关系简单、透明、友好。个人信用档案体系是根治坑蒙拐骗社会不良现象的杀手锏，是净化社会风气的良药。每个行业、每个企业、每个公民都迫切需要这样一个信用体系作为社会交往的参照系。建立“中国个人信用档案”是大势所趋，是社会发展的必然，是每个公民的安全需求。

②个人信用档案，是建档人信用身份的权威证明。随着时间推移，其信用分值会随着积累而升高。良好的信用分值，使建档人在社会活动中，如求职、交友、消费、交易、银行信贷、民间借贷、社会求助等方面，处处“绿灯”开放、处处受人尊重，可以更容易获得更多社会资源为自身的发展创造更好的条件。建立个人信用档案，增强信用意识，加强自我约束，避免因一时冲动做出失信、违约行为，建立平安、美好、快乐的人生。

③建立个人信用档案，拥有“中国个人信用证”。凭个人信用证，可以很容易拉近与新朋友的距离，立刻获得生意伙伴的信任，可以轻松地形成银行信贷、民间借贷、社会支持等关系。

④较高的信用分值，可以更容易获得社会各方支持、救助，比如在突发急病（或受伤）时，可凭个人信用，得到及时治疗。

6.2.4 建立个人信用档案的好处

1）大学生建立信用档案的好处

①让大学生赢在起跑线上。通过个人信用档案，证明自己的诚信度，实现与用人单位的便捷沟通，创造更多的就业机会。大学生就业竞争越来越激烈，很多大学生因为没有权威的信用档案，无法证明自己的信用度，错过良好的就业机会。早日建立个人信用档案，早日积累自己的信用，获得用人单位的信任。

②建立个人信用档案，保持良好的信用记录、高的信用分值，更容易获得银行的助学贷

款，更容易获得社会的资助，在走向社会后更容易得到创业基金的支持。

③通过“个人信用档案”第三方的评价，真实反映自己的良好信誉，以得到更多的个人发展机会。

④有助于培养学生的诚信品质，提高学生的综合素质，为社会输送优秀人才。

⑤有助于学校的管理工作，校规校纪更容易落实，变学生在校期间的被动约束为自我约束、自我管理，由他律变为自律。

⑥有助于解决助学贷款的偿还问题，有效遏止恶意拖欠助学贷款的行为，以保证学生助学贷款良性运转。

⑦有助于学校的校风、学风建设，使考试作弊、论文抄袭、学术歪风得到有效遏制，从而树立起良好的校风、学风。

2）员工建立个人信用档案的好处

①员工建立个人信用档案，积累个人信用财富，塑造良好职业形象，为个人职务升迁、事业发展，创造良好条件。

②建立个人信用档案，拥有“中国个人信用证”。凭个人信用，可以很容易拉近与新朋友的距离，可以轻松地形成银行信贷、民间借贷、社会支持等关系。

③保持良好的职业信用，在谋求新的工作单位时，可以迅速获得新单位领导和同事的信任，获得更大的发展空间。

④为员工建立信用档案，可以解决人才危机，可以降低管理成本和人力成本。

⑤有利于培养稳定、忠诚的员工队伍，增强企业向心力、凝聚力。

⑥有效杜绝员工违反劳动合同、携带公司商业机密“跳槽”，侵占企业合法利益的行为。

⑦个人信用档案，可以有效地帮助企业避免雇佣到有负面记录的雇员，防范职务犯罪和用人不当造成的各种损失。

3）商人建立信用档案的好处

①商人建立个人信用档案，是诚信经商的有力佐证，在商业活动中抢得先机，赢得更多生意。

②利用信用档案，了解对方信用状况，优先选择信用分值较高者作为商业合作伙伴；没有信用档案或信用分值较低者，谨慎与之交易，有效规避商业风险。

③拥有信用档案，可以增加生意双方的信任，建立良好的信用关系，解除预付款或赊销生意的后顾之忧。

④依托信用档案，建立信用监督机制。若一方失信，可在其信用档案上如实填写评价，更多的商人将不再与其建立合作关系，让其为自己的失信行为付出高昂的代价。另外，双方在信用档案上的约定、付款及发货的原始生意记录，可作为法律诉讼的依据。

4）公务员建立信用档案的好处

长期以来，少数公务员缺乏作为政府行政管理者应承担的诚实守信责任，为了早出政绩，采取短期行为，甚至不惜造假；有的办事公开度不够高，从部门利益或个人利益出发，随意承诺却不认真践诺；有的甚至吃拿卡要，欺诈百姓，贪污受贿，败坏了国家公务员形象，降低了政府在社会公众中的信用度。公务人员失信，不仅会导致政府公信力流失，使政府和民众之间产生无形的隔阂，甚至会影响党的执政能力，动摇党的执政基础。因此，建立“公务员信用档案”，无疑是务实之举。其好处至少有三：

①可以有效制约公务人员的行为，使其为公众做出诚信的榜样，推进全社会诚信观念和信用体系的建立。

②可以弥补以往在干部政绩评定中只看数字，以数字定政绩，而不管数字是从哪儿来，统计真实不真实，手段正当不正当的不足。

③为衡量干部的整体素质提供直接证据，有利于更好地选拔使用人才，真正把德才兼备的人选上来。

【本章小结】

1.个人信用报告是个人征信系统提供的最基础产品，它记录了客户与银行之间发生的信贷交易的历史信息，只要客户在银行办理过信用卡、贷款、为他人贷款担保等信贷业务，他在银行登记过的基本信息和账户信息就会通过商业银行的数据报送而进入个人征信系统，从而形成客户的信用报告。

2.个人信用报告中的信息主要有 6 个方面：公安部身份信息核查结果、个人基本信息、银行信贷交易信息、非银行信用信息、本人声明及异议标注和查询历史信息。

3.个人信用报告用途很多，诸如申请消费贷款、申请信用卡、开户、工作就业、出国、开办公司或创业、租房、转发微博等，涉及个人生活、家庭、事业的各个领域。

4.个人自己的信用报告有 3 种方式：一是中国人民银行分支机构现场查询，二是互联网上自主查询；三是柜员机自主查询。

5.个人信用档案是专业化的、独立的第三方机构为企业或个人等建立的信用档案，依法采集、客观记录信用信息，并依法对外提供信用报告的一种信用信息数据管理系统。个人信用档案具有全面性、跨区域性、跨行业性、统一性、权威性等特点。

6.建立个人信用档案对不同的群体有不同的好处。不仅有利于社会信用体系建设，也有利于规范信用交易者的交易行为，为消费者提供可靠的信用支持。

【关键术语】

个人信用信息　个人信用档案　不良信用记录　信用交易事项　信用交易记录

【思考问题】

1.个人信用报告一般包括哪些内容？

2.个人信用报告有哪些用途？

3.如何查询和阅读个人的信用报告？

4.个人信用档案和学籍档案有何区别？

5.建立个人信用档案的目的与意义何在？

6.个人信用档案的信息可以通过哪些渠道获取？

【推荐阅读】

1.姚明龙.信用成长环境研究[M].杭州:浙江大学出版社,2005.
2.信用中国 http://www.ccn86.com
3.钟楚男.个人信用征信制度[M].北京:中国金融出版社,2002.

【课后习题】

一、单项选择题

1.信用报告记录的是客户(　　)的信用活动。
A.现在　B.未来　C.过去　D.不知道

2.24个月还款状态中,(　　)表示正常结清的销户,在正常情况下的账户终止。
A.N　B.G　C.C　D.Z

3.个人信用报告中,个人电信缴费信息中的"欠费"是指电信用户从电信企业月末账单日算起超过(　　)仍未缴纳而产生的欠费。
A.60天　B.90天　C.120天　D.150天

4.信用报告中(　　)对应着24个月还款状态里最近1个月的还款状态的时间。
A.开户时间　B.信息获取时间　C.结算年月　D.查询时间

5.在个人信用报告中,信用卡24个月还款状态中的"*"表示(　　)。
A.未开立账户　B.本月没有还款历史,即本月未使用
C.结束　D.结清的销户

6.在个人信用报告中,贷款机构名称为"******"表示(　　)。
A.非信用报告查询行的其他银行　B.非信用报告查询行的其他分行
C.国有商业银行　D.外资银行

7.贷款若发生了以资抵债,则该月的24个月还款状态应为(　　)。
A.C　B.D　C.G　D.Z

8.贷款账户状态不包含(　　)。
A.逾期　B.结清　C.呆账　D.销户

9.信用卡账户状态不包含(　　)。
A.逾期　B.冻结　C.呆账　D.止付

10.五级分类状态中不包含(　　)。
A.关注　B.销户　C.次级　D.损失

11.在(　　)可以使用"个人声明"。
A.由于出差造成的逾期　B.由于工作忙而造成的逾期
C.异议无法核实的情况下　D.由于不知道利率调整而造成的逾期

12.中国人民银行确立的"信用关爱日"是每年的(　　)。
A.3月15日　B.5月12日　C.6月14日　D.12月9日

13.在数据正确的前提下，在个人信用报告的贷款明细信息中，贷款当前逾期期数、累计逾期次数、最高逾期期数和24个月还款状态这4个指标可能出现的情况有(　　)。

A.当前逾期期数为0，累计逾期次数为5，最高逾期期数为3，24个月当前状态为1

B.当前逾期期数为1，累计逾期次数为3，最高逾期期数为3，24个月当前状态为“/”

C.当前逾期期数为2，累计逾期次数为2，最高逾期期数为2，24个月当前状态为2

D.当前逾期期数为0，累计逾期次数为1，最高逾期期数为2，24个月当前状态为N

14.某客户信用报告中，某笔还款频率为月的贷款的24个月还款状态为“NNNN1NNNNNNNNN12N1N123N1”。在数据正确的前提下，则该客户该笔贷款的当前逾期期数、累计逾期次数和最高逾期期数可能出现的情况有(　　)。

A.当前逾期期数为0，累计逾期次数为8，最高逾期期数为3

B.当前逾期期数为1，累计逾期次数为6，最高逾期期数为3

C.当前逾期期数为0，累计逾期次数为11，最高逾期期数为2

D.当前逾期期数为1，累计逾期次数为8，最高逾期期数为3

15.信用报告中的信息获取时间指(　)。

A.该信息被载入个人信用信息基础数据库的时间　　B.该记录的结算应还款日期

C.报文生成日期　　D.报文上报日期

二、多项选择题

1.个人信用报告一般由3个部分构成，分别是(　　)。

A.批注　B.报头　C.主体　D.说明　E.注解

2.目前国内个人信用报告有两种基本格式，它们是(　　)。

A.银行标准版　B.银行缩减版　C.银行扩展版　D.用户自定义版　E.国际标准版

3.个人信用报告的用途可能是(　　)。

A.办理贷款　B.申请信用卡　C.开立银行账户　D.工作就业　E.开办公司

4.个人信用档案的特点有(　　)。

A.全面性　B.跨区域性　C.跨行业性　D.统一性　E.权威性

5.个人信用档案信息的来源有(　　)。

A.本人的提供　B.本人雇主的提供

C.媒体的公开报道　D.国家机关的公告

E.金融机构、商业机构或其他利益关系人的提供

三、案例分析题

不良信用记录的后果

原告杜诚与被告黄实系同事。2004年8月，被告黄实得知某联通公司与中国银行某支行联合举办CDMA手机优惠活动，事业单位工作人员带身份证和单位证明均可办理，因其身份证丢失，于是，借原告杜诚身份证去办理。按照活动要求，凡办理此业务均要填写中国联通某分公司CDMA业务客户登记表和长城信用卡申请表。其中载有关于接受CDMA手机及入网规定并委托用长城卡代缴话费的规定。被告黄实在持卡人签名栏上，签上原告杜诚

的名字,办理了 CDMA 手机购买、入网业务和中行长城信用卡代缴代扣话费业务。被告黄实使用手机一段时间后,将手机转与他人使用,但没有办理手机过户手续。2006 年 10 月,原告杜诚在某工商行支行办理贷款时,被告知其存在银行系统信用不良记录,7 年内各商业银行对其均不能放贷。后杜诚得知该不良记录系由黄实借其身份证办理手机业务所致。杜诚随后找到黄实,因该手机已转让他人,由黄实补交了欠款。

此后,黄实、杜诚多次要求中国银行某支行将杜诚不良信用记录删除,但始终未果。杜诚遂以黄实、某联通公司、中国银行某支行为被告诉至法院。

问题:

1.个人征信报告中显示的不良信用记录可以删除吗?

2.杜诚、黄实、联通公司在本案中分别应该承担什么责任?

第7章 信用卡的使用与保管

【教学目的】

1.了解信用卡的起源和分类。
2.掌握信用卡相关的术语。
3.学会正确使用和保管信用卡。
4.学会阅读信用卡对账单。
5.了解信用卡的功能与作用。

【引导案例】

欠0.4美元被认定为不良信用记录

重庆某集团的CEO吕先生收到了银行的电话通知，让他尽快还清已经拖欠了近两个月的信用卡借款，否则他将有不良信用记录，还会降低信用等级。吕先生赶紧到银行查个究竟，原来是银行柜员将结算款算错了。

出国前激活信用卡。作为大型集团的CEO，吕先生出国洽谈业务、考察可以说是家常便饭。3年前，受银行一位朋友的请求，他在一家银行办理了一张白金信用卡，最少可以透支5万元。但办理之后，他一直没有开通使用。2008年11月，因为工作需要，吕先生要去美国考察洽谈业务，妻子王女士便帮丈夫开通并激活了这张白金信用卡。

美国消费回国还款。2008年11月26日，吕先生和助手一起飞往美国。在美国的半个多月时间里，吕先生大部分消费都是刷的这张信用卡。2008年12月，吕先生回到重庆。12月22日，吕先生托姐夫帮自己到银行还欠款。吕先生在国外消费了2 950美元，银行的工作人员将吕先生消费的美元换算成人民币，吕先生的姐夫就按银行工作人员计算的最后结果，支付了对应的人民币还款金额。

被告知拖欠本金0.4美元。2009年2月16日，吕先生正在办公室开会，突然接到了银行专员打来的电话，称他的白金信用卡已经拖欠了近两个月的账单没有还款，拖欠的本金是0.4美元，利息已经达到了2.6美元，如果不尽快到银行还款，他的信用记录将被记下污点，还将被降低信用等级。吕先生一听要降低自己的信用等级，一下就着急了，自己做的是外贸生意，赚的是美国人的钱，如果因为这2.6美元，在信用记录上留下了污点，也许老外再也不会相信他，和他做生意了。

2009年2月20日，吕先生的妻子王女士来到了位于解放碑的某银行营业大厅。王女士说："我们是按照银行工作人员计算出来的金额还款的，怎么现在突然冒出0.4美元没还？"接到投诉，银行负责人立即进行了调查，结果是因为银行柜台工作人员工作疏忽，只看到了2 950美元的整数，却把小数点后面的0.4美元弄掉了，造成了吕先生欠款。

银行工作人员立即给王女士进行了赔礼道歉，并消除了欠款记录。

银行出具证明澄清误会。王女士告诉银行工作人员，丈夫经常出国谈生意，她担心这次的"拖欠还款"事件被记入"个人信用报告"里，因此，王女士要求银行出具吕先生在该银行没有不良记录的书面证明。

经过银行负责人和该行总行的沟通，答应了王女士的要求，并承诺在10天内，用快递的方式，将这份证明吕先生没有不良记录的"个人信用报告"邮寄到吕先生家里。同时，该行总部的工作人员，打电话对此事向吕先生进行了道歉，而吕先生也表示了谅解。

（资料来源：2009年2月23日《重庆时报》）

问题：

1.本案中导致吕先生不良信用记录的责任是在银行还是吕先生本人？

2.信用卡还款应该注意哪些问题？

7.1　认识信用卡

7.1.1　信用卡认知基础

信用卡是银行卡的一种，认识信用卡之前，先来了解一下银行卡的种类。

1）银行卡的种类

银行卡（Bank Card）是指由商业银行（含邮政金融机构）向社会发行的具有消费信用、转账结算、存取现金等全部或部分功能的信用支付工具。

（1）依据银行与合作单位的合作目的，银行卡可分为联名卡和认同卡

联名卡（Co-Branded Card）是商业银行与营利性机构合作发行的银行卡附属产品。目前最常见的是联名借记卡，即在借记卡的基础上开发的具有联名性质的银行卡。联名卡的运作形式是由发卡银行与诸如航空公司、电信公司、商场等盈利机构联手发行一张卡片，凡持有该卡片的消费者在这些机构消费可以享受商家提供的一定比例的优惠。如中信实业银行发行的中信STAR高尔夫联名信用卡、浦发银行发行的东方图书卡、交通银行发行的沃尔玛会员卡等。

认同卡（Affinity Card）是由发卡银行和非营利性的社会团体或机构联合发行的银行卡。认同卡的持卡人通过领卡和用卡对联名发卡的社会团体或机构所从事的活动表示认可和赞同，发卡银行通过持卡人的领卡和用卡以一定形式使联名的社会团体或机构得到经济上的支持，如中国建设银行发行的"南开龙卡"等。

（2）依据银行卡应用的技术，银行卡分为磁性卡和智能卡

磁性卡产生的时间，大约在20世纪70年代初期。在这个时期，电子计算机在银行的应

用已经较普遍,且已在发达国家联网,这使银行业务处理的效率和准确性都大为提高。银行业务自动化在此基础上也揭开了新的一页。磁性卡就是在信用卡的背面安装一个带有持卡人有关信息的供 ATM 和 POS 终端识别与阅读的磁条。到目前,几乎 90%以上的信用卡都为磁性卡,可以说,目前的信用卡时代是典型的磁性卡时代。

智能卡/芯片卡(Chip Card/Smart Card)是当今信用卡领域的新产品。所谓"智能卡",实际上就是在信用卡上安装一个拇指大小的微型电脑芯片,这个芯片包含了持卡人的各种信息。这种芯片与磁条相比,具有更高的防伪能力,一般不易伪造,因而更加安全。智能卡于 20 世纪 70 年代末在法国产生,其后各国都着手研制。目前,智能卡已经广泛地应用于我国银行、电信、交通等社会的各个方面,得到了快速的发展。

(3)依据银行卡的具体功能,银行卡可分贷记卡、准贷记卡、借记卡、转账卡、专用卡和储值卡

贷记卡是指发卡银行给予持卡人一定的信用额度,持卡人可在信用额度内先消费,后还款的信用卡。

准贷记卡(Semi Credit Card)是指持卡人须先按发卡银行要求交存一定金额的备用金,当备用金账户余额不足支付时,可在发卡银行规定的信用额度内透支的信用卡[注:在境外,信用卡=贷记卡;在境内,信用卡=贷记卡+准贷记卡(存款有息、小额信贷、透支计息)]。

借记卡(Debit Card)是指先存款后、消费(或取现),没有透支功能的信用卡。其按功能不同,又可分为转账卡(含储蓄卡)、专用卡及储值卡。

转账卡是实时扣账的借记卡。其具有转账结算、存取现金和消费功能。

专用卡是具有专门用途、在特定区域使用的借记卡。其具有转账结算、存取现金和消费功能(注:专门用途是指在百货、餐饮、饭店及娱乐行业以外的用途)。

储值卡是发卡银行根据持卡人要求将其资金转至卡内储存,交易时直接从卡内扣款的预付钱包式借记卡。储值卡是发卡银行根据持卡人要求将其资金转至卡内储存,交易时直接从卡内扣款的预付钱包式借记卡。

2)信用卡的产生与发展

(1)信用卡的起源

信用卡于 1915 年起源于美国。最早发行信用卡的机构并不是银行,而是一些百货商店、饮食业、娱乐业和汽油公司。当时美国的一些商店、饮食店为招徕顾客,推销商品,扩大营业额,有选择地在一定范围内发给顾客一种类似金属徽章的信用筹码,后来演变成为用塑料制成的卡片,作为客户购货消费的凭证,开展了凭信用筹码在本商店或公司或汽油站购货的赊销服务业务,顾客可以在这些发行筹码的商店及其分店赊购商品,约期付款。这就是信用卡的雏形。而信用卡的起源则来源于一段传说:

1949 年梅杰小屋烤肉店里的一次午餐,百货业的名人艾尔弗雷德·布卢明代尔和金融家弗兰克·麦克纳马拉快吃完了。这时他俩发现身上带的现金不够。正当麦克纳马拉尴尬之时,洞察一切的饭店老板走过来,亲切地拍了拍他的肩膀,"亲爱的麦先生,没有关系,我知道您是一位遵守信用的人,我相信您,下次来时一起付好了!"一句诚挚的话语,不仅温暖了麦克纳马拉的心,解除了他的尴尬处境,同时也触发了他们的灵感,要建立一个餐馆赊账网

络，这样，像他们这些大把花钱的阔佬就不用随身携带现金结账了。这个网络就是后来的大来信用证公司，它是第一家信用卡公司。

1950年春，麦克纳马拉与他的好友施奈德合作投资一万美元，在纽约创立了“大来俱乐部”（DinersClub），即大来信用卡公司的前身。大来俱乐部为会员们提供一种能够证明身份和支付能力的卡片，会员凭卡片可以记账消费。这种无须银行办理的信用卡的性质仍属于商业信用卡。

1952年，美国加利福尼亚州的富兰克林国民银行作为金融机构首先发行了银行信用卡。1959年，美国的美洲银行在加利福尼亚州发行了美洲银行卡。此后，许多银行加入了发卡银行的行列。到了20世纪60年代，银行信用卡很快受到社会各界的普遍欢迎，并得到迅速发展，信用卡不仅在美国，而且在英国、日本、加拿大以及欧洲各国也盛行起来。从20世纪70年代开始，中国香港和台湾地区，新加坡、马来西亚等发展中国家，也开始发行信用卡业务。

信用卡在它最初问世的日子里，常常有人聚集在收款台前看别人怎样用塑料片付账。如今，信用卡的重要性可以和电话相比，实际上，它是商业史上的一个里程碑，美国人用各种信用卡在商店购物的金额有史以来首次超过了现金，他们用卡购买衣物、食品、玩具等。美国消费者随身携带的各种塑料卡总数达10亿张左右，每年用卡进行的交易额将近2万亿美元。

像麦克纳马拉那样吃了饭，却没有带钱的事情，从古至今许多人都遇到过。

（2）国际信用卡品牌

①威士卡/维萨卡（VISA）。1958年美洲银行在加州发行了第一张通用型信用卡——美洲银行卡（Bank-Americard）；1976年美洲银行卡公司（National BankAmericard Inc.），一个金融协会类的组织，于1976年更名为Visa，并发行了第一张借记卡；1987年Visa推出了多币种清算结算服务，促进了跨境支付结算的效率；1997年Visa品牌的支付产品总交易金额突破1万亿美元。

Visa是全球最负盛名的支付品牌之一，Visa与世界各地的Visa特约商户、ATM以及会员金融机构携手合作，致力使这个梦想成真。

Visa全球电子支付网络（Visa Net）是世界上覆盖面最广、功能最强和最先进的消费支付处理系统，不断履行使持卡人的Visa卡通行全球的承诺。目前，全世界有超过2 900万个特约商户接受了Visa卡，还有超过180万台ATM遍布世界各地，全球流通的Visa卡超过18.5亿张。因此，Visa的全球网络让持卡人不论身在何处，都能方便地使用Visa卡。

Visa国际组织本身并不直接发卡。在亚太区，Visa国际组织有超过700个会员金融机构发行各种Visa支付工具，包括信用卡、借记卡、公司卡、商务卡及采购卡。这些产品都能让持卡人在消费时倍感安全、便利和可靠。

Visa分别于1993年和1996年在北京和上海成立代表处。Visa在国内拥有包括银联在内的17家中资会员金融机构和5家外资会员银行。截至2005年3月底，Visa在中国大陆发行的Visa卡约540万张，自动柜员机达17 000台，Visa在中国大陆交易额达32亿美元。

②万事达卡（Master Card）。万事达国际组织于20世纪50年代末至20世纪60年代初

期创立了一种国际通行的信用卡体系，旋即风行世界。1966 年，组成了一个银行卡协会(Interbank Card Association)的组织，1969 年银行卡协会购下了 Master Charge 的专利权，统一了各发卡行的信用卡名称和式样设计。随后 10 年，将 Master Charge 改名为 MasterCard。万事达卡国际组织是一个包罗世界各地财经机构的非营利协会组织，其会员包括商业银行、储蓄与贷款协会，以及信贷合作社。其基本目标始终不渝：沟通国内及国外会员之间的银行卡资料交流，并方便发行机构不论规模大小，也可进军银行卡及旅行支票市场，谋求发展。

万事达卡已是全球家喻户晓的名字，不过，30 年前它仅是一张美国境内的国内卡，它的知名在于万事达卡国际组织一直本着服务持卡人的信念，提供持卡人最新、最完整的支付服务，因而受到全世界持卡人的认同。

③大莱卡(Diners Card)。大莱卡于 1950 年由创业者 Frank MC Mamaca 创办，是第一张塑料付款卡，最终发展成为一个国际通用的信用卡。1981 年美国最大的零售银行——花旗银行的控股公司——花旗公司接受了 Diners ClubIntenational 卡。大莱卡公司的主要优势在于它在尚未被开发的地区增加其销售额，并且巩固该公司在信用卡市场中所保持的强有力的位置。该公司通过大来现金兑换网络与 ATM 网络之间形成互惠协议，从而集中加强了其在国际市场上的地位。

④JCB(Japan Credit Bureau)。1961 年，JCB 作为日本第一个专门的信用卡公司宣告成立。此后，它一直以最大公司的姿态发展至今，它是代表日本的名副其实的信用卡公司。在亚洲地区，其商标是独一无二的。其业务范围遍及世界各地 100 多个国家和地区。JCB 信用卡的种类成为世界之最，达5 000多种。JCB 的国际战略主要瞄准了工作、生活在国外的日本实业家和女性。为确立国际地位，JCB 也对日本、美国和欧洲等商户实现优先服务计划，使其包括在 JCB 持卡人的特殊旅游指南中。空前的优质服务是 JCB 成功的奥秘。

⑤运通卡。自 1958 年发行第一张运通卡以来，迄今为止运通已在 68 个国家和地区以 49 种货币发行了运通卡，构建了全球最大的自成体系的特约商户网络，并拥有超过 6 000 万名的优质持卡人群体。成立于 1850 年的运通公司，最初的业务是提供快递服务。随着业务的不断发展，运通于 1891 年率先推出旅行支票，主要面向经常旅行的高端客户。可以说，运通服务于高端客户的历史长达百年，积累了丰富的服务经验和庞大的优质客户群体。

1958 年，美国运通推出第一张签账卡。凭借着百年老店的信誉和世界知名的品牌，当时红极一时的猫王成为第一批持卡人之一，很多经常旅行的生意人成为美国运通卡这一新兴产品的积极申请者。在美国运通卡开业时，签约入网的商户便超过了 17 000 多个，特别是美国旅馆联盟的 15 万卡户和 4 500 个成员旅馆的加入，标志着银行卡终于被美国的主流商界所接受。

1966 年运通发行了第一张金卡，以满足逐渐成熟的消费者的更高需求。

1984 年，运通在全球率先发行第一张白金卡，该卡只为获邀特选的会员而设，不接受外部申请。除积分计划和无忧消费主义以外，持卡人可享受周全的旅游服务优惠和休闲生活优惠，专人 24 小时的白金卡服务为会员妥善安排各项生活大小事宜。

1999年，运通精选白金卡持卡人中的顶级客户，并为他们发行了百夫长卡(CenturionCard)。持有这种美国运通最高级的卡产品，可以自由进入全球主要城市的顶级会所，可以享有全球独一无二的顶级个人服务及品位超卓的尊享优惠，包括全能私人助理、专享非凡旅游优惠、休闲生活优惠、银行服务专员提供的银行及投资服务和24小时周全支持等。白金卡和百夫长卡使得运通成为尊贵卡的代言人。

美国运通公司凭借百余年的服务品质和不断创新的经营理念，保持着自己"富人卡"的形象。过去运通一直走独立发卡之路，从1996年才开始向其他金融和发卡机构开放网络，1997年成立环球网络服务部(GNS)，允许合作伙伴发行美国运通卡，利用运通网络带动合作伙伴的业务增长，强化竞争优势，增加边际利润，提高业务整合管理能力。至今GNS已与全球90多个国家的80个合作伙伴建立了战略合作伙伴关系。在亚太区的17个国家拥有28个合作伙伴，包括中国工商银行、中国台湾的台新银行、中国香港的大新银行、新加坡发展银行、新西兰银行、国立澳大利亚银行等。

(3)中国银行卡的发展

第一阶段，信用卡的早期出现(1979—1988年)。1979年10月，中国银行广东省分行与香港东亚银行签订了为其代办"东美VISA信用卡"的协议，代办东美卡取现业务。从此，信用卡在中国出现。1985年6月，中国银行珠海分行发行我国第一张信用卡——中银卡，标志着信用卡在我国诞生。1987年2月，中国银行珠海分行在国内首家推出ATM服务，打破了国内存取款必须到银行的传统做法。1987年3月，中国银行加入万事达卡国际组织，成为国内该组织的第一家会员。国际支付组织开始进入中国卡市场。1988年6月，中国银行发行外汇长城万事达卡(国际卡)，该卡可在200多个国家和地区的1 000多家商户使用，中国信用卡开始真正走向世界。

第二阶段，信用卡的应用推广(1989—2003年)。1993年，江泽民提出实施以银行卡联合发展为目标的"金卡工程"，以改善用卡环境，实现设备共享、资源共享和市场共享。1997年10月30日，由中国人民银行组织和发起，由工商银行、农业银行、中国银行、建设银行、交通银行、招商银行、浦东发展银行、广东发展银行、深圳发展银行、邮政储汇局共同参与的银行卡信息交换总中心在北京正式成立。1998年12月24日，银行卡信息交换总中心系统正式投产运行。1999年3月26日，由人民银行牵头，工商银行、农业银行、中国银行、建设银行、交通银行、招商银行、中信银行、广东发展银行、深圳发展银行、光大银行、民生银行、福建兴业银行共同参与的CFCA(中国金融认证中心)工程正式启动。

1999年7月，首家具有中介性质的个人征信公司——上海资信有限公司在上海成立。2000年7月1日起，上海正式启动"个人联合征信"制度。2000年6月29日，CFCA正式运行。2002年1月10日，首批银联卡在北京、上海、广州、深圳、杭州五大城市推出。2002年3月26日，中国银联股份有限公司在上海浦东正式成立。2002年5月17日，中国工商银行牡丹卡中心在北京正式成立。

2002年6月25日，银联公司正式成为万事达卡国际组织的会员。2002年11月，银联同万事达卡国际组织合作建成外卡信息交换接口。该接口的建立，意味着将有越来越多的银联商户能够接受万事达卡外卡消费。2002年12月，银行卡联网通用"314"目标已全部实现,且绝大多数发卡商业银行系统内异地交易成功率都达到了80%以上,超额完成了任务;在100个城市中同城平均跨行交易成功率达到75%以上;在推广普及“银联”标志卡的城市中,各商业银行均全部完成了标准化改造和异地跨行业务开放工作,实现了“银联”标识卡在这些城市内和城市间的跨行通用。

第三阶段,信用卡的快速发展(2003—2013年)。2003年6月底,中国已有发卡金融机构91家,在近6亿张的发卡总量中,借记卡5.44亿张、信用卡6 000万张。2003年12月31日,花旗、汇丰银行获得银监会批准,在内地发行双币信用卡。外资银行迈出进入中国银行卡市场的第一步。

2004年1月18日和9月8日,银联卡分别在中国的香港和澳门地区实现受理。2005年1月10日,中国银联正式开通银联卡在泰国、韩国及新加坡的自动取款机(ATM)和商户POS受理业务,此举意味着银联卡继在中国的香港、澳门地区实现受理后,首次在真正意义上走出国门。

2010年末,我国信用卡已超过2.1亿张。万事达卡顾问公司预计,到2025年中国信用卡发卡量将超过11亿张。

截至2013年年末,全国累计发行银行卡42.14亿张,较2012年年末增长19.23%,增速放缓0.57个百分点。其中,借记卡累计发卡38.23亿张,较2012年年末增长19.36%,增速放缓0.94个百分点;信用卡累计发卡3.91亿张,较2012年年末增长18.03%,增速加快2.03个百分点。借记卡累计发卡量与信用卡累计发卡量之间的比例约为9.78 : 1,较2012年年末略有上升。截至2013年年末,全国人均拥有银行卡3.11张,较2012年年末增长17.80%,其中,信用卡人均拥有0.29张,较2012年末年增长16.00%。北京、上海信用卡人均拥有量远高于全国平均水平,分别达到1.63张和1.30张。

7.1.2 信用卡的性质与种类

1)信用卡的属性

①信用卡不是持卡人的私有物,而是持卡人以“信用”为担保“借来”的,当发卡机构根据这些条件判断“此人可以信用”(具体来说,有偿还能力)时,才能发放信用卡。

②在票据上签字有特定的意义。一是用信用卡购物后向银行交款,这笔钱是付给发卡机构,而不是售货的特约商户。二是签字意味着承认“我今天购货的贷款一定偿付,现在先将所购买的货物拿走”,表示绝对信守自己的承诺。

2)信用卡的外观内容

(1)信用卡正面内容

①该种信用卡的注册商标图案和卡组织标志。

②信用卡专用标志或防伪标志。

③发卡银行(或者公司)的发行银行代号、信用卡号码、持卡人姓名拼音、有效期限等内容。

(2)信用卡的背面

①一个磁性带,上面记录有持卡人的账号、可用金额、个人密码等信息资料。

②信用卡持卡人签字，签名栏上，紧跟在卡号末3位数字，用作安全认证。

③发卡银行的简单申明。

④24小时客户服务热线。

3）信用卡与个人信用

信用卡是使用者信用及身份的象征，善用信用卡并不断累积个人的信用，为生活带来便利和乐趣。

①不要申领超过负担能力的信用卡，并视自己的经济能力消费。

②养成负责任的消费和付款习惯，不超期超限透支。

③定期检查个人的信用记录，必要时查询个人信用报告。

4）附卡与主卡的关系

在主、附卡持卡人关系中，主卡持卡人处于主导地位，有权决定增加或取消副卡，副卡持卡人则处于附属地位。如主卡被取消，副卡应主动交还发卡机构。主卡持卡人要求中途停止使用附卡时，也应将附卡交还发卡机构，其未了结的债务，仍由主卡持卡人承担。附卡持卡人使用信用卡所发生的一切债务均由主卡持卡人承担，由主卡持卡人直接向发卡机构或特约单位履行债务，因此，主卡持卡人与副卡持卡人之间多为财产共有关系，或者彼此了解、信任，两者之间存在赠予、委托、有偿承担等约定，同时也决定了主卡和附卡属于同一账户，信用额度共享。

5）信用卡的种类

信用卡的种类很多，通常可按以下10种标准划分：按照信用卡发行机构划分，可以分为银行卡和非银行卡；按照信用卡信息存储媒介划分，可以分为磁条卡和芯片卡；根据偿还方式的不同，可以划分为：贷记卡、准贷记卡；按照信用卡结算货币不同，可以分为外币卡和本币卡；按照流通范围不同，可以分为国际卡和地区卡；按照信用卡账户币种数目，可以分为单币种信用卡和双币种信用卡；按照信用卡从属关系，可以分为主卡和附属卡；按照信用卡发卡对象不同，可以分为公司卡和个人卡；按照持卡人信誉地位和资信情况，可以分为无限卡、白金卡、金卡、普通卡；按照信用卡形状不同，可以分为标准信用卡和异形信用卡。

7.1.3　信用卡的功能

信用卡的各项用途和功能是由信用卡发卡银行根据社会需要和内部经营能力赋予的，尽管各家银行所发行的信用卡的功能并不完全一致，但所有银行信用卡都有购物消费、转账结算、储蓄、小额信贷、汇兑结算、分期付款等基本功能。

1）购物消费功能

持卡人在其购物消费过程中，所支付的货物与服务费用超过其信用卡账户余额时，发卡银行允许持卡人在规定的限额范围之内进行短期的透支。从实质上讲，这是发行信用卡的银行向客户提供的消费信贷。因此，我们说信用卡具有消费信贷功能。信用卡持有人不同于采用其他结算方式的客户，顾客申办信用卡都要经过银行的资信情况调查，具有一定的偿还债务的能力。又由于信用卡透支金额占信用卡交易金额的比例较小，同时，银行还有一整套措施防范和追索透支风险损失,因此,信用卡透支尽管可以在某种程度上以消费信贷功能扩大社会消费水平,但并不一定会引起社会消费信用的膨胀。发行信用卡的银行对信用卡透支款项收取的利息比同期银行贷款利率高,这表明,发卡银行尽管给信用卡持有者提供透支便利,然而也运用利率杠杆加以限制。

2)转账结算功能

信用卡的持有者在指定的商场、饭店购物之后,无须以现金货币支付款项,而只需要以信用卡进行转账结算。转账结算是信用卡最主要的功能。信用卡具有的转账结算功能,能为社会提供最广泛的结算服务,方便信用卡持有者与商场、饭店等服务行业的购销活动,减少社会的资金货币使用量,节约社会劳动,因此在我国得到了极大的重视。

3)储蓄功能

信用卡持有者可以在相当广泛的范围内,在发行信用卡的银行所指定的储蓄网点(或营业厅、处)办理存款手续。使用信用卡办理存款与取款手续比使用储蓄存折更方便,不受存款地点和存款储蓄所的限制,可以在发卡银行的所有网点及联行机构通存通取,这大大地方便了信用卡持有者的储蓄活动,提高了居民的储蓄积极性。同时,凭信用卡支取现金,银行要审查持卡人身份证,核对持卡人签字,这将有助于发行信用卡的银行维护持卡人的资金安全。

4)小额信贷功能

小额信贷,首先是信用贷款,不需要抵押,主要是解决传统银行无法服务的低端客户的金融服务问题。其服务对象为低端客户(包括有生产能力的贫困人口和微型企业);因为服务对象的特殊性,所以要求提供无须抵押的信用贷款;因为是信用贷款,所以额度一定要小到可以控制风险的程度;国际上对小额信贷的额度一般用当地人均 GDP 的倍数来衡量,根据交流中心管理的小额信贷经验,在农村一般不高于 5 000 元,在城市一般不高于 2 万元;因为是小额度的信用贷款,因此要有一套不同于普通银行机构的贷款管理模式;同时因为小额信用贷款操作成本和风险较高,需要收取可以弥补成本和风险的较高的贷款利息;因其特殊性,也要求在金融监管方面采取相对灵活的政策和做法。

5)信用卡取现功能

随着信用卡的逐渐普及,各家银行纷纷推出了“信用卡取现”服务,但是推出这项服务绝不是为了让消费者取钱来买房子、买车、投资,而是做应急之需。很多人都有跟别人借钱的经历,这笔费用往往也不是很大,可能一两千,最多上万。但是借钱的滋味不好受,也不值得为了这点钱去找银行贷款。因此,从为顾客提供人性化服务的角度考虑,各家银行开通了“信用卡取现”功能,只要不是大钱,直接在柜台或自动取款机就能取走,非常方便。

6)汇兑结算功能

当信用卡持有者外出旅游或出差,需要在外地收回款项时,可以持卡在异地联行网络机构办理存款手续,由银行将款项汇回本地持卡人账户,用款时可持卡在各地会员银行办理取款手续。也可将款项凭卡转到异地,然后凭卡支付,办理转账结算。

7)分期付款功能

信用卡分期付款就是指持卡人使用信用卡进行大额消费时,由发卡银行向商户一次性支付持卡人所购商品(或服务)的消费资金,并根据持卡人申请,将消费资金分期通过持卡人信用卡账户扣收,持卡人按照每月入账金额进行偿还的业务。国内银行绝大多数都有信用卡分期付款业务,分期付款一般根据场合的不同分为商场(POS)分期,通过网络、邮寄等方式进行的"邮购分期"与"账单分期"。

7.1.4　信用卡与其他支付工具的区别

1)信用卡与货币的区别

信用卡与货币虽然有着密切的联系,但毕竟有本质的区别:

①货币是充当交换媒介的一般等价物,价值尺度职能是货币的最基本的职能,而信用卡则不同,它不是等价物,没有价值尺度作用,而只是价值转移的手段,是货币的载体。

②作为流通手段,货币与商品在买者与卖者之间不断地做换位运动,而信用卡则永远隶属于一个主人,在作为媒介完成商品交易时,价值转移了,信用卡并没有转移,它所媒介的仍然是货币与商品的换位运动。

③信用卡是一种先进的支付工具,它是货币支付手段的扩大和延伸,它突破货币的局限性,可在一地或数地多次地为它的持有者完成交易,可在银行授信额度以内以或大或小的金额支付货币换回持卡人所需要的商品和服务。在为同一持卡人服务时,它把货币的支付手段在时间和空间上大大扩大了。

④信用卡布局有储藏手段,它在为客户服务时,所执行的仅仅是一种储蓄存折的作用。

⑤信用卡是电子货币的一种形式,但它不会成为世界货币。尽管信用卡打破国界限制,在国际上广泛使用,但由于它不具有价值尺度作用,它所转移的仍是货币,它在货币执行世界货币职能时仍然是一种支付工具。

2)信用卡与现金、支票的区别

信用卡这种支付工具现在已经普遍成为很多国家经济中必不可少的交换手段,同现金和支票相比而言,它能够为消费者和商户带来更多的便利,充分地体现出信用卡的优越性。

①无论从面积、重量还是金额上,现金都要比信用卡更为厚重、复杂。

②现金容易被盗取,而且难以追回。

③支票自身的缺陷。一是支票本不容易携带;二是支票难以跨区域使用,这主要是为防范空头支票的风险。支票担保服务也只能部分地防范空头支票风险,而且担保费用高昂,一般为1%~2.2%,风险程度高的开票人甚至需要支付高达5%的担保费。

④信用卡的使用促进了邮购、电话购物及网上购物等订货方式的发展。信用卡出现以前,人们必须在取得货物清单后填写订购单,并将它同支票一起邮寄出去,这样极其耗时。而通过信用卡则可以大大节省交易时间,提高交易效率。

3)信用卡与票据的区别

①信用卡是一种商品,是一种特殊的金融商品,它要用货币去购买,而票据则不是商品。

②票据作为支付工具,在发挥作用的时候,要受到时间、空间、金额和受益人的限制,在一定的时间里由特定的受益人到事前确定的地方按票据所填列的金额去支取。而信用卡则

抛弃了票据的局限,它不像票据只具有使用上的一次性,而是可以多次使用,可在不同的地方、不同的商户多次支付,金额也不固定,受益人可以是不同的多人次,它把票据的功能大大发展了。

③票据作为信用工具,只有在支付时发挥作用,而信用卡不仅是支付工具、结算工具,而且具有消费信贷作用,是任何票据、货币都不具有的。

7.2 信用卡的申领

7.2.1 申请信用卡的条件

由于不同类型银行卡的功能是不同的,因此申办时对申请人的资格要求也是不同的。信用卡申请的基本条件:

①年满 18 周岁,有固定职业和稳定收入,工作单位一般在常住地的城乡居民。

②填写申请表,并在持卡人处亲笔签字。

③向发卡银行提供本人及附属卡持卡人、担保人的身份证复印件。

外地、境外人员及现役军官以个人名义领卡应出具当地公安部门签发的临时户口或有关部门开具的证明,并需提供具备担保条件的担保单位或有当地户口、在当地工作的担保人。

7.2.2 信用卡的选择

1)消费者个人偏好对信用卡的选择

①价格敏感者。如果持卡人对于价格特敏感,那么可能办卡是否得付年费是持卡人首要的考虑,部分银行会针对团体办卡提供首年免年费,或是对于特定单位办卡提供年费优惠。

②品牌导向者。价格对持卡人不是很重要,但对于品牌持卡人特别讲究,持卡人可以针对持卡人喜爱的银行卡品牌提出办卡申请,无论持卡人崇尚的是国有四大银行的老字号品牌,或是商业银行的新品牌,办卡都可获得满足。

③福利优先者。卡片能为持卡人带来什么福利,是持卡人最关注的重点,持卡人可先进行各项福利的比较,包括积分有效期限、附加保险、提供的银行配套优惠、商场折扣点等来进行选择。另外各种联名卡也是关注卡片福利者的最好选择。

④便利首要者。时间就是金钱,持卡人需要的是,能否上门办卡、送卡、缴款是否方便、客服电话服务质量、网上银行的相关服务项目等。

⑤流行追随者。持卡人希望成为众人艳羡的亮点,目前国内各银行所发行的卡片有透明材质的、有图案亮丽的、有不规则形状的,可以满足持卡人追求时尚的需求。

2)消费者消费习惯对信用卡的选择

从消费习惯角度进行划分,基本可以分为3类:信用卡交易者、信用卡周转者以及复合型使用者。

①信用卡交易者。使用信用卡只是图方便,将信用卡作为现金和支票的替代品,每月底都会一次性结清欠款。

②信用卡周转者。把信用卡作为融资工具,乐于使用信用卡的循环信贷功能,并支付贷款利息。

③复合型使用者。绝对的归类是不现实的,同样会存在同时属于上述两种消费者的情况。即在一些小额消费上是交易者,在一些大额消费上就成为周转者。

3)信用卡功能对信用卡的选择

信用卡的附加值服务名目繁多,功能也各有所长。比如说积分回馈、飞行里程、购物折扣、特殊服务,这些都足以影响消费者对信用卡的选择。

7.2.3　申请信用卡的程序

①到所要办理的信用卡的银行网点,或者找当地银行信用卡中心工作人员,填写信用卡申请表。申请表的内容一般包括申领人的名称、基本情况、经济状况或收入来源、担保人及其基本情况等。

②提交一定的证件复印件与证明等给发卡行,例如身份证复印件、工作证明等。

③按照申请表的内容如实填写后,在递交填写完毕的申请书的同时还要提交有关资信证明,如营业执照。

④申请表都附带有使用信用卡的合同,申请人授权发卡行或相关部门调查其相关信息,以及提交信息真实性的声明,发卡行的隐私保护政策等,并要有持卡人的亲笔签名。

⑤银行审核评估,信息核对。

专栏案例7.1　一分钱额度信用卡暴露信用卡业务发展不规范

有消费者反映称,在自己不知道的情况下,竟有一张工商银行和住房公积金的联名信用卡,而且已办理了4年,且信用卡的实际额度是一分钱。对此,银行工作人员说,此卡不产生手续费,为的就是占领市场。

"一分钱信用卡"毫无使用价值,最后只能沦为一张废卡。但银行明知会如此结局,仍然执意要与公积金中心合作办卡,显然是为争抢客户资源所实行的"跑马圈地"竞争策略。

国内银行信用卡业务的盈利模式很透明,主要是收取年费、手续费、罚息等,而"一分钱信用卡"并不具备透支消费功能,也没有年费、手续费,只是帮助银行完成发卡任务而已。

由此可知,"一分钱信用卡"不仅不会给银行带来利润,相反还会白白付出发卡成本的亏损,又人为造成大量"死卡"长期沉淀,浪费银行信用卡系统管理资源,实则是得不偿失。同时,"一分钱信用卡"没有给客户带来支付便利,还影响到个人信用记录,对以后办理其他业务造成不便。

而工商银行与公积金中心合作办理的信用卡,并未经过客户本人同意和签字,而是"卡部和公积金中心签的协议，单位或者住房公积金中心提供名单，直接就办出来了”。显然，此举违反了信用卡相关规定，侵犯了客户的合法权利，也违背了基本信用原则，需要尽快予以纠正，并向客户公开道歉。

由于之前各行一味追求发卡数量，并盲目下达客户开发任务，导致信用卡部门为完成业绩，放松资格审核门槛，肆意滥发信用卡，一些本不符合条件的客户，也被以各种方式拉上“贼船”，给信用卡业务埋下诸多隐患。

央行和银监会等监管部门多次下发通知，要求各行整治信用卡不规范行为，清理“死卡”，严格执行信用卡发卡审核程序。但从现实来看，仍然不时有相关负面新闻曝光，显然各行没有严格遵守规定，信用卡业务发展尚不规范，还有待梳理和彻底整治。

（资料摘自2012年12月5日《西安晚报》）

7.2.4 申请信用卡被拒的原因

申请信用卡时，有下列情形之一都可能被拒绝：

1）申请人基本资料的原因

①无法确认或非本人签名。

②申请表签名与证件不符。

③申请表签名与规定不符。

④申请表未签名且未补签名。

⑤信息不详且未提供。

⑥家庭不详且未提供。

⑦工资单位信息不详且未提供。

⑧联系人信息不详且未提供。

⑨申请表或申请资料无法认读且未补件。

⑩资料不足且未补件。

⑪申请人相关资料不足且未按时补齐资料。

⑫申请人年龄不符规定。

⑬非本地户籍且综合条件未达标。

⑭非本地户籍无住房且自购住房未达标。

⑮单位不符规定且岗位不符合规定。

⑯申请人无工作且无稳定收入来源。

⑰申请人属于限制申请行业的从业人员。

⑱申请人不符合军人之办卡标准。

⑲申请人为外籍人士。

⑳申请人身份证件类型不符规定。

㉑证件失效或有效期不符合规定。

㉒附属卡申请人不符合规定。

㉓停用。

2)申请人征信情况原因

①申请人重复申请。

②申请人所填单位查无此人。

③申请人已从所填单位离职。

④申请人工作为兼职。

⑤申请人工作不稳定。

⑥申请人工作变动频繁。

⑦申请人收入不稳定。

⑧申请人为小企业主且单位成立时间短。

⑨申请人已经持有多张他行信用卡。

⑩申请人工作单位信息与征审不符且无合理解释。

⑪申请人社保不正常。

⑫社保记录与申请表不符且不能合理解释。

⑬申请人单位无法查证确认。

⑭申请人所在单位未注册或已注销或未年审。

⑮所在单位的负面信息。

⑯经征信判断，申请人综合条件差，风险不可控。

⑰申请人有不良记录。

⑱申请人在我行个人贷款缴款记录不良。

⑲申请人其他银行信用卡有不良还款记录。

⑳申请人在个人征信系统有不良记录。

㉑申请人单位在税务局有不良记录（私营企业主与法人）。

㉒申请人所在单位有逃避银行债务记录（私营业主与法人）。

㉓申请人征信存有疑义。

㉔停用。

㉕伪造身份证。

㉖伪造房产证。

㉗伪造行驶证。

㉘伪造其他证件。

㉙盗用他人身份证伪冒申请。

㉚黑中介进件。

㉛申请人有多次公共缴费欠款，且无合理解释。

㉜申请人联系不上。

㉝有效征信时间内联系不上（三天三次）。

㉞申请人提供的联系方式无效。

㉟申请人不配合资信调查。

㊱家人或联系人提供申请人的负面信息或建议不予办理。

㊲申请人有犯罪记录。

3)其他原因

①联系人不知情或不愿做联系人。

②申请人异地户籍亲属联系不上。

③联系人不符要求。

④银行核批卡种与额度未达申请人要求,申请人拒绝接受。

⑤申请人工作地及居住地非我行网点城市,风险不可控。

⑥申请人健康原因。

⑦申请人不符合集体办卡、项目办卡或亲核亲访的核准条件。

⑧未核验原件或无核验人签名。

⑨进件渠道不明,无法认定信息真伪。

⑩销卡间隔不符发卡规定。

⑪停用。

7.3　信用卡相关术语

7.3.1　额度类术语

1)信用额度

根据用卡人的申请,银行会为信用卡核定一定的信用额度,客户可在该额度内签账消费或提取现金。附属卡持卡人可与主卡持卡人共享信用总额,也可由主卡持卡人为附属卡设定额度,如果是双币国际卡,这一信用额度也可以由人民币和外币账户共享。信用额度将由银行定期进行调整,但持卡人可以主动提供相关的财力证明要求调高信用额度。此外,当持卡人在出国旅游、乔迁新居等情况在一定时间内需要较高额度时,也可要求调高临时信用额度。

信用卡信用额度的高低与持卡人的信用状况有关。真正的信用卡具有信用消费贷款功能。如果持卡人工作稳定、学历较高或有一定职务发卡行可能会给持卡人较高的信用额度。

如果持卡人想申请或调高信用额度,需提供有关的个人资产证明,如房产证明、股票持有证明以及银行存款证明或缴存保证金等,这可以帮助持卡人提高一定的信用额度。

但值得注意的是,拥有过高却使用不到的信用额度可能反而会对持卡人造成麻烦,一旦卡片或卡号遭窃,则会留给不法分子相当大的冒用空间,故提醒持卡人"额度够用就好"。同样,如果持卡人觉得目前的额度过高,请联系银行主动调低持卡人的信用额度;降低额度后,如持卡人有临时的大额需用,仍可在大额或出境消费前联系银行,申请临时调高信用额度。

2)初始信用额度

信用评分系统会根据持卡人所提供的各种方面资料而得出一个信用值,从而转换出持卡人的信用额度,因人而异。一般情况下,个人的信用记录越好,财力越雄厚,信用额度也就越高。

3)可用额度

可用额度是指持卡人所持的信用卡还没有被使用的信用额度。计算方式如下:

可用额度=信用额度-未还清的已出账金额-已使用未入账的累积金额

例如,持卡人的信用额度为2万元,未还清的已出账金额为1万元,已使用未入账的金额为4 000元,则此时持卡人的可用额度为6 000元(注:可用额度会随着每一次的消费而减少,随持卡人每一期的还款而相应恢复)。

4)最低还款额

发卡银行规定的持卡人当期应该偿还的最低金额,一般情况下为累计未还消费本金的一定比例,正常情况下,最低还款额为本账单周期内应还金额的10%。

也可以是所有费用、利息、超过信用额度的欠款金额、预借现金本金,以及上期账单最低还款额未还部分的总和。最低还款额计算公式如下:

最低还款额=信用额度内消费款的10%+预借现金交易款的100%+前期最低还款额未还部分的100%+超过信用额度消费款的100%+费用和利息的100%

5)结欠金额、本期签账金额

结欠金额是指账单日当天的账户余额,也称为信用余额。

本期签账金额是指账单周期内发生的消费、取现及其他各项费用总额,其中因消费进行商品和服务交易发生额度,称为当期消费额。

7.3.2 期限类术语

1)免息还款期

对消费类交易,从银行记账日至到期还款日之间为免息还款期。

例1:张小姐8月19日消费,结算在9月18日账单上,在10月8日最后还款日全额还款即享受了最长50天免息期(8月19—10月8日)。如她在8月18日消费,当天是账单日,在9月8日最后还款日全额还款,即享受了最短20天的免息期。

例2:甲持卡人账单日为每月7日,到期还款日为每月27日。

①3月7日消费并入账,免息期为20天。

②3月8日消费并入账,免息期为50天。

例3:交行账单日15日,还款日是出单后第25天,免息期最长56天。

2)账单日

账单日,又称为账单生成日。是指发卡银行每月定期对持卡人的信用卡账户当期发生的各项交易、费用等进行汇总结算,并结计利息、计算持卡人当期应还款项的日期。信用卡中心在这一天将客户本账单周期内的所有消费明细及应还款余额、可用信用额度、积分等有关信息打印并邮寄给信用卡持卡人。

3)消费日

消费日指每笔交易发生的日期,又称为交易日。

4)记账日

记账日是指某笔交易在账户中实际记账的日期。不同的银行记账有所不同,一般都在两个营业日内会记入账户,一般都是在消费的当日。

5)到期还款日

到期还款日是指发卡银行规定的持卡人应该偿还其全部应还款或最低还款额的最后日期。

6)宽限期

所谓宽限期,过去一般是指从商店账单记入持卡人账户日起到银行收到持卡人账款的一段免计利息的时间。不同的发卡银行规定不同。越长的宽限期对消费者越有利。在考虑宽限期时,也应了解发卡银行对起算日及结算日的规定。

7.3.3 使用类术语

1)透支

善意透支是指在政策允许范围内和透支期限内透支的行为。

恶意透支是指以非法占有为目的,超过规定限额或规定期限透支,并经发卡行催收后仍不归还,最后给发卡行造成损失的。

2)提现

使用信用卡提取现金的过程称为信用卡提现。信用卡提现(取现)不同于信用卡套现。信用卡本身固有的功能之一,就是持卡人可以使用信用卡向银行预借现金。信用卡提现是银行为满足持卡人紧急需要现金的需求而设立的,目前信用卡提现的收费标准非常高,信用卡提现的时候会即时扣除1%~3%的手续费,提现的金额按照日息万分之五计算利息,并按月计算复利。因此在非紧急情况下请勿使用信用卡提现功能。但是现在社会上有个别人利用信用卡提现在POS机上刷卡来套取现金,来规避信用卡套现的限制。

3)套现

“信用卡套现”是指持卡人不是通过正常合法手段(ATM或柜台)提取现金,而通过其他手段(如POS机)将卡中信用额度内的资金以现金的方式套取,同时又不支付银行提现费用的行为。

4)签单

信用卡持卡人在购物、用餐等消费后,不付现款,在消费单据上签署姓名的行为,签单后店方日后结账。

5)交易密码

交易密码,又称为支付密码,一般在持卡人使用信用卡进行刷卡消费或取款时输入,用来验证交易的安全性,如在商场POS消费、使用ATM机或通过柜面进行取现、查询等服务。查询密码一般是在持卡人使用电话银行或网上银行时输入,用来验证登录者的身份。

如果持卡人忘记交易密码和查询密码,可以携带本人身份证到开户行办理;如需要修改密码,可以到ATM机、电话银行、网上银行等发卡行指定的渠道修改;也可拨打银行信用卡客服中心的电话，按语音提示操作修改。

6）挂失

信用卡挂失是当信用卡被盗或遗失后的一种紧急安全措施。当信用卡被盗或发现被遗失时，第一时间进行电话挂失，然后尽快到发卡行进行现场挂失确认，最终以银行柜台挂失为准。

7）止付

紧急止付是指发卡行为加强管理，保障安全，防止资金损失而采取的一种止付命令。

8）开卡和销卡

开卡也称为激活，就是这张卡可以拿来刷卡消费或交易支付。不开卡，这张卡就不能使用。长期不激活或不使用的信用卡，俗称"菜卡"。

当确定信用卡不再使用，或信用卡到期，应该持信用卡到发卡行注销，称为销卡。

9）特约商户与特惠商户

特约商户是指与银行签订受理卡业务协议并同意用银行卡进行商务结算的商户。

特惠商户是特约商户中的、为持卡人提供特别优惠服务的商户，可给予持卡人实实在在的价格折扣。

10）销售终端（POS）

销售终端——POS是一种多功能终端，把它安装在信用卡的特约商户和受理网点中与计算机联成网络，就能实现电子资金自动转账，它具有支持消费、预授权、余额查询和转账等功能，使用起来安全、快捷、可靠，POS主要有以下两种类型：

①消费POS。具有消费、预授权、查询支付名单等功能，主要用于特约商户受理银行卡消费。

②转账POS。具有财务转账和卡卡转账等功能，主要用于单位财务部门。

11）信用度和信用度评估

所谓信用度，是指从社会信誉、经济状况、商品交易的履约情况等方面反映出来的发卡对象的遵约守信程度。发卡机构对发卡对象进行信用度评估，其目的就是要通过对持卡人社会行为、经济实力、信守合约状况的考察，深入了解持卡人，以便为是否确定客户关系提供依据，从而作出抉择。因此，信用度评估对发卡机构来讲，是一项非常重要的任务。一个人的社会信用度直接关系到他申请和使用信用卡的状况。西方发达国家现已形成良好的信用观，人们珍惜信用如同珍视生命一样。

7.3.4　费用类术语

1）年费

年费（Annual Fee），即持有信用卡的年度费用。某些信用卡提供商不收取信用卡年费。年费、利息以及其他费用构成信贷总成本的一部分。

2）滞纳金与超限费

如果持卡人在到期还款日实际还款额低于最低还款额，最低还款额未还部分要支付滞纳金。滞纳金的比例由中国人民银行统一规定，为最低还款额未还部分的5%。

根据人民银行有关规定，对于持卡人超过信用额度用卡，银行将对超过信用额度部分计收超限费。

3）循环信用与循环利息

循环信用是一种按日计息的小额、无担保贷款。持卡人可以按照自己的财务状况，在每月到期还款日前，自行决定还款金额的多少。当持卡人偿还的金额等于或高于当期账单的最低还款额，但低于本期应还金额时，剩余延后还款的金额就是循环信用余额。

①循环利息计算法则。如每期消费在最后还款日前未全额还款，则需要从消费入账日起计算利息。使用信用额度提取现金是从当天开始计算循环利息。请持卡人按照每月对账单上的金额还款，如以最低还款额还款，持卡人能在支付循环利息条件下增加资金流动性，同时又不影响持卡人的信用记录。

②循环利息计算方式。以上期对账单的每笔消费金额为计息本金，自该笔账款记账日起至该笔账款还清日止为计息天数，日息万分之五为计息利率。循环信用的利息将在下期的账单中列示。

举例说明：

陈某的账单日为每月18日，到期还款日为每月7日；10月18日银行为陈某打印的本期账单包括了他从9月19日至10月18日之间的所有交易账务；本账单周期陈某仅有一笔消费——10月15日，消费金额为人民币10 000元；陈某本期账单的"本期应还金额"为人民币10 000元，"最低还款额"为1 000元。

不同的还款情况，李先生的循环利息分别为：

若陈某于11月7日前，全额还款10 000元，则在11月7日的对账单中循环利息=0元。

若陈某于11月7日前，只偿还最低还款额1 000元，则11月18日的对账单的循环利息=164.00元。具体计算如下：10 000元×0.05%×22天（10月15日—11月7日）+（10 000元-1 000元）×0.05%×12天（11月7日—11月18日）循环利息=164.00元。

7.4 信用卡的使用与保管

7.4.1 信用卡的使用空间

1）用卡半径

信用卡的用卡半径简单地说就是刷卡消费使用的范围。和其他银行卡相比，支付方便，还款也没有手续费，还有20~50天的免息还款期限，出门旅行更是方便，可以支持境外消费。不同银行的信用卡不定期都有一定的活动，网上购物的话，有的可以直接支付，不需开通网银。

2）用卡环境

在美国，几乎处处可以使用信用卡。例如，百货店、小商铺、大超市、小饭馆、大酒店、招待所、出租车上都可以刷卡，在火车站、长途车站买车票可以刷卡，在电影院买电影票可以刷卡，在地铁站买地铁票可以刷卡，打公用电话可以刷卡，就连街边的停车咪表都可以刷卡。而且，重要的是，即使消费几块钱的金额，商家都绝对不会拒绝持卡人刷卡。

另外，就是信用卡交易安全问题。持国际标准信用卡在境外网络消费分为凭密与非凭密，这是目前各大国际组织均认可的交易方式。根据国际组织规范，对于未经密码验证的网络交易，发卡银行可以根据持卡人反映的情况对具体交易进行调查，对于确实为非持卡人本人的交易，或未经持卡人授权的交易，发卡银行可根据国际组织规范进行拒付处理，以维护客户权益。同时，为了提高网络交易的安全性，在商户和持卡人均参加的情况下，国际组织提供了凭密的网络交易方式。

7.4.2 信用卡的用卡技巧

1)获取新卡后应注意的事项

为确保持卡人用卡安全，持卡人拿到新卡(新办卡、毁损补卡、挂失补卡、自动换卡、提前换卡)后，请立即在信用卡背面签名栏内签字，该签字应使用在申请表中的“常用签名”，并在以后的交易中注意签字式样与信用卡背面签字一致。为确保持卡人的卡片资金安全，防止寄送中的风险，持卡人收到的卡片必须确认启用后方可使用。请持卡人在检查寄卡函及卡片完好无损后，致电该发卡行 24 小时客户服务中心启用卡片。

2)信用卡使用特别提醒

①使用信用卡前，应先了解持卡人要负担的财务责任。

②发卡行若为吸引消费者申请信用卡而给予第一年特别优惠时，必须特别注意。这些促销活动的优惠通常都是短期的，不要被一时迷惑，选择信用卡还是要优先考虑长期利益。

③避免申请超过负担能力的信用卡数量。先评估自己的消费习惯、需求和财务状况，再决定需要选择几张信用卡。

④持卡人必须在收到新卡时立即签字，并将旧卡剪碎，以免遭冒用。

⑤持卡人必须妥善保管信用卡，一旦遗失必须立刻挂失。

⑥不论信用卡或签账卡，持卡人都必须维持良好的信用记录。

⑦预借现金方便，但代价很高。

⑧使用循环信用可以帮助持卡人理财，但须注意：循环信用是一种信用贷款，让持卡人不必在缴款期限内，将所有消费金额一次还清，只要在每个缴款期限前先缴一部分的金额，但是循环信用必须另外再付利息。

⑨防止信用卡的欺诈行为。

⑩换新地址或联络电话时，要立即通知发卡行。

⑪在特约商店刷卡消费，持卡人无须多付手续费。

⑫如果持卡人因为没有付款，而被催收单位催缴，持卡人有责任立即偿清欠款，严重时将负担法律责任。

3)信用卡签账消费注意事项

①刷卡时，请不要让卡片远离自己视线，以避免卡片遭误用或盗刷。

②请不要随意在空白的或未填妥金额的签账单上签名。

③签名前，请务必确认签账单所列的卡号、签账金额是否正确，并留意消费币种及大小写金额是否正确。

④使用信用卡时，确认消费必须签名，一般无需出示身份证或输入密码。但是发生下述情况时请予配合。

由于操作标准方面的原因，部分城市的 POS 机仍需输入密码，请随意输入 6 位数字即可。若是大额消费或购买易变现商品时，建议持卡人输入准确的自动提款机私人密码。

⑤若签账单因错误需重写或取消该笔交易时，请要求商户将原签账单全部撕毁，保留商户给予的退货证明，以避免日后发生纠纷。

⑥签账后，请确认特约商户售货员交还的信用卡，确实为持卡人本人的信用卡。

⑦完成交易后，请保留签账单持卡人根联，以便与银行所寄出的信用卡对账单核对。

4）网上购物信用卡支付注意事项

许多人在使用信用卡进行网上购物时，期待的是网上有许多好的商品及资讯，怕的是发生信用卡被他人窃取或多收账款。除了尽量使用 SET 安全交易系统外，有以下几个实用的方法可以参考：

①在没有信誉的购物网站上最好不要刷卡。如果选择国内外的购物网站时，一定要选择具有知名度的商店。

②巧用上网浏览器的加密功能。不论是 IE 或 NETSCAPE 浏览器，目前都具有加密的功能，尤其是在线上刷卡购物时，在网页上都会出现金钥匙或是保密程度的交谈对话框。只要浏览器上显示安全程度不够或是资料传输有可能遭他人窃取的字样时，就不要刷卡。

③保留及列印交易记录。上网者务必要将订购单的网页分别进行存档及列印，这样既可以让自己随时查询究竟买了哪些东西及花了多少钱，又可以在发生购物纠纷时作为购物证明。

5）在境外使用信用卡注意事项

①在境外人民币支付。境外贴有“银联”标志的商户和 ATM，均可以使用信用卡内的人民币账户支付。目前在中国港澳地区和韩国、泰国、新加坡三国开通了此项业务。

②在境外“银联”标志和 VISA、MasterCard 标志的商户和 ATM 交易的差异：

a.支付货币不同。在“银联”标志的商户和 ATM 用卡，支付货币为人民币；在 VISA 或 MasterCard 联网商户和 ATM 用卡，支付货币为外币。

b.还款货币不同。中国香港地区的“银联”交易，客户直接用人民币还款；在 VISA 或 MasterCard 联网商户和 ATM 用卡，客户用美元还款，或申请人民币购汇还款。

c.银行按什么汇率将交易的外币兑换成人民币。在这种情况下，银行一般会按照交易当日或者还款当日国家对外公布的外币对人民币的外汇卖出价两种汇率进行兑换，而各家银行对此规定不一，还款时可以参照各银行具体条款。

d.出远门前最好提前使用一下信用卡。信用卡如果太久没有使用，可能会有异常情形发生，如在无意中受损，或磁条信息消磁，导致无法使用。因此出远门前最好提前使用一次，确保外出刷卡无障碍。

e.注意 ATM 取款金额和次数的限制。目前,多数银行规定信用卡单日取现的上限额度是 2 000 元,最高不超过持卡人信用额度的 30%。中国建设银行自 2012 年 11 月 1 日起,信用卡单日单卡取现上限从现行的 2 000 元升至 5 000 元人民币。其他卡片每卡每日累计取现不得超过 5 000 元人民币。

发卡银行都在此规定下确定了各自卡片单笔的取现最高额和每日取款次数。同时,由于 ATM 机吐钞设备对钞票数量也有上限要求,收单行也设定了机具一次性取款最高额。因此,持卡人在 ATM 机取现最高金额受到发卡银行和收单行规定的双重影响,以两者最小值为准。

例如,发卡银行规定每日最多取款两次,每次最多 2 500 元人民币,而收单行规定一次性取现最高额为 1 500 元,那么持卡人实际一次性取现最高额为 1 500 元,每日每卡取现次数最多为两次。

国际卡在境外取款时也会有取款金额和次数的限制。如果持卡人急需较大额度的现金,请提早准备,以免"有钱吐不出"。

f.境外消费要细心。信用卡签购单上有 3 栏金额:基本消费金额(Base Amount)、小费(Tips)及总金额(Total)。持卡人可在"小费"栏填写支付小费金额,与实际消费金额,加总后填入"总金额"栏内,确认无误后再签名确认。总金额一定要算对,如果多写了一个零,小费就给太多了。需提醒的是,在国外刷卡时,注意签购单消费金额的币种,例如,1 000 日元和 1 000 美元的差距就大了。

g.预订酒店。与一般消费刷卡不太相同,如果持卡人要预订酒店房间,酒店通常会要求持卡人提供信用卡卡号作为订房保证的依据,并给予持卡人房间预订号码,以便入住时确认。若想取消订房,切记要向酒店索取退房的注销号码,作为取消订房凭证。否则,酒店有权按国际惯例收取所预订房间的一日费用。

在办理住宿相关的登记手续时,酒店会要求持卡人先刷一张空白签账单,如酒店要求签字,持卡人可以在签购单的背面签字。在退房时,酒店会在签购单上填写住店的各项费用,持卡人核对各项费用正确后才可以在签购单上签名确认。若退房时想改用现金,或因故另换新签购单,请务必索要原签购单并销毁,如果酒店向发卡行索取了预授权,还应请酒店向发卡行取消,以保障自身权益。

6)信用卡消费纠纷处理

(1)同商家发生购物纠纷的处理

依据信用卡交易的惯例,持卡人只要在签账单上签名,即表示确认并有义务支付此款项。若持卡人购买到不良商品,请先与商店沟通,若持卡人要求退货或是更换其他产品,请向商店索回原签账单。若商店已将签账单送收单银行清算,请商店另做一笔退货签账单,将原款项冲销,再按更换商品的价格刷卡。若持卡人的对账单多出一笔消费项目,有可能是特约商店、银行的疏忽,信用卡被人冒用或伪造,或是持卡人自己忘记了,持卡人可以用书面方式向发卡银行的信用卡中心申诉,发卡银行将通过收单银行调阅该笔消费账单。若属被人伪造或特约商店、银行作业疏忽,则持卡人不必负担这笔交易。若因自己疏忽向银行调阅账单,发卡银行会要求持卡人支付一定的账单调阅费,建议持卡人妥善保管未入账的签账单收据,以便于账务查核。

(2)信用卡账单上发现有争议的消费账款的处理

持卡人收到签账单后，常面临对于信用卡账单有疑虑的问题，此时持卡人可拨打银行客户服务热线，提出争议账户查询业务，银行将对持卡人有疑问的消费款项进行了解。

为了快速解决有争议的交易，银行会请持卡人提供相关的交易资料，依据过去经验，不少持卡人认为消费地点不对，常有的情况是消费地点的名称，与实际公司名称不同，因此造成持卡人误以为自己没有在此消费，还有一种情况，则是账单金额与实际消费金额不符，因此持卡人最好将保存的签单收据找出来，自己一一比对，如果确实有疑问，再提出申请为宜。

为了减少麻烦，持卡人在刷卡后请妥善保管签单收据，以利账务核查，因为持卡人向银行调阅签购单，发卡银行会要求持卡人支付一定查询手续费。

在争议账款查询期间，持卡人可能会担心此笔争议交易，是否会产生利息收费，这一点最好详细阅读当初的持卡人手册，通常在查询期间持卡人所质疑的交易将作特殊处理不会有利息收费，一旦交易查明，若的确属于信用卡被人伪造或特约商户、银行作业疏忽等原因造成的错账，则持卡人不用负担这笔交易，并将相关款项退回到持卡人的卡账户中，不过，一旦确定为持卡人的正常交易，银行将收取相应的透支息、滞纳金等费用。

7)走出信用卡使用的误区

认识信用卡消费的误区，更理性地使用好信用卡，既方便自己消费，又能保证自己的信用度不受影响，并避开一些陷阱。

(1)不启用的卡也有事

不少持卡人认为申领了信用卡以后，只要不激活就没得成本，其实这是一种错误的认识。很多银行有信用卡免年费政策，一般是首年可以免年费，但从第二年开始，即使没有激活、没有透支的“睡眠卡”，只要刷卡消费没达到规定次数，照样得按约定支付年费，而且拖欠年费还可能影响个人信用记录。

(2)别把信用卡当储蓄卡

在信用卡里面存钱，银行肯定高兴，损失却在持卡人。尽量不要在信用卡里存款。这是因为，一方面，往信用卡里存钱是没有利息的；另一方面更为重要的是，存入信用卡的钱，取出来很难。因为有银行规定，用信用卡取现，无论是否属于透支额度，都要支付取现手续费。各银行的收费标准不一致，有的银行收取1%，最少要收10元，有的银行收取2.5%，最少要收50元。这样存一笔钱进去没有任何意义。但是如果是在信用卡消费后还款日之前存款还贷(现金还款)的话，有利于个人信用的积累，保持良好的信用记录。

(3)慎重申请免年费信用卡

各银行收年费要求是不同的，申请信用卡时必须问清楚，否则产生年费未偿付，银行直接从持卡人账户中扣款，若账户余额不足，银行将把所欠费用算作透支提现收取手续费和利息。

(4)分期付款捡不了便宜

各家银行都推出了信用卡分期付款业务，让持卡人用信用卡在商场购物后，与银行约定分成多少次还清透支金额，银行在约定还款期内不收透支利息。银行并不是白白地把钱借给持卡人用，只是把信用卡透支利息变了个花样而已。持卡人在办理免息分期还款时，银行每月要收取一定标准的手续费，一般比同档次的贷款优惠利率高得多。

(5)免息期不可随意透支

各银行的信用卡都有免息期,许多信用卡的免息期都在50天左右。在免息期内,一些持卡人认为可以免息使用,根本不考虑信用卡的透支额度随意透支。持卡人超过银行批准的信用额度透支时,不能享受免息期待遇,要从透支之日起支付透支利息。

(6)取现金没有免息期

部分持卡人认为信用卡取现和刷卡消费是一样的,都可以享受免息期待遇,其实信用卡取现和刷卡消费的政策完全不同。尽管各银行都允许有一定额度的提现,但各银行都规定"信用卡取现要付利息,不享受免息期待遇"。同时,信用卡取现还要缴纳高额手续费。

(7)还款不能留"零头"

信用卡使用者逾期没能还清所有欠款,多数银行都按照全额欠款计收利息。持卡人申办信用卡之前,一定要弄清楚该银行计息方法;拿到信用卡后,要仔细阅读账单,弄清楚不明白的收费项目,一定要结清所欠金额。而要想查清自己所欠款项,可以通过自动取款机、电话银行或者网上银行等途径。在信用卡的发卡行另设储蓄账户,与信用卡挂钩,遇到欠款时银行方面会"自动划款"。

(8)使用不慎会伤害诚信度

办卡后,不要因为是信用卡就随便透支,要养成及时支付的习惯。及时支付的方式中,"最低还款额"是除了一次性还清、分期付款之外,很好的一种方式。使用这种方式,每月仅支付利息和一个小的百分比余额,可以很快还清贷款,省去了滞纳金,同时不影响信用。持卡者会在银行系统内留下个人信用记录,持卡人如果不能及时还款,会造成诚信度下降,今后买房、买车、申办信用卡时将会出现很多麻烦。

(9)信用卡并不比现金更"安全"

如果持卡人的信用卡落在了别有用心的人手中,那就意味着会有比丢失储蓄卡更大的经济损失。目前国内的信用卡基本可以等同于现金在各个商家消费结算,如果持卡人发现卡被盗,应及时进行挂失。最好设定一个消费密码和提现密码。

(10)挂失非要到柜台

持卡人一旦丢卡后,首先选择通过各个银行的服务热线进行口头挂失,挂失时需要提供持卡人的账号、身份证件号码以及相关情况。挂失后,银行的工作人员将第一时间内为持卡人冻结账户资金。持卡人最好在第二天持有效证件去银行柜面正式挂失并补办卡手续,这样才能确保自己的账户安全。

(11)销卡后并非万事大吉

很多持卡人由于申请的信用卡较多,因此经常面临记不清自己究竟用了哪张卡,还款日要付多少钱的尴尬。甚至有时候信用卡到期了,销卡后也忘记处理后续事宜。

其实注销生效之后,持卡人还应该及时去银行网点办理销户手续,提取还款后的剩余金额。如果未能及时办理销户手续,有的银行会收账户管理费。不过,也有一些银行在注销生效后,会为客户提供几个月内的免费管理账户服务。

7.4.3　信用卡的保管

信用卡不仅为持卡人的生活带来方便,也是持卡人身份的象征。学会妥善保管自己的信用卡,是成为一个时尚"持卡族"的第一步。

出门时,请不要将所有的银行卡放在同一个包里,在一些需要寄放外套的餐厅等公共场合中,不要将装有信用卡的钱包放在外套口袋,也不要将其置于车内或寄物柜中,而应随身保管。

对于暂时不用的信用卡,要放在上锁的抽屉或柜子里,千万不可随意丢置,以免引起他人一时贪念,偷取后盗刷,持卡人也需负起未尽保管的责任。

为避免银行卡遗失遭他人利用,建议持卡人将银行卡、个人密码和身份证分开存放。切记不可到处炫耀自己的信用卡,不要随意告知他人自己的信用卡卡号和到期日,以免被别有用心的人利用。不要将信用卡转借给他人,否则极易发生银行扣卡、止付以及资金损失等情况,甚至引起债务纠纷。

也请持卡人记得将卡号及发卡银行的服务专线电话号码另行抄录并妥善保管,以免发生意外时第一时间同发卡银行取得联系,避免损失。

1)银行卡磁条的保护

银行卡磁条上记录和储存着持卡人的相关资料信息,如果磁条信息减弱、改变或丢失,持卡人在用卡交易时,POS、ATM 等终端设备可能无法读出正确的银行卡信息,造成交易失败。

因此,银行卡最好放在带硬皮的钱夹里,位置不能太贴近磁性包扣。千万不要随意扔在杂乱的包中,防止尖锐物品磨损、刮伤磁条或扭曲折坏。同时,多张银行卡最好不要紧贴在一起存放,更不能将两张银行卡背对背放置在一起,使磁条相互摩擦、碰撞。应尽可能远离电磁炉、微波炉、电视、冰箱等电器周围的高磁场所,也尽量不要和手机、电脑、磁铁、文曲星、商务通等带磁物品放在一起。

如果持卡人的银行卡出现损坏,正确的处理方法是将卡片剪断,用挂号寄回或送至发卡银行,上面注明"卡片损毁",就可以换发一张新的信用卡。

2)信用卡的挂失

当信用卡不小心丢失后,应立即就近到银行去挂失,或直接拨打该银行的信用卡服务中心电话进行挂失。

(1)挂失的基本程序

①办理挂失手续时需携带身份证,如果身份证和卡一起丢失,需携带能够证明身份的证件;同时还需记住信用卡的卡号(可从以往的对账单或签购单上查到)。

②如在本地挂失可到本地的发卡机构办理,如是在外地挂失可到当地的发卡机构办理。

③挂失时,需本人亲自到信用卡发卡机构办理书面挂失手续。如果遇到节假日或非营业时间,可拨打挂失电话(对查单上可查到),先办理电话挂失,到次日营业时即刻去办理书面挂失。

④在发卡机构办理挂失时,需按要求逐项填写挂失申请书,经审核无误,一个月后,凭挂失申请书及身份证件补领新卡或一个半月后销户。挂失需交纳规定的手续费。

如果是被柜员机吞卡的话,是不需要挂失的,只需要致电发卡银行的服务热线被吞卡的事实,然后第二天持身份证去被吞卡的银行领卡就可以了。

(2)信用卡被盗刷

原则上,在信用卡成功挂失后被盗刷的金额,持卡人不用承担责任,在信用卡成功挂失前被盗刷的金额,持卡人自己承担。

理论上说,商家在接受信用卡消费时应该严格审查持卡人在签购单上签名和信用卡正面的拼音及背面的预留签名是否一致。然而要想一眼判断出签名真伪,对收银员来说并不是件容易的事。

更关键的是,在现实生活中,我们遭遇的大部分收银员或为节省结账时间或工作责任心不强,几乎不会认真查看比对刷卡人的签名,更不会管信用卡背面是否有预留签名。商家这种"走过场"式的工作态度客观上也为盗刷开了方便之门。

在中国目前的信用卡使用环境下,还是建议消费者为自己的信用卡设定密码。不要为了刷卡时"省事""潇洒"而冒信用卡被盗刷的巨大风险。因为只要盗刷人不知道密码,就无法成功消费,相对签名,这要保险得多。当然密码也要设置复杂点,一定不能以自己生日、家庭电话等极容易被人获取的个人信息为密码。

另外消费者一定要在信用卡背面签名栏签上自己的名字,以便商户在审核签名时更易分辨真伪,从而尽量减少盗刷风险。为了防止丢卡和盗刷的发生,建议持卡人做到以下几点:

①刷卡时尽量不要让信用卡离开自己的视线范围,以防被调包。

②尽量不要把银行卡和身份证放在一起。

③养成保留至少半年交易单据和信用卡对账单的习惯。若账单出现异常交易,迅速联系银行查询,提出拒付。

④手机里储存有自己所持信用卡的挂失电话。从而能在失卡、盗刷后的第一时间挂失。

⑤目前不少银行推出了信用卡失卡保障服务,承诺为挂失前若干小时内发生的一定金额的盗刷损失买单。不同银行信用卡的失卡保障时间、最高金额和挂失费用都不同,消费者在申请信用卡前可以以此作为参考指标,货比三家再行决定。

⑥设定了密码的信用卡,必须保管好自己的提现密码和交易密码。

3)保护信用卡的5个小窍门

①凸印的卡号和有效期是用于压卡的,这也算是信用卡的标准,但是签名是持卡人书写,校验码只是一个虚拟的概念。

②设计持卡人自己的难以模仿的签名。越来越多的正规场合开始核对信用卡的签名,如果持卡人的签名很好模仿,那么这一关就会被轻松混过。不要因为几次不核对的经历就对此漫不经心,关键时刻,它可以保住持卡人的财产。

③将校验码记下来之后用小刀从卡上刮掉。没有校验码,网上交易无法进行,从卡上刮掉,减少了一个泄露的途径。

一旦发现卡丢失,最担心的就是被盗刷,但是如果持卡人的额度很低,自然就刷不掉了。

④发现丢失卡后,即时拨打客户电话或者通过网银、柜台等各种就近途径调低持卡人的信用额度,比如为1分,断绝刷卡的可能。如果信用卡发卡银行不支持这个功能,那还是挂个失保平安吧。

有人可能要提到刷卡密码的功能，这个一直存在争议，主要是各大银行的凭密交易视同本人条款，这一条款其实并无不妥，是否设置密码见仁见智了，在此不作推荐。

一般来说，在国内，盗贼窃取信用卡后，因为不确定是否有密码，一般不敢直接尝试 POS 刷卡，而是会到取款机去尝试。

⑤尽量不要开启 ATM 提现功能。如果发卡行有挂失无忧的活动，那么记得尽早挂失获得免责。

7.4.4 信用卡使用违约责任

1）持卡人的权利和义务

（1）持卡人的权利

①索取领用合约的权利。

②了解收费方式的权利。

③查询情况的权利。

④监督服务质量的权利。

⑤免息期和最低还款额优惠。

（2）持卡人的义务

持卡人不仅要享受用卡的权利，还要履行用卡的义务，即按时付款。发卡行会在每个月的固定时间寄出账单，持卡人应对照签单，仔细检查账单，如有出入应及时与银行联系，予以更正，并准时付款。此外，持卡人若在银行寄出账单日一周后还未收到账单，应向发卡行询问，以避免因账单延误而付款不准时，也可避免因此交付罚息。具体概括为：

①提供资信状况资料。

②遵守发卡行章程和合约。

③对变动及时通知的义务。

④发生消费纠纷不得拒付。

⑤归还透支本息。

⑥不得出租、转借信用卡。

2）银行免责条款

根据相关法规和银行信用卡章程，有下列情形之一，银行将免除责任：

①信用卡挂失停用前，持卡人拒绝协助银行调查或其他违反诚信原则的行为。

②故意将密码等告诉第三人。

③持卡人与第三人或特约商户串通进行欺诈。

④未在信用卡上签名而导致他人冒用。

⑤遗失卡被配偶、家属、好友冒用。

⑥第三人的冒用为持卡人故意行为。

⑦持卡人有虚假挂失等欺诈银行的不诚实行为。

⑧银行调查情况，遭到持卡人拒绝。

⑨信用卡与个人密码同时遗失，或遗失的信用卡未经有效持卡人签名。

7.4.5 正确阅读信用卡对账单

一张信用卡对账单上，隐藏着大量的信息，见表7.1。一是持卡人个人的信息；二是信用交易的各项记录。

表7.1 金穗信用卡电子对账单

主卡卡号：622836＊＊＊＊＊＊5678　　账单日：20100727　　到期还款日：20100821

账户币种 Account Currency	信用额度 Credit Limit	本期全部应还款额（欠款为负） New Balance	最低还款额 Min.Payment
人民币（CNY）	15 000.00	−14 970.00	1 497.00
美元（USD）			
合计（折合人民币）			

	上期余额（欠款为） Previous Balance	本期新增应还款额＋ New Charge	本期已还款额＝ Payments	本期账户全部余额（欠款为） Account Balance	争议笔数（合计） Dispute Amr/Nbr
人民币（CNY）	20.00	14 990.00	0.00	−14 970.00	0
美元（USD）					0

交易日 Trade	记账日 Pdate	卡号后四位 Card No.	交易摘要 Type	交易地点 City/Merchant Name/Branches	交易金额/币种 Tran Amt/Curr	入账金额/币种（支出为-） Sett Amt/Curr
20100705	20100705	5 678	跨行消费	福建双龙戏珠酒业有限公司银联南平	14 990.00/CNY	−14 990.00/CNY

本期新增积分	本期兑换（调整）积分	本期积分余额
0	0	0

1）“三个额度”别“误会”

（1）“最低还款额”不要轻易用

某持卡人上期欠款本来有1 900元，但由于看到对账单上有一栏“最低还款额”，他误以为这是因为提供的“免息”优惠，于是想当然只还了190元。结果银行毫不留情，默认他动用了循环信贷，将所有欠款从记账日起征收循环利息，而且年利率高达18%，于是白白付出了几十元的利息。

很多初次接触信用卡对账单的持卡人，都不明白为什么与本期欠款并列的还有一栏名为“最低还款额”。事实上，“最低还款额”是为那些无力全额归还信用卡的人士准备的，一旦持卡人按照最低还款额还款，也就动用了信用卡的“循环信用”，银行将针对所有欠款从记账日起征收利息。但在对账单上，我们并不会看到相关提示。

某银行信用卡章程第三十条就明确规定“持卡人选择最低还款额的还款方式或超过发卡机构批准的信用额度用卡时，不再享受免息还款期待遇，应支付未偿还部分自银行记账日起按规定利率计付透支利息。持卡人支取现金不享受免息还款期和最低还款额待遇，应当自银行记账日起，按规定利率计付透支利息。”

(2)信用额度常记心中

越是这些习以为常的常规项目，越是容易掉入误区。其实仔细研究上述条款，有心人或许发现另外一点，“超过发卡机构批准的信用额度用卡时”，同样不享受免息待遇。这就需要我们关注另外一个项目——信用额度。

在信用卡对账单的左上角，通常有专栏提示持卡人有多少信用额度。所谓信用额度，就是信用卡持卡人被允许透支的总额度。通常大家常有的误区是，忘记了自己的信用额度。信用额度少用倒没什么，如果一不小心超出，不仅不能享受免息待遇，还会被征收超限费。

一个有效建议是，当拿不准自己还有多少额度可用时，咨询信用卡的服务热线，以免超限。

(3)预借现金额度别想动就动

在信用卡对账单的左上角，紧跟信用额度之后，通常会有一个“预借现金额度”的项目，其意义就是银行授权持卡人可以从ATM机中取出现金的额度，一般为信用额度的20%~50%，并包含在持卡人的信用额度内。

或许有人会问，这是否意味着我可以从信用卡中取款支付各种费用，甚至用来投资，而且同样享受免息待遇？

非也。尽管每张信用卡都会有预借现金额度，但从信用卡中取现通常被认为是不理智的行为。因为持卡人必须面对以下现实：一是持卡人必须要支付“预借现金手续费”，也就是我们通常所说的“取现费”，每家银行对此都有不同规定，比如兴业银行规定为“按照金额3%，每笔最低收取30元或3美元”，一般国外取现还要更高；二是预借现金不享受免息还款期优惠，从持卡人取款的当天开始，就需要支付年息18%的利率。

2)“四个日期”要“谨记”

在我们使用信用卡的过程中，有4个日期需要特别牢记，它们分别是：

①交易日。指持卡人的实际刷卡消费、取现或转账的日期。

②银行记账日。指银行把消费者的交易记在账上的日期。需要注意的是，账单中的交易日是指刷卡当天，记账日则有所不同，店家刷卡信息传输到银行需要时间，境外消费一般都会有几天的时差。

③账单日。指银行对持卡人每个月用信用卡交易“算总账”的日期。

④到期还款日。一定要在这个日期前还款，若超过此期限，持卡人对于本期所欠银行的款项就要缴纳利息及其他相关费用了。

对消费类交易,从银行记账日至到期还款日之间为免息还款期,因此不是所有交易都可以享受最长免息待遇。例如,张小姐8月19日消费,结算在9月18日账单上,在10月8日为最后还款日。全额还款即享受了最长50天免息期(8月19—10月8日)。如她在8月18日消费,则恰好赶上当天是账单日,那么需要在9月8日最后还款日全额还款,那么她享受的则只是最短20天的免息期。

3)"五项费用"要"规避"

尽管免年费的信用卡越来越多,但随着银行收费时代的到来,信用卡上的收费项目也越来越多,涉及信用卡的以下5项费用还是要尽量规避:

(1)溢缴款提取手续费

某持卡人路过自己的信用卡发卡行,决定把上月的信用卡欠款还掉。但由于随身没有带对账单,就估摸着上月的总消费,存了一定金额进去。后来回家才发现,多存了500元进去。事也凑巧,几天之后,正好需要支付手机通信费,就顺手把这500元又取了出来,心想反正多缴了,拿出来也正常。

然而下月账单到来时,却发现上面多了一栏收费项目——"溢缴款提取手续费",让该持卡人大惑不解。其实,"溢缴款提取手续费"也是信用卡通有的收费项目,溢缴款是指持卡人还款时多缴的资金或持卡人存放在信用卡账户内的资金,领回溢缴款需支付一定金额的手续费。

在持卡人溢缴欠款之后,溢缴款部分也被识别为该信用卡的信用额度,于是增加信用卡的可用额度,可以直接用于消费或者还款,但恰恰不能取现。

(2)国外交易授权加收结汇费

很多人对这个收费项目看不懂。如今它改成"国外交易兑换手续费"了,是专门针对海外消费而设的收费项目。目前国内银行发行的国际信用卡或者双币信用卡大多是美元卡,因此持卡人在非美元货币区如欧洲刷卡消费时,记账货币就为欧元,结算时需将欧元折算为美元,用人民币还款时再将美元折算成人民币计算。银行收取的外币兑换手续费就是针对当地货币折算成美元的记价环节。目前大多商业银行的收费标准比较统一,为"按照交易金额的1.5%"。

一个有益的提醒是:到香港及东南亚等中国银联开通的区域旅游,尽量使用银联卡消费。如果到日本、欧洲等地方工作、旅游,不妨申请一张当地币种的信用卡,以避开这个收费项目。

(3)滞纳金

其他经常容易触及的收费项目还包括滞纳金。这是信用卡的惩罚性收费项目,通常针对两种情况:一是若全月未有任何还款或还款不足月结单上载明的最低还款额;二是信用卡消费超出了信用额度。其金额通常是最低还款额未还清部分或者是超限部分的5%,但最低金额不同银行有不同规定。如果未能如期缴纳,滞纳金同样会"利滚利",而且越滚越大。

(4)超限费

根据中国人民银行的相关规定,对于超过信用额度用卡的情况,银行将对超过信用额度部分计收超限费。

比如要买台手机,实际上持卡人的信用额度只有1 000元了,但手机价格却是2 000元,于是一不小心,持卡人的消费就超出额度1 000元。当然,部分银行在遇到这种情况时会加以提醒，但大部分银行可能也默认了持卡人消费的完成，但持卡人必须为这笔超额消费付出代价——除了该部分不享受免息待遇，持卡人可能为超出信用额度的消费部分付出5%“超限费”，实在有些得不偿失。

而规避这项费用的解决办法也相对简单，持卡人完全可以通过临时提高信用额度来实现。对于金额比较小的额度，如果持卡人有比较好的信用卡使用记录和信用记录，就可以通过信用卡服务热线在线完成，非常方便。

(5)挂失费

几乎所有银行都会对挂失卡片即时收取挂失费，而且费用不菲。最低的也要20元，有些双币卡的挂失费需要85元，一般的费用也在50元左右。

但挂失的确是防止卡片被盗用的最有效办法。如何规避呢？最简单的办法当然是保护好信用卡以防丢失。

此外，信用卡收费项目还包括异地取现及转账付出手续费、异地存款及转账存入手续费、跨行ATM取现手续费、挂失手续费、账户管理费、新(补)发卡手续费、调单手续费、人民币卡在境外ATM取现手续费、境外紧急挂失服务费、境外紧急取现服务费和重置密码手续费等。对于普通持卡人来说，在办理信用卡的时候一定要向银行询问清楚，做个明白而理智的持卡人。

7.4.6 信用卡恶意透支

信用卡恶意透支是指持卡人以非法占有为目的，超过规定限额或规定期限，并且经发卡银行催收无效的透支行为。恶意透支是信用卡业务中的主要风险形式，属于信用卡诈骗的一部分。对发卡银行而言，它是最常见的并且危害极大的风险。

①频繁透支。持卡人以极高的频率，在相距很近的信用卡营业点反复支取现金，积少成多，在短时间内占用银行大量现金。

②多卡透支。持卡人向多家银行提出申请，多头开户，持卡人往往以新透支来偿还旧透支，出现多重债务，导致无力偿还。

③异地透支。持卡人利用我国通信设备还不发达、异地取现信息不能及时汇总、“紧急止付通知”难以及时送达的现状，在全国范围流窜作案，肆意透支。

④相互勾结透支。一是持卡人之间相互交叉，连锁担保，分别在不同银行申办信用卡进行透支。二是持卡人与特约商户工作人员互相串通，以假消费等方式套取银行资金。三是持卡人与银行员工内外勾结利用信用卡透支。

7.4.7 信用卡的10个秘密

1)账单分期提前还款仍收手续费

李某在几个月前用华夏银行信用卡买了一台9 000元的数码相机，因为数额较大，一时无法全额还款。随后，她向银行申请账单分6期还款，计算下来，每期还款1 555.8元，其中每期手续费55.8元。3个月后，当她准备把剩余的钱全部还上时，她发现仍要还剩余3期的手续费167.4元(55.8元×3)，还要外加20元的提前还款手续费。

据了解，信用卡账单分期后，决定提前还款时，如果是按月缴纳，需要把剩余月份的手续费都补齐；如果是一次性缴付手续费，也不会因为提前还款而将手续费返还。也就是说，在客户申请分期付款完成后，无论如何，这些手续费都必须承担。另外，一些银行还要加收提前还款手续费。

2）最低还款全额利息照收

进行了大额的消费，一时无法全额还款，不少人选择了最低还款额还款（一般为总欠款的10%），这样可防止产生不良记录。但算利息时，很多人才发现，利息是从消费的那天就开始算了，没有了免息期，并且采用全额计息，已还款的部分在全部额度未还清之前，仍算计息基数。以透支1万元计算，虽然已经还了9 900元，算利息时还是按1万元算，而且利息还是"利滚利"。不过，目前已有银行取消了此项"霸王条款"，只对未还款部分计收利息。

3）信用卡不能当储蓄卡

不少刚办信用卡的人都会往信用卡里面存钱，因为这样，刷卡消费也会获得积分。但这时候银行就在偷着乐了，因为损失的是持卡人。

张某在年前申请了一张招商银行的信用卡，往里面存了2 000元。可当他在ATM机上取了1 000元后，发现竟然扣了10元钱。去银行咨询后才发现，他当时存的2 000元不但没有利息，而且取现必须掏手续费。

目前各家银行取现收费标准各不相同，有的银行收取1%，最少要收10元；有的银行收取2.5%，最少要收50元。

4）信用卡取现不免息

有些人认为信用卡取现和刷卡消费是一样的，都可以享受免息期待遇。

杨某在2014年1月30日用中信银行信用卡取了10 000元急用。2月6日，她在网上登录还款时，竟然发现要多还330元。这330元是怎么回事？后来打电话给银行客服才知道，取现利息从取现日当天起算，到缴款前一天止，按日息万分之五计收，另外还要加收3%的取现手续费。以此计算，10 000元×0.05%×6天（5月30日—6月5日）+10 000元×3%＝330元。

目前各银行都规定，信用卡取现要付利息，不享受免息期待遇，大多数信用卡都是按每天万分之五的利息算，折算成年息超过18%。另外，大多信用卡取现还要缴纳高额取现手续费，只有少数信用卡免除手续费。

5）分期付款难捡便宜

目前各家银行都和商家推出了信用卡分期付款业务，让持卡人用信用卡在商场购物后，与银行约定分为多少次还清透支金额，银行在约定还款期内不收透支利息。这看上去很美。

业内人士介绍，银行并不是白白地把钱借给持卡人用，只是把信用卡透支利息变了个花样而已。持卡人在办理免息分期还款时，银行每月要收取一定的手续费，一般比同档次的贷款优惠利率高得多。

6）信用卡并非越多越好

一些信用卡"专业户"可能会办多个主题的信用卡，如航空主题卡、汽车主题卡、商场主题卡、理财主题卡、淘宝主题卡……这样，在不同的消费时段，积分可以翻倍。

理财专家表示，手头的信用卡太多，持卡人容易混淆各张信用卡消费了多少金额、还款期是什么时候，从而造成还款拖欠等现象，而且积分也会散到各个卡里，并不划算，也给自己造成了不小的“理财负担”。

7）与储蓄卡绑定也不能高枕无忧

如果担心忘记还款日，从而产生逾期等不良记录，那么办信用卡的时候，就选择与已经办理储蓄卡的同一银行。这样，信用卡就直接和储蓄卡挂钩，到还款日就会自动全额还款，而且不收取手续费。或者办个跨行转账不收手续费的储蓄银行卡，然后绑定所有信用卡，这样就不用担心忘记还款日了。

康某经常出差，工作比较繁忙，有时候就会忘记信用卡的最后还款日，这让原本给生活带来方便的信用卡反倒成了她的负担。有一次去银行办事，她向银行的工作人员诉说了这个困惑。工作人员建议她办一个与储蓄卡相关的信用卡，这样就会在最后还款日从储蓄账户自动扣款还款。只要储蓄卡里有足够的钱，以后就不用操心还款逾期的问题了。

如果因为储蓄卡上的余额不足，到时银行无法直接扣款，也可能造成信用卡不能按时还款，所以与储蓄卡绑定的信用卡也不是完全没事。

8）密码比签名更安全

关于信用卡的安全，是大家讨论最多的。目前以签名作为信用卡的消费凭证是国际银行业的主流，而在国内却是相反，密码比签名更安全。按照国际惯例，对于信用卡，使用签名、核对签名的责任在商家；而使用密码、保管密码的责任则在持卡人。在国内没有多少人去验证签名，除了信用卡被盗刷的事，处理起来和国外还是有很大差距的。因此，更为保险的还是采用密码+签名的形式。

9）超额刷卡有“超限费”

信用卡超限费，估计很多卡民们没有听说过，但这项费用确实存在。

吴某下个月要买装修材料，就打电话到银行客服，要求提高信用额度。她的交通银行卡原本 2.5 万元的额度，被调高到 5.5 万元。买装修材料花了 5 万元，到还款日，吴某按以往最低还款额的经验，只还了 5 000 元（欠款额的 10%），结果收到银行收取了超限费的通知。

银行人士提醒，为了避免产生超限费，持卡人必须在临时额度结束期限之内（一般为一个月），将超出原本额度的部分还清，否则就会多出一笔额外的开支。

10）积分可能空欢喜

很多人用信用卡刷卡消费，最大的诱惑就是积分可以换礼物，但就在持卡人为了某个礼物而努力刷卡赞积分时，却有可能悲催地发现积分却被清零了。因为很多银行的信用卡积分都是定有效期的，一般两年期限较多。目前大部分银行就把购房、购车等大额消费排除在积分范围之外。

7.5　信用卡套现及其危害

7.5.1　信用卡套现的界定

信用卡套现是指持卡人不是通过正常合法手续到ATM机或营业柜台提取现金,是通过其他手段(如POS终端)将卡中信用额度内的资金以现金的方式套取,同时又不支付银行提现费用的行为。因为银行卡用户有最高56天的“免息消费”期,持卡人一旦套现,在这段“免息期”内既能使用银行贷款又不用支付利息。所以说银行卡套现使得持卡人在获得现金的同时规避了银行高额的取现费用,相当于获得一笔无息贷款,极具诱惑力。因此,银行卡套现的方式也在不断翻新,网络上甚至出现许多网友交流套现心得的论坛和热帖,银行卡的信贷风险被进一步放大,加上不法商户和不法中介的参与,对各地的金融秩序也会产生很大影响。

7.5.2　信用卡套现的常见方法

①代刷卡积分收现。这是持卡人的个人行为,持卡人玩弄“他人消费刷自己的卡”的把戏,把别人购物的账刷进自己卡内以增加积分的方式,同时购物者再返还持卡人现金,这样对持卡人来说真可谓一举两得。因为许多银行在发行银行卡的同时都推出了增值服务,开展消费积分换礼品等活动,以刺激民众办卡和消费的热情。银行的收益只是从商户收取1%~2%的结算手续费,持卡人没有任何费用支出。

②持卡人通过中介公司套现。一般是利用商家的POS机进行虚假交易,将银行卡上的资金划走,商家或“贷款公司”“中介公司”则当场付现(付给持卡人现金),持卡人付给商家的手续费又低于银行的费用。

③持卡人利用一些网站或公司的服务而取得套现。主要是利用电子商务网站无比便利的消费、提现的特性,通过充值提现(此方法慎用),虚假购物消费后再提现的方法进行免费套现,此过程均免收一切手续费,这也得益于电子商务网站的激烈竞争带给我们消费者的极大好处。如借助“支付宝”服务进行套现。

④利用信用卡购买基金轻松套现。买卖货币市场基金一般都免收手续费,认购费、申购费、赎回费都为0,此方法即利用信用卡和货币市场基金的特点,不但可以免费套现,而且可以赚货币市场基金2.3%左右的年收益。

⑤刷卡购机票来免费套现。比如,中国国际航空公司和南方航空公司的头等舱,规定头等舱只要是在起飞前24小时退票,都全额现金退票,但不包含误机状态下改签过的头等舱机票。于是也有人动起了两家航空公司的歪念头,在上述两家航空公司在当地的自建营业厅刷卡购票并出票,然后按照退票流程来操作即可轻松实现免费套现的愿望。

⑥刷卡购买大额充值卡来免费套现。中国移动目前可以在营业厅刷卡购买充值卡,甚

至通过现在的绿色营业厅通过手机短信绑定信用卡和手机卡号后即可划账给手机号码，以此先用信用卡为手机号码充值，然后带上身份证和手机卡去中国移动营业厅销号、退款即可。

专栏案例 7.2 信用卡非法套现

案例 1：用好友信息疯狂办卡套现炒房无力还款

嫌疑人王某是我市某房地产中介公司职员。2008 年 4 月开始，他利用好友官某的身份证，向我市某银行深圳分行申请办理信用卡，并在申请表上留下自己使用的电话。成功申请后，他又对信用卡配送人员谎称官某委托其取卡，从而获取了以官某名义办理的信用卡。该卡成功申请后，嫌疑人王某又以官某的名义利用相同手法分别向我市 9 家银行成功申请 16 张信用卡，然后套现炒房。

2009 年开始，国家对房地产进行调控，王某无力偿还上述信用卡欠款，截至今年 2 月，上述信用卡透支本金共计 232 926.72 元。

案例 2：知名酒楼“小弟”偷取银行卡信息

2013 年 12 月起至 2014 年 3 月，广东茂名市电白籍的嫌疑人詹某以宗亲、同事为纽带，通过利诱发展了福田丹某轩、紫某会、某某渔村、南山德某轩、海某城等酒店服务员黎某等人。这些被收买的知名酒楼的“小弟”看准客人结账、银行卡离身的机会，使用银行卡信息窃录器大量窃取客人的银行卡信息。

随后，这些“小弟”拿着 POS 机上前让客人输入密码，并在客人身后偷偷记下来。接着嫌疑人通过人工传递的原始方式，将窃取的信用卡信息带回茂名市电白地区制作成伪造信用卡。最后，该犯罪团伙分别在北京、上海、广东等八省市的 50 多家珠宝店、商场中进行盗刷，金额巨大。

2014 年 4 月，公安机关将全部嫌疑人抓获。

案例 3：利用自助转账终端非法套现 1 141 余万元

嫌疑人杨某以深圳赛格电子市场某电脑展销柜名义，向某银行申领了自助转账终端。随后，杨某在租用的深圳市福田区华强北路赛格电子市场某柜台，以合法销售电子元器件为掩护，虚构交易，使用该自助转账终端，为信用卡持卡人张某、欧某等人进行信用卡套现，并向信用卡持卡人收取交易数额 1%~1.5%不等的手续费用。

经司法会计鉴定中心审计，杨某非法从事资金结算业务，非法经营总数额人民币 1 141 余万元。现犯罪嫌疑人杨某已被福田区人民法院依法判处刑罚。

（资料来源：卡宝宝金融服务平台）

7.5.3 信用卡套现的动机

为什么现在很多人要选择信用卡套现？要明白这个问题，就需要清楚信用卡套现和到银行的 ATM 机器上直接取现的区别。

我们都知道，当持卡人拿到信用卡的那一天起，银行就承诺了给持卡人相应额度的预付款，比如，持卡人办了一张额度为 1 万元的信用卡，那么银行就答应了随时可以借 1 万元钱给持卡人,持卡人可以在最长为56天的免息期内还给银行,这之间不算持卡人的利息,这个预付款只能用来消费,银行不提倡持卡人换成现金取出来,因为当持卡人到ATM机器上取现的时候,持卡人只能取出占额度50%的现金,同时这些现金还需要收取持卡人3%的手续费,当持卡人把钱取出来以后,银行会给持卡人算利息,一般情况下是每天万分之五。

上面这是我们直接拿着信用卡到ATM机器上取现的情况,换一个角度,如果我们不去取现,把信用卡拿去消费,与上面相比,有几个优势:①可以全额消费,比如信用卡是1万元额度的,那么就可以消费1万元;②消费的手续费没有,如果是套现,一般是收取2%的手续费,比正常取现要便宜;③没有利息,持卡人可以在最长为56天的免息期内将银行的钱还上,无任何利息。

7.5.4　信用卡套现的危害

1)信用卡套现增加了我国金融秩序中的不稳定因素

我国对于金融机构有严格的准入制度,对金融机构资金的流入流出都有一系列严格的规定予以监控。那些不法分子联合商户通过虚拟POS机刷卡消费等不真实交易,变相从事信用卡取现业务等行为却游离在法律的框架之外,违反了国家关于金融业务特许经营的法律规定,背离了人民银行对现金管理的有关规定,还可能为"洗钱"等不法行为提供便利条件,这无疑给我国整体金融秩序埋下了不稳定因素。另外,银行风险的增大,大量不良贷款的形成也将破坏社会的诚信环境,阻碍信用卡行业的健康发展。

2)非法套现对发卡银行的伤害是巨大的

绝大多数的信用卡都是无担保的借贷工具,只要持卡人进行消费,银行就必须承担一份还款风险。通常情况下,银行通过高额的透支利息或取现费用来防范透支风险。可是,信用卡套现的行为恰恰规避了银行所设定的高额取现费用,越过了银行的防范门槛。特别是一些贷款中介帮助持卡人伪造身份材料,不断提升信用卡额度,银行的正常业务受到巨大的干扰,也带来了巨大的风险隐患。由于大量的套现资金,持卡人无异于获得了一笔笔无息无担保的个人贷款。而发卡银行又无法获悉这些资金用途,难以进行有效的鉴别与跟踪,信用卡的信用风险形态实际上已经演变为投资或投机的信用风险。一旦持卡人无法偿还套现金额,银行损失的不仅仅是贷款利息,还可能是一大笔的资产。

3)对于持卡人个人而言,信用卡套现行为也给自己带来极大的风险

表面上,持卡人通过套现获得了现金,减少了利息支出,但实质上,持卡人终究是需要还款的,如果持卡人不能按时还款,就必须负担比透支利息还要高的逾期还款利息,而且可能造成不良的信用记录,以后再向银行借贷资金就会非常困难,甚至还要承担个人信用缺失的法律风险。

7.5.5　信用卡套现的防范

信用卡恶意套现是指持卡人并非通过正常合法手续(ATM机或银行柜台)提取现金,而是通过其他手段将卡中信用额度内的资金以现金的方式套取,同时又不支付银行提现费用的行为。

有部分人专门通过套现来“养”着多张信用卡，这种投机的行为看似讨巧，但持卡人一旦资金链断裂，便会出现恶意透支或延迟付款，从而产生不良信用记录，这将会严重影响持卡人日后的金融业务。信用卡套现一般有两种情况：一种是持卡人为了短期资金周转而不顾风险进行套现；另一种是代办人冒用持卡人身份恶意套现。前一种情况持卡人若不能及时还款，将面临产生不良信用记录的风险，后一种情况则直接构成违法犯罪。

为了减少银行卡犯罪的发生概率，规范金融秩序，国家相关部门于2009年4月出台了《关于加强银行卡安全管理、预防和打击银行卡犯罪的通知》，通知明令禁止信用卡套现。《关于防范信用卡风险有关问题的通知》明确规定，通过虚构POS机刷卡消费骗取高额手续费和银行资金是违规行为。然而，目前POS机商户准入门槛较低，信用卡相关法律法规不健全，造成了信用卡套现、养卡之类行为的出现。

为了防范和化解信用卡套现产生的风险，规范信用卡的使用和管理，促进信用卡业务的健康发展，应该从立法、发卡机构和征信体系3个方面着手抓好落实相关对策。

①完善法律法规，加强防范和打击力度。要防范信用卡套现带来金融风险，首先，要明确信用卡套现行为的性质，必须在法律中严格界定非法套现行为的构成要件和处罚标准，才能在现实中产生对非法信用卡套现的威慑力，以保障银行的资金安全，维护金融秩序的稳定；其次，建议有关部门加大对银行卡立法的力度。银行卡已经成为国民生活中不可缺少的金融工具，有关银行卡持有者与发放机构之间的权利义务及发卡机构、商户之间利益的平衡等都需要效力层次较高的法律予以确定。在美国，对消费信贷产品、信贷额度、利率、担保、抵押、保险、还款条款、信息披露等进行了明确的规定，对于规范、推动银行卡消费信贷业务发展产生了重要作用。信用卡立法可借鉴国外成功经验，加快立法进度。对情节严重的要给予严厉打击。

②落实有力措施，严格发卡程序。在目前法律规定尚不完善的情况下，发卡机构应在大力拓展银行卡业务的同时，加强风险防范，严格把好发卡审核关，严格审批额度，抓好发卡源头的风险控制。在与特约商户的协议中，明确商户不得协助持卡人套现，强化其违约责任，以约束特约商户的行为；各银行间应共享违规客户信息系统，避免同一客户反复办卡；引入银行卡保险机制，与保险公司合作，参与银行卡风险的有关保险，降低信用风险。

③完善个人信用体系，健全有效制约机制。要尽快建立和完善社会信用体系，征信体系的建立对金融风险防范有重大意义。银行要在建立和完善社会信用体系的基础上，通过客户的信用资料库随时查询客户信用档案，并迅速确定能否给客户授信及授信额度。也可将参与银行卡套现的持卡人、商户的不良行为记录纳入社会征信体系，并配套相关的法律法规，为及时发现和打击银行卡套现行为打下良好基础。

【本章小结】

1.信用卡是银行卡的一种，是一种贷记卡。信用卡具有购物消费功能、转账结算功能、储蓄功能、小额信贷功能、取现功能、汇兑结算功能、分期付款功能。

2.信用卡与货币虽然有着密切的联系，但毕竟有本质的区别。信用卡与现金、支票、票据都具有结算的功能，但在其流动性和使用范围方面都有所区别。

3.信用卡的申请有严格的条件和程序,当然个人对信用卡是有选择偏好的。当信用卡申请人信用条件不够或提供的资料不全等多种原则,信用卡申请可能被拒。

4.信用卡持卡人应该充分了解信用卡的相关信息和有关的术语,了解信用卡持卡人的权利和义务。

5.使用信用卡之前,消费者一定要了解有关的注意事项,特别是信用卡使用的范围、安全保护、信用限额以及最后还款、免息期、银行免责条款等重要内容。

6.信用卡套现被界定为不合法的行为,如果套现比较普遍,会给银行带来很大的风险,必须通过立法途径加强对信用卡业务的监管。

【关键术语】

银行卡　信用卡　借记卡　贷记卡　准贷记卡　联名卡　信用额度　消费额度　最低还款额　免息期　循环信用　透支　提现　止付　挂失　消费日　账单日　到期还款日　宽限期　滞纳金

【思考问题】

1.信用卡有哪些用途?

2.信用卡可以当作储蓄卡使用吗?为什么?

3.信用卡刷卡消费后到期不能按时足额偿还可能会有什么后果?

4.信用卡使用中应该注意哪些细节上的问题?

5.对信用卡的管理有什么特殊要求?

6.消费者在信用卡申领、使用和保管中应重点注意哪些问题?

【推荐阅读】

1.程启芬,房军.银行卡你认识吗?[M].北京:群众出版社,2009.

2.吴丹,廉长刚.银行卡风险防范[M].北京:群众出版社,2009.

3.李曙光.个人信用评估研究[M].北京:中国金融出版社,2008.

4.国际信用监督网 http://www.ice8000.org

【课后习题】

一、单项选择题

1.信用卡的最大负债额就是(　　)应还金额的最高值。

A.各个账单周期内　　B.一个月内　　C.两个月内　　D.100 天内

2.个人信用信息基础数据库中采集的信用卡明细信息中的(　　),是指本月没有还款历史,即本月未使用。

A. *　　B.#　　C.&　　D.×

3.银行根据信用卡申请人的收入状况、信用记录等,事先为申请人设定的最高使用金额我们称之为(　　)。

A.共享授信额度　B.信用额度　C.已使用额度　D.最大负债额

4.信用卡按期只还最低还款额算不算负面信息？(　　)

A.算　B.不算　C.30天以后列为　D.宽限期过后仍未还列为

5.个人对信用卡未激活欠年费被记入信用报告不服，可通过提出异议解决吗？(　　)

A.可以　B.不可以

C.要看合同，如果合同中规定信用卡只有激活才有效，可以提出异议；如果合同规定未激活就有效，扣收年费造成的逾期记录就不属于异议申请受理范围

6.如果个人由于欠信用卡年费导致信用报告中出现负面记录，应该(　　)。

A.立刻注销该卡，换一张信用卡

B.立即还清欠缴年费，而是继续正常使用该信用卡两年，这样欠年费的负面记录在信用报告“24个月还款状态”中就不会再出现

C.不再使用信用卡，以免造成不良的信用记录

D.与银行进行交涉，避免欠信用卡年费记录记入征信系统

7.以下行为属于信用卡消费好习惯的是(　　)。

A.欠信用卡年费导致信用报告中出现负面记录后，立即注销该卡

B.长期持有闲置的银行卡

C.信用卡遗失或被盗后，没有及时办理挂失手续

D.开通手机短信功能，从手机短信账单上了解应还金额、应还日期等信息

8.信用卡起源于(　　)。

A.1915年，美国　B.1950年，美国　C.1961年，日本　D.1985年，中国

9.信用卡的“最后还款期”是指(　　)。

A.每月最后一天　B.每月最后一个周末

C.下一个月的第一天　D.和银行约定的固定时间

10.信用卡的“年费”是(　　)。

A.交易手续费　B.提现费　C.逾期滞纳金　D.年度费用

二、多项选择题

1.依据银行卡的具体功能，银行卡的种类有(　　)。

A.贷记卡　B.准贷记卡　C.借记卡　D.转账卡　E.储值卡

2.银行信用卡的基本功能有(　　)。

A.购物消费　B.转账结算　C.小额信贷　D.汇兑结算　E.分期付款

3.按照持卡人信誉地位和资信情况，信用卡可以分为(　　)。

A.无限卡　B.白金卡　C.金卡　D.银卡　E.普通卡

4.根据偏好信用卡使用者类型有(　　)。

A.价格敏感者　B.品牌导向者　C.福利优先者

D.便利首要者　E.流行追随者

5.信用卡使用环境包括(　　)。

A.商场　　B.酒店　　C.宾馆　　D.超市　　E.ATM 机

三、计算分析题

根据每小题的具体要求进行计算和分析,要求写出分析过程。

背景:赵先生使用的是中国建设银行的汽车信用卡,信用额度是 25 000 元,消费账单日为每月 10 日,每月最后还款日为 30 日。超期利率每天 0.5‰,滞纳金每天 1‰。

(1)赵先生用这张信用卡进行消费的最短和最长免息期分别是多少天?

(2)赵先生于 2015 年 9 月 11 日购买日用品刷卡 500 元并入账,该笔消费的免息期是多少天?

(3)假设在 10 月 30 日赵先生没能全额还款,只是按最低还款额 100 元归还,直到 11 月 10 日才还清欠款,他应向银行支付多少的循环利息?

四、案例分析题

"恶意透支"后果严重,莫因无知惹官司

2011 年 6 月,在南京市白下区法院宣判的一起信用卡诈骗案中,42 岁的被告人赵某,两年间先后申领了 3 家银行的信用卡并持卡消费、套现,恶意透支本金共计 11 万余元,经发卡银行多次催收未能归还。

被告人赵某对起诉书指控的事实不持异议,但辩称其在申办信用卡时提供的个人资料均是真实的,主观上没有故意非法占有。但是法院认为,其逃避银行催收的行为,应当认定其主观上存在恶意,是否提供真实身份不影响其构成犯罪。最后,法院以信用卡诈骗罪判处其有期徒刑 5 年 6 个月,并处罚金 6 万元,并责令退赔违法所得 11 万余元。

得知宣判结果,赵某非常后悔,他说:"我以为等我有了钱,把欠款还了就行了,因为无知,我害了自己。"

主审法官说,像赵某这样因为无知惹上恶意透支官司的不在少数。眼下,信用卡诈骗犯罪案件已成为金融诈骗中最为常发的犯罪,而恶意透支则占了很大比例。2007 年至 2010 年,南京审理的信用卡诈骗犯罪案件有 138 件,而恶意透支案件有 59 件。

法官提醒公众,根据 2009 年颁布实施的《最高人民法院、最高人民检察院关于办理妨害信用卡管理刑事案件具体应用法律若干问题的解释》,超过规定限额或者规定期限透支,并经发卡银行两次催收后超过 3 个月仍不归还的,应当认定为"恶意透支"。

(资料来源:法制网 http://www.legaldaily.com.cn,2011 年 6 月 15 日)

1.什么样的行为才算恶意透支?

2.恶意透支与非法套现是否有直接联系?

第 8 章　个人消费贷款管理

【教学目的】

1.了解个人消费贷款的种类。

2.了解消费贷款的申请条件和流程。

3.学会个人住房贷款偿还方式的比较选择。

4.认识个人消费贷款的管理技巧。

5.了解国家助学贷款和商业助学贷款的有关贷款政策。

【引导案例】

张先生以按揭付款方式与开发商签订了《商品房买卖合同》,就付款方式合同约定如下:

买卖双方同意买受人以按揭方式支付购房款。首付款为总房款的 20%,即人民币 12 万元,由买受人于合同签订之日起 3 日内支付;剩余购房款,即人民币 44 万元,由买受人向经开支行申请贷款支付,但买受人需于合同签订之日起 30 日内办理完毕全部贷款手续,并保证出卖人收到贷款。

合同签订后,张先生依约支付了首付款,并及时将贷款申请材料递交银行。一个月很快过去了,但张先生的贷款却始终未放下来,后经过多方打听,方知因张先生的身份证号码与他人的身份证号码相同,所以银行拒绝发放贷款。得知这些消息,张先生随即到了派出所进行查询,结论是张先生的身份证号码是正确的。张先生持派出所开具的证明,又到了经开支行,银行看了证明仍然拒绝发放贷款。因贷款未获批准,张先生无力支付剩余购房款,于是张先生向开发商提出退房。

问题:

1.张先生的购房贷款没能成功,谁应对其负责?

2.张先生应如何主张自己的权利?

8.1　个人消费贷款概述

随着人们生活水平的提高,"信用消费"开始进入百姓的生活。信用消费是以消费者分期付款和金融机构提供资金支持为主要特征的消费形式。在国外,消费信用是人们生活中不可或缺的,人们都习惯使用信用消费。决定人们消费支出水平的不是他们暂时的可支配收入,而是他们过去、现在和未来预期收入总和的平均数。因此现实中任何一个理性消费者,都可以消费自己的信用,今天可花明日有把握到手的钱。个人消费信用体现为个人消费贷款和信用卡透支消费。信用卡透支消费在第7章中已作了详细论述,本章重点论述个人消费贷款的问题。

8.1.1　个人消费贷款的基本业务知识

1)个人消费贷款的内涵

个人消费贷款是指银行或其他金融机构采取信用、抵押、质押担保或保证方式,以商品型货币形式向个人消费者提供的信用。按接受贷款对象的不同,消费信用又分为买方贷款和卖方贷款。买方贷款是对购买消费品的消费者发放的贷款,如个人旅游贷款、个人综合消费贷款、个人短期信用贷款等。卖方贷款是以分期付款单证作抵押,对销售消费品的企业发放的贷款,如个人小额贷款、个人住房贷款、个人汽车贷款等;按担保的不同,又可分为抵押贷款、质押贷款、保证贷款和信用贷款等。

个人消费贷款是金融创新的产物,是商业银行近年陆续开办的用于自然人(非法人或组织)个人消费目的(非经营目的)的贷款。个人消费贷款的开办,是国有商业银行适应我国社会主义市场经济体制的建立与完善、适应金融体制改革、适应金融国际化发展趋势的一系列全方位变革的重要措施之一,它打破了传统的个人与银行单向融资的局限性,开创了个人与银行相互融资的全新债权债务关系。特别是个人短期信用贷款的开办,标志着国有商业银行转变经营观念,开拓业务新领域,对传统业务模式的突破;个人消费贷款的开办,顺应了国民日益增长的金融产品多元化需要,优化了商业银行的贷款资产结构,增加了商业银行的创利渠道,也有利于启动市场、扩大内需,增加消费品生产,形成生产—消费—生产的良性循环,促进国民经济持续、稳定、健康地发展;个人消费贷款的开办,对引导个人有计划地消费、改善生活质量、提高生活品质也有着积极意义。

2)个人消费贷款的特点

①贷款投向的个人性。指该贷款以自然人为特定信用对象,而非一般的法人或组织。

②贷款用途的消费性。指该类贷款用途以消费性需求为目的,而非以经营盈利为目的。

③贷款额度的小额性。指该类贷款一般只有较小信用额度,通常在1 000元至50万元之间,不大量占用银行的贷款资金。

④贷款期限的灵活性。指该类贷款期限灵活,买方贷款一般在6个月至5年,卖方贷款期限相对较长,如个人住房贷款期限最长可达30年。

⑤贷款资金的安全性。指该类贷款都有抵(质)押物担保或保证,贷款资金的安全性一般都能有保证。

3)个人消费贷款的种类

我国商业银行目前推出的有关个人信用的贷款类型包括两类:

①个人住房贷款　主要有个人购买清水房贷款、个人房屋装修贷款(二手房)、个人住房公积金贷款、个人住房组合贷款、个人住房让渡贷款、个人建造房屋贷款。

②个人综合消费类贷款　主要有国家助学贷款、商业性助学贷款、汽车贷款、个人消费额度贷款、留学贷款、个人耐用消费品贷款、旅游贷款、下岗失业人员小额担保贷款、个人权利质押贷款。

4)个人消费贷款的操作流程

个人消费贷款作为商业银行众多贷款种类中的一种,其操作也必须符合《商业银行法》《贷款通则》等相关法律法规的规定,必须经过贷前调查、贷时审查和贷后检查3个基本环节。由于个人消费贷款的贷款用途限定为消费,作为贷款主体的自然人流动性很大,不易控制,在实际操作中,除封闭性贷款外,其他种类贷款的实际使用方向根本无法控制,因此,在这3个环节中,商业银行更应着重于贷前调查和贷时审查两个关键环节。个人消费贷款的借款人为自然人,借款又为非营利目的,他们相对更注意贷款的成本,如果花了费用而最终未得到借款,往往引起矛盾,对商业银行的信誉也会造成负面影响。

个人消费贷款的基本操作流程是:申请→贷前调查→审查、审批→办理保险、公证、担保手续→签订合同→发放贷款→贷款本息偿还→清户撤押。

个人消费贷款的初审由资信调查组审验,主要审查借款人的资信情况,包括借款人的年龄、职业、收入、家庭情况、抵(质)押品、工资发放情况等。特别是在办理抵押贷款时,初审显得尤为重要。因为办理抵押品登记、评估、保险、公证等均需交纳一定的费用,有了初审既可避免借款人盲目花费费用办理各项手续,也可避免抵押物价值高估给银行带来的潜在风险。

专栏案例8.1　个人综合消费贷款成功案例

李小姐是长春市某大学正式在编教师,平均月收入在5 000元以上。3个月前,刚刚结婚,寒假快要到了,加上老公还有年假未休,于是李小姐计划和老公去南方旅游,以弥补新婚的蜜月之旅。但由于新婚不久,两人还没有多少积蓄,于是,李小姐决定向银行申请个人消费信贷3万元用作旅游资金,计划还款期限24个月。

李小姐了解到吉林银行有个人综合消费贷款产品,便致电吉林银行客服,客服向其推荐了一名客户经理,客户经理经过详细沟通,告知了李小姐需要准备的贷款资料。同时,由于贷款有“循环”功能,在额度有效期内,借款资金可循环使用,不使用时并不产生利息,客户经理建议李小姐多申请点额外的额度以备不时之需。李小姐欣然同意。

在李小姐提供了相关申请材料,并按吉林银行要求办理了其他相关手续后,顺利办理了3年期10万元的“及时雨”贷款循环额度,同时发放了第一笔1年期3万元的款项用于旅游度假;两个月后,李小姐老公通过了研究生入学考试,李小姐又申请了两年期2万元的借款支持丈夫求学深造。

(资料来源:吉林银行 http://www.jlbank.com.cn,2013年2月25日)

8.1.2　我国商业银行消费贷款的发展现状

随着改革开放和市场经济发展的深入,我国消费贷款近几年发展迅猛,规模不断扩大,在商业银行全部贷款中的比重也不断提高,客观上起到了扩大内需,促进国民经济发展的积极作用。与此同时,我们也应该清醒地认识到,由于我国消费贷款起步晚、起点低,市场不够成熟和完善,消费贷款的发展仍然存在着种种制约因素,因此有必要对我国消费贷款市场的现状进行系统分析,这对于保证我国消费贷款市场健康可持续发展,促进经济稳定快速增长具有重要意义。

1)消费贷款发展的基本情况

目前,中国的消费贷款市场获得了巨大发展。2011 年全部金融机构人民币消费贷款余额 88 717 亿元,增加 14 803 亿元。其中,个人短期消费贷款余额 13 555 亿元,增加了 3 965 亿元;个人中长期消费贷款余额 75 162 亿元,增加了 10 838 亿元。我国消费贷款主要有住房、汽车、助学贷款、大件耐用消费品、个人信用卡透支和其他贷款等品种。自开办消费贷款以来,住房贷款一直居主导地位,其比重基本为 60%~75%。截至 2012 年年末,中国人民银行所统计的全国消费贷款余额已达到 10 .27 万亿元,比 1997 年年末增长了 600 倍左右,消费贷款占金融机构贷款余额比例达到 16.42%,其中个人住房按揭贷款占了绝对比重。2015 年末,消费贷款规模达到 18.65 万亿元。

2)制约我国个人消费贷款健康发展的因素

(1)个人消费贷款地区发展不平衡,居民承贷能力较弱

消费贷款发展的地域不平衡,东部与西部之间、农村居民与城市居民之间、垄断行业与竞争行业之间、新兴产业与传统产业从业人员之间的收入水平存在明显差距。一方面,高收入家庭的消费需求已基本得到满足,消费倾向较低,其收入在社会总收入中比重的持续上升将拉低社会整体的消费倾向;另一方面,低收入家庭虽然有强烈的消费贷款欲望,但面对社会保障的缺乏和预期收入的不稳定性,消费能力受到抑制,消费需求得不到满足。在城镇住房、医疗支出大幅增长的背景下,城镇居民收入水平增长幅度有限,较低的收入水平严重制约了消费贷款的发展。

(2)受传统观念束缚,消费者金融意识不足

我国大部分消费者的消费观与西方国家“先消费,后还钱”的消费观念迥然不同,多习惯于先攒钱后消费,量入为出,在大部分中小城市表现尤为明显。目前我国大部分消费者的消费观念和消费行为仍然趋于保守,信用消费的贷款环境还没有完全形成,这些都极大地阻碍了消费贷款的发展。另外,我国普通民众金融意识不足,由于接触的金融产品少,对于金融机构功能和产品都缺乏必要的了解。时至今日,仍有不少民众认为银行就是用来存钱和取钱的地方,贷款意识和理财观念非常缺乏。正是由于对金融产品不了解,故在办理消费贷款时,心存疑虑,积极性不高。

(3)产品功能单一,不能满足客户需求

我国的商业银行消费贷款产品研发与业务创新能力较弱,未充分考虑客户需求差异,致使产品功能单一,缺乏特色,贷款条件和方式不够灵活,产品设计集中度较高,业务量集中在住房消费贷款和汽车消费贷款等几个业务品种上,难以满足不同层次的客户需求。这些都阻碍了消费贷款的发展。

(4)经营管理模式落后,业务操作设置不科学

我国商业银行消费贷款发展时间短,在贷款管理方面缺乏经验,各商业银行多用对公审贷的思维、批发贷款的风险理念和审批方式来操作消费贷款业务,与消费贷款的金额小、笔

数多、使用急的特点不相适应。另外，在消费贷款品种、利率、期限、还款方式和业务流程设置上不科学，导致在业务操作过程中，存在手续繁杂、效率低下、收费不合理等诸多弊端，一定程度上制约了消费贷款的发展。

(5)缺乏有效的风险防范和风险转移机制

虽然我国商业银行一直致力于加强制度建设，但是内部管理体系始终存在着缺陷。再加上激励与约束机制的不完善，使得商业银行在开展消费贷款业务时面临较大的操作风险，从而无法有效地加以防范与控制。另外，我国目前缺乏有效的抵押品变现市场，信用担保制度不够完善。商业银行在发放消费贷款时，往往要求借款人提供抵押品以降低银行的损失程度，一旦消费贷款发生风险，银行通常会把贷款的抵押物作为第二还款来源。由于我国拍卖市场、房地产等二级市场尚不完善，抵押品变现费用很高，银行虽有最终处置权，却很难将其变现，贷款担保形同虚设。此外，我国担保机构缺乏，相关法律法规较少，《担保法》中多涉及公司贷款的担保行为，应用于消费贷款业务则操作性不强。

此外，消费贷款风险转移机制欠缺，相配套的保险体系尚未形成。对借款者个人的健康状况和还款能力的变化商业银行往往很难把握，一旦借款者出现无力还贷的情况且未有任何风险转移机制，那么所有的风险都要由银行自身承担，这对于银行开展消费贷款业务十分不利。

3)促进我国商业银行消费贷款业务的发展路径

(1)提高城乡居民收入水平，大力发展农村消费贷款

弗里德曼的持久收入理论告诉我们，持久稳定的收入是居民长期消费倾向保持稳定的主要因素。持久收入同样可以增加居民对未来收入的确定性，从而增强其消费贷款的信心。同时，社会保障体系的完善，也有助于增强其消费贷款的信心，可见，收入水平的高低及预期收入的稳定是制约消费贷款发展的最主要因素。因此推动商业银行消费贷款的发展，必须强化政府作用，调整收入分配政策，提高城乡居民收入水平，稳定居民收入预期，增强居民预期支付能力和消费信心，提升大多数普通民众消费水平，这样才能夯实消费贷款需求主体的物质基础。大力发展农村消费贷款，对于商业银行来说，可以带来新的利润增长点，同时还提升了农民的生活水平，缩小了城乡差距。这就要求商业银行应以农民的切实需求为出发点，研发出真正为农民所需的消费贷款产品。

(2)改善消费环境，引导消费观念转变

针对普通居民不了解消费贷款的现状，各商业银行应大力宣传消费贷款的信用功能和作用，积极倡导信用文化，让大多数居民理解并接受消费贷款，使其积极转变消费观念，树立善于消费、勇于消费、科学消费的新观念，使人们从传统的消费方式转向现代信用消费方式。

(3)加速产品创新，丰富产品结构

商业银行必须在消费贷款业务和产品方面加大创新力度，改变目前消费贷款品种同质化的局面，开发更多的金融产品，以提供更加广泛的消费贷款服务。通过技术和产品创新，为顾客提供更加丰富的金融产品和全方位的金融服务，实施产品差异战略，从而增强消费贷款的吸引力和扩散力。如针对不同的消费贷款品种和贷款对象的多元化需求，在利率、期限、还款方式等方面实行差别化贷款服务，有针对性地推出不同的消费贷款品种。如对个体工商户和运输业者提供经营性车辆贷款，对中低收入但收入较为稳定的教师、机关工作人员

提供期限更长的住房贷款，对老年人提供住房反抵押贷款。

(4)加强内部管理，优化操作流程

商业银行应当根据消费贷款的特点，在消费贷款业务操作过程中，实行精细化、专业化、批量化运作和管理，设立专门的消费贷款管理中心，在分支机构、网点建立多层次的业务分销渠道，加快健全消费贷款业务流程管理机制，按标准化流程进行业务处理，简化业务流程，减少环节，操作规范，提高效率，减少不必要的人、财、物浪费，确保客户使用消费贷款的信心和积极性，使消费贷款在我国健康顺利发展。

(5)建立和完善消费贷款的风险管理体系、担保制度和商业保险制度

各商业银行必须在内部建立和完善消费贷款风险管理体系。一是从跟踪和监控入手，建立一套消费贷款风险的预警机制，加强贷款后的定期或不定期的跟踪监控，掌握借款人动态，将不能按时偿还本息，或者有不良信用记录的借款人列入"问题客户黑名单"，加大追讨力度，并拒绝再向其提供贷款。二是要进一步完善消费贷款的风险管理制度，逐步做到在线查询、分级审查审批和集中检查。从贷前调查、贷时审查到贷后检查，都要明确职责、规范操作、强化稽核的再检查和再监督。三是商业银行内部要建立专门机构，具体办理消费贷款业务，同时建立消费贷款审批委员会，将其作为发放消费贷款的最终决策机构，审贷分离，形成平衡制约机制，以便明确职权和责任，防范贷款风险。四是大力加强相关从业人员的职业道德教育和业务素质教育，并将商业银行的利益与职工个人的利益捆绑起来，建立多层次的激励和监督约束机制。五是建立完善的消费贷款担保制度。首先，完善《担保法》，应在《担保法》中增加消费贷款担保的相关条款。其次，加快培育规范的消费贷款二级市场，完善交易法规，降低交易费用，使商业银行在借款人无力偿还消费贷款的情况下，能迅速变现抵押物。最后，大力发展消费贷款担保公司，尤其是政府机构性质的消费贷款担保公司，对配合社会福利制度改革而发生的消费贷款业务进行担保。六是建立消费贷款商业保险制度。将消费贷款与商业保险结合起来，不仅能够分散商业银行贷款风险，还能进一步推动我国保险业的发展。如银行在发放某些消费贷款时，可以要求借款人必须购买某种特定保险，一旦借款人因发生意外而不能偿还贷款时，保险公司要向保险受益人支付一定金额的保险赔偿金，而这笔赔偿金又足以偿还银行贷款本息。这样，一方面可以化解银行的经营风险，实现消费贷款风险合理有效的转移；另一方面也有助于保险业的发展。当然，制订险种费率时要注意兼顾双方利益，不能因为费率过高而影响商业银行消费贷款业务的发展。

8.2　个人消费贷款的管理

8.2.1　个人住房贷款的管理

1)个人住房贷款的种类

个人住房贷款是指银行向借款人发放的用于购买自用普通住房的贷款。借款人申请个

人住房贷款时必须提供担保。目前，个人住房贷款主要有委托贷款、自营贷款和组合贷款3种。

①个人住房委托贷款全称是个人住房担保委托贷款，它是指住房资金管理中心运用住房公积金委托商业性银行发放的个人住房贷款。住房公积金贷款是政策性的个人住房贷款，一方面是它的利率低；另一方面主要是为中低收入的公积金缴存职工提供这种贷款。但是由于住房公积金贷款和商业贷款的利息相差1%有余，因而目前无论是投资者还是购房自住的老百姓都比较偏向于选择住房公积金贷款购买住房。

②个人住房自营贷款是以银行贷款资金为来源向购房者个人发放的贷款，也称为商业性个人住房贷款。各银行的贷款名称不一样，如建设银行称为个人住房贷款，工商银行和农业银行称为个人住房担保贷款。

③个人住房组合贷款指以住房公积金存款和贷款资金为来源向同一借款人发放的用于购买自用普通住房的贷款，是个人住房委托贷款和自营贷款的组合。此外，还有住房储蓄贷款和按揭贷款等。

2）申请个人住房贷款的条件

①年龄在18周岁（含）以上65周岁（含）以下，有合法有效身份证明、居住证明、收入证明、无不良信用记录、具有完全民事行为能力的自然人。

②申请人年龄与借款期限之和不超过70。

③有购买住房合同或协议，且借款人支付符合规定的首付款。

④借款人的职业和经济收入稳定，具有偿还贷款本息的能力。

⑤有经银行认可的有效担保。

⑥在银行开立个人结算账户，并通过自然人生家庭理财卡办理贷款支用和偿还等结算业务。

⑦银行规定的其他条件。

3）申请个人住房贷款需提的交材料

①身份证件复印件（大陆居民为居民身份证、户口簿、军官证，在中国大陆有居留权的境外、国外自然人为护照、探亲证、返乡证等居留证件或其他身份证件）。

②贷款行认可的借款人偿还能力证明资料。

③合法有效的购买（建造、大修）住房合同、协议及相关批准文件。

④借款人用于购买（建造、大修）住房的自筹资金的有关证明。

⑤房屋销（预）售许可证或楼盘的房地产权证（现房）（复印件）。

⑥贷款行规定的其他文件和资料。

4）申请个人住房贷款的相关政策

①对首次申请贷款购买普通自住房的，贷款金额最高不超过抵押物净值的80%。具体贷款成数政策可咨询当地分行。

②贷款期限最长不得超过30年，且贷款期限加借款人年龄不超过70。

③首次申请贷款购买普通自住房的，贷款利率不低于中国人民银行有关规定。其他情况贷款利率在中国人民银行公布的同期同档次基准贷款利率及相应的浮动比例内执行，具

体利率执行政策请咨询当地银行。

5)个人住房贷款偿还方式

(1)等额本金法

等额本金法又称为按月递减还款法。就是在还款期内把贷款数总额等分，每月偿还同等数额的本金和剩余贷款在该月所产生的利息。

$$每月还款金额 = \frac{贷款本金}{还款月数} + (本金 - 已归还本金累计额) \times 月利率$$

特点:由于每月的还款本金额固定，而利息越来越少，贷款人起初还款压力较大，但是随时间的推移每月还款数也越来越少。

(2)等额本息法

等额本息法又称为等额还款法。在还款期内，每月偿还同等数额的贷款(包括本金和利息)。

$$每月还款金额 = \frac{贷款本金 \times 月利率 \times (1 + 月利率)^{还款月数}}{(1 + 月利率)^{还款月数} - 1}$$

特点:相对于等额本金还款法的劣势在于支出利息较多，还款初期利息占每月供款的大部分，随本金逐渐返还供款中本金比重增加。但该方法每月的还款额固定，可以有计划地控制家庭收入的支出，也便于每个家庭根据自己的收入情况，确保还贷能力。

(3)贷款计算器计算法

除上述直接应用公式计算每期应偿还的本息外，可以利用网络技术，在互联网络上搜索一个按揭贷款计算器，直接将相关数据输入计算器(见图8.1)，就可在网上获得计算结果。

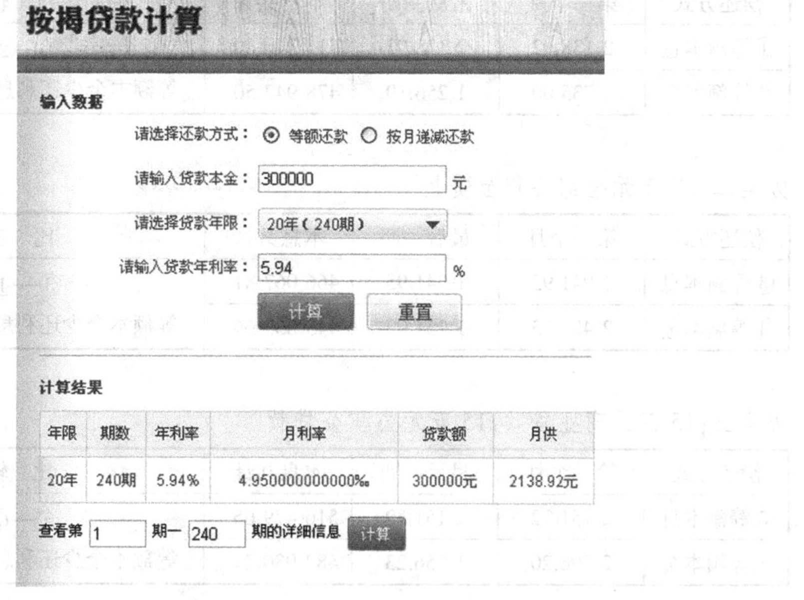

图8.1　贷款计算器截屏图

(4)两种偿还方法的选择

在申请住房按揭贷款时，贷款合同中必须明确偿还的方式。不少借款人在贷款偿还方式选择时陷入两难境地，不过贷款人对两种还款方式要有所了解和认识，当然也不能简单地一看等额本息法支付的利息多而放弃。实践中发现，80%以上的借款人都选择了等额本息还款法。

借款人在选用两种还款方法时，不能单纯地将这两种还款方法作比较，而应该综合多种因素作出全面合理选择。因为，按照不同对象的不同贷款情况，唯有适合的才是最好的。

两种还款法不能简单比较。虽然在同样条件下，等额本金还款法比等额本息还款法支付的利息要少，但并不能就此说明哪种还款法合算。实际上两种还款法计算的原理相同，银行都是按照客户占用银行资金的时间来计算的。之所以造成差异，是等额本金法一开始就还较多的本金，而本金还得快，利息当然就少。

选择哪种还款方式应该根据自己的具体情况来定。对于年轻人来说，刚刚工作不久，收入处于上升期，通常选择等额本息法比较好。因为这样可以减少前期的还款压力。如果今后资金宽松，则可选择提前还款等手段来减少利息支出。而对于中年人来说，采用等额本金法效果比较理想。在收入高峰期多还款，就能减少今后的还款压力。

专栏案例 8.2 住房按揭贷款偿还方式对比实例

某消费者购买商品房一套，总价值 42 万元，首期付款 12 万元，余下的 30 万元向银行申请 20 年期的“按揭”贷款，现在要进行贷款偿还方式选择。当前，5 年期以上商业贷款年利率为 5.94%，5 年期以上住房公积金贷款年利率为 3.87%。

方案一：30 万元全部商业贷款

偿还方式	第一个月	最后一期	本息共计	比较
①等额本息	2 138.92	2 138.92	513 340.80	①—②： 等额本金少还利息 34 398.30 元
②等额本金	2 735.00	1 256.19	478 942.50	

方案二：30 万元全部公积金贷款

偿还方式	第一个月	最后一期	本息共计	比较
③等额本息	1 941.95	1 941.95	466 067.81	③—④： 等额本金少还利息 20 234.15 元
④等额本金	2 482.25	1 254.97	445 833.66	

方案三：15 万元商业贷款，15 万元公积金贷款

偿还方式	第一个月	最后一期	本息共计	比较
⑤等额本息	2 151.72	2 151.72	516 479.65	⑤—⑥： 等额本金少还利息 33 399.41 元
⑥等额本金	2 796.20	1 256.23	482 980.24	

消费者可根据上述选择方法,结合个人的收入、负债情况进行具体的选择。当然,贷款一定时期以后,也可选择提前还款。

6)个人住房贷款提前还款

所谓提前还贷就是在个人住房贷款合同未到期前,一次性归还银行贷款本息的行为。

(1)提前还贷的不同观点

①第一种观点:不如手头留活钱。在货币紧缺、贷款紧缩的环境下,提前还贷并不是一项好的选择。现在想要贷款的人很多,这时候把钱还了房贷,等到想用钱的时候再贷出来就难了。建议选择一些短期的理财产品,如3个月以内的产品,等到国家宏观政策明朗、有明显投资机会时进行投资,把资金的主动权握在自己手上。

负利率时代,银行存款实质上"缩水"是正常现象,风险承受度较高的投资者可多关注股票和基金的机会,选择基金定投是一个不错的投资方式。对保守型的借款人而言,选择低风险的银行理财产品较为可靠。目前,一年期银行理财产品的预期年化收益率为3.5%~4%,超过当前CPI涨幅。目前银行主推的理财产品是3个月内的短期、超短期保本或稳健型理财产品,某行还有以1天、7天、14天、30天、60天和90天为周期的产品系列,为有不同流动性需求的市民提供多样化的选择。

②第二种观点:善用房贷理财产品。这种观点认为市场加息的预期仍在,加息意味着购房者要多支付利息,减少利息支出最简单、最稳健的有效途径就是尽早归还本金。但是,有一种方式不必提前还贷也能起到同样的效果,就是房贷理财产品。

目前已有多家银行推出了具有理财功能的房贷还款账户,市民将闲置的资金存入这种账户,就可以抵扣贷款本金,从而大幅度节省利息支出,使自己的还款负担减轻。比如"存贷通""贷活两便""存贷宝"等都有以存抵贷的功能。办了这种房贷理财产品,银行会将借款人存入存贷宝账户中超出一定数额以上的活期存款视同为提前还款,抵扣贷款本金。如果遇到新的投资机会、开支计划,或者急需用钱,借款人则可以随时支取存在账户中的存款,包括被视为提前还款的部分存款。银行每天根据账户中的资金情况计算抵扣收益,每月定期汇总支付到客户账户中,这样即使账户中的资金经常变动,也能节省利息。

值得一提的是,对于不同的资金量,银行所制订的抵减标准往往不尽相同。一般来说,资金量越大,可供抵减的比例也就越高,房贷客户要量力而定。

③第三种观点:不擅投资不妨提前还款。不擅投资,手上的余钱长期不用的借款人,要节省房贷利息支出,提前还款也是一个办法。

假设借款人年初时办理了一笔金额为50万元、期限为20年的"七折利率"按揭贷款,采用等额本息的还款方式。这一年中,市民每月还款额为3 071.69元,20年后还清时利息总支出为237 205.82元。还款一年,贷款还有483 619.89元未还。如果借款人年底时提前还款10万元,保持还款年限不变,则每月还款额将减少到2 436.55元,19年后还清时利息总支出为192 392.6元。这样,市民月供减少了635.14元,利息总支出减少了44 813.22元。

如果银行允许,提前还款时还可以变更还款期限。假设这位借款人在提前还款10万元的同时，申请将还款总期限缩短为15年，则其每月还款额变为3 016.04元，14年后还清时利息总支出为143 554.62元。这样，每月的还款额只减少55.65元，而利息总支出则减少了93 651.2元。

提前还款前，借款人最好考虑好自己近期内是否还有大额支出的可能。如果到时再申请新贷款，遇到央行加息，就要按照新利率还款，那样反而不划算。

(2)提前还贷的策略

①组合贷款提前还贷的策略。如果购房者选择的是商贷和公积金构成的组合贷款，先还商贷会“优惠”很多。由于公积金贷款含政策性补贴的成分，其贷款利率比商贷低不少，因此购房者提前归还贷款利率较高的商贷，相对划算些。

一般来说，每家银行提前还贷大致分为全部提前还款、部分提前还款两大类。全部提前还款法，是最节省利息的方法，办理手续也最简单。借款人选择这种方法要量力而行，不能为全部提前还清银行债务而打乱其他资金计划。部分提前还款法有3种策略可选择：

例如，陶女士向银行贷了22万元，贷款期限是2013年2月—2023年1月共120期，采用等额本息还款法，月供2 338元。目前，已还16期，还剩104期，贷款余额为198 155元，现申请提前还款5万元。

第一种策略：月供不变，将还款期限缩短。银行工作人员计算，陶女士这5万元可把贷款期限缩短两年半，即2022年5月就可全部还清贷款，节省利息23 295元。

第二种策略：减少月供，还款期限不变，陶女士的月供款将由原来的2 338元减少到1 781元，节省利息12 543元。

第三种策略：月供减少，还款期限也缩短。经银行工作人员计算，这5万元可在月供减少到2 000元的同时，把贷款年限缩短1年，即到2022年1月可还清贷款，节省利息17 783元。

由以上实例可见，月供、贷款年限同时减少的还款方式最节省利息。如果个人经济能力允许，选择这种方式也不错。

②特殊人群提前还贷策略。是不是只要提前还贷就划算呢？对于一些借款人来说，提前还贷其实并非都划算。那么，什么样的人提前还贷并不划算呢？

一是1998年年底前办理房贷的客户。1998年年底前办理房贷的客户比较特殊，他们当时的还款方式均为等本等息还款法。也就是说，将贷款全程利息分摊到每个月，而前面有部分利息实际上被摊到了后面还，因此如果客户需要提前还款，就必须补上这块息差。提前还贷十几万元，息差得补上1万多元。对此，银行人士建议这类客户不要选择提前还贷。

二是月供一样且贷款快要到期的客户。对于选择了等额本息还款法的市民来说，如果现在贷款已经偿还了大部分，那么现在提前还贷并不一定划算。光大银行相关专家称，目前市民贷款买房选择的主要是两种还款方式，即等额本金还款法(递减法)和等额本息还款法。而绝大多数市民选择的都是等额本息法。等额本息法每月还款额是固定的，但一开始还的大多是利息，到后面主要还本金。比如贷款10年已经还到八九年了，那还的基本上是本金，简直相当于低息甚至无息贷款,提前还贷没有意义。而递减法是利随本清,客户啥时候还都可以为自己节省出相应的利息。

三是贷款在1年之内的客户。几乎所有银行如果在贷款1年之内提前还贷,就须交一定的违约金,有的达到贷款总额的1%,白交这笔钱,就不是很划算了。

对于个人住房贷款提前还贷该不该收取违约金,并不在于哪家银行总部下什么通知或文件,而是看每个个体在购房时的合约条款如何。如果在房贷合约里已经明确规定提前还贷是否需要支付违约金,在这种情况下,就以合约为准。

但在现实生活中,任何合约都是不完全的,其合约不可能把全部经济行为都包括在其中。无论是格式化合约还是其他形式的合约都如此。因此,在合约的履行过程中,如果发生当事人之间关于合约履行上的纠纷,或是当事人之间如何来协商解决,或是通过第三方来协调。也就是说,如果房贷合约中没有明确规定提前还贷需要支付违约金这一条款,那么当事人是否要支付违约金就得由当事人双方来协商解决,而不是哪一方说了算。在合约基础上衡量个人得失。

(3)个人住房贷款提前还款的技巧

①如果是提前还贷,在借贷1年之后,尽可能提前一些还贷,因为相对来说,利率是固定的,贷款金额越高,利息就越高。

②组合贷款不必先还公积金贷款。目前,房贷一般采用“个人住房组合贷款”方式,即由住房公积金贷款和住房商业性贷款两部分组成。因此,专家提醒,市民若要提前还贷,可先归还贷款利率较高的商业性贷款,再考虑公积金贷款的归还。

③记得办理抵押注销。由于许多贷款人对抵押权比较淡漠,提前还款后往往忘记了去产权部门办理抵押注销,这样贷款虽然还清了,但房屋仍在产权部门备案,会为日后的房屋交易带来不必要的麻烦。贷款人办理注销时需要在银行申领退还抵押权证明书,去房屋抵押产权部门领申请注销登记表(注意不要跨区办理),最后附上购房合同或产权证办理抵押注销。

④提前还贷,选择部分提前还贷方式,保持月供,缩短年限,每次还贷不能少于1万元。

7)申请个人住房贷款需要注意的事项

(1)申请个住房贷款需做到“七要”

①申请贷款额度要量力而行。在申请个人住房贷款时,借款人应对自己目前的经济实力、还款能力作出正确的判断,同时对自己未来的收入及支出作出正确、客观的预测。

②办按揭要选择好贷款银行。对借款人来说,如果购买的是现房或二手房,就可以自行选择贷款银行。按揭银行的服务品种越多越细,将获得灵活多样的个人金融服务,以及丰富的服务与产品组合。站在市民的角度考虑,无疑是市民拥有越多的选择权越好。

③要选定最合适自己的还款方式。目前基本上有两种个人住房贷款还款方式:一种是等额还款方式,另一种是等额本金还款方式。等额还款方式的优点在于,借款人可以准确掌握每月的还款额,有计划地安排家庭的收支。而等额本金还款方式较适合于还款初期还款能力较强,并希望在还款初期归还较大款项以此减少利息支出的个人。

④向银行提供的资料要真实。申请个人住房商业性贷款,银行一般要求借款人提供经济收入证明,对于个人来说,应提供真实的个人职业、职务和近期经济收入情况证明。因为如果您的收入没有达到一定的水平,而您没有足够的能力还贷,却夸大自己的收入水平,很有可能在还款初期发生违约,并且经银行调查证实您提供虚假证明,就会使银行对您的信任度大大降低,从而影响到贷款的申请。

⑤提供本人住址要准确、及时。借款人提供给银行的地址准确,就能方便银行与其联系,每月能按时收到银行寄出的还款通知单。遇人民银行调整贷款利率,就可在年初时收到银行寄出的调整利率通知。此外,特别提醒借款人注意的是,当搬迁新居,一定要将新的联系地址、联系方式及时告知贷款银行。

⑥确定产权人时要考虑到退税。根据有关规定,对于1998年6月1日以后购买商品房的个人,可享受个人所得税计征税基抵扣。由于抵扣的对象只限于房产证上列举姓名的房屋产权拥有者,因此对于每个家庭来说,要慎重确定所购住房屋的房地产权利人(购房人)。

⑦每月要按时还款避免罚息。对借款人来说,必须在每月约定的还款日前注意自己的还款账户上是否有足够的资金,防止由于自己的疏忽造成违约而被银行罚息,千万不要因为自己的一时疏忽,而造成资金损失,同时,在银行留下不良信用记录。

(2)申请个人住房贷款需要做到"七不要"

①申请贷款前不要动用公积金。如果借款人在贷款前提取公积金储存余额用于支付房款,那么您公积金账户上的公积金余额即为零,这样您的公积金贷款额度也就为零,也就意味着您将申请不到公积金贷款。

②在借款最初1年内不要提前还款。按照公积金贷款的有关规定,部分提前还款应在还贷满1年后提出,并且您归还的金额应超过6个月的还款额。

③还贷有困难不要忘记寻找身边的银行。当您在借款期限内偿债能力下降,还贷有困难时,不要自己硬撑。工行的客户可向工行提出延长借款期限的申请,经银行调查属实,且未有拖欠应还贷款本金、利息,工行就会受理您的延长借款期限申请。

④取得房产证后不要忘记退税。当您购买商品房时,应将可退税的家庭成员全部作为房地产权利人写入买房合同,并且在签订合同、支付房款后即办理"购房者已缴个人所得税税基抵扣"申请,取得本人的"税收通用缴款书"。待您所购住房成为现房,并办妥房地产权利证明后的6个月内,应前往税务部门办理退税手续。

⑤贷款后出租住房不要忘告知义务。当您在贷款期间出租已经抵押的房屋,您必须将已抵押的事实书面告知承租人。

⑥贷款还清后不要忘记撤销抵押。当您还清了全部贷款本金和利息后,可持银行的贷款结清证明和抵押物的房地产他项权利证明前往房产所在区、县的房地产交易中心撤销抵押。

⑦不要遗失借款合同和借据。申请按揭贷款,银行与您签订的借款合同和借据都是重要的法律文件,由于贷款期限最长可达30年,作为借款人,您应当妥善保管您的合同和借据,同时认真阅读合同的条款,了解自己的权利和义务。

8)住房按揭贷款和住房抵押贷款

住房按揭贷款和住房抵押贷款是住房贷款的两种具体方式,要弄明白两者的区别,先来分析一下"按揭"和"抵押"的区别。

"按揭"一词来源于香港,是英语 mortgage 的广东话谐音,最初起源于西方国家,本义是指英美平衡法体系中的一种法律关系,后于 20 世纪 90 年代从香港引入内地房地产市场,先由深圳建设银行在当地试行,之后逐渐在内地流行起来,因为在房地产领域频频出现并正式运用于文本,其含义逐渐演化成了"抵押贷款",目前在国内已经被正式称为"个人购置商品房抵押贷款"。

(1)按揭与抵押的差异

①生效条件不同。按揭的生效条件是:如果按揭物是现房的,那必须将房屋的产权证交付给按揭权人执管;若按揭物是期房的,则必须将《商品房预售合同》交付给按揭权人执管。但是不管现房还是期房,都必须向法定登记机构办理登记后方可生效。而抵押的抵押物除了法律规定必须经法定登记机关登记才可生效外其他抵押物是否要登记后才生效,则由抵押人和抵押权商定。

②权利依据不同。按揭的权利既属于担保物权,又属于一般债权,因为按揭物如是现房,按揭人只要将按揭物的产权证交付给按揭人即可,它是一种权利的质押,与债权并无直接关系;若按揭物是期房的,它实际上还并不存在,因此根本不会发生转移期房的占有权问题,只是要求把《商品预售合同》交付给按揭权人即可。《商品房预售合同》中反映的仅是合同上的债权债务关系,也说明按揭人在商品预售的合同关系中是处于债权人的地位,这种权利只具有一种债权的性质,尚未具有直接体现财产权的性质。而抵押权属于物权,因为它是抵押人以自己的财产作为履行债务的保证。

③标的物不同。按揭和抵押权的标的物虽然都可以是房屋,但抵押权的标的物原则上应为有体物。虽然传统民法上也可以对权利设定抵押权,如中国《担保法》规定的可以国有土地使用权设定抵押,但抵押物必须直接指向现存的具有一定交换价值的财产或者一种能即时物化的权利,这就排除了以期待权作为设定抵押的可能。而在按揭中,按揭的标的物不仅包括现房,还有在建的工程和楼宇,后两者用来设定担保的是尚未建成的建筑物,用作设定担保的是一种期待权。

(2)住房按揭贷款

住房按揭贷款是住房担保贷款的一种,是指购房者以所购住房作抵押并由其所购买住房的房地产开发企业提供担保的个人住房贷款。"按揭"的通俗意义是指用预购的商品房进行贷款抵押。它是指按揭人将预购的物业产权转让于按揭受益人(银行)作为还款保证,还款后,按揭受益人将物业的产权转让给按揭人。具体地说,按揭贷款是指购房者以所预购的楼宇作为抵押品而从银行获得贷款,购房者按照按揭契约中规定的归还方式和期限分期付款给银行;银行按一定的利率收取利息。如果贷款人违约,银行有权收走房屋。

购房按揭贷款可分为狭义的和广义的按揭。

狭义的购房按揭可以从两个方面分类:一种是仅仅指一系列合同中的按揭贷款合同所包含的内容;另一种是指购房者通过按揭购房比不通过按揭购房多出来的合同内容。按照这种概念，前面提到的合同中，除去购房人同开发商签订的购房合同之外的所有合同，都是属于狭义的购房按揭。

狭义的购房按揭包括购房人向银行申请购房贷款的手续、房屋价格估价、抵押手续、按揭担保、住房保险手续、首付款比例、贷款利率、贷款期限、贷款偿还方式、违约处理条款等具体内容，在不规范的购房按揭机制下，还有购房人的贷款信用担保。狭义的购房按揭的核心内容是房屋抵押手续、首付款比例、贷款利率、贷款期限及贷款偿还条件。狭义购房按揭直接影响交易双方或者三方（包括房地产公司）、多方（包括保险公司、房地产估价机构）的直接利益。一个良好的购房按揭机制，应当使狭义的购房按揭实施起来效率最高，包括手续多少、时间长短、风险大小、公平性等方面的内容。

广义的购房按揭不仅需包括狭义的购房按揭的全部内容，还包括实现狭义的购房按揭的直接环境机制、房地产交易价格机制，具体地讲，包括房地产价格机制、房地产交易价格机制（主要指交易税费和交易手续）、房地产估价机制、政府对狭义购房按贷款的支持政策（如政府贴息）、狭义购房按揭、银行购房按揭流动资金的保险机制、违约处理机制（包括违约处理条款）、二手房地产交易市场（也称房地产三级交易市场）、法律机制、居住福利保险机制。广义的购房机制的核心思想是为狭义的购房按揭创造实现条件。各国根据自己的国情和对购房广义按揭机制的实际理解程度，推行自己的广义购房按揭模式。这些模式的差别，将直接影响这些国家的居住发展水平，还会对相关的一些国家财政、法律、经济、社会、文化机制产生重大影响。

狭义的购房按揭与广义的购房按揭的关系是：狭义的购房按揭是广义的购房按揭的必要条件，广义的购房按揭是狭义的购房按揭得以实现的环境机制。没有狭义的购房按揭运行机制的存在，就不能称为是广义的购房按揭机制。没有广义的购房按揭机制保障，狭义的购房按揭是不可能实现的。广义购房按揭机制的差异，直接影响狭义购房按揭机制的内容和运作效果，影响狭义购房按揭交易双方的经济利益。

（3）转按揭

顾名思义，转按揭就是转让个人住房按揭贷款（以下称为按揭）的行为。按揭涉及两方主体：借款人和银行。对于银行而言，按揭是债权；而对于借款人来说，按揭是债务。根据转让主体不同，可以将转按揭分为债权转让和债务转让。债权转让指按揭在债权人之间的转让，即借款人将在甲银行办理的按揭转到乙银行；债务转让指按揭在债务人之间的转让，即原借款人将按揭转给新借款人。

①转按揭需要提供的文件。原借款人需提供的文件包括：借款人和权利共有人身份证复印件、房地产权证原件、借款合同（抵押合同）原件、最近一期银行还款对账单原件、还款卡或还款存折复印件、房屋买卖合同。

新借款人需要提供的文件包括：借款人和权利共有人身份证复印件、借款人和权利共有人户口簿复印件、借款人婚姻证明复印件、借款人和参贷人的收入证明、首付款收据、房屋估价报告、房屋买卖合同、如公积金贷款另附公积金账号。

②转按揭的基本流程。转按揭包括两个方面：一是原借款人（售房人）提前偿还银行贷款，与银行解除债权债务关系，撤销抵押登记；二是新借款人（购房人）申请二手房贷款，以所

购住房作为新贷款的抵押担保，办理抵押登记。其业务流程为：第一步，原借款人向银行提出申请；第二步，银行经审查同意的，由银行、售房人和购房人签订协议，银行同意售房人转让住房，售房人承诺将售房款优先用于偿还银行贷款并授权银行从其在银行开立的账户上直接扣收尚未偿还的贷款本息，购房人承诺交易时将房款划入售房人在银行开立的账户上；第三步，售房人和购房人签订住房转让合同；第四步，购房人向银行提出新的贷款申请，贷款额可以为售房人剩余贷款余额，也可以按照下列公式计算：贷款额=所购住房市场价格×二手房贷款成数；第五步，银行经审批同意后，与购房人签订新的借款合同和抵押合同，出具同意贷款的承诺函；第六步，银行与售房人到房地产管理部门办理注销抵押登记手续，售房人与购房人办理房屋产权过户手续，银行与购房人办理新的抵押登记手续；第七步，银行对购房人发放贷款，根据购房人的授权，将贷款划到售房人开立的账户上，然后根据售房人的授权，从账户上直接扣收售房人尚未偿还的贷款本息，终止原借款合同。

8.2.2 个人汽车贷款的管理

汽车贷款是指贷款人向申请购买汽车的借款人发放的贷款，也称为汽车按揭。

1）个人汽车贷款相关政策

①贷款对象。借款人必须是贷款行所在地常住户口居民、具有完全民事行为能力。

②贷款条件。借款人具有稳定的职业和偿还贷款本息的能力，信用良好；能够提供可认可资产作为抵、质押，或有足够代偿能力的第三人作为偿还贷款本息并承担连带责任的保证人。

③贷款额度。贷款金额最高一般不超过所购汽车售价的80%。

④贷款期限。汽车消费贷款期限一般为1~3年，最长不超过5年。

⑤贷款利率。由中国人民银行统一规定。

⑥还贷方式。可选择一次性还本付息法和分期归还法（等额本息、等额本金）。

2）个人汽车贷款担保方式

①由保险公司提供履约保证保险方式办理汽车贷款。

②由专业担保公司提供连带责任保证方式办理汽车贷款。

③由购车人提供房地产抵押担保办理汽车贷款。

④由购车人提供本外币定期存单、国债、人民币理财产品质押办理汽车贷款。

⑤由借款人提供其他行认可的担保方式（如汽车经销商保证）办理汽车贷款。

3）个人汽车贷款申请条件

①具有有效身份证明且具有完全民事行为能力。

②能提供固定和详细住址证明。

③具有稳定的职业和按期偿还贷款本息的能力。

④个人社会信用良好。

⑤持有贷款人认可的购车合同或协议。

⑥合作机构（汽车金融公司、担保公司）规定的其他条件。

4)个人汽车贷款相关文件

①个人借款申请书。

②本人及配偶有效身份证明。

③本人及配偶职业、职务及收入证明。

④结婚证(未婚需提供未婚证明,未达到法定结婚年龄的除外)及户口簿。

⑤购车协议或合同。

⑥已存入或已付首期款证明。

⑦担保所需的证明文件或材料。

⑧贷款人要求提供的其他资料。

8.2.3 国家助学贷款的管理

1)国家助学贷款概述

助学贷款根据贷款政策的不同有国家助学贷款和商业助学贷款两种,国家助学贷款又根据贷款申请的属地不同,分为高校助学贷款和生源地贷款。

国家助学贷款是由政府主导、财政贴息,银行、教育行政部门与高校共同操作的专门帮助高校贫困家庭学生的银行贷款。借款学生不需要办理贷款担保或抵押,但需要承诺按期还款,并承担相关法律责任。借款学生通过学校向银行申请贷款,用于弥补在校学习期间学费、住宿费和生活费的不足,毕业后分期偿还。

生源地信用助学贷款由学生或其合法监护人,向家庭所在地的农村信用社、银行等金融机构申请办理,不需要担保或抵押,但需要承诺按期还款,并承担相关法律责任。2007 年,国家在江苏、湖北、重庆、陕西、甘肃 5 省市试点开办生源地信用助学贷款业务。目前,有关部门正在研究制订进一步扩大生源地信用助学贷款覆盖范围的办法。学生可向当地县级教育行政部门咨询具体办理生源地信用助学贷款的相关事宜。

考上本省内高校的学生主要推荐生源地助学贷款。一般而言,生源地贷款相对更容易些,生源地银行助学贷款人数少,银行对其家庭背景更加了解,而高校助学贷款受贷款学生集中和银行放款额度限制,审批相对更严格,指标也有一定的限制。

2)国家助学贷款有关政策规定

(1)贷款对象

中华人民共和国境内的(不含香港和澳门特别行政区、台湾地区)全日制普通本、专科生(含高职生)、研究生和第二学士学位学生。

(2)贷款额度

按照每人每学年最高不超过 6 000 元的标准,总额度按正常完成学业所需年度乘以学年所需金额确定,具体额度由借款人所在学校按本校的总贷款额度,学费、住宿费和生活费标准以及学生的困难程度确定。生源地助学贷款也是如此。

(3)贷款期限

贷款期限最长不得超过 10 年。贷款学生应在毕业后 1~2 年内开始偿还贷款本金,6 年内还清贷款本息。国家鼓励毕业后收入较好的贷款学生提前还清贷款本息。2004 年 8 月份以前签订的贷款合同(包括毕业生还款协议),一般规定贷款学生在毕业后4年内还清贷款本息。

(4)贷款利率

国家助学贷款利率按照中国人民银行公布的法定贷款利率和国家有关利率政策执行。如遇利率调整,按照中国人民银行的有关规定执行。执行中国人民银行规定的同期限贷款基准利率,不上浮。生源地助学贷款同。

(5)担保方式

信用的方式。

(6)国家财政对助学贷款利息补贴

贷款学生在校学习期间的助学贷款利息全部由财政补贴,并由有关部门直接支付给经办银行,贷款学生毕业后的利息由贷款本人全额支付。如出现还款违约行为,由此发生的罚息必须由贷款本人全部承担。

生源地助学贷款的利息由财政全部补贴,毕业后的利息由学生和家长(或其他法定监护人)共同负担。

3)国家助学贷款申请程序

(1)提出申请

①申请对象。国家助学贷款的资助对象是中华人民共和国(不含香港特别行政区、澳门特别行政区和台湾地区)普通高等学校中家庭经济困难的全日制本专科生(含高职生)、第二学士学位学生和研究生。

②申请途径。学生须在新学年开学后(具体时间各校有明确规定)通过学校向银行提出贷款申请,银行不直接受理学生个人的贷款申请。经办银行原则上每年集中受理一次国家助学贷款申请。

生源地信用助学贷款按年度申请、审批和发放。学生在新学期开始前,向家庭所在县(市、区)的学生资助管理中心提出贷款申请。县级学生资助管理中心负责对学生提交的申请进行资格审查。银行负责最终审批并发放贷款。

③申请条件。

a.家庭经济困难的本专科生(含高职生)、第二学士学位学生和研究生。

b.具有中华人民共和国国籍,年满16周岁的需持有中华人民共和国居民身份证。

c.具有完全民事行为能力(未成年人申请国家助学贷款须由其法定监护人书面同意)。

d.诚实守信,遵纪守法,无违法违纪行为。

e.学习努力,能够正常完成学业。

f.因家庭经济困难,本人及其家庭所能筹集到的资金,不足以支付其学习期间的学习和生活基本费用。

生源地助学贷款申请条件同上并附加一条:

g.学生本人入学前户籍、其父母(或其他法定监护人)户籍均在本县(市、区)。

④申请文件。

a.本人学生证和身份证复印件(未成年人须提供法定监护人的有效身份证明和书面同

意申请贷款证明)；新生还需要提供入学通知书的原件和复印件。

b.本人对家庭经济困难情况的说明。

c.乡、镇、街道民政部门和县级教育行政部门关于其家庭经济困难的证明。学生本人对其提供证明材料真实性承担法律责任。在校学生需要提供借款人同班同学或老师共两名见证人的身份证复印件及学生证或工作证复印件。

d.国家助学贷款申请书。

e.《督促还款承诺书》。

f.银行或学校要求提供的其他证明文件和资料。

(2)学校初审

①审核原则。学校机构在全国学生贷款管理中心下达的年度借款额度及控制比例内，组织学生申请借款，并接受学生的借款申请。

②学校初审。学校机构对学生提交的国家助学贷款申请材料进行资格审查，对其完整性、真实性、合法性负责，初审工作将在收到学生贷款申请后20个工作日内完成。

此项工作完成后，学校机构进行为期5天的公示，并对有问题的申请进行纠正。

初审工作无误后，学校机构在10个工作日内，在审查合格的贷款申请书上加盖公章予以确认，将审查结果通知学生，并编制《国家助学借款学生审核信息表》。

(3)银行审批

经办银行在收到学校统一提交的借款合同及借据后的15个工作日内完成签署工作，并在5个工作日内将签署完毕的借款合同送达学校机构。学校机构在收到借款合同及借据后，5日内发还给借款学生本人保管。

学校有关部门负责对学生提交的国家助学贷款申请进行资格审查，并核查学生提交材料的真实性和完整性；银行负责最终审批学生的贷款申请。

(4)签订合同

贷款申请被批准后，学校根据经办银行提供的借款学生名册，在10个工作日内完成组织学生填写、签署借款合同及借据的工作，并提交经办银行。

经办银行在收到学校统一提交的借款合同及借据后的15个工作日内完成签署工作，并在5个工作日内将签署完毕的借款合同送达学校机构。

学生贷款申请通过学校审查和银行审批后，学校组织学生填写、签订借款合同和借据等文本。学校应将学生申请或借款信息及时通知借款学生家长或其法定监护人。

(5)发放贷款

①贷款的具体发放细则。由银行为每名学生办理一张借记卡或活期存折。

国家助学贷款实行一次申请、一次授信、分期发放的方式，即学生可以与银行一次签订多个学年的贷款合同，但银行要分年发放。一个学年内的学费、住宿费贷款，银行应一次性发放；一个学年内的生活费贷款，银行(或学校)按10个月逐月发放给学生。

②监督使用。学校负责监督学生的贷款使用情况，经办银行可以向学校了解贷款的发放和使用情况。

③终止贷款发放的申请。贷款学生在校学习期间，如果家庭经济状况明显改善，或获得

了其他较大额度的资助、捐助，不需要继续贷款时，学生应在当年放款10天前，通过所在学校向银行提出书面的终止贷款发放申请。经银行同意后，学生与银行办理贷款合同变更等手续。

④银行停止发放。贷款学生有下列行为之一，银行可以停止发放贷款并清偿贷款本金。

a.未按合同规定的用途使用贷款的。

b.有违法乱纪行为，受校方行政处分或有关部门刑事处罚的。

c.中途退学、被校方开除或取消学籍的。

d.学习成绩差，无法完成学业的。

e.出国留学或定居的。

f.被宣告失踪、死亡、丧失完全民事行为能力或劳动能力的。

（6）贷款偿还

借款学生使用助学贷款完成学业后，应重视自身信用，按时归还贷款。

每年毕业离校60日前，学校会组织借款学生与经办银行办理确认还款手续，经办银行会派人上门服务，为借款学生讲解还款有关事宜，并解答借款学生的咨询。

①国家助学贷款代偿制度。为引导和鼓励高校毕业生面向西部地区和艰苦边远地区基层单位就业，减轻家庭困难学生的还款负担，从2006年起，中央部门所属普通高等学校中全日制本专科生（含高职）、研究生、第二学士学位的应届毕业生，自愿到西部地区和艰苦边远地区基层单位就业，服务期达到3年以上（含3年）的，其在校学习期间获得的国家助学贷款本金及其全部偿还之前产生的利息，由国家代为偿还。

②偿还国家助学贷款的开始时间。借款学生毕业后，自己需全额支付贷款利息。经办银行允许借款学生根据就业和收入水平，自主选择毕业后24个月内的任何一个月起开始偿还贷款本金。具体还贷事宜，由借款学生在办理还款确认手续时向经办银行提出申请，经办银行进行审批。

③偿还国家助学贷款的方式。银行通常为借款学生设计了两种还款方式：等额本息还款法和等额本金还款法。等额本息还款法每期偿还本息金额相等，还款压力平均分布；等额本金还款法初始每期的还款金额较多，以后每期的还款金额较少，还款压力呈前紧后松分布。采用等额本息还款法支付本息总额略高于等额本金还款法。

④生源地信用助学贷款的还款期限和还款方式。生源地信用助学贷款期限原则上按全日制本专科学制加10年确定，最长不超过14年。学制超过4年或继续攻读研究生学位、第二学士学位的，相应缩短学生毕业后的还贷期限。学生在校及毕业后两年期间为宽限期，宽限期后由学生和家长（或其他法定监护人）按借款合同约定，按年度分期偿还贷款本金和利息。

⑤毕业时，需要与银行办理相关手续。

a.借款学生毕业离校前，学校应组织借款学生与经办银行办理还款确认手续，制订还款计划，签订还款协议。借款学生与经办银行办理上述手续后，学校方可为其办理毕业手续。

b.对于毕业后当年继续攻读学位的借款学生，要在毕业前向原所在学校提出展期申请，并提供继续攻读学位的相关证明。原所在学校审核通过后，由原经办银行为其办理展期手续。

⑥提前还贷。借款学生在借款期间内，可以提前部分或全部还款，但必须提前向银行提出书面申请。对提前还款的本金按合同约定利率和实际使用天数计收利息。

⑦助学贷款利息偿付办法。贷款学生在校期间利息全部由财政补贴，其中，考入中央部属高校的学生，其贷款贴息由中央财政承担。考入地方高校的学生，跨省就读的，其贷款贴息由中央财政承担；在本省就读的，其贷款贴息由地方财政承担。贷款学生毕业后利息全部由学生及家长（或其他法定监护人）承担。

⑧助学贷款还款方式。

a.学生毕业前，一次或分次还清。

b.学生毕业后，由其所在的工作单位将全部贷款一次垫还给发放贷款的部门。

c.毕业生见习期满后，在2~5年内由所在单位从其工资中逐月扣还。

d.毕业生工作的所在单位，可视其工作表现，决定减免垫还的贷款。

e.对于贷款的学生，因触犯国家法律、校纪，而被学校开除学籍、勒令退学或学生自动退学的，应由学生家长负责归还全部贷款。

⑨借款人违约的后果。

a.国家助学贷款的借款学生如未按照与经办银行签订的还款协议约定的期限、数额偿还贷款，经办银行应对其违约还款金额计收罚息。

b.经办银行会将已毕业学生的个人基本信息和还款情况录入中国人民银行的个人信用信息基础数据库，以供全国各金融机构依法查询。如国家助学贷款毕业学生违约情况严重，将影响其向金融机构申请办理其他个人消费贷款。

c.按还款协议进入还款期后，对于连续拖欠还款行为严重的借款人，有关行政管理部门和银行将通过新闻媒体和网络等信息渠道公布其姓名、公民身份号码、毕业学校及具体违约行为等信息。

d.违约人须承担相关法律责任。

8.2.4 出国留学贷款的管理

留学贷款是指银行向出国留学人员或其直系亲属或其配偶发放的，用于支付其在境外读书所需学杂费和生活费的外汇消费贷款。

1）国家助学贷款申请对象和条件

留学贷款的申请对象为拟留学人员或其直系亲属或其配偶。要申请留学贷款应该具备以下基本条件：

①借款人应具有完全民事行为能力，在贷款到期日时的实际年龄不得超过55周岁。

②借款人无违法乱纪行为，身体健康，具备诚实守信的品德。

③借款人为出国留学人员本人的，在出国留学前应具有贷款人所在地的常住户口或其他有效居住身份。

④借款人为出国留学人员的直系亲属或配偶的，应具有贷款人可控制区域内的常住户口或其他有效居住身份，有固定的住所，有稳定的职业和收入来源，具备按期还本付息的能力。

⑤借款人应持有拟留学人员的国外留学学校出具的入学通知书或其他有效入学证明。

⑥借款人须提供贷款人认可的财产抵押、质押或第三方保证。抵押财产目前仅限于可设定抵押权利的房产;质押品目前仅限于国债、本行存单、企业债券等有价证券;保证人应为具有代偿能力的法人或自然人,并愿意承担连带还款责任。

⑦符合贷款人规定的其他条件。

2)国家助学贷款有关政策规定

(1)留学贷款与签证

贷款本身不会影响签证结果,因为能够贷款就已证明申请人拥有一定资产,具备一定的出国条件,签证官重点考核的是担保人的还款能力。因此真实性、合理性、可行性强的还款能力和计划证明材料是决定贷款申请签证成败的关键。

(2)留学贷款需要的条件

借款人需提供就读学校的《录取通知书》或《接收函》,提供就读学校开出的学习期内所需学杂费、生活费的证明材料,还要提供贷款人认可的资产抵、质押或具有代偿能力并承担连带责任的第三方借款人,并且借款人已拥有受教育人所需的一定比例的费用。

(3)贷款的额度和年限

留学贷款的额度不超过国外留学学校录取通知书或其他有效入学证明上载明的报名费、一年内学费、生活费及其他必需费用的等值人民币总和,最高不超过50万元人民币,期限一般为1~6年,最长期限不超过6年。

(4)留学贷款的担保抵押方式

①房产抵押。贷款最高额不超过经贷款人认可的抵押物价值的60%。

②质押。贷款最高额不超过质押物价值的80%。

③信用担保。以第三方提供连带责任保证的,若保证人为银行认可的法人,可全额发放;若是银行认可的自然人,贷款最高额不超过20万元人民币。

8.2.5 旅游贷款的管理

1)旅游贷款概述

旅游贷款顾名思义就是贷款人为申请人发放的用于旅游费用的贷款。旅游费用指特约旅游单位经办且由贷款人指定的旅游项目所涉及的交通费、食宿费、门票、服务及其相关费用组成的旅游费用总额。一般分为出国旅游保证金贷款和旅游消费贷款。其中出国旅游保证金贷款主要是用于支付因出国旅游而需要向旅行社交纳的保证金;旅游消费贷款主要用于支付旅游申请提出至旅游过程结束为止所发生的物质消费和精神消费及其他相关费用。

2)旅游贷款申请条件

①年龄为20~65岁的自然人。

②具有稳定的经济收入或具有偿还贷款本息的能力,且无不良记录。

③借款用于支付旅行社规定的本人或其直系亲属的各种旅游费用。

④合作机构规定的其他条件。

3）旅游贷款办理程序

①客户向银行指定的旅行社提出申请，填写申请书。

②旅行社初审后，将申请书交到银行指定网点办理贷款手续。

③客户在银行指定的受理点，按申请的条件并附有关资料办理贷款手续（境内旅游贷款应提前20天向银行提出申请；境外旅游贷款应提前40天向银行提出申请），银行经审查同意后，要求客户开立活期储蓄账户或储蓄卡并将旅游费用的20%作为首付款存入该账户，与客户签订借款合同、保证合同及委托扣款授权书。

④银行将贷款及客户的首付款划转至旅行社在银行开立的结算账户，旅行社与客户联系具体旅游事宜。

⑤客户按时将还贷款项存入储蓄卡或通存通兑活期储蓄账户，银行执行扣款。

【本章小结】

1.个人消费贷款是指银行或其他金融机构采取信用、抵押、质押担保或保证方式，以商品型货币形式向个人消费者提供的信用。按接受贷款对象的不同，消费信用又分为买方贷款和卖方贷款。买方贷款是对购买消费品的消费者发放的贷款，如个人旅游贷款、个人综合消费贷款、个人短期信用贷款等。卖方贷款是以分期付款单证作抵押，对销售消费品的企业发放的贷款，如个人小额贷款、个人住房贷款、个人汽车贷款等；按担保的不同，又可分为抵押贷款、质押贷款、保证贷款和信用贷款等。

2.个人消费贷款中最主要的是住房贷款和汽车贷款。住房贷款对大多数个人和家庭都有很大的帮助，是选择商业贷款、公积金贷款还是组合贷款，是采用等额本息偿还法，还是等额本金偿还法，消费者都是可以选择的。

3.为了提高个人的信用，个人消费贷款必须按期足额偿还。个人住房贷款是否提前还款也是考究的，借款人应该正确认识和正确对待。

【关键术语】

消费贷款 住房贷款　汽车贷款　旅游贷款　助学贷款　抵押贷款　质押贷款　住房“按揭”贷款　存单质押贷款　本息等额偿还法　本金等额偿还法

【思考问题】

1.个人消费贷款有哪些种类？

2.简述个人住房贷款的种类及申请条件。

3.比较个人住房贷款常见的还款方式及其选择。

4.个人申请住房贷款时有哪些注意事项？

5.政策性消费贷款和商业性消费贷款有何区别？

6.个人消费贷款发生了纠纷应该如何处理？

【推荐阅读】

1.个人住房贷款管理办法(中国人民银行银发〔1998〕190号)

2.汽车消费贷款管理办法(中国人民银行、中国银行业监督管理委员会〔2004〕第2号令)

3.住房公积金管理条例(国务院令第350号)

【课后习题】

一、判断题

1.个人消费贷款额度和利率不受政策限制。 ( )

2.银行发放个人消费贷款不用进行信用评估。 ( )

3.个人消费贷款资金和个人经营贷款资金可以互换使用。 ( )

4.企业的经营管理者可以本人的房产抵押申请经营贷款。 ( )

5.偿还住房按揭贷款时,本息等额法比本金等额法更经济。 ( )

6.目前我国住房贷款利率执行的是固定利率。 ( )

7.个人申请贷款时向银行提供真实、准确的信息和资料是法定的义务。 ( )

8.国家助学贷款只能用于代交学费。 ( )

9.出国留学可以享受国家助学贷款的相关政策。 ( )

10.学生申请国家助学贷款的必要条件之一是家庭经济困难。 ( )

二、多项选择题

1.消费贷款的用途有( )。

A.购买商品房　B.购买汽车　C.旅游

D.房屋装修　E.上学

2.个人消费贷款具有的特点是( )。

A.贷款投向的个人性　B.贷款用途的消费性　C.贷款额度的小额性

D.贷款期限的灵活性　E.贷款资金的安全性

3.申请国家助学贷款的对象是( )。

A.普通本科学生　B.大学专科学生　C.高职学生

D.自考本科学生　E.研究生

4.银行可以停止发放助学贷款并清偿贷款本金的情况是( )。

A.未按合同规定的用途使用贷款的

B.有违法乱纪行为,受校方行政处分或有关部门刑事处罚的

C.学习成绩差,无法完成学业的

D.出国留学或定居的

E.中途退学、被校方开除或取消学籍的

5.申请旅游贷款的基本条件有( )。

A.年龄为 20~65 岁的自然人　　B.具有稳定的经济收入
C.有丰富的旅游经验　　D.无不良信用记录
E.以团体名义出游

三、案例分析题

贷款助学信用助人

魏某于 2008—2012 年在首都某大学生物医学工程系读书，毕业后前往上海工作，现下落不明。2009 年 12 月 26 日，魏某与右安门支行签订借款合同，向银行申请国家助学贷款 5 650元，用于缴纳 2009 年 9 月至 2010 年 9 月其在校就读期间的学费及生活费。右安门支行于签订合同当日依约发放贷款 5 650 元。

双方约定，魏某于 2012 年 7 月毕业后按季偿还贷款利息，并于 2013 年 7 月 26 日偿还全部贷款本金 5 650 元；如借款人未能按合同约定归还利息及本金，贷款方对其欠款加收万分之二点一的逾期罚息，且贷款人有权终止合同，并向借款人追偿。

然而，自 2013 年 7 月 26 日起，魏某已连续 22 个月未偿还借款本金。无奈，右安门支行诉至法院，要求魏某偿还借款本金 5 650 元，并支付逾期罚息。

问题：

1.申请国家助学贷款应该具备什么条件？贷款偿还政策是如何规定的？

2.魏某出现了违约，这可能对他的个人信用产生什么影响？

第9章 个人经营贷款管理

【教学目的】

1.了解个人经营贷款的有关政策和条件。

2.认识各种特色个人经营贷款。

3.了解创业贷款的优惠政策和方式。

4.了解大学生创业融资渠道。

5.掌握大学生创业贷款的条件和流程。

【引导案例】

大学毕业的刘洪,是最早敢吃螃蟹的人。刘洪来自区县,家庭条件不好,读大学靠的是助学贷款,原打算毕业后找份好工作回报父母,可求职处处碰壁,一次又一次失败。无奈,刘洪想到了自己做生意。他了解到政府可提供2万元的小额贷款,还款期两年。刘洪通过市场调查,发现这笔钱适合做水果生意。贷款顺利拿到后,刘洪办理工商执照也得到优惠。他租了一个门面,年租金8 000元,再添置一些必要的设施用具,花费总共1万元,剩下的1万元用作流动资金。

“店里只有我一人,白天守店面,晚上进货,虽然辛苦一点,但1个月下来能挣近4 000元。”刘洪满足地说:“这比打工强多了。”刘洪用2万元贷款创业,现在年收入已高达数万元。

(摘自2006年11月23日《重庆晚报》)

问题:

1.创业贷款对创业人员有什么要求?

2.大学生毕业后选择自主创业如何去申请创业贷款?

9.1 个人经营贷款

9.1.1 个人经营贷款的概念与种类

个人经营贷款,是指银行向借款人发放的用于借款人流动资金周转、购置或更新经营设备、支付租赁经营场所租金、商用房装修等合法生产经营活动的贷款。

根据贷款用途的不同,个人经营性贷款可以分为个人经营专项贷款和个人经营流动资金贷款。

9.1.2 个人经营贷款与企业流动资金贷款的区别

个人经营贷款和企业流动资金贷款共同目的都是为了企业的经营,前者是以个人为主体向银行申请贷款转给公司营运用,后者是以企业为主体向银行申请经营用贷款。选择个人经营贷款或企业流动资金贷款主要由企业的实际情况而定。例如,企业急需贷款,却无抵押物或担保人的情况,而个人名下有抵押物或担保就需要申请个人经营贷款。

除了贷款主体不同,个人经营贷款不仅可用作小企业流动资金,而且可用于购置和更新设备、支付租金、商用房装修等。

9.1.3 个人经营贷款申请的条件及材料

1)申请条件

①持有合法有效的身份证件,具有当地城镇常住户口或有效居留身份,有固定住所。

②经工商部门批准,依法登记注册,持有合法有效的营业执照。

③有固定的经营场所,有明确的生产经营计划,贷款用途明确合法。

④信用良好,无违约行为和不良信用记录,有按期偿还贷款本息的能力,并愿意接受银行对其使用贷款资金情况和有关生产经营、财务活动的监督。

⑤在银行开立结算账户。

⑥能提供银行认可的合法有效的财产抵押或质押,或有足够代偿能力的保证人担保。

⑦银行规定的其他条件。

2)申请人所提供的材料

身份证明(包括身份证、户口本或暂住证)、婚姻证明、借款申请表、营业执照正本、借款人家庭财产和经济收入的证明(纳税凭证、银行存单、不动产证明、有价证券等)、能够证明贷款合理用途的资料(生产经营计划、有关业务报表及纳税凭证)。

9.1.4 个人经营贷款申请的程序

个人经营性贷款同其他贷款一样,有严格的贷款发放管理程序:

①借款申请人填写借款申请表,并提交相关材料和凭证.

②银行审查,通知借款申请人审查结果。

③借款人填写借款合同,办理保险、抵押登记或质押等手续。

④银行发放贷款。

⑤请借款人按借款合同的规定还本付息。

专栏案例 9.1 小额贷款银行创始人尤努斯和他的格莱珉银行

穆罕默德·尤努斯,出生于1940年6月28日,孟加拉国银行家、经济学家、教授。开创和发展了“小额贷款”的服务,专门提供给因贫穷而无法获得传统银行贷款的创业者。他也是孟加拉乡村银行(也译作格莱珉银行)的创建人。2006年瑞典皇家科学院诺贝尔和平奖评审委员会宣布将2006年度诺贝尔和平奖授予穆罕默德·尤努斯及其创建的乡村银行,以表彰他们“自下层为建立经济和社会发展所作的努力”。

在1975年和1976年的大部时间里,尤努斯带领着学生去附近的乔布拉村调研。发现问题总是很容易,但是什么才是解决之道呢?他向那些农民们推广改良的大米种植技术,在干旱季节组建农民合作社修建水利设施。但不久后,他意识到,这并不能帮助真正穷困的底层阶级——那些没房没产、生活在农村里的穷人。

一天,尤努斯在乔布拉村采访了一位靠制作并售卖竹椅谋生的妇女。这位妇女告诉他,她辛劳一天只能赚2美分。尤努斯大感惊愕:这么一位勤劳的、能制作这么漂亮的竹椅的妇女,一天只能赚这么点钱。这位妇女解释说,由于没钱去购买制作竹椅的原材料,她不得不去找一位商人借钱,这位商人只允许她把竹椅卖给他,而且收购的价钱还得由他说了算。

“造成他们穷困的根源并非是由于懒惰或者缺乏智慧的个人问题,而是一个结构性问题:缺少资本。这种状况使得穷人们不能把钱攒下来去做进一步的投资。一些放贷者提供的借贷利率高达每月10%,甚至每周10%。因此不管这些人再怎么努力劳作,都不可能越过生存线水平。我们所需要做的就是在他们的工作与所需的资本之间提供一个缓冲,让他们能尽快地获得收入。”尤努斯总结道。于是,向这些没房没产的穷人提供借贷的想法就此诞生。

在1976至1979年间,他在村里开始了试验,以自己为担保人向穷人们提供小额贷款,这个试验成功地改变了大约500位借款人的生活。他也不断地去游说孟加拉中央银行和商业银行来采纳他的试验。

1979年,孟加拉央行终于答应开展这个名为“格莱珉”的项目,一开始由7家国有银行支行在一个省份进行试运作,1981年则增加到5个省份。这个项目的每一次扩张都证实了小额贷款的有效性:到1983年止,格莱珉银行86个支行使5.9万名客户摆脱了贫困。随后,尤努斯决定辞去学术工作,全身心投入到这项对抗贫穷的事业中去。

1983年,格莱珉银行成立为独立法人机构,以更快的速度发展壮大。为了确保还款,银行使用“团结组”系统。这些非正式的小组一起申请贷款,由小组成员担任联合的还款保证人,并互相支持对方努力改善自己的经济状况。随着银行的发展,格莱珉乡村银行也开发了其他为贫穷人士服务的信贷系统。除了微型贷款外,银行还提供住房贷款,为渔场、灌溉项目、高风险投资、纺织业、其他活动提供经费,同时也提供其他银行业务,如储蓄。在2004年,超过6 600万人在这个计划下受惠。

“格莱珉银行”已成为孟加拉国最大的农村银行,这家银行有着650万的借款者,为7万多个村庄提供信贷服务。格莱珉银行的偿债率高达98%,足以让任何商业银行感到嫉妒。而且,每一位借贷者都拥有这家银行一份不可转让的股份,共占据这家银行92%的股份(余额由政府持有),这实实在在是一家为穷人服务的银行,是穷人自己的银行。

尤努斯创办的格莱珉银行对传统银行规则进行了彻底的颠覆。在他的银行里,看不到电话、打字机或者地毯——尤努斯的员工们主动下到村里地头去拜访借款者——他们之间也不签署借款合同,大多借款人都目不识丁。格莱珉银行向客户们收取固定的单利利息,通常是每年20%,相对孟加拉商业贷款15%的复利,这个利率是比较低的。他们的客户都是那些没房没产的穷人,那些还不致穷困潦倒的人则被排除在外。尤努斯发现,把钱借给那些在孟加拉社会里没什么赚钱机会的妇女们,通常会给家庭带来更大的收益:这些妇女们对她们的贷款会更为小心谨慎。贷款申请人还得清楚地了解格莱珉银行的运作方式,这样他们才有资格借款。偿款通常从借款的第二周开始,尽管看上去会有些压迫性,但这也缓减了让借款人承担在年终偿付一大笔钱的压力。借款发放和偿付每周通过一次"中心会议"公开进行。在孟加拉到处滋生着腐败的各种机构中,格莱珉银行以其公开透明的运作而感到自豪。

格莱珉乡村银行的成功模式激励了其他发展中国家，甚至是发达国家,如美国，进而发展出类似的成功经验。这种微型贷款模式目前已经在23个国家中进行。其中,有许多微型贷款计划特别偏重于贷款给女性，超过96%的格莱珉贷款都是借给女性的，她们不均衡地遭受贫穷之苦，但同时也比男人奉献更多的收入以供家庭所需。

9.1.5 商业银行特色个人经营贷款

1)民生银行"商贷通"

商贷通是中国民生银行向中小企业主、个体工商户等经营商户提供的快速融通资金、安全管理资金、提高资金效率等全方位的金融服务产品。贷款期限最长10年,贷款利率在人行规定范围内协商确定,贷款金额依据经营商户的需要和所能提供的担保方式而有所不同,如采用抵押方式的,金额最高可达抵押物评估价值的80%。具备以下条件者均可申请:①具备完全民事行为能力,本人及其家人,均无不良信用记录。②拥有或控制某经营实体,如个体工商户、中小企业等,经营实体无不良信用记录。③家庭实物净资产不低于50万元,实物净资产如没有贷款的房产、汽车等。④若从事生产经营投资活动(包含承包、租赁活动),原则上需要拥有3年以上行业工作经验,并在民生银行机构所在地有固定经营场所且连续经营两年(含)以上。⑤原则上,需要具有银行机构所在地城镇常住户口或有效居留身份,并拥有固定住所。⑥在银行开立有个人结算账户,其经营实体在银行开立有企业结算账户。⑦民生银行规定的其他条件。

2)中国银行个人投资经营贷款

个人投资经营贷款是指中国银行发放的用于解决借款客户投资经营过程中所需资金周转的贷款。贷款的期限最长不超过5年(含5年),贷款的金额起点为3万元人民币,最高金额一般不超过300万元人民币。借款客户指中国境内具有完全民事行为能力的自然人,包括个人独资企业,即依法在中国境内设立,由一个自然人投资,财产为投资人个人所有,投资人以其个人财产对企业债务承担无限责任的经营实体。

个人投资经营贷款所需的资料:①资格证明文件,如身份证、户口簿或其他有效居留证件、营业执照等。②贷款用途证明文件,如购销合同等。③经营企业的财务报表(或经营收入证明)、税单及其他还款能力证明等。④担保所需的证明文件。抵(质)押担保须提供抵(质)押物清单、权属证明、价值证明,以及有处分权人同意抵(质)押证明;信用担保须提供保证人同意履行连带责任保证的文件及有关资信证明材料。⑤具有固定职业和稳定的经济收入的证明。⑥借款申请书(内容应包括借款人简历、工作业绩、投资项目可行性研究报告、还款来源、担保情况、申请借款的金额和期限)。⑦不低于投资项目总投资额的30%的自有资金或付款证明。⑧中国银行要求提供的其他文件资料。借款客户所提供文件资料应真实、合法。

还款的有关规定:应在签订借款合同之前提供中国银行认可的财产抵押、质押或第三方不可撤销的连带责任保证,担保人必须签订书面担保合同。①以抵押方式申请贷款的,抵押物必须符合《中华人民共和国担保法》的有关规定,以房地产进行抵押的应符合中华人民共和国建设部《城市房地产抵押管理办法》的规定,借款人必须将房产价值全额用于贷款抵押,其抵押率一般不得超过50%,同时,借款人在获得贷款前必须按照《中华人民共和国担保法》的有关规定办理抵押物登记。②以质押方式申请贷款的,质物仅限于商业银行开立的储蓄存单、国债等价值稳定,且易于变现的有价证券。银行存单和国债质押率不超过90%,其他有价证券质押率须视其价值分别确定。借款客户借款人提供的质物必须符合《中华人民共和国担保法》的规定,并按有关规定办理有关登记手续。需要公证的,借款客户(或质押人)应当办理公证手续。③以第三方保证方式申请贷款的,应提供中国银行可接受的第三方保证。第三方提供的保证为不可撤销的连带责任全额有效担保。

3)招商银行“周转易”

客户通过“周转易”业务审批后,在“一卡通”内即可获得一个循环额度用于定向支付。客户可通过POS刷卡、网上支付等快捷方式,随时随地用它支付货款,并可享受最长50天的延后结算期。还款日,招商银行提供自动还款服务,当客户活期账户资金不足时,自动发放一笔贷款用于归还定向支付款项。额度最高可达1 500万元。要求是经营稳定,信用记录良好且能够提供符合条件的房产抵押。

4)上海银行开业贷款

促进就业专项资金担保开业贷款(简称“开业贷款”),指专项用于解决下岗失业人员开业时的融资困难,由上海市劳动和社会保障局以市政府批准设立的“促进就业专项资金”提供担保的专项贷款。贷款期限最长为3年。非正规就业劳动组织负责人申请贷款的,贷款金额最高不超过50万元小企业法定代表人申请贷款的,贷款金额最高不超过100万元。贷款偿还采取按季付息,到期一次性归还本金,利随本清的还款方式。有抵押,贷款利率按照中国人民银行规定的同档次法定贷款利率执行。

5)交通银行个人小设备贷款

个人小型设施贷款是向借款人发放的用于购置、安装或修理生产和经营活动中所需小型设备的人民币贷款,小型设备的价值不超过100万元。贷款期限最长可达5年,有抵押,贷款额度最高可达小型设备价值的50%,中国人民银行规定的同期贷款利率。

6)邮政储蓄银行农户联保贷款

邮政储蓄银行向农户发放的用于满足其农业种植、养殖或者其他与农村经济发展有关的生产经营活动资金需求的贷款。3~5名农户组成一个联保小组,每个农户的最高贷款额暂为5万元。申请条件:①18~60周岁,具备完全民事行为能力的自然人。②身体健康,具备劳动生产经营能力、能恪守信用的农户或农村个体经营户。③从事农业相关经营活动,拥有稳定经营场所的城镇个人。④申请人必须已婚。

除以上特色创业贷款外，交通银行个人商铺贷款、光大银行小企业主贷款、中国银行工程机械按揭贷款、建设银行电子商务融资、建设银行小企业速贷通、华夏银行出口退税托管融资、北京银行留学人员创业贷款、广州银行下岗失业人员小额贷款、浙商银行流动资金贷款、杭州银行卡内限额信用贷款、吉林银行行业宝贷款、富滇银行个人助业贷款等都各具特色。

9.1.6 个人经营贷款的监管

1）贷款投向的监管

个人经营性贷款应用于支持个体工商企业和私营经济发展，但对于不符合国家产业政策、发展过热的行业，银行贷款将面临一定风险。监管人员应重点监管贷款人贷款投向是否合理，是否符合国家产业政策和宏观调控目标。

2）借款人实力考查

由于个人经营贷款的还款来源在一定程度上依赖于企业的经营情况，因此如果企业经营不善，可能出现借款人无力偿还贷款本息的情况。因此，贷款人除须考查借款人个人的资信状况、还款能力外，还要审查借款人经营实体的经营状况、发展前景和信用状况。监管人员应重点考查贷款人是否建立相应管理办法并按要求对借款人及其经营实体进行认真调查和审查。

3）借款人对贷款用途控制

个人经营贷款不得以任何形式流入证券市场、期货市场和用于股本权益性投资、房地产项目开发等。监管人员应重点考查贷款人是否对贷款用途作出明确规定并进行有效控制和监督。

4）贷款管理办法监管

贷款人应根据地区差异、市场状况、借款人资信状况、企业经营情况等合理确定授信额度和贷款额度、期限和利率。监管人员应重点考查贷款人是否建立了相应的管理办法并据此进行审查和审批。

5）贷款流程监管

监管人员应重点考查贷款人是否制订了相应的贷款管理办法和操作规程，以及风险评价体系和风险处置制度，并根据相应规定进行管理。贷款操作流程是否合理，风险控制体系是否完善。

9.2 创业贷款

9.2.1 创业贷款的概念

创业贷款（Business Start-up Loan）是指具有一定生产经营能力或已经从事生产经营的个人，因创业或再创业提出资金需求申请，经银行认可有效担保后而发放的一种专项贷款。

符合条件的借款人,根据个人的资源状况和偿还能力,最高可获得单笔 50 万元的贷款支持;对创业达到一定规模或成为再就业明星的人员,还可提出更高额度的贷款申请。创业贷款的期限一般为 1 年,最长不超过 3 年。为了支持下岗职工创业,创业贷款的利率可以按照人民银行规定的同档次利率下降 20%,许多地区推出的下岗失业人员创业贷款还可享受 60% 的政府贴息。

创业贷款是用来满足城乡居民个人创业需要而发放的小额度信用贷款。从贷款金额上讲,属于小额贷款;从贷款性质上讲,以信用贷款为主,不是都需要抵押担保;从贷款对象上讲,是城乡居民个人,而不是现有企业;从贷款用途上讲,属于创业贷款,区别于现行的消费贷款;从贷款名称上讲,属于小额信贷的别称,是符合国情的中国化称谓;从扶贫效果上讲,它的扶贫效率最高、覆盖面最大、经济效益最好、贷款回收率最高、资金周转率最快,可使国家的扶贫资金发挥最大的作用。

创业贷款可以解决城乡百姓就业问题,变受雇就业为自我创业,进而激发人的创造潜能。提供持续的信贷服务,可以有效地防止脱贫后再出现返贫现象。创业贷款,旨在突出和鼓励自我创业的就业形式,以区别于受雇就业形式下的个人消费贷款。孟加拉国吉大港大学经济系穆罕默德 · 尤努斯教授信贷扶贫的成功经验为创业贷款在我国的实施提供了借鉴。

9.2.2 创业贷款的对象

个人投资创业贷款适用的范围广泛,只要符合一定贷款条件,能够提供银行认可的担保方式的个人、个体工商户、个人独资企业,都可申请投资贷款。

9.2.3 创业贷款申请的条件及材料

1)申请条件

①具有完全民事行为能力,年龄在 50 岁以下。

②持有工商行政管理机关核发的工商营业执照、税务登记证及相关的行业经营许可证。

③从事正当的生产经营活动,项目具有发展潜力或市场竞争力,具备按期偿还贷款本息的能力。

④资信良好,遵纪守法,无不良信用及债务记录,且能提供银行认可的抵押、质押或保证。

⑤在经办机构有固定住所和经营场所。

⑥银行规定的其他条件。

2)申请材料

①借款人及配偶身份证件(包括居民身份证、户口簿或其他有效居住证原件)和婚姻状况证明。

②个人或家庭收入及财产状况等还款能力证明文件。

③营业执照及相关行业的经营许可证,贷款用途中的相关协议、合同或其他资料。

④担保材料:抵押品或质押品的权属凭证和清单,有权处置人同意抵(质)押的证明,银行认可的评估部门出具的抵(质)押物估价报告。

9.2.4 贷款方式

1)银行贷款

具有经营能力或已经从事生产经营活动的个人,因创业或再创业提出资金需求申请,经银行认可有效担保后而发放的一种专项贷款。符合条件的借款人,根据个人的资源状况和偿还能力,最高可获得单笔50万元的贷款支持;对创业达一定规模或成为再就业明星的人员,还可提出更高额度的贷款申请。创业贷款的期限一般为1年,最长不超过3年。为了支持下岗职工创业,创业贷款的利率还可以按人民银行规定的同档次利率下浮20%,许多地区推出的下岗失业人员创业贷款还可享受60%的政府贴息。

2)商业抵押贷款

银行对外办理的许多个人贷款,只要抵押手续符合要求,银行就会不问贷款用途。需要创业的人,可以灵活地将个人消费贷款用于创业。抵押贷款金额一般不超过抵押物评估价的70%,贷款最高限额为30万元。如果创业需要购置沿街商业房,可以用拟购房子作抵押,向银行申请商用房贷款,贷款金额一般不超过拟购商业用房评估价值的60%,贷款期限最长不超过10年。因创业需要购置轿车、卡车、客车、微型车以及进行出租车营运的借款人,还可以办理汽车消费贷款,此贷款一般不超过购车款的80%,贷款期限最长不超过5年。

3)保证贷款

如果你没有存单、国债,也没有保单,但你的妻子或父母有一份稳定的收入,那么这也能成为绝好的信贷资源。当前银行对高收入阶层情有独钟,律师、医生、公务员、事业单位员工以及金融行业人员均被列为信用贷款的优待对象,这些行业的从业人员只需找一到两个同事担保,就可以在工行、建行等金融机构获得10万元左右的保证贷款。而且,这种贷款不用办理任何抵押、评估手续。如果你有这样的亲属,可以以他的名义办理贷款,在准备好各种材料的情况下,当天即能获得创业资金。

创业贷款除了以上3种方式以外,还有一种方式是获得天使基金资助。对青年创业者提供资金上的帮助,并提供相应的后续支持与服务。例如,上海市大学生科技创业基金会的“天使基金”下设有两种创业资助计划,即“创业雏鹰计划”和“创业雄鹰计划”,分别以债权与股权两种方式运作。

9.2.5 创业贷款额度、要求及偿还方式

1)贷款额度

①个人创业贷款金额最高不超过借款人正常生产经营活动所需流动资金、购置(安装或修理)小型设备(机具)以及特许连锁经营所需资金总额的70%。

②个人创业贷款期限一般为两年,最长不超过3年,其中生产经营性流动资金贷款期限最长为1年。

③个人创业贷款执行中国人民银行颁布的期限贷款利率,可在规定的幅度范围内上下浮动。

2）贷款要求

①年满18岁的成年无违法违纪的年轻人，最多不能超过50岁的中国公民。

②所贷款项必须用来经营合法正当的职业。

③个人创业贷款必须持有工商营业执照、国家税务登记等相关行业经营许可证，有正规的行业经营许可权。

④个人创业贷款本人必须遵纪守法、无不良行为、无不良信用记录。并且要能提供银行认可的抵押、质押或保证人，做人诚实守信才行。

⑤个人创业贷款本人在经办机构要有固定的住所和经营场所，有的银行还有其他的规定项目。

3）贷款偿还方式

①个人创业贷款期限在1年（含1年）以内的，实行到期一次还本付息，利随本清。

②个人创业贷款期限在1年以上的，贷款本息偿还方式可采用等额本息还款法或等额本金还款法，也可按双方商定的其他方式偿还。

9.2.6　创业贷款融资策略

越来越多的人掀起了创业高潮，在创业初期，融资选择比较困难，贷款融资是一种不错的选择。

1）贷款银行选择策略

按照金融监管部门的规定，各家银行发放商业贷款时可以在一定范围内上浮或下调贷款利率，比如许多地方银行的贷款利率可以上浮30%。其实到银行贷款和去市场买东西一样，挑挑拣拣，货比三家才能选到物美价廉的商品。相对来说，国有商业银行的贷款利率要低一些，但手续要求比较严格，如果你的贷款手续完备，为了节省筹资成本，可以采用个人“询价招标”的方式，对各银行的贷款利率以及其他额外收费情况进行比较，从中选择一家成本低的银行办理抵押、质押或担保贷款。

2）住房贷款创业策略

普通3~5年商业贷款的年利率为5.58%，两者相差0.81个百分点，办理住房贷款曲线用于创业，成本更低。如果创业者已经购买有住房，也可以用现房作抵押办理普通商业贷款，这种贷款不限用途，可以当作创业启动资金。

3）贷款期限选择策略

银行贷款一般分为短期贷款和中长期贷款，贷款期限越长利率越高，如果创业者资金使用需求的时间不是太长，应尽量选择短期贷款，比如原打算办理两年期贷款可以一年一贷，这样可以节省利息支出。另外，创业中小企业融资也要关注利率的走势情况，如果利率趋势走高，应抢在加息之前办理贷款，这样可以在当年度内享受加息前的低利率；如果利率走势趋降，在资金需求不急的情况下则应暂缓办理贷款，等降息后再适时办理。

4）银行和政府低息创业贷款政策运用策略

创业贷款是银行推出的一项新业务，凡是具有一定生产经营能力或已经从事生产经营活动的个人，因创业或再创业需要，均可以向开办此项业务的银行申请专项创业贷款。

创业贷款的期限一般为 1 年，最长不超过 3 年，按照有关规定，创业贷款的利率不得向上浮动，并且可按人行规定的同档次利率下调 20%；许多地区推出的下岗失业人员创业贷款还可以享受 60%的政府贴息；有的地区对困难职工进行家政服务、卫生保健、养老服务等微利创业还实行政府全额贴息。

5）亲情借款的创业策略

创业初期最需要的是低成本资金支持，如果比较亲近的亲朋好友在银行存有定期存款或国债，这时你可以和他们协商借款，按照存款利率支付利息，并可以适当上浮，让你非常方便快捷地筹集到创业资金，亲朋好友也可以得到比银行略高的利息，可以说两全其美。不过，这需要借款人有良好的信誉，必要时可以找担保人或用房产证、股票、金银饰品等作抵押，以解除亲朋好友的后顾之忧。

6）提前还贷策略

创业过程中，如果因效益提高、货款回笼以及淡季经营、压缩投入等原因致使经营资金出现闲置，这时可以向贷款银行提出变更贷款方式和年限的申请，直至部分或全部提前偿还贷款。贷款变更或偿还后，银行会根据贷款时间和贷款金额据实收取利息，从而降低贷款人的利息负担，提高资金使用效率。

9.3 大学生创业与贷款

9.3.1 大学生创业优惠政策

大学生个人创业贷款的优惠政策具体体现在金融贷款、税收缴纳和企业运营方面。

1）金融贷款

（1）优先贷款支持、适当发放信用贷款

加大高校毕业生自主创业贷款支持力度，对于能提供有效资产抵（质）押或优质客户担保的，可由高校毕业生为借款主体，担保方可由其家庭或直系亲属家庭成员的稳定收入或有效资产提供相应的联合担保。对于资信良好、还款有保障的，金融机构优先给予信贷支持。对高校毕业生创业贷款，在风险可控的基础上适当发放信用贷款。

（2）简化贷款手续

通过简化贷款手续，在一定期限内周转使用合理确定授信贷款额度。

（3）利率优惠

对创业贷款给予一定的优惠利率扶持，视贷款风险度不同，在法定贷款利率基础上可适当下调或少上浮。

事实上，大学生创业贷款难就难在无法提供有效资产作抵押或质押。已有多家银行开办了针对具有城镇常住户口或有效居留身份，年满 18 周岁自然人的个人创业贷款。此类创业贷款要求个人采用存单质押贷款,或者房产抵押贷款以及担保贷款。

2)税收缴纳

凡高校毕业生从事个体经营的,自工商部门批准其经营之日起1年内免交税务登记证工本费。新办的城镇劳动就业服务企业(国家限制的行业除外),当年安置待业人员(含已办理失业登记的高校毕业生,下同)超过企业从业人员总数60%的,经主管税务机关批准,可免纳所得税3年。

劳动就业服务企业免税期满后,当年新安置待业人员占企业原从业人员总数30%以上的,经主管税务机关批准,可减半缴纳所得税两年。

3)企业运营

(1)员工聘请和培训享受减免费优惠

对大学毕业生自主创办的企业,自工商部门批准其经营之日起1年内,可在政府人事、劳动保障行政部门所属的人才中介服务机构和公共职业介绍机构的网站免费查询人才、劳动力供求信息,免费发布招聘广告等;参加政府人事、劳动保障行政部门所属的人才中介服务机构和公共职业介绍机构举办的人才集市或人才、劳务交流活动给予适当减免交费;政府人事部门所属的人才中介服务机构免费为创办企业的毕业生、为创办企业的员工提供一次培训、测评服务。

(2)人事档案管理免两年费用

对自主创业的高校毕业生,政府人事行政部门所属的人才中介服务机构免费为其保管人事档案(包括代办社保、职称、档案工资等有关手续)两年。

(3)社会保险参保有单独渠道

高校毕业生从事自主创业的,可在各级社会保险经办机构设立的个人缴费窗口办理社会保险参保手续。

9.3.2 大学生创业贷款

1)大学生创业贷款申请条件

①毕业后6个月以上未就业,并在当地劳动保障部门办理了失业登记。

②大学专科以上毕业生。

2)大学生创业贷款方式

大学毕业生自主创业的小额贷款方式为担保和免担保贷款。

①担保贷款。其中,小额担保贷款的借款人提供有效的担保体式格局,提供有效担保,可申请3万~10万元贷款。大学生合伙经营创业的可申请合伙经营性贷款,经委托方审核及格,可申请50万元以下的贷款。

②免担保贷款。对于一些比较好的创业项目,符合高校毕业生创业贷款免担保项目评选办法试行,并经专家论证、评审等级为优异的,可申请3万~10万元的免担保贷款。

3)大学生创业贷款期限

国家为大学毕业生提供的小额创业贷款是政府贴息贷款,其期限为1~2年,两年之后不再享受财政贴息。

4)其他大学生创业政策

①从事个体经营的,1年内免交工商登记类和管理类行政事业性收费。

②自谋职业者还可将户口档案托管在市大中专毕业生就业指导服务中心。对于大学毕业生自主创业的各项具体政策应向各相关部门咨询。

5)申请流程

①受理。申请人向大学生创业园管理服务中心提出申请,并提交相关申报材料,由大学生创业园管理服务中心进行初审。

②审核。对初审通过的商业贷款贴息对象及金额,由人事局会同财政局等有关部门按产业导向、企业规模、就业人数、注册资本和利税等要素对申请商业贷款贴息对象的资料进行审核,并核定贴息金额。

③公示。经评审通过的商业贷款贴息对象和贴息金额由人事局和申请人所在单位或社区进行公示,公示期为5个工作日。

④核准。经公示后无异议的,由人事局下发核准通知书。

⑤拨付。根据相关部门核准通知书,财政局在贴息对象提供付息凭证后从扶持大学生自主创业专项资金中拨付资助资金。

⑥大学生创业贷款材料归档管理。

6)大学生创业贷款的利息

(1)人民币业务的利率换算

①日利率(‰)=年利率(%)÷360=月利率(‰)÷30

②月利率=年利率(%)÷12

(2)积数计息法和逐笔计息法

①积数计息法按实际天数每日累计账户余额,以累计积数乘以日利率计算利息。计息公式为:

利息=累计计息积数×日利率,其中累计计息积数=每日余额合计数。

②逐笔计息法按预先确定的计息公式(利息=本金×利率×贷款期限)逐笔计算利息,计息期为整年(月)的,计息公式为:

利息 = 本金 × 年(月) 数 × 年(月) 利率

计息期有整年(月)又有零头天数的,计息公式为:

利息 = 本金 × 年(月) 数 × 年(月) 利率 + 本金 × 零头天数 × 日利率

同时,银行可选择将计息期全部化为实际天数计算利息,即每年为365天(闰年366天),每月为当月公历实际天数,计息公式为:

利息 = 本金 × 实际天数 × 日利率

这3个计算公式实质相同,但由于利率换算中一年只算作360天,但实际按日利率计算时,一年将算作365天计算,得出的结果会稍有偏差。具体采用哪一个公式计算,央行赋予了金融机构自主选择的权利。因此,当事人和金融机构可以就此在合同中约定。

(3)复利

复利即对利息按一定的利率加收利息。按照央行的规定,借款方未按照合同约定的时间偿还利息的,就要加收复利。

(4)罚息

贷款人未按规定期限归还银行贷款,银行按与当事人签订的合同对失约人的处罚利息称为银行罚息。

(5)贷款逾期违约金

性质与罚息相同,对合同违约方的惩罚措施。

(6)计息方法的制订与备案

全国性商业银行法人制订的计、结息规则和存贷款业务的计息方法,报中国人民银行总行备案并告知客户;区域性商业银行和城市信用社法人报人民银行分行、省会(首府)城市中心支行备案并告知客户;农村信用社、县联社法人可根据所在县农村信用社的实际情况制订计、结息规则和存贷款业务的计息方法,报人民银行分行、省会(首府)城市中心支行备案,并由农村信用社法人告知客户。

【本章小结】

1.个人经营贷款,是指银行向借款人发放的用于借款人流动资金周转、购置或更新经营设备、支付租赁经营场所租金、商用房装修等合法生产经营活动的贷款。个人经营贷款与企业流动资金贷款是有区别的。

2.商业银行经营贷款也在不断创新中,对银行或有关信贷机构而言,经营贷款必须严格进行监管。

3.创业贷款是指具有一定生产经营能力或已经从事生产经营的个人,因创业或再创业提出资金需求申请,经银行认可有效担保后而发放的一种专项贷款。

【关键术语】

个人经营贷款　创业贷款　大学生创业贷款　抵押贷款　质押贷款　担保贷款　保证贷款

【思考问题】

1.什么是个人经营贷款?

2.个人经营贷款与企业流动资金贷款有何区别与联系?

3.国家对创业和申请创业贷款有何优惠政策?

4.大学生申请创业贷款应该准备哪些资料?

5.大学生创业贷款的贷款政策是什么?

6.商业银行创业贷款面临什么样的风险?

【推荐阅读】

1.贷款通则。

2.大学生创业网 http://www.studentboss.com/

【课后习题】

一、判断题

1.个人经营贷款资金只能用作流动资金。（　　）

2.大学生创业贷款利息补贴最长时间为两年。（　　）

3.在校大学生也可申请创业贷款。（　　）

4.创业贷款的偿还方法都是到期利随本清。（　　）

5.根据相关信贷政策,创业贷款的期限最长不超过3年。（　　）

二、多项选择题

1.个人经营性贷款的具体用途有（　　）。

A.小企业流动资金　B.购置和更新设备　C.出国经商
D.支付租金　E.商用房装修

2.创业贷款的对象有（　　）。

A.下岗失业人员　B.个体工商户　C.个人独资企业
D.大学毕业生　E.返乡农民工

3.关于格莱珉银行,描述正确的是（　　）。

A.创始人是穆罕默德·尤努斯　B.创建于1983年　C.主要是经营小额贷款
D.是孟加拉国最大的乡村银行　E.没有分支机构

4.对大学生创业的支持政策包括（　　）。

A.可以发放信用贷款　B.贷款利率优惠　C.贷款手续简化
D.人事档案管理免两年费用　E.1年内免交税务登记证工本费

三、案例分析题

抵押贷款的可行性

汪先生是一家医疗器械公司的老板,2013年公司生意蒸蒸日上,汪先生挣了不少钱,打算扩大公司规模,再开一家分公司。汪先生粗略作了一下预算,进货加上分公司办公地点的租金费用大概需要200万元,投资回收期约两年。可是汪先生的钱大部分都用在了购货上,还有部分老客户的货款未收回,因此手头可用的流动资金不多。汪先生不想放弃自己事业再上一层楼的目标,碍于面子又难于向朋友开口借钱,而汪先生自己名下有两套住房,均无贷款,一套位于北二环,一套位于西三环,目前市价均超过200万元,他想知道是否可以通过抵押房产来获得融资。

（资料来源:南方财富网 http://www.southmoney.com,2015年2月1日）

问题:

1.汪先生是否可以申请小企业经营贷款?

2.为汪先生设计一个贷款方案。

第 10 章　个人信用权及其保护

【教学目的】

1.了解不同学者对信用权的认识。
2.理解信用权的本质。
3.认识信用权的隐性价值和显性价值。
4.学会正确使用个人的信用权。
5.学会保护个人的信用权,维护好个人的信用。

【引导案例】

个人信息遭套用“被办理”信用卡透支万余元

山东省济宁市金乡县胡集镇金店村村民刘香红,是一位小儿麻痹症患者,从未办理过信用卡,她去银行办理贷款时,却发现自己因信用卡透支而欠了银行 1 万多元未还。

2011 年 12 月初的一天,刘香红和丈夫到农村信用社申请贷款时,被告知自己欠了农业银行 1 万多元钱。“本想着能弄个小额贷款,和别人合伙做点小生意,没想到还背着 1 万多元的债务,贷款也批不下来了。”刘香红说,半年前她就接到过农业银行委托律师的催款电话,当时还以为是诈骗电话,没想到真的欠了银行的钱。令她百思不得其解的是,自己没有办理过银行卡,咋能通过信用卡透支消费呢? 刘香红在丈夫的陪同下,从中国人民银行金乡支行查到了她的个人信用信息。

个人信用报告单上显示,“刘香红”是 105 国道金乡城北收费站的一名工作人员,还是一名中层干部。2010 年 4 月 29 号在农业银行济宁分行开发区支行办理了一张 1 万元的信用卡,目前 6 次逾期,总负债 10 612 元。个人身份信息栏后留了 3 个联系电话,但均已停机。随后,记者联系了金乡县公路局、105 国道金乡城北收费站,被告知均无此人。刘香红说,自己的身份证除了交给过村委和计生办外一直都在家里,没有丢失和外借。

刘香红的信用卡是经中国农业银行某支行办理,经办人朱某某。朱某某是银行的正式员工。正规的信用卡审批手续必须申办人本人持个人信息、单位证明到银行申请,然后再由工作人员核实后才能发卡。银行遂对此事展开了调查。

2011 年 12 月 10 日,中国农业银行某支行工作人员了解此事后曾去过她家,表示将尽快处理此事,并称可先开具证明,帮助她把小额贷款办理出来。

(资料来源:法制网 http://www.legaldaily.com.cn,2011 年 12 月 1 日)

问题：

1.谁侵害了刘香红的信用权？

2.刘香红在个人信用信息保护方面是否存在过错？

10.1　信用权的概念及特征

10.1.1　信用权的概念

信用虽早在罗马法中就已出现，但罗马法中并未形成真正意义上的与信用相对应的信用权，只是随着商品经济的发展，信用权才在近代法律中得以确立，如《德国民法典》824 条规定："违背真相，主张或传播适于妨害他人的信用或对他人的生计或前途造成不利益的事实的人，即使其虽不明知，但应知不真实，仍应向他人赔偿由此而发生的损害。"

关于信用权内涵的描述，目前仍存在一定的分歧，大致有以下几种观点：

第一种观点认为，信用权是民事主体对其所具有的偿债能力在社会上获得的相应信赖与评价而享有的利用、保有和维护的权利。

第二种观点认为，信用权是指以享有在社会上与其经济能力相应的社会评价的利益为内容的权利。

第三种观点认为，信用权是民事主体所具有的经济能力在社会上所获得的相应信赖与评价所享有的保有和维护的人格权。

上述观点大多从民事主体的经济能力与偿债能力的角度进行定义，认为信用权无非是民事主体对其经济能力及偿债能力的评价所享有的权利。但这样定义信用权难以准确地指明信用权的外延。而且作为法律概念的信用权具有指向的特定性，一般是指对民事主体履约能力和意愿的社会评价。再者，信用权是一种评价性权利，是一种主客观相结合的权利。为此，信用权应指自然人、法人、其他组织所具有的履约能力和意愿所获得的信赖程度的社会评价及其保有、利用、收益、处分信用并排除他人干涉的排他性权利。

信用权究竟为人格权，还是财产权，抑或一种兼具有人格性与财产性的混合性权利？对此，学界颇多争议。有的认为信用权是人格权，"信用权是指民事主体就其所具有的经济能力在社会上获得相应信赖与评价所享有与其保有和维护的人格权"，这种观点占优势地位。

台湾学者进一步认为信用权是名誉权，将名誉权分为广狭二义。广义名誉权，除包括狭义名誉权外，还包括信用、贞操、隐私等为内容之权利，可谓为除生命、身体健康、姓名诸权以外之人格权。有的认为信用权是新型的财产权，属于一种特殊的无形财产权，具有与知识产权类似的某些特征，但又不能归类于传统的知识产权体系。此外，还有学者认为信用权可以说是介乎上述财产权与非财产权之间的"混合型权利"。

信用权具有某些财产性，对此当无异议，但信用权的财产价值只有在经济活动中或信用权受到侵害时才具有实际意义，其在本质上应为一种具体的人格权，只不过是一种商品化了的人格权,是人格权商品化的一种体现,类似的权利还有姓名权、肖像权等。由于人格权的商品化,使一些人格权可以带来经济利益和具有了转让功能,这使原来财产权与人身权的界线模糊了,但不能就此说信用权即是财产权。

可见,信用权在民事权利体系中,是受到法律保护的资信利益,是一种与所有权、债权、知识产权、人身权相区别的无形财产权。

10.1.2　信用权的特点

从信用的基本构成要件以及特点我们不难看出,信用权的本质是一种人格权和财产权的结合,或者更为确切地说,是一种兼具财产权性质的人格权。

(1)信用权具有明显的人格性

这种人格性不仅是指伦理道德人格,而且从伦理道德上升到法律人格,将道德规则法律化,故信用权既是道德的又是法律的。

(2)信用权兼具财产性

信用的财产性并非从出现之时就存在,而是随着社会的不断发展而突显出来的。信用的人格性与他拥有的财产、资本密切相关,在现代社会的交往中,判断对方的信用状况仅仅依据他的道德品格是不行的,必须以其财产资本作为基础。

(3)信用权还意味着责任

在交易过程中,一方会考虑对方的人格品行,是否诚实可靠,但最终还是根据其拥有的财产状况、支付能力对外承担法律责任。因此,信用权在法律上应当体现为兼有财产权性质的人格权,这种权利必须受到法律的保护。

10.1.3　信用权的特征

信用权作为一种人格权和财产权结合的权力,其具有的特殊的无形财产权,具有与知识产权类似的某些特征,但又不能归类于传统的知识产权体系。为此,从信用权、人格权和财产权的结合,尤其是其与著作权、专利权、商标权等相比较而言,信用权具有以下一些显著特征:

(1)信用权是一种具体的人格权

首先,享有信用权的主体是自然人、法人及其他组织。在市场经济中,只要是民事主体就应享有信用权,只不过法人与其他组织更多地参与经济活动,其信用权体现更为明显罢了。其次,信用权与民事主体的人身利益紧密联系。信用权依附于特定主体,主要为权利主体的人身利益,只是在经济活动中才转化为财产利益或在受侵害时发生财产后果。再次,信用权的客体是信用。在经济活动中,民事主体可以保有、持有、自由支配自己信用所体现的利益,维护信用不受他人的侵害。最后,信用权是基于信赖利益而产生的社会评价。作为一种评价性权利,信用权不能完全以经济利益来衡量。

(2)信用权具有非恒定的独占效力

信用权不是一成不变的,其保护范围无法加以确定,它随着民事主体生产经营活动的好坏始终处于不断的优劣变化之中。它既不能像所有权那样基于其有形标的物来设定本权与他权的界限,也不能如同知识产权通过注册登记对其效力范围加以界定。与所有权、知识产权不同,信用权独占效力的非确定性特点表明:信用虽然不是一次或多次简单地产生经济效益(所有权客体如物质产品的一次性出售,知识产权客体如技术产品的多次性使用),而是经常性持续不断地产生效益,但这种效益具有可变性。民事权利的内容也就是受保护的利益,在经济因素、道德因素以及其他社会因素的作用下,特定主体的信用肯定会发生一些变化,在这种情况下,其独占权效力范围就不可能具有永久的确定性。

(3)信用权具有相对的排他效力

信用权不具有知识产权的地域性特征,不能像专利权、商标权那样在授予该项权利的一国范围内享有排他效力。但是,受到法律保护的利益才能成为权利,信用权概莫能外。信用权虽无一国之地域效力,但其排他性可从以下两个方面来认识:一是信用权在特定民事主体所属的行政区域或行业内受到保护;二是信用权在特定民事主体发生生产经营活动或其他经济活动的地区或行业内具有排他效力。在这个意义上,我们可以说,信用权是一种相对的绝对权。信用权是受到法律保护的资信利益。如同其他民事权利一样,信用权不是绝对的,而要受到法律的某种限制。在无形财产权体系中,对创造性成果权的限制,其目的在于防止权利人滥用其著作权或专利权,协调个人利益与社会利益的关系,促进科学技术的进步和文化的繁荣;对经营性标记权的限制,其目的在于维护市场公平竞争秩序,防止权利人滥用其商标权或商号权,避免将通用标记作为私权标的利用;而对信用权的限制,其目的在于制约权利人行使资信类权利的范围,防止其“用而无信”“用滥信失”而损害他人的合法利益。关于信用权的限制,并非是对权利享有的限制,而主要表现为对权利行使的限制。防止信用权的滥用,法律一般采取以下几种措施:第一,规范信用活动。信用活动应奉行诚实信用原则,避免信用危机发生。信用交易涉及信用授受双方,债权人一方有权利在一定时期内收回其暂时转让的价值并获得报酬,债务人一方有义务在约定的时间内偿还价值并付出代价。对此,应通过合同的形式明确双方当事人的权利义务,杜绝“欠债有理、欠债有利”的不合理预期的出现。第二,推行信用工具。信用工具是授信人与受信人双方确定的债权债务关系的载体,其中最有代表性的信用工具和支付工具当属票据。信用活动的票据化有助于防范“口头协议”“白条凭证”或“挂账承诺”等非正规信用形式的出现。

10.2 信用权的价值

从现代信用的内涵来看,信用权属于一种特殊的无形财产权,是信用主体一种无形资产,但又不同于其他如商标、品牌、专利等无形资产,信用权有其独特的内容和特点。既然信用权是信用主体的一种无形资产,它就应该具有相应的价值。信用权在信用活动的价值表现为隐性价值和显性价值。

10.2.1　隐性价值

1）信用额度

（1）信用卡授信价值

信用卡的受信主体有个人和企业（单位），一般分为个人卡和单位卡。不管是个人卡，还是单位卡，在受信中所获得的信用额度都直接与信用等级有关，这体现为不同信用主体的信用权价值。

①信用额度体现的价值。不同的消费者在申请信用卡时，由于各自的信用评分不同，银行授予的信用额也不同，信用评分越高，消费者获得的信用额度越高，说明消费者获得的显性价值越大。目前，国内外商业银行在授信中都基本上建立了一套评分体系，虽然还不是行业通用标准，但各家银行已开始了对授信客户的量化考核。

②信用免息期的使用获得直接收益。假设某一消费者持有的信用卡的账单出单日是每月15日，最后还款日是出单后的第25个工作日，消费者的免息期最长可达56天，这56天的资金无偿使用，给消费者直接带来变向收益，这也是信用权价值表现的一种。

（2）集中授信价值

①客户特征值与信用额度的对应关系。客户特征值的不同，客户所获得的信用额度不同，它代表了信用主体信用权使用价值的不同。在特征分析模型中主要涉及客户特征、优先特征、信用特征3大类，通过特征分析技术进行分析，根据特征值分析模型调整后的信用额度可超出信用额度根据通常运用的资产分析法所确定的信用额度。

②统一授信中受信者信用额提高。统一授信管理一方面降低银行授信业务风险和管理成本，另一方面为集团客户获得高额信用提供了保障。若以集团内部某一公司的注册资本和和信用等级为依据，所获得的信用额度相对有限；若以集团信用为基础，其中某一公司需要获取信用时，可得到集团信用担保和集团资产抵押，信用额度会大大提高。

③消费信用额度的获取。信用消费是现代经济活动的重要方式，消费者能否有效地获取消费信用额度，取决于消费者信用权本身价值的大小。消费者信用权价值越高，综合消费额度就越大，消费者可以在较高的额度内申请信用卡、申请住房贷款和其他综合消费贷款，否则就无法获得银行的信贷支持，甚至还可以通过贷款进行投资而获取收益。这就明显显现出消费者信用权所获得的实际价值。

2）商业信用的政策优惠

执行商业信用优惠政策，享受货款折扣和商业折让，获得相应的隐性价值，一旦执行该政策，商业购买将取得显性的收益。商业信用是公司短期融资中最主要的一种方式，对赊购方来讲延期支付货款是一种变向融资活动，如果一旦放弃信用权，不享受供货方提供的折扣优惠条件，是有一定隐含成本的。

例如，某公司从另一公司获得“1/10，N45”的信用条件，则该公司的商业信用成本为：

$$\text{放弃折扣成本} = \frac{1}{100-1} \times \frac{360}{45-10} \times 100\% = 10.4\%$$

并且，商业信用隐含成本与折扣率正相关，因此信用主体不得轻易放弃现金折扣，使用好信用权，以降低隐性成本，获取信用权隐性价值。

10.2.2 显性价值

所谓信用权的显性价值，就是信用主体在受信过程中所直接获取的收益。显性价值有直接性和具体性的特点，其主要表现为直接收益。

1）降低交易成本

集中授信降低交易成本，提高银行盈利能力，增加银行价值。信用主体的交易成本从形成过程来看，一是在签约之前搜集有关交易信息而发生的费用；二是签约过程中为谈判所发生的费用；三是签约之后的执行、管理发生的费用。为了保证交易的顺利实现，投资者通过银行和其他金融中介机构间接金融交易可以降低金融交易的费用，同时银行和其他金融中介机构通过集中授信可以降低风险、减少风险损失，大大降低授信管理成本。目前，商业银行普遍实施的统一授权授信管理，为银行和投资都能起到降低成本的作用。

2）降低监督成本

代理监督降低重复监督成本。投资者获取金融中介授予的信用权，通过金融中介代理监督，可以降低重复监督成本。假设资本市场上有 n 个投资项目，每个项目需要 1 个单位的资金，由 m 个小额投资者共同投资于一个项目，投资者总数为 mn 人，监督一个项目的成本为 c。如果由投资者直接监管，总成本为 mnc；如果由中介机构代理监督，即由金融中介机构以合同形式吸收投资者的资金，然后由中介机构授信给这 n 个项目，金融中介对 n 个项目的监管成本为 nc，投资者监督对金融中介的监督成本为 C，则代理监督的总成本就为 $nc+C$，金融中介代理监督的规模经济优势，降低了对同一项目的重复监督成本，因此一般来讲都会有 $nc+C<mnc$，这时 $mnc-nc+C$ 就是投资者信用权的隐性价值。

3）利率优惠

商业银行信贷业务中，对客户的授信条件必须依赖于客户的信用等级，信用等级是客户信用权的核心内容，是行使信用权的衡量指标。信用等级越高，信用主体在受信时获得更多的优惠，融资成本就越低，例如某客户在住房按揭贷款中获得了 8.5 折贷款利率优惠，而一般客户都只能是 9 折，甚至不打折，这其中就可获得信贷成本降低的实际价值，直接表现为偿还的利息减少。

4）高价发行债券

企业债券发行的信用评级就是为了提高信用等级，提高信用主体信用权的使用价值。在证券发行中，信用等级越高的企业，债券越容易发行；信用等级越高的债券发行成本越低、发行价格越高，对投资者来讲风险就越低，企业融资越容易。比如其他条件相同的情况下 A 级债券比 B 级债券发行价格高，发行中的收益越大，债券价值也越高。

信用权的价值表现为隐性价值和显性价值，并有不断扩散的趋势，除了上述的隐性价值和显性价值具体表现外，实际上在所有的信用交易活动中对信用活动双方都存在不同大小的价值。因此，通过信用权价值的分析，我们不仅认清了信用权价值的表现形式，而且进一步认识到使用和维护好信用主体的信用权的重要性。同时也看到，交易主体失信是必然要付出成本的，在现代信用活动中，守信是交易主体的第一原则。

10.3　信用权的保护

10.3.1　侵害信用权行为的认定

对信用权的侵害往往影响他人对受害人的信赖程度与有关其经济能力的评价后果，从而造成信用权主体的不利益。侵害信用权的行为是一种特殊的侵权行为，参照国外相关立法的规定，我们可将这一行为定义为：以捏造、散布虚伪事实等不正当手段，损害他人资信的行为。依照侵权民事责任构成要件的理论，认定侵犯信用权应考虑以下几个问题：

1）违法行为

侵害信用权的违法行为，是有损于他人的合法资信利益的行为。从违法行为的内容来说，是对权利主体特殊经济能力（包括其资金实力、兑付能力、结算信誉等状况）发表虚假或不当的说法。其违法行为的表现形式，或者是一种贬损行为，即凭空捏造或散布与有关他人信用的真实情况不符的虚假之词；或者是一种误导行为，即不公正、不准确陈述某些客观事实，对他人的信用状况施加了不当影响。基于上述违法行为的内容及表现形式的分析，不难看出，侵害信用权的行为主要是一种作为，无论是主张、捏造，还是转述、传播，都是侵权人积极行为的表达方式。

2）损害事实

侵害信用权的损害事实，是因侵权行为的实施而导致关于权利主体的资信评价降低，或对其生计或前途造成其他不利益的实际损害。与上述要件相联系，“仅有行为而无损害，不构成侵权行为。”损害事实的存在，表明违法行为侵犯了法律所保护的利益，具有应受法律制裁的社会危害性。关于损害事实的认定，其标准在于有无信用损害结果的发生。这一损害事实表现为两个方面：一是关于权利主体特殊经济能力的社会评价因侵权行为而降低，如信用等级的非正常下降，信誉程度的非自然毁损等；二是对于权利主体特殊经济能力，公众减少甚至丧失原有的经济信赖，如因侵权行为破坏客户对特定企业的信任等。在这里，需要强调的是，损害事实是关于社会评价和经济信赖降低的损害事实，它往往会造成权利主体财产利益的损失，如预期贷款不能获得，商品买卖未能正常进行等。但是，侵害信用权的行为，虽会造成信用贬损的危害结果，却并不当然发生实际的财产损失。

3）因果关系

侵害信用权的因果关系，是指侵犯他人信用的违法行为与资信利益损害事实之间的必然的、内在的关联性。在侵害信用权的因果关系中，作为原因的违法行为，是一种主张或传播虚假事实或不当说法的行为。由于信用表现为对权利主体特定经济能力的评价，因此，该类行为只有将上述不实之词公开、公示于第三人时，其损害原因才能构成；同时，作为结果的损害事实，是一种导致权利主体相关社会评价与经济信赖降低的损害性后果。判断这种后果的发生的标准，在于权利主体原有资信利益的缺失，只有已经发生的不利益的事实才能称其为损害结果。依照逻辑分析的方法，只要证明资信利益是违法行为所引起的，即可确认两者之间有因果关系。

4）主观过错

侵害信用权的主观过错，是指侵权人实施在法律上应受非难的行为时所具有的主观状态，其表现形式包括故意和过失。根据国外相关立法例，所谓故意，是指侵权人明知自己的行为（捏造或传播虚假事实）会发生损害他人信用的结果（主观认识），但希望或放任这种他人信用利益缺失的损害结果发生（主观动机）；所谓过失，是指侵权人未尽到注意的义务，对于妨害他人信用的虚假事实虽不明知，但应知其不真实，并在此主观状态下进行了主张或传播。侵害信用权的行为与侵害商誉权的行为不同，后者发生在有竞争关系的经营者之间，其行为具有损害对手商誉的明显的目的性，立法多要求故意才构成侵权。而前者所涉及的资信关系不以经营者为限，追求或任许损害结果发生固然构成侵权，此外，对其行为结果不加顾及、对他人利益不予尊重以至造成损害后果的，也可能构成侵权。侵害信用权的行为应承担相应的民事责任，其主要方式是赔偿损失，另外还包括除去侵害的责任形式，如停止侵害、消除影响、赔礼道歉等。

5）信用权侵害的抗辩

对资信利益的损害，并非一定都要求行为人承担民事责任。在下列情况下，行为人可以提出不构成侵权或免除侵权责任：

（1）正当情况反映

凡依法执行职务行为的单位或个人，因职责需要并通过正当渠道反映特定主体负面信用情况，应为阻却违法事由，例如商业银行向其上级机关反映某法人无力还贷的报告；此外，无法定义务的一般单位或个人，因自己的正当利益需要，通过正常途径向有关部门反映特定主体的信用情况，即使上述主张有失实之处，也不构成侵权，例如消费者的正当投诉。

（2）新闻报道属实

新闻机构关于特定主体信用情况的报道，只要内容基本真实，则不能以侵权论。新闻侵害信用权的主要表现形式为新闻诽谤，而新闻诽谤是以所报道的事实属于捏造或被歪曲为构成条件的。如果所报道的事实既非捏造，也未被歪曲，而是符合事实或基本符合事实的，则不构成新闻诽谤。

（3）权威消息来源

依法成立的信用评估机构，按照规定的信用评级制度，收集有关个人或企业特性、偿债能力、责任能力和声誉的信息，为投资和交易活动的当事人提供的信用报告、公布的信用等级或级别等，如涉及特定主体信用的消极评价，都可以作为抗辩事由来否定侵害使用权的民事责任构成。

10.3.2 信用权保护方式

关于信用权的保护，目前立法例上尚无通行的做法。有的国家不承认信用为权利，仅将其作为其他法律如刑法所保护之法益，因此以违反刑法保护规定为由，来规制对信用的侵权行为。有的国家虽然将信用视为权利，但在法律保护上采取了两种不同的方式。

1)直接保护方式

(1)民事立法的保护方式

有的国家采取民事立法的体例,对侵害信用权的行为,直接确认其侵权民事责任。换言之,即是规定信用权为一项独立的民事权利,并明确侵犯这一权利的法律后果。德国民法典在题为"侵权行为"的第二十五节中规定有各类侵权行为。其中第283条规定:"故意或因过失不法侵害他人的生命、身体、健康、自由、所有权或其他权利的人,对他人负有赔偿由此而发生的损害的义务"。该条说明,"侵权行为"一节所涉及的各种法益(包括信用),均被视为权利形态。第824条规定:"违背真相主张或传播适于妨害他人的信用或对他人的生计或前途造成其他不利益的事实的人,即使其虽不明知,但应知不真实,仍应向他人赔偿由此而发生的损害"。这一条款将信用权作为一项独立权利加以保护,显然有别于商誉权。其理由是:第一,享有信用利益的权利主体,无主体资格限制,凡民事主体皆可成为信用权主体;第二,信用权的内容乃一般资信利益,无特定标的指向,即不限于是商业上的信誉;第三,侵权行为人与受害人无竞争对手关系,其行为目的在于妨害了对方当事人的信用,造成其生计或前途等方面的不利益,并非是破坏对方竞争实力而谋取不正当利益。由此可知,上述侵权行为的构成要件不适用于侵害商誉权的情形,因此该条应属于有关信用权保护的规定。

(2)选择信用权直接保护方式的重要性

①信用是一种重要的资信利益。在现代商品经济条件下迫切需要相应的权利保护。在当今社会,只要存在着商品交换,就会有信用活动发生;而与信用活动有关的资信利益,是主体所享有的一种重要的无形的财产,随着市场经济的发展与人们权利观念的进化,有必要将这种资信利益从一般人格利益分离出来,并最终与同此相关联的商誉利益相区别,即赋予其为独立的财产形式并给予特别的法律保护。

②信用主体是一个广泛的民事主体范畴。信用活动的主体必然会成为民事权利的主体。在信用活动中,根据信用主体的不同,可以分为商业信用、银行信用、国家信用、民间信用等。

在信用关系中,主体是能动的活的要素,诸如赊购、预付等信用活动都必须通过主体的行为才能实现。因此,法律既要规范他们的信用行为,又要保护他们的信用利益。如果将资信利益的权利主体,限定为商事主体或企业法人,则势必造成其他主体的资信利益无从保护的盲区。在各种信用活动中都存有资信利益主体的情况下,法律仅承认部分利益为受到权利保护的法益,而将其他利益置于无权利状态的真空,这种做法是有悖于民法的平等精神的。

③信用关系基于债权债务关系而产生。其设定的权利不对第三人产生约束力,但信用关系当事人所享有的资信利益应得到其他人的尊重。具言之,授信人与受信人之间所发生的赊购、预付等债的关系,其债权是针对相对人的请求权,而授信人或受信人对于自己的资信所享有的权利,是一种可以向任何人提出主张的对世权。这即是说,资信权利的主体可以像所有权人、人格权人一样,有权排除除主体以外的其他人(包括自然人与法人)的非法侵

害。如果将侵权行为人限定为有竞争关系的经营者，这无异于宣布其他侵权行为为合法行为，这必然导致对信用利益保护不周的有害后果。

2）间接保护方式

多数国家采取这一立法例，即对侵害信用的行为，确认为侵害商誉权，对权利主体的信用利益进行间接法律保护。这些国家在广义的商誉权名目下，涵盖了包括信用、信誉等特殊标的，并将其规定在反不正当竞争法之中。例如，匈牙利《禁止不正当竞争法》规定："禁止以制造或散布虚伪事实，或对真实事件进行歪曲，或通过其他行为破坏或者危害竞争者的名声或信誉"。中国《反不正当竞争法》规定："经营者不得捏造、散布虚伪事实，损害竞争对手的商业信誉、商品声誉"。上述规定的立法基点在于，将诋毁包括信用在内的商业信誉的行为，看作是侵害法人名誉权行为在市场经营领域中的特殊表现形式。其特点有二：第一，所谓商业信誉的权利，实为广义之商誉权，信用权仅为其权项内容的组成部分。与权利本体的宽泛性相反，权利主体则表现为一定的局限性，即商业信誉的权利人仅限于是商事主体。换言之，一般民事主体如公民或其他法人，不能享有此类权利。第二，权利人与义务人须有竞争关系，或者说，受害人与侵权行为人须为竞争对手。因此诋毁他人商业信誉行为，有着其不正当竞争的目的，即损害社会公众对竞争对手的评价与信赖程度，从而破坏竞争对手的竞争实力，以谋取不正当的利益。

10.4 信用权的使用与维护

信用管理是指各经济主体（包括政府、工商企业、金融机构、个人及专业的信用管理机构）为了实现信用活动的目的、维持信用关系的正常运行、防范或减少信用风险而进行的收集分析征信数据、制订信用政策、配置信用资源、进行信用控制等管理活动。信用是一种表现为信任和安全感的心理现象；信用是交易主体在商品交换过程中，以未来偿还的承诺为条件获取商品或服务的能力；信用是一种以盈利为目的的投资活动，是一种有时间间隔的经济交易活动；现代信用还包括信用关系、信用管理、信用制度、信用体系等相关活动。现代信用不再只是停留在"价值运动特殊形式"和"以偿还付息为条件的借贷行为"这个层面上，而是延伸到信用权的价值问题。

在传统信用关系和信用管理中，更多地重视了征信法律环境、征信数据环境和信用信息保护的制度建设，对信用权的使用和维护没有引起高度重视，而事实上随着现代信用制度的逐步完善，信用权成为了现代信用管理的新内容。在现代信用管理中，还应加强信用权的使用管理和信用权的维护管理。

10.4.1 信用权的使用

信用权的基本内容是对于自己的信用享有使用的权利，信用主体可以利用自己的信用，取得相应的经济利益，如在信用社会里利用自己的信用，要求商业企业、政府部门、医疗单位、金融机构、社会团体和个体依自己的信用,进行民事活动,包括商品赊销、分期付款、银行贷款、银行透支、缔结合同以及其他各种服务。比如,个人能够进行消费贷款、买房、购车、申请旅游贷款或助学贷款,就是消费者对自己信用权的合理利用,即信用使用权。

1)信用使用权的特点

信用使用权简单地讲就是信用主体依法行使自己信用权的权利。信用权的特征决定了信用使用权表现为以下3个特点:

①非永久性。信用权不是一成不变的,它随着信用主体进行经济活动的好坏始终处于不断的优劣变化之中。信用虽然不是一次或多次简单地产生经济效益,而是经常性持续不断地产生效益,但这种效益具有可变性。在经济因素、道德因素以及其他社会因素的作用下,特定主体的信用肯定会发生一些变化,就不可能具有永久的确定性。这就要求信用主体及时地、合理地、足够地使用现有的信用权,并不断地维护信用权,防范自己的信用权不会受到种种因素的干扰和影响。

②非转移性。信用权与特定信用主体不能分割转让。比如,在受让某一企业时,该企业信用权可能随之移转,在这个时候才会发生继受取得;信用权与特定信用主体共存亡,一旦信用主体自然人死亡或法人终止,其信用权也将不复存在。信用权不能像其他无形资产那样可以转移或有偿转让。

③非地域性。信用权尽管在特定信用主体所属的行政区域或行业内受到保护,但信用权在使用中是不受一国地域的限制的,例如国际贸易、国际贷款、国际信用卡等的使用就体现了这一特点。

2)信用主体对信用权的使用

不同的信用主体可以充分地使用自己的信用权,以追逐合理的收益。消费者可以使用信用权获得消费信贷,包括按揭购房、抵押贷款、家用小汽车消费、助学贷款、创业贷款、耐用消费品贷款、境外旅游贷款、信用卡消费等;工商企业可以使用信用权进行赊购、分期付款、委托代销、直接融资、间接融资等,开展正常的商品贸易和经营活动;金融机构可以充分使用信用权广泛吸收资金、发行金融债券、开发金融产品,提供优质的综合服务;政府部门可以使用信用权发放国债、赋税、保障货币流通、维护国际关系等。

信用权作为信用主体的一种无形资产,只有合理地使用才可以创造价值,争取更大的收益。一方面,信用权表现为信用主体的信用额度,信用额度的合理使用,可以为企业融资扩大生产,可以提高消费者的消费水平,可以提高国家和政府的管理能力,可以降低金融机构的流动性风险;另一方面,过度地使用甚至是滥用信用权,可能为信用主体产生负面的影响,甚至发生信用危机,丧失信用权。中南财经政法大学、经济法研究所副所长乔新生教授说过"滥用信用权的危机不在于丢掉了一些市场份额,也不在于丧失了部分专营权,而在于丢掉了赖以安身立命的信用权"。

10.4.2 信用权的维护

信用权的维护是信用主体就自身信用对他人的要求和态度,维护自己的信用不受外来侵害和干扰。信用权的维护既要依赖法律法规条件,通过国家信用法律体系的建立和完善来有效保护信用主体的信用；也要依赖信用主体自身的能力来维护自己的信用权：一是防止他人盗用个人信用信息损害或侵犯自己的信用权；二是信用主体要以诚信为基础，建立良好的信用关系，不断地更新自己的信用信息，在信用信息数据库中不能有错误信息，尽量避免不良记录，提高信用等级。

1）信用权维护的必要性

首先，信用权维护是信用经济发展的基础。市场经济是信用经济，随着市场经济的发展，信用的地位也变得越来越重要。但目前我国社会上还存在着不少不守信用的现象，“信用危机”曾一度成为社会关注的焦点。信用权维护，对完善社会主义市场经济体制，增强社会信用观念，建立和完善社会信用体系产生积极而深远的影响。其次，信用权作为无形资产需要维护。信用权是关系到信用主体经济能力评价的权利，因而信用利益既包括精神利益，又包括财产利益，即由信用转化而成为财产方面的利益，给人们带来财富，成为信用主体的无形资产，既然是一种资产，就应该像其他资产一样很好地保护，应该像企业保护自己的品牌、商标、专利等无形资产一样进行保护和知识产权维护，维护信用主体正当的权益。再次，改变对信用权的保护方法是市场经济发展的必然要求。长期以来，我国对信用权的保护不是给予单独的保护，而是对构成侵害信用权的行为认定为侵害名誉权，用保护名誉权的方式保护信用权。信用权是一个独立的人格权，所有的自然人、法人都享有这个权利，有权利用这个权利进行经济活动，有权依法维护自己的信用权，使每一个主体和经营者都成为诚实守信的人，使整个社会经济建设建立在诚实守信的基础上，构筑完善的市场经济秩序，构建和谐社会，促进我国的市场经济更快发展。

2）信用权的维护方式

现代信用管理中，信用权的维护从信用主体外部和内部两个方面入手，双管齐下。

从外部来看，主要是依赖立法或行业协会的信用管理。关于信用权的保护，目前各国立法尚无通行的做法。有的国家采用间接保护方式，不承认信用为权利，仅将其作为其他法律如刑法、行政诉讼法所保护之法定利益，因此以违反刑法保护规定为由，来规制对信用的侵权行为。信用权维护未来发展趋势是倾向于通过直接保护方式，即规定信用权为一项独立的民事权利，并明确侵犯这一权利的法律后果。德国民法典规定：“违背真相主张或传播适于妨害他人的信用或对他人的生计或前途造成其他不利益的事实的人，即使其虽不明知，但应知不真实，仍应向他人赔偿由此而发生的损害”。将信用权作为一项独立权利加以保护。我国《民法典》引入了信用权，明确规定“自然人和法人享有信用权。禁止用诋毁等方式侵害自然人、法人的信用”。这是我国最高国家权力机关通过立法保护自然人和法人的信用权。同时，政府要鼓励、帮助成立信用管理行业协会，并要求相关经济主体必须入会，以建立行业自律制度，共同维护信用主体的信用权。

从内部来看，信用主体对自身信用权的维护，就是要维护信用等级、提高信用额度和防止信用权被盗用。一是要在各种经济活动中，作为信用主体，要以诚信为基础，信守承诺，履约付款，以求得授信主体的认可，维持最大规模的信用额度，提高资信评估等级，以获得更多的融资机会和更大的商业信用规模；二是要加强信用权的维护管理，这是现代信用管理的重要内容。比如工商企业要建立有效的信用政策，针对不同客户制订相应的信用条件，确定合理的赊销规模，加强商账的追收；商业银行加强对客户的内部信用评级制度，合理确定授信额度，适当吸收存款和发放金融债券，加强资产保全工作；消费者应适度使用信用额度，并按约还款，减少或杜绝不良信用记录。

3）信用权维护的途径

信用权的维护最基础的是对信用信息的保护，在公平、公正、公开的信用制度和征信制度下，授信主体、受信主体、征信机构处于平等的地位，信用主体对信用信息的使用有知晓权和异议权。

首先是对信用信息的知晓。信用信息除信用主体自己所掌握的一部分外，大部分的信用信息是由征信机构所掌握。在不同的国家，征信机构表现为不同的形式，如专门的信用局，隶属于政府机构或民间的征信机构。这些信用机构所掌握的信用信息，对信用主体的民商事活动影响很大，因此，信用主体应当有权利了解和知晓自己的信用信息的内容，何人取得了自己的信用信息。信用信息在使用中，必须经当事信用主体同意，由信用征信机构所作的信用报告需经被征信人签字认可。例如，中国人民银行《个人信用信息基础数据库管理暂行办法》规定"被征信人的数据被查询在系统中都有相应的记录，商业银行管理员用户应当根据操作规程，为得到相关授权的人员创建相应用户"。管理员用户不得直接查询个人信用信息，被征信人随时可查询自己的个人信息和信用信息被查询的情况。对信用信息的及时了解，可以及时知晓信用状况，防范信用信息被盗用，这也是对信用权维护的有效措施。

其次是对信用信息的异议申诉。对信用机构所掌握的信息，在信用主体行使了自己的了解权之后，发现自己的信用信息有不实之处，应当有权提出异议并要求更正。当然，更正与异议权的行使，应当基于一定的正当程序。例如，在美国，为了保证征信和信用信息报告的公正性，信用局对于消费者的服务有一个标准的作业流程。根据美国《公平信用报告法》的规定，每年消费者都可以要求各信用报告机构免费提供其个人最新信用报告一份，以了解所给信用报告内容的正确性，消费者认为报告内容所载与事实不符时，也可以电话或书信方式向提供该信用报告的机构进行申诉和再申诉。我国《民法》规定"征信机构应当客观、公正地收集、记录、制作、保存自然人、法人的信用资料。征信机构应当合理使用并依法公开信用资料。自然人、法人有权查阅、抄录或者复制征信机构涉及自身的信用资料，有权要求修改与事实不符的信用资料"。中国人民银行《个人信用信息基础数据库管理暂行办法》第11条也明确规定"商业银行发现其所报送的个人信用信息不准确时，应当及时报告征信服务中心，征信服务中心收到纠错报告应当立即进行更正"。对信用信息的异议和处理，是有效维护信用权的重要途径。

专栏案例 10.1 94.5%的人呼吁出台个人信息保护法

1）公民信息泄露猖獗

94.5%的人呼吁出台个人信息保护法，法学专家指出，"部门拼盘式"立法模式导致《个人信息保护法》8年不能出台。

2011年7月，工信部发布的《互联网信息服务管理规定（征求意见稿）》明确规定，未经用户同意，互联网信息服务提供者不得收集与用户相关、能够单独或者与其他信息结合识别用户身份的信息。

自从在一家房屋中介公司留了手机号，北京的刘业（化名）就不断接到各种关于租房、卖房的电话和短信。“有时我正在开会，就有电话打过来。不接吧，怕耽误正事；接了吧，大多是中介的骚扰电话。这样反反复复，我都有点儿神经衰弱了。”

近年来，个人信息遭泄露的事件频频发生，给许多人的生活造成严重困扰。近期，中国青年报社会调查中心通过民意中国网和新浪网，对1 958人进行的在线调查显示，86.5%的受访者表示自己的个人信息曾遭泄露，49.8%的人抱怨信息遭泄露已严重影响自己的生活。

2）是谁泄露了民众的个人信息

刘业已多次因个人信息遭泄露受到骚扰。2015年7月，他几乎每天都能接到某保险公司的推销电话，最后他不得不警告对方，要再打来就报警，对方才作罢。“电话推销员的语速非常快，只要一接电话就说个没完。挂了电话，他们会过段时间，换个号码再打过来。我问他们怎么知道我的电话号码，对方说是按手机号段随机拨打的。但如果是随机拨打，他们怎么知道我的名字呢？”

家住山东省菏泽市的马先生也深有同感。不久前，他注册成立了一家小公司，之后他就不断接到各种电话，卖书的、企业推广的、员工培训的，甚至还有很多要求汇款的骗子。由于不方便更换已经使用多年的号码，对于这些骚扰，他也无可奈何。

公众的哪些个人信息最容易遭到泄露？调查显示排在前三位的分别是“电话号码”（88.4%）、“姓名、性别、年龄等个人基本信息”（74.6%）和“家庭住址”（38.1%）。其他还有职业和单位信息（38.0%）、身份证号（30.9%）、教育背景（15.7%）等。

调查还发现，受访者认为最有可能泄露个人信息的机构是“电信部门”（49.5%），然后是“需要注册个人信息的网站”（45.2%）。其他还包括“银行”（39.8%）、保险公司（37.0%）、房屋中介（28.8%）、掌握公民个人信息的政府部门（24.9%）、教育部门（24.3%）、市场调查公司（21.8%）、房地产公司（20.0%）等。

中国社科院法学研究所宪法行政法研究室主任周汉华认为，在现代社会，信息即利益。汇聚在一起的个人信息，能帮助商家预测消费者的消费习惯，向消费者推销商品，给商家带来直接经济收益。因此，就有人打个人信息的歪主意，通过各种渠道搜集、贩卖个人信息，从中牟利。

3）为何七成受访者个人信息遭泄露后忍气吞声

早在2009年，《刑法修正案（七）》中就明确规定，国家机关或者金融、电信、交通、教育、医疗等单位的工作人员，违反国家规定，将本单位在履行职责或者提供服务过程中获得的公民个人信息，出售或者非法提供给他人，情节严重的，处三年以下有期徒刑或者拘役，并处或者单处罚金。

既然《刑法》早已将泄露个人信息入罪，为何泄露信息的行为仍得不到有效遏制？在周汉华看来，这是由于我国当前对个人信息的保护机制还很不完善。我们目前只是顶端《刑法》有规定，却严重缺少一般性法律、行政执法体系等末端制度设计。

“从民事诉讼的角度来看，一般人很难知道自己的信息在什么时间、什么地点，以什么方式，被谁泄露，因此想要起诉他人泄露自己个人信息的成本非常高，大多数人只能忍气吞声。”周汉华说。

“当前对个人信息保护的法理错了，因此才导致泄露个人信息行为很难杜绝。”北京师范大学亚太网络研究中心主任刘德良教授指出，当前法律实践中一般将泄露个人信息视为侵犯隐私权的行为。按照目前的法律规定，侵犯个人隐私权应承担的责任多为停止侵害、消除影响，而获得精神损害赔偿的证明难度非常大。这样一来，由于受害者诉讼成本过高，也缺少法律援助，就算赢了官司，也很难得到适当赔偿。这等于是从另一个角度鼓励了泄露个人信息的侵权行为。

调查中，73.0%的受访者在遇到个人信息遭泄露后只能选择忍受，17.6%的人会要求相关网站删除自己的信息，15.6%的人会查询谁是泄露者，10.4%的人会去举报，6.0%的人表示无所谓。

4)《个人信息保护法》迟迟未出台

一名民意中国网网友说，由于个人信息遭泄露带来的损害较小，因此人们一般不会专门花时间去维权。许多无良商家正是利用了大家的这一心理，大肆侵害公众个人信息，并逃脱惩罚。

在这种恶劣环境下，公众对保护个人信息的法律需求极为迫切。此次调查发现，94.5%的受访者表示希望《个人信息保护法》尽快出台。

事实上，相关立法工作早已启动，但随后遭遇波折。周汉华介绍说，早在2003年，国务院信息办就委托中国社科院法学所个人数据保护法研究课题组承担《个人数据保护法》的研究课题，并草拟了一份专家建议稿。2005年，近8万字的《中华人民共和国个人信息保护法（专家建议稿）及立法研究报告》完成。但时至今日，这部法律仍未出台。

周汉华说，立法进展缓慢，与当前“部门拼盘制”的立法模式有很大关系。立法一般情况下需要由行使相关职权的国家部委来推动。但事实上，限于能力和精力，一个国家部委通常只能推动一部法律出台，不可能同时顾及多部法律。

他说，2008年国务院机构改革前，《个人信息保护法》与国务院信息办的职权相关，但在2008年以后，国务院信息办并入了工业和信息化部。对于后者而言，和其职权相关的另一项重要法律——《电信法》至今仍未出台，《个人信息保护法》的立法进程也就只能推后了。

“面对个人信息遭泄露行为日渐猖獗的形势，相关部门应尽快摒弃部门利益的观念，站在保护公众利益的角度，加快《个人信息保护法》的出台。”周汉华说。

（资料来源：《中国青年报》，2011年12月2日）

【本章小结】

1.信用权是指民事主体就其所具有的经济能力在社会上获得相应信赖与评价所享有与其保有和维护的人格权。信用权具有某些财产性，信用权在民事权利体系中，是受到法律保护的资信利益，是一种与所有权、债权、知识产权与人身权相区别的无形财产权。信用权有明显的人格性，兼具财产性，同时信用权还意味着责任。

2.信用权作为信用主体的一种无形资产，只有合理地使用才可以创造价值，才能争取更大的收益。信用权在信用活动中表现为显性价值和隐性价值。

3.信用权的保护有直接保护方式和间接保护方式。

4.信用权的使用具有非永久性、非转移性、非地域性的特点，信用权的维护是必要的，不仅是消费者个人自身，而且信用环境建设中也应该有合理保护信用权的设计。

【关键术语】

信用权　信用权显性价值　信用权隐性价值　信用权保护　信用权使用　信用权维护

【思考问题】

1.信用权的属性是什么？

2.信用权有哪些用途？

3.信用权的价值如何体现？

4.如何有效保护和维护个人信用权？

5.在日常生活和学习中应该养成哪些良好的习惯，以防止个人信息被泄露？

6.个人信用权是否具有价值？如果有价值，表现在哪些方面？

【推荐阅读】

1.吴汉东.论信用权[J].法学，2001(1).

2.龙西安.个人信用、征信与法[M].北京：中国金融出版社，2004.

3.姚明龙.信用成长环境研究[M].杭州：浙江大学出版社，2005.

4.信息安全技术公共及商用服务信息系统个人信息保护指南(2013 年 2 月发布).

【课后习题】

一、判断题

1.个人信用权是一种人格权。　（　）

2.个人信用权是一种无形资产。　（　）

3.个人信用权是有价值的。　（　）

4.个人信用权是受法律保护的。　（　）

5.个人信用权的维护不仅是个人的事情，也是社会和政府的事情。　（　）

二、案例分析题

糊涂上了银行黑名单　被冒名顶替贷款买房成蹊跷

30 多岁的陈先生是一名工程师。2008 年 8 月，他向武汉某银行申请办理信用卡。陈先生说，自己一直社会信用良好，此前没有贷过款，更没有发现有不良记录。故自递交申请之日起，便很自信地等待领取信用卡。经过一段时期的等待后，陈先生等来的却是银行信用卡中心发来的退件通知函：经调查和采用计算机系统综合评分，陈先生未能达到发卡标准，而不予核发。于是陈先生打电话到该银行信用卡中心去咨询，银行工作人员告诉他自己已上了银行的"黑名单"，说他不仅背过几十万元的贷款，还留下未按期还款的不良记录。

随后，陈先生到中国人民银行征信中心湖北省分中心查询个人信用报告。在查到的信用报告中，陈先生竟然发现，自己信用交易中，有一笔自己毫不知情的为期 20 年，金额为 40 多万元的个人住房按揭贷款，且该笔贷款逾期还款长达 24 个月之久。也正是这一逾期贷款，使陈先生背上不良信用记录。

陈先生请来湖北万顺联众律师事务所律师王曙为他调查这件事。律师调查发现，2008 年 1 月，陈先生曾经购买了一套联合商厦的 2 906 号房，共一百多平方米，贷款额度为 40 多万元。

陈先生得知这一消息后甚为惊讶，他说，自己都不知道这个楼盘在哪里，怎么会去购房。但在这份合同上，却签署了陈先生的大名。但陈先生坚称，这份合同是假的，他没有签过字。签名字体与自己的笔迹也完全不一样。

后来，陈先生已聘请了律师准备诉状，将银行告上了法庭，向其索赔 5 万元精神损失和个人信用损失费，并要求银行消除其不良记录并赔礼道歉。

（资料来源：红网 http://hn.rednet.cn，2009 年 7 月 16 日，略有删改）

问题：

1.陈先生的个人信用权是否受到侵害？其个人信用损失费能否得到法律支持？

2.本案出现纠纷的关键环节在哪里？陈先生如何维护自己的个人信用信息？

附 录

附录 1 社会诚信度问卷调查表

1.您的性别

A.女　　B.男

2.您的年龄是

A.18 岁以下　　B.18~30 岁　　C.31~40 岁　　D.41~50 岁

E.51~60 岁　　F.61 岁以上

3.您对诚信问题的态度是

A.很重视　　B.一般关心　　C.无所谓

4. 您对当前社会的诚信度总体评价是

A.一般　　B.偏好　　C.很好　　D.偏差　　E.很差

5.目前社会的诚信状况是否影响您对他人的信任感?

A.有很大影响　　B.有一定影响　　C.完全不影响

6.您说过谎吗?

A.有　　B.没有

7.在您的成长过程当中,您的长辈对您进行了诚信教育吗?

A.有　　B.没有　　C.不太清楚

8.您认为诚信度与受教育程度有关吗?

A.没什么关系　　B.一般　　C.很大关系

9.当您没有实现您许下的诺言时,您会觉得惭愧吗?

A.会　　B.偶尔会　　C.不会

10.如果您的朋友做了一件不守信的事,您会讨厌他吗?

A.讨厌,言必行,行必果　　B.不讨厌,允许特殊情况有失信行为

C.无所谓,大不了尔虞我诈

11.您对朋友“诚信”要求的底线是

A.说到做到　　B.对我要讲信用　　C.特殊情况没事　　D.无所谓要求

12.您最信任的人是

A.网友　　B.同学或同事　　C.朋友　　D.亲人

13.当您的父母教育您诚信的同时却在做着不诚信的事,您会觉得
A.厌恶　B.不喜欢,但不讨厌
C.可以原谅,人都有失信的时候　D.视其失信的事而定
14.您觉得在网络中,需不需要诚信?
A.需要　B.不需要
15.当陌生人跟您对话时您的态度是?
A.热情　B.不耐烦,但都会解答　C.不理睬
16.您相信上门推销的推销员的话吗?
A.不相信　B.相信　C.需要出示许可证明才能确定
17.如果撒谎能使您获得利益,您会这样做吗?
A.会　B.不会
18.在您力所能及的范围内,朋友向您借钱时,您会
A.毫不犹豫地借　B.坚决不借
C.看与借钱人的友好程度　D.看借钱人的诚信度
19.候车室里您想上厕所,可是您只有自己一个人,行李又过多,您会
A.带着去洗手间　B.不管它,就在原地放着
C.让坐得最近的人帮看一下　D.找一个看起来信得过的人帮看
E.其他
20.在街上遇到乞讨的乞丐或残疾人,您会给他(她)捐钱吗?
A.会　B.不会　C.看情况而定
21.您认为在何种情况下不守信可以被原谅?[多选题]
A.善意的　B.迫不得已的　C.不知情的情况下　D.其他
F.传统的道德观念　G.身边众人的意见
22.目前您遇到过哪些不诚信的现象?[多选题]
A.假冒伪劣,缺斤少两　B.恶意透支信用卡
C.借钱不还　D.考试作弊　E.广告夸大事实
F.约好见面却不打一声招呼地被爽约　G.其他
23.您认为目前哪些行业存在不诚信的现象较为严重?[多选题]
A.医药卫生　B.金融　C.教育　D.服务业
E.商业　F.美容　G.旅游　H.电信服务
I.房地产　J.物业管理　K.媒体　L.其他
24.您最关心的是
A.政府信用　B.个人信用　C.企业信用　D.中介机构信用
25.您认为对您诚信观念形成影响最主要的因素是
A.传统文化中道德观念的影响　B.家庭成员的影响
C.学校教育的影响　D.学校的氛围以及校园文化的影响
E.电视、报纸等传统媒介形式的影响　F.网络的影响

G.朋友的影响　　　　　　H.法律制约
I.社会风气的影响　　　　J.所学专业的影响

26.目前社会的诚信状况是否影响您对他人的信任感？
A.影响　　　　B.不影响　　　　C.有一定影响

27.对于自己遭遇到的无诚信情况，您会如何处理？
A.以后骗另外的人，把亏的再赚回来　B.无所谓，但以后再也不相信别人了
C.这次就算了，今后注意小心防范　　D.到相关部门投诉，协商处理
E.诉诸法律

附录2　个人信用状况摸底调查表

1.你的职业是
A.公务员　　B.公司职员　　C.教师　　D.学生
E.自由职业者　　F.离职退休人员

2.你的年龄
A.18岁以下　　B.18~25岁　　C.26~35岁
D.36~45岁　　E.46~60岁　　F.61岁以上

3.性别
A.男　　B.女

4.文化程度
A.小学　　B.初中　　C.高中　　D.中专
E.大学专科　　F.大学本科　　G.硕士　　H.博士

5.职称
A.无职称　　B.初级　　C.中级　　D.副高　　E.正高

6.关于“个人信用”
A.没听说过　　B.了解一点点　　C.了解并关注　　D.非常重视本人的信用

7.关于“征信系统”
A.没听说过　　B.偶尔听说　　C.了解并不详知　　D.关注过　　E.有过接触

8.关于“信用记录”
A.不知道　　B.了解但不知具体内容
C.比较熟悉　　D.查询过本人信用记录

9.关于“信用评级”
A.不知道　　B.了解但不知具体内容　　C.比较熟悉

10.关于“个人信用报告”
A.没听说过　　B.略知一二

C.了解但不知如何查询　　　　　　D.急需获得本人的信用报告

11.是否办理过消费贷款

A.从没办理过　B.申请过没批准　C.正在使用贷款　D.办理过但已还清

若选择了 C 或 D,则回答下面的提问:

(1)办理的消费贷款是

A.助学贷款　B.购房贷款　C.房屋装修贷款　D.耐用消费品贷款　E.家用汽车贷款

(2)申请贷款时遇到的麻烦是

A.审批时间很长　B.担保问题　C.个人信用评分

(3)是否有没按时还款的情况

A.有　B.没有

12.信用卡使用情况

A.从没申请过　B.持有但从没使用过　C.偶尔使用　D.经常信用

若选择了 D,则回答下面的提问:

(1)持有信用卡的数量

A.1 张　B.2 张　C.3 张以上

(2)了解信用卡的相关知识吗

A.不了解　B.了解一些基本常识　C.还想了解更多用卡知识和技巧

(3)使用信用卡主要是用于

A.刷卡消费　B.提现　C.套现

(4)是否有借给他人使用

A.从没有　B.偶尔有过　C.经常借给朋友使用　D.家人使用是常有的事

(5)是否有被盗用

A.有　B.无

(6)是否有卡卡额度套用

A.有　B.无

(7)习惯性的还款方式是

A 消费后立即现金还款　B.临近最后还款日之前　C.最后还款日

(8)是否有过没按期还款

A.有　B.无

13.你知道个人信用还有哪些用途吗?

附录3 个人信用报告(国内样本)

报告编号：20080307000000156789××× 查询时间：2008.03.08 09:50:17 报告时间：2008.03.07 09:52:20

查询信息				
被查询者姓名	被查询者证件类型	被查询者证件号码	查询者	查询原因
张三	身份证	35260119661127×××	中国人民银行龙岩市中心支行	本人查询

个人身份信息						
姓名	性别	证件类型	证件号码	出生日期	最高学历	最高学位
张三	男性	身份证		1966.11.27	未知	未知
通信地址	邮政编码	户籍地址	住宅电话	单位电话	手机号码	电子邮箱
福建龙岩	364000			1		—
婚姻状况	配偶姓名	配偶证件类型	配偶证件号码	配偶工作单位	配偶联系电话	信息获取时间
已婚	—	—	—	—	—	2008.02.19

报送单位
中国××银行

居住信息					
编号	居住地址	邮政编码	居住状况	报送单位	信息获取时间
1		000000	按揭	中国××银行	2008.02.19
2		364000	自置	××银行	2008.01.27

职业信息					
编号	工作单位名称	单位地址	邮政编码	单位所属行业	职业
1		—	—	未知	未知
2		—	—	未知	办事人员和有关人员
职务	职称	年收入	本单位工作起始年份	报送单位	信息获取时间
一般员工	高级	—	—	中国××银行	2008.02.19
一般员工	中级	—	—	中国××银行	2007.12.04

续表

信用交易信息

信用卡明细信息

编号	卡类型	发卡机构名称	担保方式	币种	开户日期	信用额度	共享授信额度	最大负债额	透支余额/已使用额度
1	准贷记卡	中国××银行龙岩分行	信用/免担保	人民币	2006.09.24	5 000	5 000	4 998	4 968
2	贷记卡	中国××银行	信用/免担保	人民币	2006.03.07	5 000	5 000	0	0

编号	账户状态	本月应还款金额	本月实际还款金额	最近一次实际还款日期	当前逾期期数	当前逾期总额	准贷记卡透支180天以上未付余额	贷记卡12个月内未还最低还款额次数	信息获取时间
1	正常	0	0	2006.03.07	0	0	—	0	2008.02.19
2	正常	0	0	2007.11.07	0	0	—	0	2008.02.19

信用卡最近24个月每个月的还款状态记录

编号	24	23	22	21	20	19	18	17	16	15	14	13	结算年月
1	/	/	/	/	/	/	/	/	*	1	1	1	2007.12
2	1	2	3	1	2	1	2	3	1	2	3	1	2007.10
3	/	/	*	*	*	*	*	*	*	*	*	*	2007.12
编号	12	11	10	9	8	7	6	5	4	3	2	1	
1	*	1	1	1	1	1	1	1	1	1	1	1	
2	2	1	N	1	2	1	2	1	2	1	2	3	
3	*	*	*	*	*	*	*	*	*	*	*	*	

续表

还款状态说明

准贷记卡：

/—未开立账户；

*—本月没有还款历史，也就是本月未透支；

N—正常，是指准贷记卡透支后还清；

1—表示透支 1~30 天；

2—表示透支 31~60 天；

3—表示透支 61~90 天；

4—表示透支 91~120 天；

5—表示透支 121~150 天；

6—表示透支 151~180 天；

7—表示透支 180 天以上；

C—结清的销户；

G—结束（除结清外的，其他任何形态的终止账户）。

#—账户已开立，但当月状态未知

贷记卡：

/—未开立账户；

*—本月没有还款历史，即本月未使用；

N—正常，是指当月的最低还款额已被全部还清或透支后处于免息期内；

1—表示未还最低还款额 1 次；

2—表示连续未还最低还款额 2 次；

3—表示连续未还最低还款额 3 次；

4—表示连续未还最低还款额 4 次；

5—表示连续未还最低还款额 5 次；

6—表示连续未还最低还款额 6 次；

7—表示连续未还最低还款额 7 次及以上；

C—结清的销户；

G—结束（除结清外的，其他任何形态的终止账户）。

贷款明细信息

编号	贷款种类	贷款机构名称	担保方式	币种	账户状态	还款频率	还款月数	贷款发放日期	贷款到期日期	贷款合同金额	贷款余额	信息获取时间
1	农户贷款	福建省信用合作联合社	保证	人民币	逾期	季	15	2006.11.16	2007.10.16	50 000	0	2008.01.27
编号	剩余还款月数	最近一次实际还款日期	本月应还款金额	本月实际还款金额	当前逾期期数	当前逾期总额	累计逾期次数	最高逾期期数	逾期 31~60 天未归还贷款本金	逾期 61~90 天未归还贷款本金	逾期 91~180 天未归还贷款本金	逾期 180 天以上未归还贷款本金	
1	0	2007.10.17	1	0	1	1	1	1	0	0	0	0	

贷款最近 24 个月每个月的还款状态记录

编号	24	23	22	21	20	19	18	17	16	15	14	13	结算年月
1	/	/	/	/	/	/	/	/	/	/	*	N	2007.12
2	/	/	/	/	/	/	/	/	/	/	/	/	2007.12

续表

编号	12	11	10	9	8	7	6	5	4	3	2	1	
1	*	*	N	*	*	1	2	3	1	1	1	1	
2	/	/	/	/	/	/	/	/	/	*	*	N	

还款状态说明：

/—未开立账户；

*—本月没有还款历史，还款周期大于月的数据用此符号表示，还款频率为不定期，当月没有发生还款行为的用*表示；开户当月不需要还款的也用此符号表示。

N—正常（借款人已经按时归还该月应还款金额的全部）；

1—逾期 1~30 天；

2—逾期 31~60 天；

3—逾期 61~90 天；

4—逾期 91~120 天；

5—逾期 121~150 天；

6—逾期 151~180 天；

7—逾期 180 天以上；

D-担保人代还（表示借款人的该笔贷款已由担保人代还，包括担保人按期代还与担保人代还部分贷款）；

Z—以资抵债（表示借款人的该笔贷款已通过以资抵债的方式进行还款。仅指以资抵债部分）。

C—结清（借款人的该笔贷款全部还清，贷款余额为 0。包括正常结清、提前结清、以资抵债结清、担保人代还结清等情况）；

G—结束（除结清外的，其他任何形态的终止账户）。

为他人贷款担保明细信息

编号	被担保人姓名	被担保人证件类型	被担保人证件号码	为他人贷款合同担保金额	被担保贷款实际本金余额
1	李四	身份证		80 000	80 000
2	王五	身份证		100 000	100 000

个人结算账户信息

编号	开户银行代码	开户日期	销户日期	电话号码	居住(通信)地址	邮政编码	信息获取时间
1	10240504301600	2005.02.12	—	—	—	—	2006.06.08
2	10240504206400	2003.03.14	—	—	—	—	2006.06.08

续表

结算账户总数	8

个人住房公积金信息

编号	个人账号	单位名称	开户日期	初缴年月	缴至年月	最近一次交缴日期	单位缴存比例	个人缴存比例	月缴存额	信息获取时间
1			1999.09.09	1999.09	2007.11	2007.11.22	12%	12%	502	2007.12.27

最近24个月交缴状态

编号	24	23	22	21	20	19	18	17	16	15	14	13	12	11	10	9	8	7	6	5	4	3	2	1
1	N	N	N	N	S	N	N	N	N	N	N	N	N	N	N	N	N	N	N	S	N	N	N	N

还款状态说明：
/—未开立账户；
*—当前已开户，但尚未开始缴纳；
M—账户已开始缴纳，但当月没有缴款（包括正常缴纳和补缴）；
N—正常（缴款人已经按时缴纳该月应缴纳金额的全部）；
S—补缴（缴款人当月没有按时缴纳当月应缴公积金，但之后月补缴了当月的欠缴公积金）；
K—封存。

个人支付信用信息

查询记录

编号	查询日期	查询者	查询原因
1	2008.03.06	福建省信用合作联社	担保资格审查
2	2008.03.06	中国××银行龙岩分行	信用卡审批
3	2008.03.06	中国××龙岩分行	贷款审批

* * * * * * * * * * * * * * * * * * * 报告结束 * * * * * * * * * * * * * * * * * *

报告说明

1.除本人声明、查询记录和异议标注外所有的信用信息均是从各家银行或其他各类机构采集所得，征信中心承诺保持其客观、中立的地位，并保证将这一原则贯穿于信息汇总、加工、整合的全过程中。

2.本人声明是客户对本人信用报告中某些无法核实的异议所作的说明，征信中心不对本人声明的真实性负责。

3.本报告的生成依据是截至报告时间为止的个人信用信息基础数据库从商业银行和其他部门采集到的有关信息。

4.本报告中的币种为账户开立时所使用的币种。无论账户以何种币种开立，金额类数据已由各上报单位折算成人民币金额，所采用的汇率是离报文产生当日最近的国家外汇管理局公布的人民币基准汇价。所有数值型数据都为各上报单位上报时取整所得，金额精确到元。

5.信息获取时间是指该信息被加载入个人信用信息基础数据库的时间。

6.对于用“斜体”展示的数据，属于不符合某些规则，数据项之间存在矛盾的数据。在使用时需特别关注。

7.如本人对信用报告中的内容有异议，可以联系数据报送单位或当地中国人民银行分支机构征信管理部门或中国人民银行征信中心。

附录4 个人信用与征信知识竞赛试题

一、单项选择题

1.个人在征信活动中有知情权、(   )、纠错权、司法救济权,此外,任何人都有重新开始建立信用记录的机会。

A.异议权　B.处理权　C.告知权　D.负面信息删除权

2.加入个人信用信息基础数据库(   )个人申请。

A.需要　B.不需要

3.除贷后管理外,金融机构查看您的信用报告,必须首先获得您的(   ),否则,征信机构不能将您的信用报告提供给任何机构和个人。

A.书面授权　B.口头同意　C.有效证件　D.身份证复印件

4.在(   )不能查到信用报告。

A.互联网　B.征信中心

C.人民银行征信管理部门　D.商业银行

5.查询信用报告最多的机构是(   )。

A.政府部门　B.司法机构　C.征信中心　D.商业银行

6.银行等金融机构在办理审核(   );审核个人贷记卡、准贷记卡申请;审核个人作为担保人申请;对已发放的个人信贷进行贷后风险管理;受理法人、其他组织的贷款申请;其作为担保人,需要查询其法定代表人及出资人信用状况等业务时,可以查询个人信用报告。

A.招聘职员　B.个人开立结算账户

C.内部调查　D.个人贷款申请

7.一般情况下,查询个人信用报告有以下几种原因:贷款审批、信用卡审批、担保资格审查、(   )、本人查询和异议查询。

A.债权人查询　B.贷前调查　C.贷后管理

8.按照《个人信用信息基础数据库管理暂行办法》的规定,商业银行除(   )无须取得被查询人的书面同意外,因办理其他业务需要查询个人信用报告的,都必须取得被查询人的书面授权。

A.进行贷后风险管理　B.审核个人贷记卡、准贷记卡申请

C.审核个人贷款申请　D.审核个人作为担保人申请

9.查询信用报告的有效证件不包括(   )。

A.士兵证　B.护照　C.外国人居留证　D.工作证

10.(   )是指债务人未能偿还到期债务的实际违约情况,违约概率是预计债务人不能偿还到期债务(违约)的可能性。

A.资信等级　B.违约率　C.违约概率　D.违约金额

11.个人信用信息基础数据库采取(　　)模式,直接面向全国采集数据,形成集中的数据库,统一进行数据整合。

A.分省存储　　B.集中存储

12.个人信用通常又被称为(　　)。

A.消费信用　　B.商业信用　　C.公共信用

13.现代的消费者信用调查服务起源于(　　)。

A.美国　　B.英国　　C.法国　　D.德国

14.个人征信系统对采集到的数据的处理方式为(　　)。

A.经过一定的加工、修改　　B.只进行客观展示,不作修改

C.部分信息客观展示,部分信息进行修改　　D.以上都不对

15.商业银行若违反规定查询个人的信用报告,应被处以(　　)。

A.1 万元以下的罚款　　B.1 万元以上 3 万元以下的罚款

C.3 万元以上 5 万元以下的罚款　　D.以上都不对

16.个人征信系统通过专线与商业银行(　　)相连。

A.总部　　B.分行　　C.支行　　D.以上都不对

17.商业银行应当在接到核查通知的(　　)个工作日内向征信中心作出异议核查的答复。

A.3　　B.5　　C.10　　D.以上都不对

18.本人对个人信用报告有异议,不可以通过(　　)渠道反映。

A.所在地的中国人民银行分支行征信管理部门

B.中国人民银行征信中心

C.直接涉及出错信息的商业银行经办机构

D.消费者协会

19.征信中心受理全国客户咨询个人征信业务的客服热线电话为(　　)。

A.4008108866　　B.8008208820　　C.8008108866　　D.4008205558

20.信用报告记录的是客户(　　)的信用活动。

A.现在　　B.未来　　C.过去　　D.不知道

21.个人信用信息基础数据库不采集和保存的信息是(　　)。

A.借款信息　　B.信用卡信息　　C.担保信息　　D.存款信息

22.个人信用数据库是否采集配偶的信息?(　　)。

A.不采集　　B.采集

C.以夫妻共同的名义发生信贷关系的情况下才会采集

D.涉及夫妻共同财产的情况下才会采集

23.个人信用信息基础数据库按各信息来源本身的业务周期,即各部门自身信息的更新频率更新信息。一般来说,贷款等经常发生变动的信息,按(　　)更新。

A.周　　B.旬　　C.月　　D.季

24.目前,个人信用信息基础数据库已经采集的信息有以下几类:个人基本信息、贷款信

息、(　　)、信贷领域以外的信用信息。

A.个人存款信息　　B.个人与个人之间的信用交易信息　　C.信用卡信息

25.数据报送机构应报送本机构所有(　　)等业务的个人信用信息。

A.个人贷款、贷记卡和准贷记卡　　B.个人储蓄业务

C.个人消费业务　　D.个人收入

26.个人信用信息基础数据库已经采集的个人基本信息包括个人的姓名、证件类型及号码、通讯地址、联系方式、婚姻状况、(　　)、职业信息等。

A.年龄　　B.民族　　C.宗教信息　　D.居住信息

27.个人信用信息基础数据库采集了一些能证明自然人目前身份的信息,包括自然人(　　)和住房公积金信息,自然人的一些非银行的信用交易信息,包括自然人的住房公积金贷款信息、缴纳电信等公用事业费用的信息,以及自然人遵纪守法的一些信息,包括欠税、法院判决信息等。

A.养老保险　　B.医疗保险　　C.失业保险　　D.人身保险

28.依据《个人信用信息基础数据库管理暂行办法》,商业银行和其他机构违反规定查询个人信用报告的将被责令改正并处以(　　)、3 万元以下的罚款,涉嫌犯罪的,还将被移交相关司法部门。

A.5 000 元以上　　B.1 万元以上　　C.15 000 元以上　　D.2 万元以上

29.《个人信用信息基础数据库管理暂行办法》规定:个人信贷交易信息是指商业银行提供的、自然人在个人贷款、(　　)、准贷记卡、担保等信用活动中形成的交易记录。

A.借记卡　　B.贷记卡　　C.结算　　D.存款

30.欠钱不还的负面记录会在个人信用报告中保留一定的期限。按照美国的做法,一般的负面信息保留(　　)年,破产等特别严重和明显恶意的负面信息保留 10 年。超过保留期限,负面记录就将在个人信用报告中被删除。

A.两年　　B.3 年　　C.5 年　　D.7 年

31.全国统一的个人信用信息基础数据库,简称个人信用数据库,于(　　)年建成并正式全国联网运行。

A.2004　　B.2005　　C.2006　　D.2007

32.提供贷款的机构主要是商业银行、(　　)、小额贷款公司等专业化的提供贷款的机构。

A.中介机构　　B.保险公司　　C.政府部门　　D.农村信用社

33.个人信用信息基础数据库从(　　)年 1 月 1 日起开始采集个人信贷信息,在此之前发生的但已还清的信贷信息不采集。

A.2003　　B.2004　　C.2005　　D.2006

34.中国人民银行征信中心对外提供的个人信用报告的版式有(　　)、个人查询版和社会版。

A.企业标准版　　B.银行标准版　　C.政府标准版　　D.个人标准版

35.特殊交易信息记录是指在信贷业务过程中发生的展期延期、(　　)、以资抵债等方

面的有关信息。

A.逾期　　B.担保人代还　　C.担保人担保能力发生变化

36.透支余额/已使用额度反映的是持卡人当前的负债情况，通俗地说，就是表明持卡人欠银行多少钱。透支余额是针对(　　)而言的，此数据项包含本金和利息。

A.借记卡　　B.贷记卡　　C.准贷记卡

37.(　　)是指银行根据信用卡申请人的收入状况、信用记录等，事先为申请人设定的最高使用金额，这反映了商业银行对个人信用程度的肯定。

A.信用额度　　B.共享授信额度　　C.最大负债额　　D.公民信用评分

38.假设2006年1月某客户申请了一笔住房贷款，按合同每月需还2 000元。但因暂时的资金周转不灵，3—7月连续5个月未还款。那么该客户7月的当前逾期期数、累计逾期次数和最高逾期期数分别为(　　)。

A.5,5,5　　B.0,5,5　　C.1,6,5　　D.1,5,5

39.如果客户持续使用信用卡，即使偿还了欠款，曾经逾期的记录也还要在个人信用报告中展示一段时间，一般是(　　)。

A.1年　　B.两年　　C.7年　　D.10年

40.个人信用报告中区分"善意"欠款与"恶意"欠款吗？(　　)

A.区分　　B.不区分

C.看具体的事件性质而定　　D.看欠款的次数和金额而定

41.某位客户拥有两张同一银行发行的信用卡，A卡和B卡。两张卡共享10 000元的信用额度，当这位客户使用A卡消费3 000元后，当他再用B卡去消费时，B卡可消费的信用额度为(　　)元。

A.10 000　　B.7 000　　C.3 000　　D.0

42.当前逾期总额是截至信息获取时间前最后一个结算日应还未还的款项。对贷记卡而言，是指(　　)。

A.当前应还未还的贷款额合计　　B.该数据项无意义，显示为"0"

C.当前未归还最低还款额的总额　　D.当前应还未还的已使用本金总额

43.最能显示一个人按期履约能力和意愿的是(　　)。

A.履约历史记录　　B.信用额度　　C.信用卡数量　　D.信用种类

44."木人声明"的真实性由(　　)负责。

A.异议受理人员　　B.异议申请人　　C.商业银行　　D.征信中心

45.个人信用信息基础数据库的报文名长度为(　　)位字节。

A.14　　B.20　　C.22　　D.24

46.正常报文的账户记录中可以重复出现的信息段为(　　)。

A.基础段　　B.居住地址段　　C.担保信息段　　D.身份信息段

47.信贷账户的业务号长度如果不够40位字节，其余字节(　　)。

A.用0填充　　B.用半角空格填充

C.用全角空格填充　　D.不用填充

48.个人信用信息基础数据库中的金额类数据项是以(　　)计量的。

A.人民币　　B.美元　　C.英镑　　D.以上 3 种

49.如果贷款业务的担保方式为(　　),则账户记录上报时必须有担保人的相关信息。

A.抵押　　B.质押　　C.信用　　D.自然人保证

50.24 个月还款状态中,(　　)表示正常结清的销户,在正常情况下的账户终止。

A.N　　B.G　　C.C　　D.Z

51.个人信用报告中,个人电信缴费信息中的“欠费”是指电信用户从电信企业月末账单日算起超过(　　)仍未缴纳而产生的欠费。

A.60 天　　B.90 天　　C.120 天　　D.150 天

52.信用报告中以下哪个时间对应着 24 个月还款状态里最近 1 个月的还款状态的时间?(　　)

A.开户时间　　B.信息获取时间　　C.结算年月　　D.查询时间

53.持卡人需要事先交一定的备用金(保证金),当备用金账户余额不足以支付时,可在一定额度内透支,这类型的卡为(　　)。

A.贷记卡　　B.准贷记卡　　C.借记卡　　D.信用卡

54.要先存款,后凭卡消费,不能透支的银行卡是(　　)。

A.贷记卡　　B.准贷记卡　　C.借记卡　　D.信用卡

55.在个人信用报告中,信用卡 24 个月还款状态中的“*”表示(　　)。

A.未开立账户　　B.本月没有还款历史,即本月未使用

C.结束　　D.结清的销户

56.在个人信用报告中,贷款机构名称为“******”表示(　　)。

A.非信用报告查询行的其他银行　　B.非信用报告查询行的其他分行

C.国有商业银行　　D.外资银行

57.贷款若发生了以资抵债,则该月的 24 个月还款状态应为(　　)。

A.C　　B.D　　C.G　　D.Z

58.贷款业务种类细分中不包含以下哪类?(　　)

A.个人消费贷款　B.个人住房贷款　C.个人汽车贷款　D.农户贷款

59.贷款账户状态不包含以下哪种状态?(　　)

A.逾期　　B.结清　　C.呆账　　D.销户

60.信用卡账户状态不包含以下哪种状态?(　　)

A.逾期　　B.冻结　　C.呆账　　D.止付

61.五级分类状态中不包含以下哪种状态?(　　)

A.关注　　B.销户　　C.次级　　D.损失

62.在下列什么情况下可以使用“个人声明”?(　　)

A.由于出差造成的逾期　　B.由于工作忙而造成的逾期

C.在异议无法核实的情况下　　D.由于不知道利率调整而造成的逾期

63.中国古代最早有关征信的说法“君子之言,信而有征”源自(　　)。

A.《道德经》 B.《论语》 C.《左传》 D.《春秋》

64.( )就是专业化的独立的第三方机构为建立信用档案,依法采集、客观记录个人信用信息,并依法对外提供信用报告的一种活动。

A.信用 B.征信 C.诚信 D.取信

65.信用报告被人们喻为( )。

A.经济快车 B.经济身份证 C.经济名牌 D.以上都是

66.征信,记录您( )的信用行为。

A.过去 B.现在 C.未来 D.以上都是

67.征信就是( )为您建立信用档案,依法采集、客观记录您的信用信息,并依法对外提供您信用报告的一种活动。

A.金融机构 B.担保公司

C.当地政府 D.专业化的独立的第三方机构

68.征信机构除市场化的专业机构外,还可以是一个国家的( )。

A.中央银行 B.商业银行 C.农村合作银行 D.外资银行

69.与正面信息相对的是( ),是指您在过去的信用交易中未能按时足额偿还贷款、支付各种费用的信息。

A.违约信息 B.逾期信息 C.负面信息 D.异常信息

70. ( )是指个人有权知道征信机构掌握的关于自己的所有信息,并到征信机构去查询自己的信用报告。

A.知情权 B.异议权 C.纠错权 D.司法救济权

71.如果个人对自己信用报告中的信息有不同意见,可以向征信机构提出,并由征信机构按程序进行处理,这就是个人作为征信对象及数据主体所拥有的( )。

A.知情权 B.异议权 C.纠错权 D.司法救济权

72.( )是指个人有权要求数据报送机构和征信机构对个人信用报告中记载并证实的错误信息进行修改。

A.知情权 B.异议权 C.纠错权 D.司法救济权

73.( )是指个人对信用报告中的错误信息存在异议并经正常程序处理仍未得到满意解决,可向法院提出起诉,用法律手段维护自身的个人权益。

A.知情权 B.异议权 C.纠错权 D.司法救济权

74.征信信息的核心是( )。

A.配偶信息 B.拥有的资产信息

C.借钱还钱的负债信息 D.诉讼信息

75.下面哪项不属于信用交易行为?( )

A.银行向您发放贷款 B.产品赊购

C.缴交水电费 D.向朋友借钱

76.在过去获得的信用交易以及在信用交易中正常履约的信息指的是( )。

A.正面信息 B.评分信息 C.负面信息 D.基本信息

77.在交易中作为交易的一方向对方承诺在未来偿还的前提下,对方向您提供资金、商品或服务的活动指的是(　　)。

A.征信交易　B.易货交易　C.信用交易　D.服务交易

78.逾期还款等负面信息不是永远记录在个人的信用报告中的。国际惯例做法,大部分负面记录保存的时间为(　　)。

A.1 年　B.3 年　C.5 年　D.7 年

79.依国际惯例做法,大部分破产记录保存时间为(　　)。

A.7 年　B.8 年　C.9 年　D.10 年

80.除个人信用报告外,征信机构提供的另一项重要产品是(　　)。

A.个人信用评分　B.个人信用评级　C.个人信用评定

81.个人信用评分通常以借款人(　)等特征指标为解释变量。

A.存款情况　B.欠债情况　C.过去的还款情况 D.婚姻情况

82.在数据正确的前提下,在个人信用报告的贷款明细信息中,贷款当前逾期期数、累计逾期次数、最高逾期期数和 24 个月还款状态这 4 个指标可能出现的情况有:(　　)。

A.当前逾期期数为 0,累计逾期次数为 5,最高逾期期数为 3,24 个月当前状态为 1

B.当前逾期期数为 1,累计逾期次数为 3,最高逾期期数为 3,24 个月当前状态为"/"

C.当前逾期期数为 2,累计逾期次数为 2,最高逾期期数为 2,24 个月当前状态为 2

D.当前逾期期数为 0,累计逾期次数为 1,最高逾期期数为 2,24 个月当前状态为 N

83.某客户信用报告中,某笔还款频率为月的贷款的 24 个月还款状态为"NNNN1NNNNNNNNN12N1N123N1"。在数据正确的前提下,则该客户该笔贷款的当前逾期期数、累计逾期次数和最高逾期期数可能出现的情况有:(　　)。

A.当前逾期期数为 0,累计逾期次数为 8,最高逾期期数为 3

B.当前逾期期数为 1,累计逾期次数为 6,最高逾期期数为 3

C.当前逾期期数为 0,累计逾期次数为 11,最高逾期期数为 2

D.当前逾期期数为 1,累计逾期次数为 8,最高逾期期数为 3

84.个人信用信息基础数据库中个人身份信息标志组成是:(　　)。

A.姓名+证件号码　B.姓名+证件类型+证件号码

C.证件类型+证件号码　D.证件号码

85.个人信用信息基础数据库中交易标志项组成是:(　　)。

A.相关业务号+金融机构代码+结算/应还款日期

B.相关业务号+金融机构代码

C.相关业务号　D.相关业务号+结算/应还款日期

86.征信系统中个人贷款的业务种类细分分类方法为(　　)。

A.按担保方式分　B.按还款频率分　C.按贷款用途分　D.按还款方式分

87.以日元开立的账户,金额类数据项按什么币种报送?(　　)

A.日元　B.美元　C.人民币　D.任意币种

88.信用报告中的信息获取时间指(　　)。

A.该信息被载入个人信用信息基础数据库的时间

B.该记录的结算应还款日期

C.报文生成日期　　　　D.报文上报日期

89.以下哪一个不是数据质量量化考评中信贷业务完整率。(　　)

A.报文入库率

B.商业银行入库账户总数占商业银行应报送的实有账户总数的比例

C.1-商业银行未入库账户总数/商业银行应报送的实有账户总数

D.两端数据比对差异明细中的"商业银行有征信中心无"账户总数/商业银行报送的实有账户数

90.数据质量量化考评中账户记录更新及时率是指(　　)。

A.1-商业银行未及时更新到当前月的账户数占商业银行已入库的未结清(结束)账户总数的比例

B.1-延迟 3 个月(含)以上未更新账户数的比率

91.信用卡还款只还最低还款额(　　)逾期行为。

A.算　　　　B.不算　　　　C.超过

92.给别人提供担保的信息(　　)显示在客户的信用报告中。

A.会　　　　B.不会　　　　C.不一定

93.信用卡的最大负债额就是(　　)应还金额的最高值。

A.各个账单周期内　　　　B.1 个月内

C.两个月内　　　　D.100 天内

94.哪类用户可以查询个人信用报告?(　　)

A.商业银行管理员用户　　　　B.人民银行管理员用户

C.商业银行普通用户

95.(　　)不是人民银行管理员用户的权限。

A.用户管理　　　　B.机构权限维护　　　　C.重置普通用户密码　　　　D.异议管理

96.(　　)不是人民银行普通用户的权限。

A.重置用户密码　　　　B.单笔信用报告查询

C.异议处理　　　　D.查询辖内商业银行用户

97.用户管理员新建用户时下列(　　)是系统不允许的用户名。

A.abc-cde　　　　B.zhang * 112　　　　C.li_223　　　　D.jsyh/af/zg

98.下列(　　)是系统不支持的用户密码。

A.abc12345　　　　B.qwer^&% $　　　　C.12345678　　　　D.&_abc-45

99.根据《个人信用信息基础数据库金融机构用户管理办法(暂行)》规定,个人信用信息基础数据库用户至少(　　)更改一次自己的密码。

A.半个月　　　　B.1 个月　　　　C.两个月　　　　D.3 个月

100.下列关于用户管理员的说法(　　)是错误的。

A.用户管理员能新建设本级机构的普通用户

B.用户管理员不能新建本级用户管理员

C.用户管理员可新建下级所有分支机构的用户管理员

D.用户管理员只能新建下一级分支机构的用户管理员

101.下列关于用户的说法(　　)是正确的。

A.管理员可赋予下级机构超出本机构权限范围的权限

B.管理员可赋予本级普通用户超出机构权限范围的权限

C.管理员只可给本级用户赋予本机构权限范围内的权限

D.管理员可给本级机构赋予更多的权限

102.下列(　　)不是人民银行用户的权限。

A.在线更正信用报告　　B.单笔查询信用报告

C.政府部门信用报告查询　　D.异议管理

103.用户连续输入 3 次密码错误时,用户状态会变为(　　)。

A.正常　　B.锁定　　C.禁用　　D.停止

104.用户被锁定后(　　)会被解锁。

A.1 小时　　B.12 小时　　C.24 小时　　D.48 小时

105.用户被锁定后可由(　　)解锁。

A.本行用户管理员　　B.上级行用户管理员

C.本行普通用户　　D.上级行普通用户

106.个人征信系统的用户名字母(　　)区分大小写的。

A.是　　B.否

107.下列哪项信用报告查询原因与信用报告版本不相符。(　　)

A.异议查询—内部版　　B.本人查询—个人查询版

C.司法查询—内部版　　D.司法查询—社会版

108.下列哪项个人查询版本展示而银行标准版有时只显示＊＊＊＊＊＊。(　　)

A.贷款机构名称　　B.贷款余额　　C.通讯地址　　D.手机号码

109. 24 个月还款状态为 N 时代表还款状态是(　　)。

A.未开立账户　　B.正常　　C.销户　　D.本月不需要还款

110.24 个月还款状态为 C 时代表贷款还款状态(　　)。

A.结清　　B.未开立账户　　C.结束　　D.正常

111.贷款的 24 个月还款状态为 1 时代表还款状态(　　)。

A.逾期 1~30 天　　B.逾期 31~60 天　　C.逾期 61~90 天　　D.逾期 180 天以上

112.最高逾期期数的含义是(　　)。

A.被征信人的该笔贷款当前逾期期数的历史最大值　　B.违约总次数

C.当前逾期次数　　D.未还款总次数

113.信用报告中居住信息最多展示(　　)条。

A.2　　B.3　　C.4　　D.5

114.信用报告中职业信息最多展示(　　)条。

A.2　　B.3　　C.4　　D.5

115.贷款明细信息中累计逾期期数的含义是(　　)。

A.被征信人的该笔贷款曾经发生过的应归还而未归还的期数总和

B.最高逾期期数　　C.当前逾期期数　　D.历史最大的连续逾期期数

116.下列哪个版式的信用报告不包括信贷交易明细信息。(　　)

A.银行标准版本　　B.征信机构内部版

C.征信个人查询版　　D.政府版

117.下列哪个版式的信用报告人民银行分支机构用户不能查询。(　　)

A.社会版　　B.征信个人查询版

C.银行标准版　　D.以上都不能

118.商业银行用户能查询信用报告却无法进行公安身份核查操作的主要原因是(　　)。

A.用户没有权限　　B.用户所属机构没有权限

C.用户管理员未正确设置“机构代码维护”　　D.IE 或是其他软件设置错误

119. 输入 15 位身份证号码时将展示下列哪类自然人的信用信息。(　　)

A.只有 15 位身份证号码自然人的信用信息

B.只有 18 位身份证号码自然人的信用信息

C.15 位和 18 位证件号码的信息都会展示

120.模糊查询信用报告时将查询出哪些人的三项标志列表显示。(　　)

A.证件号码精确匹配　　B.证件号码和证件类型精确匹配

C.证件号码和姓名模糊匹配　　D.证件类型和姓名模糊匹配

121.根据规定,人民银行异议处理人员每天至少要登录(　　)次个人征信异议处理子系统,查询是否收到新的异议回复。

A.1　　B.2　　C.3　　D.4

122.某消费者咨询查询个人信用报告的相关事宜,以下回答正确的是(　　)。

A.消费者必须在户口所在地的中国人民银行查询本人信用报告

B.消费者可以委托他人查询本人信用报告

C.消费者可以在消费者协会查询本人信用报告

D.消费者只有在银行办理信贷业务时才能查询个人信用报告

123.下列没有设置查询用户的查询机构是(　　)。

A.征信分中心　　B.商业银行

C.司法机关　　D.其他有查询权限的机构

124. 消费者向征信分中心申请查询本人版信用报告时,征信分中心应登录个人征信系统的模块是(　　)。

A.用户管理　　B.信息查询　　C.异议管理　　D.联系我们

125.下列关于征信分中心的描述,错误的是(　　)。

A.如果异议已解决,征信分中心应及时销毁异议申请相关档案资料

B.征信分中心应在辖内已接入个人征信系统的金融机构中建立异议处理联系人制度

C.如果异议已解决,征信分中心应及时通知异议申请人

D.征信分中心应定期对外公布当地金融机构的异议处理联系人名单及联系方式

126.征信分中心接收异议申请后应该(　　)。

A.将异议申请材料邮寄至征信中心

B.电话告知征信中心

C.在个人异议处理子系统中登记并发送至征信中心

D.使用电子邮件将异议申请材料发送至征信中心

127.个人征信异议处理子系统的"本人查询维护"模块中,出现下列哪个状态可以继续查询个人信用报告。(　　)

A.已处理　　B.未处理　　C.处理失败

128.司法部门查询涉案人员个人信用报告时,征信分中心使用的查询原因是(　　)。

A.异议核查　　B.本人查询　　C.司法调查　　D.贷后管理

129.征信分中心查询个人信用报告时,需要在个人征信异议处理子系统中填写代理人信息的情形是(　　)。

A.本人查询信用报告的　　B.司法查询信用报告的

C.委托代理人查询信用报告的　　D.从不填写

130.在个人征信异议处理子系统中登记异议事项的正确步骤是(　　)。

A.在系统中填写异议申请表—单击"保存异议申请表"—填写异议事项描述

B.在系统中填写异议申请表—填写异议事项描述—单击"保存异议申请表"—单击"增加异议事项"

C.在系统中填写异议申请表—单击"增加异议事项"—填写异议事项描述—单击"保存异议申请表"

D.在系统中填写异议申请表—填写异议事项描述—单击"增加异议事项"—单击"保存异议申请表"

131.在个人征信异议处理子系统中,检索异议回复函的模块是(　　)。

A.异议统计　　B.异议登记及确认

C.异议回复函查询　　D.本人查询统计

132. 2005 年,中国人民银行制定并颁布了(　　)制度,保障了个人信用信息基础数据库的规范运行。

A.《个人信用信息基础数据库管理暂行办法》

B.《中国人民银行信息安全管理规定》

C.《企业与个人征信系统金融机构接入流程》

D.《个人及企业征信系统变更管理办法》

133.《个人信用信息基础数据库管理暂行办法》中规定的个人信用信息不包括(　　)。

A.个人基本信息　　B.个人信贷交易信息

C.反映个人信用状况的其他信息　　D.考试作弊信息

134.征信分中心应在(　　)个工作日内将接收的异议申请转交征信中心。

A.1　　B.2　　C.3　　D.4

135.征信分中心应在(　　)个工作日内将异议回复函和更正后的信用报告转交异议申请人。

A.1　　B.2　　C.3　　D.4

136.消费者委托代理人提出异议申请,征信分中心无需查验的材料是(　　)。

A.委托人的有效身份证件　　B.委托人的工作证明

C.授权委托书　　D.代理人的有效身份证件

137.以下关于个人信用报告中"个人声明"的描述,不正确的是(　　)。

A.异议申请人可以对无法核实的异议信息提交个人声明

B.异议申请人应当通过电子邮件的方式提交个人声明

C.个人声明不得包含与异议信息无关的内容

D.异议申请人对个人声明的真实性负责

138.征信分中心对异议处理相关档案资料的管理正确的是(　　)。

A.异议处理相关档案资料的保管期限为两年

B.工作人员可以随意查询异议处理的相关档案资料

C.征信分中心无需保管异议处理的相关档案资料

D.征信分中心应制订专人负责异议处理相关档案资料的整理、归档以及保管

139.征信分中心查询个人信用报告应遵循的原则是(　　)。

A.合规　　B.及时　　C.保密　　D.以上全部

140.根据规定,消费者查询个人信用报告时提供的有效身份证件不包括(　　)。

A.军官证　　B.驾驶证

C.港澳居民来往内地通行证　　D.外国人居留证

141.司法部门申请查询他人信用报告的材料中,介绍信的内容不包含(　　)。

A.情况说明和查询原因　　B.被查询人的姓名

C.被查询人有效身份证件号码　　D.被查询人的逮捕令

142.关于查询个人信用报告资费标准的描述,正确的是(　　)。

A.相关管理制度出台以前,暂不收费

B.每人每年提供一次免费查询,多查收费

C.各地区按照实际情况进行收费

D.目前存在统一的收费标准

143.商业银行对消费者提交的异议进行核查时,发现信用报告中的异议信息确实有误的,应该(　　)。

A.向征信中心报送更正信息

B.检查个人信用信息报送的程序

C.对后续报送的其他个人信用信息进行检查

D.以上全部

144.某消费者咨询关于个人信用报告的相关问题时,征信分中心工作人员解答正确的是(　　)。

A."个人信用报告是商业银行给你审批信贷业务的参考材料之一。"

B."个人信用报告能证明您的信用等级。"

C."对于个人信用报告中存在的异议信息,您可以要求征信中心修改。"

D."征信分中心不受理异议申请,您只能向异议信息涉及的商业银行经办机构提出质询。"

145.消费者对个人信用报告中的信息有异议时,不能向下列哪个机构提出异议申请或质询。(　　)

A.征信分中心　　B.异议信息涉及的商业银行

C.征信中心　　D.法院

146.消费者查询个人信用报告时必须携带的材料是(　　)。

A.本人 2 寸照片　　B.本人个人所得税缴费证明

C.本人有效身份证件原件及复印件　　D.本人工作证明

147.消费者查询个人信用报告的正确途径是(　　)。

A.通过互联网查询　　B.向中国人民银行提交书面查询申请

C.电话咨询　　D.以上均可

148.消费者提交异议申请的正确途径是(　　)。

A.通过互联网提交　　B.向中国人民银行书面提交异议申请

C.电话提交　　D.以上均可

149.下列哪个机构不能以司法部门的名义查询相关涉案人员信用报告。(　　)

A.市级检察院　　B.市级公安局　　C.市级法院　　D.市级电信局

150.消费者申请的贷款是否通过审批由谁决定。(　　)

A.征信中心　　B.征信分中心

C.申办贷款的商业银行　　D.消费者个人意愿

151.下列对于个人信用报告的作用描述正确的是(　　)。

A.个人信用报告是消费者信贷业务是否获批的唯一依据

B.个人信用报告与消费者信贷业务是否获批完全无关

C.个人信用报告是消费者信用程度的等级证明

D.个人信用报告是消费者信贷业务是否获批的参考依据之一

152.个人信用报告中消费者的婚姻状况是通过什么渠道取得的。(　　)

A.由民政部门提供　　B.由消费者办理信贷业务的机构报送

C.由消费者向征信中心提交材料证明　　D.由征信中心自行调查

153.根据规定,关于征信分中心登记的异议描述不正确的是(　　)。

A.异议信息的数据报送机构应在个人征信异议处理子系统中进行回复

B.异议信息的数据报送机构应在异议登记之日起的 5 个工作日内查明原因

C.异议信息的数据报送机构应要求征信中心修改异议信息

D.异议信息的数据报送机构应每天至少一次登录个人征信异议处理子系统

154.不属于征信分中心工作范围的是(　　)。

A.修改消费者个人信用报告中的异议信息

B.定期对辖内金融机构的异议处理情况进行核实

C.监督辖内金融机构的异议处理工作

D.指导辖内金融机构的异议处理工作

155.征信中心个人征信系统客服电话400-810-8866可解答(　　)。

A.如何查询个人信用报告　　B.是否进入黑名单

C.个人信用等级如何　　D.信贷业务能否获批

156.可以代理他人提交查询个人信用报告申请的代理人包括(　　)。

A.查询申请人的亲属　　B.查询申请人的配偶

C.查询申请人的朋友　　D.以上均可

157.以下不属于特殊交易类型的是(　　)。

A.担保人代还　　B.以资抵债　　C.欠款不还　　D.展期

158.关于个人信用报告中异议标注的描述,错误的是(　　)。

A.添加异议标注的对象是无法及时更正的错误信息

B.添加异议标注的主体是征信中心

C.添加异议标注的主体是异议信息的数据报送机构

D.添加异议标注的内容是说明错误数据的真实情况

159.消费者对本人信用报告中的信用信息有异议时,不需要向征信中心提交的材料是(　　)。

A.异议申请人身份证件原件　　B.《个人信用报告异议申请登记表》

C.个人所得税缴费证明　　D.异议申请人身份证件复印件

160.根据规定,异议申请人会在提交异议申请后的几个工作日内收到异议回复函。(　　)

A.12　　B.13　　C.14　　D.15

161.个人信用报告中的异议信息由谁更正。(　　)

A.征信中心　　B.异议申请人

C.异议信息的数据报送机构　　D.征信分中心

162.个人信用报告中的“个人基本信息”包括(　　)。

A.个人身份信息　　B.居住信息　　C.职业信息　　D.以上全部

163.下列关于个人信用报告中“信息获取时间”描述正确的是(　　)。

A.信息获取时间是信息被加载到个人信用信息基础数据库的时间

B.信息获取时间一般晚于查询时间

C.信息获取时间是个人信用报告中该记录信息已更新到的时间

D.信息获取时间等于结算年月

164.个人信用报告中“信用卡最近24个月每个月的还款状态记录”中的“#”和“G”表示

(　　)。

A."#"正常;"G"结清的销户

B."#"结束(除结清以外的,其他任何形态的终止账户);"G"账户已开立,但当月状态未知

C."#"账户已开立,但当月状态未知;"G" 结束(除结清以外的,其他任何形态的终止账户)

D."#"结束(除结清以外的,其他任何形态的终止账户);"G" 结清的销户

165.个人信用报告中"贷款最近24个月每月的还款状态记录"中的"D"表示(　　)。

A.未开立账户　　B.正常　　C.担保人代还　　D.以资抵债

166.个人信用报告中能表示准贷记卡透支记录的数据项是(　　)。

A.最大负债额　　B.信用卡12个月内未还最低还款额次数

C.当前逾期期数　　D.当前逾期总额

167.某消费者的个人信用报告中有3张分别由中国银行北京分行、中国银行上海分行和中国银行广州分行发放的贷记卡。请问"发卡法人机构数"和"发卡机构数"分别是(　　)。

A.3,1　　B.1,3　　C.3,3　　D.1,1

168.个人信用报告中贷款明细信息的"累计逾期次数"由何时起算。(　　)

A.由个人信用报告的"查询时间"起算

B.由个人信用报告的"报告时间"起算

C.由个人信用报告的"信息获取时间"起算

D.由该笔贷款账户的开立年月起算

169.某消费者有一笔还款频率为"一次性"的贷款,个人信用报告中的"最高逾期期数"只能是(　　)。

A.0　　B.1　　C.0和1　　D.2

170.不能表示消费者个人信用报告中的贷款已结清的是(　　)。

A.账户状态为"结清"　　B.贷款余额为0

C.贷款最近24个月每个月的还款状态记录中"1"展示为C

171.个人信用报告的查询原因不包括(　　)。

A.贷款审批　　B.机构核查　　C.本人查询　　D.异议核查

172.某消费者在中国银行北京分行办理一张信用卡,中国银行总行将该卡信息报送至征信中心。请问个人信用报告中业务发生机构和数据报送单位分别是(　　)。

A.都是中国银行总行　　B.都是中国银行北京分行

C.中国银行北京分行和中国银行总行　　D.中国银行总行和中国银行北京分行

173.某消费者2004年1月向银行贷款20万元,当月开始正常还款,还款频率为"月",但4—6月连续未还款,个人信用报告中的"最高逾期期数"是(　　)。

A.2　　B.3　　C.4　　D.5

174.个人信用报告中"贷款最近24个月每月的还款状态记录"的"Z"表示(　　)。

A.未开立账户　　B.正常　　C.担保人代还　　D.以资抵债

175.目前个人信用报告中不展示的信息是(　　)。

A.异议标注　　B.非银行信用信息　　C.特别记录

D.最近开立结算账户时填写的基本信息

176.某消费者的贷记卡,不存在额度共享账户。该卡的共享授信额度与信用额度的关系是(　　)。

A.共享授信额度大于信用额度　　B.共享授信额度等于信用额度

C.共享授信额度小于信用额度　　D.共享授信额度与信用额度无必然联系

177.贷款明细信息中"当前逾期期数"的"当前"表示的时间点是(　　)。

A.报告时间　　B.查询时间

C.信息获取时间　　D.该记录中的结算年月

178.下列关于个人信用报告的描述,正确的是(　　)。

A.个人信用报告上有征信中心的公章

B.个人信用报告中信用等级分为"优""良"和"差"

C.个人信用报告不显示个人储蓄账户的明细信息

D.个人信用报告及时显示当天的还款信息

179.个人信用报告上反映贷款逾期情况的数据项是(　　)。

A.贷款余额　　B.当前逾期总额

C.账户状态、当前逾期期数、当前逾期总额、累计逾期次数、最高逾期期数、贷款最近 24 个月每个月的还款状态记录

D.贷款到期日期、剩余还款月数

180.下列不属于个人信用信息基础数据库采集的信息是(　　)。

A.2003 年 11 月结清注销的信用卡

B.2005 年 4 月办理的个人住房公积金贷款

C.2010 年 9 月申请获批的准贷记卡

D.1998 年办理,于 2005 年 5 月还清的个人助学贷款

181.某消费者有一张信用额度 50 万元的贷记卡, 1 月透支 20 万元未还,2 月又透支 10 万元,3 月还了 10 万元。个人信用报告中展示该卡 3 月份的最大负债额是(　　)元。

A.10 万　　B.20 万　　C.30 万　　D.50 万

182.下列关于征信分中心查询用户职责的描述,错误的是(　　)。

A.查询用户应对所有查询相关的纸质和电子档案资料整理归档

B.查询用户应根据各地区实际情况实行有偿查询

C.查询用户应定期开展自查

D.查询用户应对辖内查询机构的执行情况开展定期或不定期检查

183.征信要监管,主要目的是(　　)。

A.保护使用者的利益　　B.保护数据主体的利益

C.保护征信机构的利益　　D.保护政府的利益

184.别人要查看您的信用报告的条件是(　　)。

A.金融机构同意　B.地方政府批准　C.经过本人授权　D.不需要

185.协调信用报告中错误信息更正修改的主要部门是(　　)。

A.地方政府　B.国务院　C.征信机构　D.工商管理部门

186.征信机构采集的信息包括(　　)。

A.个人存款信息　B.个人宗教信仰

C.个人在经济金融活动中产生的信用信息　D.性倾向

187.征信信息主要来自(　　)、提供先消费后付款服务的机构、法院、政府部门。

A.提供贷款的机构　B.人民银行

C.本人工作单位　D.公安局

188.正面信息是指您在过去获得的信用交易以及在信用交易中正常履约的信息，简单说就是您借钱的信息和(　　)。

A.按时还钱的信息　B.还钱的信息

C.没有按时还钱　D.以上均不正确

189.负面信息是指您在过去的信用交易中(　　)的信息，即违约信息。

A.已经偿还贷款　B.未能按时足额偿还贷款、支付各种费用

C.各种费用　D.各种贷款、支付费用

190.信用交易是指在交易中，您作为交易的一方向对方承诺在未来偿还的前提下，对方向您提供资金、商品或服务的活动。以下不属于信用交易的是(　　)。

A.商业银行向您发放贷款　B.享受先服务后付费

C.产品赊销赊购　D.在商业银行存款

191.使用信用报告可以(　　)的途径。

A.通过本人授权、法定目的、本人授权与法定目的相结合

B.只能通过法定目的

C.只能通过本人授权

D.通过非本人授权、法定目的

192.对个人征信进行监管的目的之一，就是要在信息披露和保护隐私，以及信息披露和便于个人从商业银行获得贷款之间保持一种平衡，保证征信机构(　　)，尽可能地保护个人的利益。

A."有条件"地采集、保存、使用征信数据

B.随意地采集、保存、使用征信数据

C."有条件"地公开征信数据

D.随意地公开征信数据

193.征信机构提供的服务有(　　)。

A.提供他人的信用报告、接受他人异议申请、修改信用报告中的错误信息

B.提供您本人的信用报告、接受您的异议申请、修改信用报告中的异议信息

C.提供您本人和他人的信用报告、接受您的异议申请、修改信用报告中的异议信息

D.提供您本人的信用报告、接受您的异议申请、修改信用报告中的错误信息

194.除了传统的信用报告查询外，国外不少征信机构还开发出（　　）等一系列增值服务。

A.销售信用报告　　B.信用评分、市场服务、欺诈监测

C.无偿向他人提供信用报告　　D.以上均不正确

195.征信机构采集的信息不包括（　　）。

A.信贷信息　　B.非银行信用信息　　C.个人存款信息、个人宗教信仰

196.以下活动属于信用交易的是（　　）。

A.到商场购买商品　　B.到商家赊购产品　　C.到银行购买基金

197.个人信用报告有两大类，一类是给您自己看的，另一类信用报告是给银行或其他机构看的，两种信用报告（　）。

A.都展示贷款或其他信用服务的机构名称

B.只有前者展示贷款或其他信用服务的机构名称

C.只有后者展示贷款或其他信用服务的机构名称

198.个人征信的对象是个人，作为数据主体，他没有以下权利（　　）。

A.知情权　　B.异议权　　C.监督权

D.纠错权　　E.司法救济权

199.目前我国逾期还款等负面信息是永远记录在个人的信用报告中的吗？（　　）

A.不是　　B.是

200.以下对个人在征信活动中的义务描述，错误的是（　　）。

A.提供正确的个人基本信息　　B.及时更新自身信息

C.提前归还银行贷款　　D.关心自己的信用记录

201.征信机构提供的服务中，错误的描述是（　　）。

A.征信机构必须无偿提供本人的信用报告

B.征信机构必须接受您的异议申请

C.征信机构必须修改信用报告中的错误信息

202.个人信用评分的描述，错误的是（　　）。

A.是除信用报告外，征信机构必须提供的另一项重要产品

B.它是利用数理模型开发出来的用来预测客户贷款违约可能性的一种方法

C.它通常以借款人过去的还款情况等特征指标为解释变量，通过统计分析手段，形成连续整数的评分结果

203.通常情况下，如果您的信用评分越高，说明（　　）。

A.您借款违约的可能性就越小，您也就越有可能获得贷款

B.您借款违约的可能性就越大，您也就越不可能获得贷款

204.个人信用信息基础数据库从（　　）起开始采集信贷信息。

A.1999 年 1 月 1 日之后新发生的信贷交易信息

B.2003 年 1 月 1 日之后新发生的信贷交易信息

C.2004 年 1 月 1 日尚未还清或之后新发生的信贷交易信息

D.2006年1月1日尚未还清或之后新发生的信贷交易信息

205.我国个人征信体系建设是从1999年在(　　)开展个人消费信用信息服务试点开始起步的。

A.北京　　B.上海　　C.天津　　D.广州

206.《个人信用信息基础数据库管理暂行办法》于(　　)由人民银行制定并颁布。

A.2001年　　B.2003年　　C.2005年　　D.2007年

207.个人信用信息基础数据库日常的运行维护由中国人民银行(　　)承担。

A.北京营管部　　B.上海总部　　C.征信中心　　D.征信管理局

208.个人信用信息基础数据库中最重要的信息是(　　)。

A.个人与个人之间的交易信息　　B.个人与银行之间的信贷交易信息

C.个人身份信息　　D.住房公积金贷款信息

209.个人信用信息基础数据库除从制度安排外,还从(　　)方面确保个人信用信息的安全。

A.技术　　B.数据　　C.机构　　D.人员

210.个人信用信息基础数据库采集的电信欠费信息是指电信用户从电信企业月末账单日算起超过(　　)个月仍未缴纳而产生的欠费信息。

A.1　　B.2　　C.3　　D.4

211.个人信用信息基础数据库采集的电信缴费信息包括(　　)和欠费信息。

A.不正常缴费信息　　B.正常缴费信息

C.缴费金额　　D.缴费人个人信息

212.按照《个人信用信息基础数据库管理暂行办法》的要求,所有的商业银行,无论是中资金融机构还是外资金融机构,只要在中国境内从事个人信贷业务,都应当向(　　)报送相关信息。

A.企业信用数据库　　B.中国人民银行

C.个人信用信息数据库　　D.各商业银行总行

213.个人信用信息数据库的核心信息是(　　)。

A.个人负债信息　　B.个人存款信息　　C.个人基本信息　　D.企业负债信息

214.个人信用信息基础数据库按各信息来源本身的业务周期,即各部门自身信息的更新频率更新信息。一般来说,贷款等经常发生变动的信息,按(　　)更新。

A.日　　B.旬　　C.月　　D.季

215.中国人民银行、商业银行及其工作人员对在工作中知悉的个人信用信息负有(　　)责任。

A.充分利用　　B.向外界披露　　C.保密　　D.保管

216.(　　)决定个人能否获得贷款。

A.银行等信贷机构　　B.征信中心

C.中国人民银行　　D.银监会

217.《个人信用信息基础数据库管理暂行办法》规定:商业银行如果违反规定查询个人

信用报告,或将查询结果用于规定范围之外的其他目的,将被责令改正,并处以(　　)罚款。

A.1 万元以上 3 万元以下　　B.3 000 元以上 1 万元以下

C.300 元以上 1 000 元以下　　D.2 万元以上 3 万元以下

218.提交的个人信用报告异议申请通常会在(　　)个工作日内得到回复。

A.7　　B.14　　C.15　　D.30

219.个人信用信息基础数据库中采集的信用卡明细信息中(　　),是指本月没有还款历史,即本月未使用。

A.＊　　B.#　　C.&　　D.×

220.在个人信用报告中"C"表示的含义是(　　)。

A.正常情况下的账户终止　　B.除结清外的其他任何形态的终止账户

C.账户已开立　　D.账户尚未开立

221.个人信用报告对个人最大的好处就是为个人积累(　　),方便个人办理信贷业务。

A.信用财富　　B.知识财富　　C.金钱　　D.名誉

222.(　　)全国统一的个人信用信息基础数据库,简称个人信用信息基础数据库建成并正式全国联网运行。

A.2006 年 1 月　　B.2005 年 1 月　　C.2006 年 12 月　　D.2005 年 12 月

223.2005 年,中国人民银行颁布了(　　)。

A.《个人信用信息基础数据库操作管理办法》

B.《个人和企业信用信息基础数据库管理办法》

C.《个人信用信息基础数据库管理暂行办法》

224.《个人信用信息基础数据库管理暂行办法》采取了(　　),保护个人隐私和信息安全,保障了个人信用信息基础数据库的规范运行。

A.限定查询、违规处罚等措施

B.授权查询、查询无需记录、违规处罚等措施

C.限定查询、保障安全、违规记录等措施

D.授权查询、限定用途、保障安全、查询记录、违规处罚等措施

225.个人信用信息基础数据库已经覆盖(　　)信贷营业网点,包括政策性银行、全国性商业银行、地方性商业银行、农村信用社、财务公司以及部分住房公积金管理中心、小额信贷公司和汽车金融公司等。

A.部分金融机构　　B.全国银行类金融机构各级

C.全国金融机构二级以上　　D.全国银行类金融机构三级以上

226.(　　)是美国知名的三大征信机构。

A.安达信、益百利、环联　　B.益百利、施乐、艾奎法克斯

C.施乐、环联、艾奎法克斯　　D.益百利、环联、艾奎法克斯

227.个人信用信息基础数据库采集个人信息是(　　)进行的,个人的合法权益得到充分保障。

A.人民银行自行　　B.各级地方政府组织

C.依据有关规定　　D.严格按照相关法律法规的规定

228.国家助学贷款是商业银行等金融机构按照国家政策，向经济困难的大学生发放的个人信用贷款，自(　　)起，商业银行等金融机构就将助学贷款及还款情况等相关信息报送到个人信用信息基础数据库。

A.大学生还款之日　　B.贷款发放之日

229.逾期信贷信息是指(　　)。

A.个人与银行发生信贷关系时，未能按时足额偿还应还款项而产生的相关信息

B.个人在借款时，未能按时偿还应还款项而产生的相关信息

C.个人在银行办理信用卡时，未能按时足额偿还应还款项而产生的相关信息

D.以上均不正确

230.一般情况下，界定个人贷款是否逾期的关键是贷款合同约定的“(　　)”，无论本息，都应在该日期前按合同约定金额归还，否则即为逾期，这一信息会被记入个人信用报告。

A.结算应还款日　　B.宽限到期日　　C.银行催款日

231.个人信用信息是由(　　)。只要在商业银行开立过结算账户或者是与银行发生过信贷交易的个人，都加入了个人信用信息基础数据库。

A.商业银行申请的　　B.个人主动申请的

C.征信机构主动采集的，不需要个人申请　　D.以上均不正确

232.个人信用信用基础数据库的特点描述，错误的是(　　)。

A.全国集中统一建库　　B.广泛的机构覆盖范围

C.广泛的数据覆盖范围　　D.每天进行信息数据更新

233.个人信用信息基础数据库要采集“为他人贷款担保”的信息吗？(　　)。

A.采集　　B.不采集

234.个人信用信息数据库采集个人与个人之间的信用交易信息吗？(　　)。

A.采集　　B.不采集

235.个人信用信息基础数据库采集个人存款信息吗？(　　)。

A.采集　　B.不采集

236.加入个人信用信息数据库需要申请吗？(　　)。

A.需要　　B.不需要

237.个人信用报告由(　　)出具。

A.中国人民银行征信中心　　B.专业信用调查公司

C.工商行政管理局　　D.金融机构

238.目前中国人民银行征信中心提供的个人信用报告有(　　)种版本。

A.1　　B.2　　C.3　　D.4

239.银行标准版个人信用报告目前主要供(　　)查询。

A.中国人民银行分支机构　　B.个人

C.司法机关　　D.商业银行

240.个人信用报告目前主要用于(　　)。

A.帮助商业银行等机构全面了解个人的信用状况

B.为委托人在选择贸易伙伴方面提供决策参考

C.为委托人在处理逾期账款方面提供决策参考

D.为委托人在处理经济纠纷方面提供决策参考

241.个人作为信用报告主体的基本权利是(　　)。

A.向个人信用信息基础数据库提供信用信息

B.查询自己的信用报告

C.查询配偶的信用报告

D.向银行提供自己的信用报告

242.查询个人信用报告要提供(　　)资料。

A.本人有效身份证件的原件及复印件　　B.本人单位证明

C.个人收入证明　　D.个人贷款合同

243.查询个人信用报告要填写(　　)。

A.个人简历　　B.个人银行信贷情况

C.个人信用报告本人查询申请表　　D.个人收入情况

244.不能在互联网上直接查询个人信用报告的原因是(　　)。

A.个人信用信息数据库的网络未覆盖全国各地

B.个人信用信息数据库的功能存在不足

C.个人信用信息数据库没有与互联网直接连接

D.个人信用信息数据库制度不允许

245.目前个人信用报告本人查询的限制次数为(　　)。

A.1 次　　B.2 次　　C.3 次　　D.无限制

246.除对已发放的个人信贷进行贷后风险管理之外,商业银行查询个人信用报告时应当取得被查询人的(　　)。

A.直接授权　　B.口头同意　　C.书面授权　　D.电话同意

247.个人信用信息的主要提供者是(　　)。

A.人民银行　　B.商业银行等金融机构

C.司法机关　　D.个人

248.除(　　)时无需取得被查询人的书面同意外,商业银行查询个人信用报告必须取得被查询人的书面授权。

A.办理审核个人贷款申请　　B.审核个人贷记卡、准贷记卡申请

C.审核个人作为担保人申请　　D.进行贷后风险管理

249.商业银行信用报告查询员必须在(　　)备案。

A.其上级行　　B.人民银行征信管理部门

C.银监部门　　D.公安部门

250.个人信用报告可以作为(　　)。

A.司法证据　　B.司法调查的参考

C.直接用于对抗第三人　　　　　　D.交易凭证

251.在(　　)均可以查询个人信用报告。

A.本人户口所在地　　　　　　B.本地区

C.本省　　　　　　D.全国各地

252.在个人征信比较发达的美国,《公平信用报告法》规定,为保护个人知情权,征信机构每年(　　)服务。

A.要向个人免费提供3次本人信用报告查询

B.要向个人免费提供1次本人信用报告查询

C.要向个人有偿提供1次本人信用报告查询

D.要向个人免费提供5次本人信用报告查询

253.《中国人民银行征信中心个人信用报告查询业务操作规程》规定,(　　)可到当地人民银行征信管理部门申请查询相关涉案人员的信用报告。

A.市级以上(含市级)司法机关

B.县级以上(含县级)依据法律规定有查询权限的行政管理部门

C.县级以上(含县级)司法机关和其他依据法律规定有查询权限的行政管理部门

D.县级以上(含县级)司法机关

254.个人信用信息基础数据库的网络覆盖全国各地,无论在哪里,您都可以到(　　)查询。

A.人民银行总行　　　　　　B.当地人民银行分支机构

C.商业银行　　　　　　D.银监局

255.住房按揭贷款主要有(　　)方式和等额本息方式两种还款方式。

A.等额本金　　　　B.延期还款　　　　C.高利贷

256.没有贷款的人有信用报告吗?(　　)

A.有　　　　　　B.没有

257.在外地能查询本人信用报告吗?(　　)

A.能　　　　　　B.不能

258.委托别人查询自己的信用报告时,不需提供的材料是(　　)。

A.委托人(您自己)和代理人(如您的生意合作伙伴)的有效身份证件原件及复印件,并留复印件备查

B.您本人签名的授权查询委托书

C.代理人要如实填写的《个人信用报告本人查询申请表》

D.代理人单位介绍信

259.委托别人帮我查询本人的信用报告,授权查询委托书必须签名吗?(　　)

A.是　　　　B.不一定

260.可以查询亲属(配偶、子女)的信用报告吗?(　　)

A.随时都行　　　　B.不行　　　　C.需要在得到配偶或子女的授权后才可查询

261.商业银行的任何工作人员都可以查询客户的个人信用报告吗?(　　)

A.是　　　　　　　　　　B.不是

262.不能进行透支的银行卡有(　　)。

A.贷记卡　　　　　　　　B.准贷记卡　　　　　C.借记卡

263.个人信用报告中的个人身份信息主要是由(　　)上报的。

A.商业银行　　　　　　　B.公安部门　　　　　C.公积金中心　　　D.人民银行

264.以下对信用报告中“当前逾期期数”表述正确的是(　　)。

A.“当前逾期期数”是指累计未还最低还款额或者贷款合同规定的金额的次数

B.“当前逾期期数”是指当前连续未还最低还款额或者贷款合同规定的金额的次数

C.“当前逾期期数”是指累计未还贷款合同规定的金额的次数

D.“当前逾期期数”是指当前连续未还贷款合同规定的金额的次数

265.银行根据信用卡申请人的收入状况、信用记录等,事先为申请人设定的最高使用金额我们称之为(　　)。

A.共享授信额度　　　　　B.信用额度　　　　　C.已使用额度　　　D.最大负债额

266.个人信用报告中反映征信中心获取该记录信息的时间,也就是该记录信息加载到个人信用信息基础数据库的时间我们称之为(　　)。

A.结算年月　　　　　　　B.信息获取时间　　　C.查询时间　　　　D.报告时间

267.个人信用报告中“已与公安信息核实”是指个人信用报告中的个人姓名、身份证号码信息已与(　　)居民身份信息数据库进行过核实。

A.国家工商行政管理总局　B.社会劳动保障部　C.公安部

268.以下对“逾期”理解正确的是(　　)。

A.逾期指到还款日最后期限仍未足额还款

B.比到期还款日晚一两天还款不算逾期

C.过了到期还款日,银行工作人员电话催缴后,客户还清欠款不算逾期

269.关于“信用额度”与“共享授信额度”,下列叙述中不正确的是(　　)。

A.信用额度是指银行根据信用卡申请人的收入状况、信用记录等,事先为申请人设定的最高使用金额

B.在卡片有效期和信用额度内,申请人使用信用卡并还款后,信用额度会自动恢复

C.共享授信额度是指两个或两个以上的信用卡及其账户共享同一个信用额度

D.当多个账户共享同一个信用额度时,任意卡片及账户消费一定金额后,这几个卡片及账户的可使用的信用额度不会相应减少

270.使用贷记卡额度后,银行在还款日并不要求客户归还全部金额,而是允许客户归还使用额度一定比例的金额。如果未全额还款,那么如何计息?(　　)

A.所有使用的额度都将从使用日开始计收利息

B.差额将从使用日开始计收利息

C.差额将从还款日开始计收利息

D.不会计收利息,但会被列为不良记录

271.信用卡按期只还最低还款额算不算负面信息?(　　)

A.算　　　　　　　　　　　　　　　　　　B.不算
C.30 天以后列为　　　　　　　　　　　　D.宽限期过后仍未还列为

272.由于"贷后管理"的原因查询信用报告需要授权吗?(　　)
A.需要被查询人书面授权　　　　　　　　B.需要电话通知被查询人
C.不需要

273.对贷记卡而言,以下对"当前逾期总额"表述正确的是(　　)。
A.是指当前未归还最低还款额的总额　　　B.是指当前未归还还款额的总额
C.是指当前未归还最低还款额的余额

274.以下对"逾期 1 天与逾期 180 天的区别"表述正确的是(　　)。
A.不管是逾期 1 天还是逾期 180 天,都会如实体现在信用报告中,对商业银行判断风险而言,一般会存在较大差别
B.不管是逾期 1 天还是逾期 180 天,都会如实体现在信用报告中但对商业银行判断风险而言并无差别
C.不管是逾期 1 天还是逾期 180 天,都会如实体现在信用报告中并被列为不良记录

275."24 个月还款状态"是什么意思?(　　)。
A."24 个月还款状态"记录了持卡人从结算年月起前推 24 个月内每个月的还款情况
B."24 个月还款状态"记录了持卡人从信息获取时间起前推 24 个月内每个月的还款情况
C."24 个月还款状态"记录了持卡人从办卡起 24 个月内每个月的还款情况

276.什么是法人机构数?(　　)
A.法人机构数是您所有的信用卡和贷款所属的不同法人机构数量的合计数,反映了您的信贷业务在不同法人机构中的分布状况
B.法人机构数是您所有的贷款和信用卡所属的不同机构数量的合计数
C.法人机构数是您所有的贷款和贷记卡所属的不同机构数量的合计数

277.以下对"查询记录"表述正确的是(　　)
A.查询记录记载了个人信用报告在过去两年内被查询的情况
B.查询记录记载了个人信用报告在过去 1 年内被查询的情况
C.查询记录记载了个人信用报告在过去 3 年内被查询的情况
D.查询记录记载了个人信用报告在过去 7 年内被查询的情况

278.个人信用报告中的个人身份信息主要是由(　　)上报的,就是个人在商业银行办理信用卡或贷款业务时填写的相关申请表上的个人基本信息。

A.人民银行　　　　　B.个人受聘单位　　　C.个人自己　　　D.各商业银行

279.个人信用报告中显示的个人身份信息是各商业银行上报的同类信息中最新的一条,如果与当前的实际情况不符,应及时到(　　)商业银行更改客户资料,以保证个人信用报告中身份信息的及时性和准确性。

A.任何一家　　　　　B.当地分行级　　　　C.与其发生业务的　D.附近的

280.信用卡的最大负债额就是(　　)应还金额的最高值。

A.各个账单周期内　　B.一个月内

C.两个月内　　D.100 天内

281.个人电信缴费信息中的“欠费”是指电信用户从电信企业月末账单日算起超过(　　)仍未缴纳而产生的欠费。

A.1 个月(30 天)　　B.两个月(60 天)　　C.3 个月(90 天)　　D.4 个月(120 天)

282.“本人声明”一般是在异议申请人对异议回复有不同见解或者认为存在需要说明的特殊情况时,征信中心允许异议申请人对有关异议信息附注 100 字以内的个人声明,即本人声明。其真实性由(　　)负责。

A.征信中心　　B.异议申请人

283.个人信用报告中信用卡最近 24 个月每个月的还款状态记录中,(　　)指正常状态,即当月的最低还款额已被全部还清或透支后处于免息期内。

A.C　　B.G　　C.*　　D.N

284.个人信用报告中信用卡最近 24 个月每个月的还款状态记录中,(　　)表示结束,指除结清外的其他任何形态的终止账户,如坏账核销等。

A. *　　B.C　　C.G　　D.N

285.个人信用报告中信用卡最近 24 个月每个月的还款状态记录中,(　　)表示账户已开立,但当月状态未知。

A.#　　B.C　　C. *　　D.N

286.“已与公安信息核实”是表示(　　)。

A.个人信用报告中的个人姓名、身份证号码信息已与公安部居民身份信息数据库进行过核实

B.已经移交到公安信息网,等待信息核实

C.姓名、身份证号一致,但不能肯定此身份证号码对应的是同一个人

287.下列描述错误的是(　　)。

A.一般情况下,累计逾期次数=最高逾期期数

B.当前逾期期数是一个连续的概念,是指当前连续未还最低还款额或者贷款合同规定的金额的次数

C.累计逾期次数是一个累计数,只要逾期 1 次,它就累加 1 次

D.最高逾期期数是当前逾期期数的历史最大值

288.“个人结算账户”就是我在银行的所有账户吗?(　　)

A.是　　B.不是

289.信用报告中“法人机构数”和“机构数”是一个含义吗?(　　)

A.是　　B.不是

290.对信用报告持有不同意见时,可向哪些部门提出异议申请?(　　)

A.到与自己有业务往来的数据报送机构核实情况和协商解决,还可以到人民银行的征信管理部门提出异议申请

B.向中国银行业监督管理委员会派出机构提出异议申请

C.向地方政府有关部门提出异议申请

291.本人提出异议申请需要提供哪些资料？(　　)

A.出示本人身份证原件、提交身份证复印件

B.出示工作单位证明以及个人信用报告

C.出示本人身份证原件以及工作单位证明

292.委托代理人向人民银行征信管理部门提出个人信用报告的异议申请需要哪些资料？(　　)

A.委托人身份证原件及身份证复印件

B.提供委托人和代理人的身份证原件及复印件、委托人的个人信用报告、具有法律效力的授权委托书

C.提供委托人和代理人的身份证原件及复印件、具有法律效力的授权委托书

293.个人信用报告异议申请一般在提交的申请(　　)个工作日内得到回复。

A.30　　B.15　　C.5

294.哪些情况不适合发表"个人声明"。(　　)

A.由于房地产开发商的原因,造成的逾期信息

B.比如由于出差、工作忙等个人原因造成的逾期

C.商业银行等数据报送机构的过错,造成的逾期

295.如果您认为自己信用报告中反映的个人养老保险金信息或住房公积金信息与实际情况不符,您可以(　　)。

A.直接向当地社保经办机构或当地住房公积金中心核实情况和更改信息,也可以向当地人民银行征信管理部门提出书面异议申请

B.向住房公积金承办金融机构提出异议

C.向中国银行业监督管理委员会的派出机构提出异议

296.在异议处理工作中常见的异议申请不包括以下哪种类型？(　　)

A.认为某一笔贷款或信用卡本人根本就没申请过

B.认为贷款或信用卡的逾期记录与实际不符

C.对户口本中的信息有异议

D.对担保信息有异议

297.对姓名、性别、户籍地址等个人基本信息有异议,可采取措施是(　　)。

A.向商业银行总行提交异议申请

B.向当地人民银行征信管理部门提交异议申请

C.直接到任何一家商业银行更新、更正您的信息

D.向当地公安机关提出更正申请

298.个人办理按揭贷款购房后将房屋出售,没有到银行办理转按揭贷款,后来房主不按时还款造成个人信用报告中显示逾期记录,由谁承担责任。(　　)

A.由房地产商承担　　B.都不用承担

C.由原房主承担,但可以向法院提起诉讼,分别起诉对个人信用记录造成不良影响的相

关当事人。经司法部门裁定确认非您本人责任的，可以要求相关金融机构修改信用信息

299.以下看待个人信用信息基础数据库中个别数据不准问题的观点中，不正确的是(　　)。

A.个人信用信息基础数据库的建设和维护是一个庞大的系统性工程，特别是在数据库建设的早期，不可避免地会出现数据不准的现象

B.这是普遍现象

C.人民银行征信中心与商业银行等金融机构密切合作，确保数据的准确性

D.随着各项机制的逐步建立和健全，个人信用信息基础数据库将会更加完善

300.个人信用报告涉及的住址、工作单位等发生变动后没有让银行及时更新造成基本信息展示与实际不符，应采取的措施是(　　)。

A.您需要及时与经办银行联系，更新您个人的基本信息

B.等待银行通知

C.提出异议申请

301.个人近期才办理的贷款或信用卡结清业务信息，因征信系统信息更新周期原因暂时没有反映，个人应采取的措施是(　　)。

A.为正常情况，到一定周期个人的信贷业务信息自然会被更新，另外您还可以找经办银行为您开具相关的还款证明

B.提出异议申请　　C.等待银行通知

302.异议信息经过更正修改后，由(　　)通知个人领取异议回复函。

A.商业银行　　B.银行业监管部门

C.征信中心或人民银行分支机构征信管理部门

303.异议标注分为哪两种形式？(　　)

A.普通标注和特殊标注　　B.普通标注和特别标注

C.一般标注和特殊标注　　D.一般标注和特别标注

304.提高数据质量，您能做什么？(　　)

A.与我无关　　B.我什么都不需要做

C.准确完整填写信息，信息变化通知银行，关心信用记录，发现错误及时申请纠正

D.这是银行的事

305.应到何部门申请异议处理？(　　)

A.人民银行征信中心和当地人民银行　　B.工商行政管理部门

C.银监局　　D.税务部门

306.朋友用我的身份证向银行贷款却不还款，有关的信息记在我的信用报告中，可以提异议吗？(　　)

A.可以　　B.不可以　　C.特殊情况可以　　D.将来可以

307.个人对信用卡未激活、欠年费、被记入信用报告不服，可以通过提出异议解决吗？(　　)

A.可以　　　　　　　　B.不可以

C.要看合同,如果合同中规定信用卡只有激活才有效,可以提出异议;如果合同规定未激活就有效,扣收年费造成的逾期记录就不属于异议申请受理范围

D.任何情况下都不可以

308.如果信用报告漏记个人的信用交易信息怎么办?( )

A.暂时无法修改　　　　B.无法修改

C.可以通过当地人民银行征信管理部门申请异议处理,人民银行征信管理部门或征信中心要求商业银行等机构将遗漏的信用交易信息补上

D.可以向金融机构申请修改

309.在什么情况下需要使用“异议标注”?( )

A.对于处于异议处理过程中的信息,征信中心会对该条信息添加标注,表明该信息正处于异议处理过程中,还没有最后结果

B.对逾期进行异议标注

C.对可疑信息进行异议标注

310.个人信用报告异议申请通常会在(　　)个工作日内得到回复。

A.5　　　　　　　　B.10　　　　　　　　C.15

311.中小企业在申请贷款时,通常要审查中小企业业主的(　　)。

A.个人信用状况　　　　B.个人社会关系　　　　C.个人社会地位

312.如果您认为自己信用报告中反映的个人养老保险金信息或住房公积金信息与实际情况不符,可以直接向(　　)核实情况和更改信息,也可以向当地人民银行征信管理部门提出书面异议申请。

A.当地社保经办机构或当地住房公积金中心　　　　B.人民银行

C.个人所在单位

313.本人的信用由谁来决定?( )

A.自己　　　　B.商业银行　　　　C.征信中心　　　　D.人民银行

314.评价一个人的信用状况时,通常依据这个人过去的信用行为记录,下列信息中不属于信用行为记录的是(　　)。

A.个人过去偿还贷款记录　　　　B.使用信用卡记录

C.个人担保记录　　　　D.汇款记录

315.还款行为显著地影响个人信用状况,下列观点不正确的是(　　)。

A.提前还款对于提高个人信用用处很大

B.判断个人的信用状况时,主要是看过去信用行为的记录,也就是过去还款或使用信用卡的记录

C.一般来说,您的信用历史越长,过去信用行为的记录越丰富,越能说明您过去的信用状况

D.正常还款时的信用记录就要比提前还款时的信用记录丰富得多,更有助于反映借款人的信用状况

316.有负面记录后，以下哪些措施无助于修复个人信用？（　　）

A.避免出现新的负面记录

B.其次是尽快重新建立个人的守信记录

C.对已办理的信用卡进行销卡处理

317.您搬家后，特别是搬进新购的二手房后，一定要记住到水、电、燃气公司作（　　），更换水、电、燃气费的使用者即房屋户主的名称及联系方式，否则可能会使个人信用信息基础数据库中的信用信息张冠李戴，造成不必要的麻烦。

A.记录　　B.登记　　C.说明　　D.变更

318.《个人信用信息基础数据库管理暂行办法》所称商业银行是指（　　）。

A.境内国有商业银行　　B.境内股份制商业银行　　C.境内政策性银行

D.境内商业银行、城市信用合作社、农村信用合作社以及经国务院银行业监督管理机构批准的专门从事信贷业务的其他金融机构

319.下列对负面记录保存期限的阐述中，不正确的是（　　）。

A.负面记录的保存期是从该笔贷款还清之日开始计算，一般是终身保留

B.按照美国的做法，一般的负面信息保留 7 年，破产的、特别严重和明显恶意的负面信息保留 10 年

C.超过保留期限，负面信息就将在信用报告中被删除

D.我国也将尽快对负面记录的保留年限作出规定

320.如果采用的是浮动利率，您还款的利率会随着（　　）利率的变动而变动。

A.浮动　　B.普通　　C.基准　　D.存款

321."您的信用谁做主？"（　　）

A.人民银行　　B.金融机构　　C.您自己　　D.其他人

322.能把自己的身份证件借给别人用吗？（　　）

A.能　　B.不能

C.可以借给亲朋好友用　　D.可以借给我信得过的人用

323."不贷款、不用卡，信用一定好吗？"（　　）

A.一定好　　B.一定不好　　C.不一定好

324.提前还款不刷卡，会提高信用吗？（　　）

A.会提高信用　　B.经常使用卡并按期正常还款，才会提高信用

325.为什么不建议通过第三方代理偿还贷款？（　　）

A.第三方代理者没有权力

B.第三方代理者不可信

C.第三方代理者没有责任心

D.第三方代理者若不为您按期向银行偿还，银行还是会将逾期还款记录记在您个人名下，这就会对个人的信用记录造成负面影响

326.有了负面信用记录，是否就意味着信用不好？（　　）

A.是的　　B.不是的

C.不一定。个人信用报告中有了负面记录,只能说明个人出现了未能按合同约定履行义务的事实。信用好与不好是商业银行信贷人员依据借款人的个人信用报告并参考借款人其他方面的信息所作出的综合判断。负面信用记录与信用不好之间是不能画等号的。

327.有负面记录后,个人可以采取哪些措施修复自己的信用记录?( )

A.找人修改不良记录　　B.永远不再发生贷款

C.树立良好的信用意识,不再发生新的不良信用记录

328.为什么偿还了欠款,曾经逾期的记录还保留在信用报告中?( )

A.系统程序出错　　B.系统操作人员没有删除

C.业务操作人员失误

D.为真实、客观地反映个人的信用状况,个人信用报告中不仅要反映个人信用交易的现状,而且要反映其信用交易的历史情况。因此,即使偿还欠款后,曾经逾期的记录也还要在信用报告中保留一段时间

329.负面记录的保存期限从什么时候开始计算?( )

A.从贷款之日起计算　　B.从逾期之日起计算

C.从该笔贷款还清之日开始计算

330.当中央银行利率上调后,对于个人浮动利率贷款,将从利率调整的( )开始按新的利率执行还款。

A.第二年　　B.当天　　C.第二天

331.能否贷到款的依据是什么?( )

A.征信中心个人信用报告　　B.商业银行贷款申请

C.商业银行贷款审批结果　　D.贷款条件

332.按照《中华人民共和国担保法》的有关规定,担保人对偿还被担保人的贷款( ),一旦借款人无力履行还款义务,银行可以要求担保人履行担保义务,代替借款人偿还贷款。

A.负有连带责任　　B.负有部分责任　　C.负有共同责任　　D.负有全部责任

333.贷款展期期间借款人的信用记录会有变化吗?( )

A.没有变化　　B.有变化　　C.不一定　　D.取决于展期期限

334.究竟哪天还款才不会产生负面记录?( )

A.合同规定的还款日前　　B.还款日后

C.还款日后,"宽限期"前　　D."宽限期"后

335.个人建立信用记录的主要方法是与银行发生信贷业务关系,如向银行申请贷款、( )、为别人贷款提供担保等。

A.办理贷记卡或准贷记卡　　B.办理汇款业务

C.办理存款　　D.办理中间业务

336.以下几个因素中不会影响企业获得贷款的是( )。

A.企业业主信用　　B.企业经营状况

C.企业所处的地理位置　　D.企业财务状况

337.如果个人由于欠信用卡年费导致信用报告中出现负面记录应该怎么办？(　　)

A.立刻注销该卡，换一张信用卡

B.立即还清欠缴年费，而是继续正常使用该信用卡两年，这样欠年费的负面记录在信用报告“24 个月还款状态”中就不会再出现

C.不再使用信用卡，以免造成不良的信用记录

D.与银行进行交涉，避免欠信用卡年费记录记入征信系统

338.银行审查您的贷款申请时，一般不会考查(　　)的因素。

A.您是否有合法的资格和良好的个人信用记录

B.您是否持有合法有效的身份证件，是否有本市常住户口或有效居住身份及固定住所

C.您是否在单位中有较高的威望

D.您是否有稳定的职业和稳定的经济收入来源，是否具备按期偿还贷款本息的能力

339.商业银行的“风险偏好”是商业银行愿意为所取得的收益所承担的风险和最大损失；不同的银行，风险偏好(　　)。

A.是相同的　　B.各有不同

C.视银行领导而定　　D.与银行信贷员有关

340.商业银行的“贷款政策”是指商业银行指导和规范贷款业务、管理和控制风险的各项方针、措施和程序的总和。商业银行的贷款政策(　　)。

A.是相同的　　B.各有不同

C.视银行领导而定　　D.与银行信贷员有关

341.异地逾期贷款影响本地贷款吗？(　　)

A.有影响。个人信用信息基础数据库是全国集中统一的，无论您在外地贷款，还是在本地贷款，贷款信息都将于次月通过银行业务系统上报到个人信用信息基础数据库

B.没有影响。个人信用信息基础数据库尚未全国集中统一，您在外地贷款信息无法通过银行业务系统上报到个人信用信息基础数据库

342.给别人提供担保的信息会记录在自己的信用报告中吗？(　　)

A.会，因为您担保别人借款，就是以您的贷款额度作为借款人的还款保证

B.会，因为按照《中华人民共和国担保法》的有关规定，担保人对偿还该笔贷款负有连带责任

C.不会，因为您只是给别人提供的担保，不会影响您未来的偿还能力，不应当记录在个人信用报告中

D.不会，因为一旦借款人无力履行还款义务，担保人要承担追偿债务的义务，但无须代替借款人偿还贷款

343.(　　)的行为会给您增加负面的信用记录。

A.按时归还国家助学贷款

B.使用信用卡消费后，在约定还款日前还款

C.在资金不足时，先还部分本金，晚几天还利息

D.办理信用卡“约定账户还款”，在账户存足款项，让银行在信用卡到期还款日当天自动

从个人的结算账户中扣除信用卡欠款

344.以下行为属于信用卡消费的好习惯的是(　　)。

A.欠信用卡年费导致信用报告中出现负面记录后,立即注销该卡

B.您的皮夹中长期持有闲置的银行卡

C.信用卡遗失或被盗后,没有及时办理挂失手续

D.开通手机短信功能,从手机短信账单上了解应还金额、应还日期等信息

345.在审查中小企业贷款申请时,银行会将业主信用状况的审查作为一项内容吗?(　　)

A.会,因为企业主是企业的法人代表,企业等同于企业主

B.不会,在实际操作中,业主的个人财物和企业财物是分开的

C.会,其个人的行为习惯和信用状况往往决定了企业的财务风格和经营状况

D.不会,在实际操作中,其个人的行为习惯和信用状况与企业经营状况是无关的

346.中央银行调整利率的消息我需要留意吗?(　　)

A.需要,因为有可能因利率上调导致储蓄账户资金不足还款影响到我的个人信用记录

B.不需要,利率调整与我还贷款没有关系

347.信用良好能带来什么优惠?(　　)

A.只要信用良好,您立即就能获得商业银行贷款

B.只要信用良好,您在贷款利率、期限、金额等方面可能会得到优惠

C.只要信用良好,您就一定可以享受商业银行的低息贷款

D.只要信用良好,您在贷款时将不需要抵押或担保

348.晚还几天利息,会记入个人信用报告吗?(　　)

A.会　　B.不会

C.不同银行处理方式不同　　D.不同地区处理方式不同

349.能否贷到款谁说了算?(　　)

A.人民银行说了算　　B.银监局说了算

C.商业银行说了算　　D.人民银行征信中心说了算

350.逾期达到一定次数和金额,银行是不是就不给贷款了?(　　)

A.是的　　B.不是的

C.不一定。由于各家银行有不同的信贷政策,对申请人的审查没有统一标准,因此各家银行在贷前审查时对信用报告的逾期次数和金额没有统一的规定

351.发放政策性贷款需要考察申请人的信用记录吗?(　　)

A.不需要。如住房公积金贷款、下岗职工再就业贷款等,是政策性的

B.需要。因为借款人信用状况仍然是决定政策性贷款发放与否的重要因素。为减少政策性贷款的风险,保证政策性贷款业务的可持续性,政策性贷款发放机构在审查贷款申请时,有必要查询申请人的信用报告,考察申请人的信用状况

352.还款日指哪天?(　　)

A.贷款日　　B.银行结算日

C.贷款日的前一天　　D.合同规定的还款日

353.给别人提供担保的信息会记录在自己的信用报告中吗？(　　)

A.会　　B.不一定　　C.不会

354.未按时归还国家助学贷款对个人信用有影响吗？(　　)

A.有影响　　B.不影响　　C.不一定

355.人民银行可以随意更改商业银行报送的原始数据吗？(　　)

A.能　　B.不能　　C.不一定

356.如果是贷款初期每月还款额较高,可与银行协商变更合同要素,(　　)。

A.更改还款方式　　B.借新还旧　　C.延期还款

357.从(　　)起,国家对应征入伍服义务兵役的高等学校毕业生在校期间缴纳的实行学费补偿贷款代偿。

A.2009 秋季　　B.2010 秋季　　C.2011 秋季　　D.2012 秋季

358.认定为家庭经济特别困难学生的高校国家助学金标准是(　　)。

A.1 500 元/年　　B.3 000 元/年　　C.2 500 元/年　　D.4 000 元/年

359.生源地信用助学贷款申请贷款的截止时间是(　　)。

A.10 月 15 日　　B.10 月 1 日　　C.11 月 15 日　　D.11 月 1 日

360.生源地信用助学贷款的贷款金额每年最高不超过(　　)。

A.3 000 元　　B.5 000 元　　C.6 000 元　　D.10 000 元

361.国家励志奖学金用于奖励高校全日制本专科生,必须是(　　)学生。

A.成绩特别突出　　B.家庭经济困难　　C.担任学校主要学生干部

D.已获得国家奖学金

362.国家奖学金的奖励金额标准为每人每年(　　)。

A.2 500 元　　B.4 000 元　　C.5 000 元　　D.8 000 元

363.申请生源地信用助学贷款的学生,在校期间的利息由(　　)支付。

A.财政　　B.学生　　C.学校　　D.共同借款人

364.最直接的解决家庭经济困难学生顺利入学的资助政策是(　　)。

A.国家助学贷款　　B.国家助学金　　C.奖学金 D.绿色通道

365.(　　)不能申请高校国家助学金。

A.家庭经济困难　　B.家庭突发变故

C.学习生活不成负担　　D.学习成绩合格

366.高校在校生(　　)开始具备申请国家奖学金条件。

A.一年级　　B.二年级　　C.三年级　　D.四年级

二、判断题

1.“个人结算账户”就是客户在银行的所有账户。(　　)

2.个人信用报告中“法人机构数”和“机构数”是一个含义。(　　)

3.商业银行的任何工作人员都可以查询客户的信用报告。(　　)

4.信用报告中外币卡的授信额度是商业银行按照实际汇率转换成以人民币为单位的。( )

5.没有贷款的人就没有信用报告。( )

6.如果只归还了信用卡账单上的最低还款额,而没有全额还款的话,则在个人信用报告中会显示该客户信用卡当前有逾期。( )

7.个人信用信息基础数据库目前只能供商业银行使用。( )

8.商业银行因贷后管理,需查询客户信用报告时,可不需客户书面授权。( )

9.商业银行可以向未经信贷征信主管部门批准建立或变相建立的个人信用信息数据库提供个人信用信息。( )

10.征信中心认为有关商业银行报送的信息可疑时,应当按有关规定的程序及时向该商业银行发出复核通知。商业银行应当在收到复核通知之日起 5 个工作日内给予答复。( )

11.个人认为本人信用报告中的信用信息存在错误时,可以通过所在地中国人民银行征信管理部门或直接向征信中心提出书面异议申请。( )

12.商业银行应当在接到内部核查通知的 20 个工作日内向征信中心作出核查情况的书面答复。( )

13.对于无法核实的异议信息,征信中心应当允许异议申请人对有关异议信息附注1 000字以内的个人声明。个人声明不得包含与异议信息无关的内容,异议申请人应当对个人声明的真实性负责。( )

14.商业银行管理员用户应当根据操作规程,为得到相关授权的人员创建相应用户。管理员用户也可以直接查询个人信用信息。( )

15.个人提出查询本人信用报告的申请时,要填写"个人信用报告本人查询申请表",同时提供有效身份证件供查验,并留身份证件复印件备查。当申请人无法提供有效身份证件的,征信管理部门或征信中心也可以酌情予以受理。( )

16.征信中心应当在两个工作日内完成异议内部核查。( )

17.对于无法核实的异议,异议申请人可以到当地征信管理部门或征信服务中心领取"个人声明表"。( )

18.个人信用报告是银行等信贷机构决定给您贷款的唯一参考条件。( )

19.数据提取日指数据报送机构生成账户记录的日期,账户记录所反映的账户状态信息应该截至数据提取日结束。( )

20.建立个人信用记录(加入个人信用信息基础数据库),需要申请。( )

21.社会版信用报告包括个人信贷明细信息。( )

22.人民银行用户可查询标准版、本人查询版、征信机构内部版 3 个版式的信用报告。( )

23.查询原因为"本人查询",查到的信用报告版本是"个人查询版"。( )

24.查询原因为"司法查询"时,查到的信用报告是"内部版"。( )

25.信用报告中只展示最新的 5 条不同的居住信息。( )

26.个人信用报告只记录个人延期还款或拖欠等负面信息。（ ）

27.个人信用报告中的“特别记录”项包括个人养老保险金、欺诈等信息。（ ）

28.个人信用报告中包含个人住房公积金信息、个人养老保险金信息或个人电信缴费信息等，有些城市有，而有些城市则没有。（ ）

29.个人信用报告中的币种为账户开立时使用的币种。（ ）

30.征信分中心可以在个人征信异议处理子系统中登记异议申请。（ ）

31.查询记录是从商业银行采集取得。（ ）

32.目前个人信用报告中信用信息的展示期限为5年。（ ）

33.消费者必须是在户籍所在地的中国人。（ ）

34.消费者拨打征信中心个人征信业务咨询电话可以提交异议申请。（ ）

35.商业银行查询消费者个人信用报告需要得到消费者的口头授权。（ ）

36.当消费者到人民银行提出异议申请时，工作人员要现场核实异议是否存在。（ ）

37.征信中心可以修改消费者个人信用报告中的异议信息和查询记录。（ ）

38.消费者个人信用报告中的信贷信息出现逾期记录，就不能办理贷款。（ ）

39.个人身份信息中的“配偶信息”是由消费者所在地的民政部门报送的。（ ）

40.个人信用报告是消费者信贷业务是否获批的唯一决定因素。（ ）

41.个人信用报告的各个版本都展示消费者办理信贷业务的银行名称。（ ）

42.对于无法及时更正的错误信息，征信分中心可以在异议申请人的个人信用报告中添加异议标注。（ ）

43.信用卡明细信息“本月应还款金额”中的“本月”指查询个人信用报告当月。（ ）

44.特殊交易信息的类型包括以资抵债。（ ）

45.消费者查询他人信用报告必须经过他人书面授权。（ ）

46.授信额度是反映个人信用状况的正面信息。（ ）

47.“信用卡最近24个月每个月还款状态说明”中“ * ”表示该月正常还款。（ ）

48.消费者向征信分中心提交异议申请，必须填写《个人异议申请授权委托书》。（ ）

49.“贷款最近24个月每个月的还款状态记录”中“/”表示未开立账户。（ ）

50.贷款的还款频率为“一次性”，如果出现逾期，最高逾期期数只能为1。（ ）

51.始终按期归还信用卡的最低还款额，个人信用报告中不会展示该卡的逾期记录。（ ）

三、简答题

1.征信信息从哪里来？

2.为何不向本人征集信息？

3.什么是个人信用报告？

4.个人在征信活动中有什么义务？

5.个人在征信活动中拥有哪些权利？

6.为什么信用报告中展示的个人基本信息有时会与客户实际的信息不符呢？

7.什么是信息获取时间？

8.准贷记卡的 24 个月还款状态常见到 1 或 1 以上的情况,为什么 N 正常的情况几乎没有呢?

9."当前逾期总额"就是目前该还没还的钱吗?

10."已与公安信息核实"是怎么回事?

11.什么是个人结算账户?

12.什么是个人信用评分?

13.个人信用数据库采集哪些信息?

14.金融机构在办理哪些业务时应当向个人信用数据库查询个人信用状况?

15.个人信用报告出错了怎么办?

16.什么是个人声明?任何人都可以添加个人声明吗?

17.什么是异议标注?

18.简述征信个人查询版信用报告中包括的主要内容。

19.简述人民银行分支行的机构权限的主要内容。

20.个人信用信息基础数据库采集从何时起办理的个人信贷信息?

21.个人信用报告中的个人信用信息主要分为哪些类型?

22.请简述征信中心的个人异议处理流程。

23.根据《个人信用信息基础数据库管理暂行办法》的相关规定,个人异议处理流程中征信分中心有什么主要工作?

24.请列举规范征信分中心个人信用报告查询和异议处理工作的制度。

25.请简述目前个人信用报告有哪些版本?主要的查询主体分别是什么?

26.委托他人代理查询个人信用报告时,征信分中心需查验哪些材料?

27.哪些机构能向征信分中心申请司法查询个人信用报告?

28.司法部门查询涉案人员个人信用报告时,征信分中心需要审核哪些材料?

29.消费者委托代理人向征信分中心提交异议申请,代理人应携带哪些材料?

30.请至少列举 3 项个人信用报告中表示准贷记卡逾期记录的数据项。

31.请至少列举 3 项个人信用报告中表示贷款逾期记录的数据项。

32.请至少列举 3 项个人信用报告中表示贷记卡逾期记录的数据项。

33.请简述个人信用报告中出现异议标注的情形。

34.接收异议的征信分中心应保存哪些异议处理的相关档案资料?

35.请简述个人信用报告中添加个人声明的要求。

36.消费者申请添加个人声明需要提交哪些材料?

37.请简述添加个人声明的流程。

38.某消费者有一张信用额度为 5 万元的中国银行贷记卡,该卡 1 月透支 2 万元,2 月未还又透支 2 万元,3 月还款 3 万元。请问 1 月、2 月和 3 月的最大负债额分别如何展示?

39.某消费者 2004 年 1 月在银行贷款 20 万元,还款频率为"月",2 月、3 月正常还款,4—6 月连续 3 个月逾期未还,7 月还清之前和当月所有欠款,8 月、9 月又连续两个月逾期未还。请问个人信用报告中 9 月的当前逾期期数、累计逾期次数和最高逾期期数如何展示?

40.个人信用报告中“贷款最近24个月每个月的还款状态记录”(见图),该笔贷款是否结清？“1”和“24”分别表示哪个自然月？“#”代表什么意思？

贷款最近24个月每个月的还款状态记录												结算年月
24	23	22	21	20	19	18	17	16	15	14	13	2010.2
*	1	1	*	N	N	*	*	*	*	*	*	
12	11	10	9	8	7	6	5	4	3	2	1	
1	2	3	N	#	#	N	N	N	N	N	C	

41.某消费者有一笔个人经营性贷款计划于2008年10月结清,还款频率为按月还款。2007年10月至2008年9月的还款状态如下图。请问该贷款的当前逾期期数、累计逾期次数和最高逾期期数如何展示？

贷款最近24个月每个月的还款状态记录												结算年月
24	23	22	21	20	19	18	17	16	15	14	13	2008.9
N	N	N	N	N	N	N	N	N	N	N	N	
12	11	10	9	8	7	6	5	4	3	2	1	
1	2	3	4	N	N	N	N	N	N	N	1	

42.某消费者:“我已经查询了个人信用报告,请告诉我能不能办理贷款?”征信分中心应如何解答?

43.某消费者打电话:“我想打电话查我贷款的不良记录,向征信中心提交什么材料能够修改,如果改不了是贷款还清记录就没了,还是两年以后自动消除?”以上陈述中哪几项观点是错误的？请给出正确解答。

44.请简述个人信用报告和消费者办理信贷业务的关系。

45.请简述个人信用报告在目前社会经济生活中的影响。

个人信用与征信知识竞赛试题答案

一、单项选择题

1.A　2.B　3.A　4.A　5.D　6.D　7.C　8.A　9.D　10.B
11.B　12.A　13.A　14.B　15.B　16.A　17.C　18.D　19.A　20.C
21.D　22.B　23.C　24.C　25.A　26.D　27.A　28.B　29.B　30.D
31.C　32.D　33.B　34.B　35.B　36.C　37.A　38.A　39.B　40.B
41.B　42.C　43.A　44.B　45.D　46.C　47.B　48.A　49.D　50.C
51.A　52.C　53.B　54.C　55.B　56.A　57.D　58.A　59.D　60.A
61.B　62.C　63.C　64.B　65.B　66.A　67.D　68.A　69.C　70.A
71.B　72.C　73.D　74.C　75.C　76.A　77.C　78.D　79.D　80.A
81.C　82.C　83.B　84.B　85.A　86.C　87.C　88.A　89.A　90.A
91.B　92.A　93.A　94.C　95.D　96.A　97.B　98.C　99.C　100.C
101.C　102.A　103.B　104.C　105.A　106.A　107.D　108.A　109.B　110.A
111.A　112.A　113.D　114.D　115.A　116.D　117.C　118.C　119.C　120.B
121.A　122.B　123.C　124.C　125.A　126.C　127.B　128.C　129.C　130.D
131.C　132.A　133.D　134.B　135.B　136.B　137.B　138.D　139.D　140.B
141.D　142.A　143.D　144.A　145.D　146.C　147.B　148.B　149.D　150.C
151.D　152.B　153.C　154.A　155.A　156.D　157.C　158.C　159.C　160.D
161.C　162.D　163.A　164.C　165.C　166.B　167.B　168.D　169.C　170.B
171.B　172.C　173.B　174.D　175.C　176.B　177.D　178.C　179.C　180.A
181.C　182.B　183.B　184.C　185.C　186.C　187.A　188.A　189.B　190.D
191.A　192.A　193.D　194.B　195.C　196.B　197.B　198.C　199.A　200.C
201.A　202.A　203.A　204.C　205.B　206.C　207.C　208.B　209.A　210.B
211.B　212.C　213.A　214.C　215.C　216.A　217.A　218.C　219.A　220.A
221.A　222.A　223.C　224.D　225.B　226.D　227.D　228.B　229.A　230.A
231.C　232.D　233.A　234.B　235.B　236.B　237.A　238.B　239.D　240.A
241.B　242.A　243.C　244.C　245.D　246.C　247.B　248.D　249.B　250.B
251.D　252.B　253.C　254.B　255.A　256.A　257.A　258.D　259.A　260.C
261.B　262.C　263.A　264.B　265.B　266.B　267.C　268.A　269.D　270.A
271.B　272.C　273.A　274.A　275.A　276.A　277.A　278.D　279.C　280.A
281.B　282.B　283.D　284.C　285.A　286.A　287.A　288.B　289.B　290.A
291.A　292.B　293.B　294.B　295.A　296.C　297.B　298.C　299.B　300.A
301.A　302.C　303.A　304.C　305.A　306.B　307.C　308.C　309.A　310.C
311.A　312.A　313.A　314.D　315.A　316.C　317.D　318.D　319.A　320.C
321.C　322.B　323.C　324.B　325.D　326.C　327.C　328.D　329.C　330.A
331.C　332.A　333.B　334.A　335.A　336.C　337.B　338.C　339.B　340.B
341.A　342.B　343.C　344.D　345.C　346.A　347.B　348.A　349.C　350.C

351.B　352.D　353.C　354.A　355.B　356.A　357.A　358.D　359.A　360.C
361.B　362.D　363.A　364.D　365.C　366.B

二、判断题

1.×　2.×　3.×　4.√　5.×　6.×　7.×　8.√　9.×　10.√
11.√　12.×　13.×　14.×　15.×　16.√　17.√　18.×　19.√　20.×
21.×　22.×　23.√　24.√　25.√　26.×　27.×　28.√　29.√　30.√
31.×　32.×　33.×　34.×　35.×　36.√　37.×　38.×　39.×　40.×
41.×　42.×　43.×　44.√　45.√　46.√　47.×　48.×　49.√　50.√
51.√

三、简答题

1.答:征信信息主要来自以下两类机构:一是提供贷款的机构。主要是商业银行、农村信用社、小额贷款公司等专业化的提供贷款的机构。这类机构提供的信息主要是个人的信贷信息,如借款金额、还款情况、担保情况以及使用信用卡的情况等。二是提供先消费后付款服务的机构。主要是电信企业,水、电、燃气公司等公共事业单位,上述单位提供个人缴纳电话费、水费、电费、燃气费等信息。

2.答:保证信息的客观性。征信信息的核心是您借钱还钱的负债信息,从道理上讲,负债信息从债权人那里采集要比从债务人那里采集更客观。

保证信息采集更加可行。征信机构如果从本人那里逐个采集信息,工作效率会远远低于从商业银行等已经实现电子化的部门集中采集信息。

保证信息的及时性和连续性。征信机构需要对信息进行及时更新,如果从个人那里逐个采集信息,信息更新很难得到保证。

3.答:个人信用报告是征信机构出具的记录您过去信用信息的文件,是个人的“经济身份证”,它可以帮助您的交易伙伴了解您的信用状况,方便您达成经济金融交易。

4.答:提供正确的个人基本信息的义务。及时更新自身信息的义务。关心自己信用记录的义务。

5.答:知情权、异议权、纠错权、司法救济权。

6.答:信用报告中显示的个人身份信息是各商业银行上报的信息中最新的一条,但有时报送时间是最新的,但信息可能并不是最新的,申请人应该在个人信息发生变化时及时到各业务发送机构更改客户资料。

7.答:征信中心获取该记录信息的时间,也可以理解为信息的更新时间,反映信用报告信息的可参考性。例如,居住信息的信息获取时间是 2005 年 5 月 21 日,表示征信中心更新此条信息的时间是 2005 年 5 月 21 日。

8.答:这种情况是由准贷记卡的性质决定的。客户当月只要有使用准贷记卡,在还款状态中就被记为透支,可以分为最少为透支 1~30 天,即还款状态表示为“1”。如果客户在下月还清欠款,同时不在下月透支,则下月的还款状态才为“N”。

9.答:当前逾期总额是截至信息获取时间前最后一个结算日应还未还的款项。对贷记卡而言,是指当前未归还最低还款额的总额;对贷款而言,是指当前应还未还的贷款额合计,应还贷款额(包括本金和利息)的构成应视具体合同规定而定。对于准贷记卡,该数据项无意义,因此显示为0。

10.答:信用报告中"已与公安信息核实"是指个人信用报告中的个人姓名、身份证号码信息已与公安部居民身份信息数据库进行过核实。目前,中国人民银行的个人信用数据库与公安部居民身份核查系统已经联网,可以通过身份证号码对征信系统采集的个人身份信息与公安部个人身份系统进行核对查实。如果核查实现,则会在个人信用报告的个人信息栏目上方显示"公安部认证结果:已与公安信息核实",核查结果有可能出现以下几种情况:

①姓名、身份证号码一致,并显示身份证签发机关及个人照片。

②姓名、身份证号码一致,并显示身份证签发机关。

③身份证号码相符,姓名不符,即公安部数据库中查到的此身份证号码对应的是另一个姓名。

④找不到该身份证号码。有两种情况,一种情况是此人的姓名和身份证号码尚未收入公安部数据库中,另一种情况是身份证是假的。

⑤如果由于各种原因,核查未实现,则显示"公安部认证结果:未核查"。

11.答:个人结算账户是人民币活期账户的一种,与单纯的储蓄账户不同,结算账户具有使用支票等信用支付工具的功能,可以用于办理汇兑、转账等业务,即传统意义上的借记卡。

12.答:个人信用评分是指除信用报告外,征信机构提供的另一项重要产品。它是利用数理模型开发出来的用来预测客户贷款违约可能性的一种方法。它通常以借款人过去的还款情况等特征指标为解释变量,通过统计分析手段,形成连续整数的评分结果。在通常情况下,您的评分越高,说明按照评分模型,您借款违约的可能性越小,您就越有可能获得贷款。

13.答:目前,个人信用数据库已经采集的信息有以下几类:个人基本信息,包括个人的姓名、证件类型及号码、通讯地址、联系方式、婚姻状况、居住信息、职业信息等。贷款信息,包括贷款发放银行、贷款额、贷款期限、还款方式、实际还款记录、担保信息等。信用卡信息,包括发卡银行、授信额度、还款记录等。信贷领域以外的信用信息,随着条件的成熟,个人信用数据库还将采集更多的信息,以全面反映个人的信用状况。包括个人缴纳水费、电费、燃气费等公用事业费用的信息、个人欠税的信息、法院判决信息等。

14.答:①审核个人信贷申请;②审核个人贷记卡、准贷记卡申请;③审核是否接受个人作为担保人;④对已发放的个人信贷进行贷后风险管理;⑤审核企业信贷申请需要查询其法定代表人信用状况的。

15.答:您可以通过3种渠道反映出错信息,要求核查、处理:一是由您本人或委托他人向所在地的中国人民银行分支行征信管理部门反映;二是直接向征信中心反映;三是可以委托直接涉及出错信息的商业银行经办机构反映。

16.答:对于无法核实的异议,异议申请人可以提交个人声明。个人声明不得包含与异议信息无关的内容,异议申请人应当对个人声明的真实性负责,征信中心只会将材料齐全以及与异议信息相关的个人声明加入个人信用报告。

17.答:异议标注有两种类型。第一种是在异议受理人员接受异议申请后,在该异议申请人的信用报告中添加的异议标注,表示这份信用报告中可能存在有误的信息。第二种是商业银行提供的异议回复函证明异议申请人的信用报告中的信息确实有误,但因技术原因商业银行无法及时报送更正信息或征信中心暂时无法更正的,异议受理人员对该异议信息作出有别于其他异议信息的特殊标注,说明异议事项的调查实情并说明暂时不能更正的原因。

18.答:主要包括查询者信息、个人身份信息、居住信息、职业信息、信用交易信息(包括信用卡和贷款)、为他人贷款担保信息、特殊交易信息、非银行信息、本人申明、异议标注、查询记录。

19.答:数据报送、信用信息查询、清单查询、机构维护、异议处理。

20.答:2004 年尚未还清或之后新发生的信贷信息。

21.答:个人基本信息、个人信贷交易信息、非银行信息。

22.答:异议申请、异议受理、异议核查、异议更正。

23.答:征信分中心接受消费者的异议申请,发送至征信中心,并在收到异议回复函后转交消费者,信息得到更正的还需提供更正后的信用报告。

24.答:《个人信用信息基础数据库管理暂行办法》《个人信用信息基础数据库信用报告本人查询规程》《中国人民银行征信中心个人信用报告查询业务操作规程》《个人信用信息基础数据库异议处理规程》。

25.答:个人信用报告有:①本人查询版:供消费者了解自身信用状况。②银行专业版:供商业银行办理信贷业务。③社会版:供消费者开立股指期货账户。④内部版:供征信中心异议处理,或征信分中心进行司法查询。

26.答:委托人和代理人有效身份证件原件及复印件、委托人授权查询委托书、《个人信用报告本人查询申请表》。

27.答:县级以上(含县级)司法机关和其他依据法律规定有查询权限的行政管理部门(以下合成司法部门)。

28.答:司法部门签发的个人信用报告协查函或介绍信(包括情况说明和查询原因,被查询人的姓名、有效身份证件号码)、申请司法查询的经办人员的工作证件原件及复印件、申请司法查询的经办人员如实填写的《个人信用报告司法查询申请表》。

29.答:委托人和代理人有效身份证件原件及复印件、委托人授权查询委托书、授权委托书公证证明或委托人的信用报告。

30.答:账户状态、准贷记卡透支 180 天以上未付余额、信用卡最近 24 个月每个月的还款状态记录。

31.答:账户状态、当前逾期期数、当前逾期总额、累计逾期次数、最高逾期期数、逾期 31~60 天未归还贷款本金、逾期 61~90 天未归还贷款本金、逾期 91~180 天未归还贷款本金、逾期 180 天以上未归还贷款本金、贷款最近 24 个月每个月的还款状态记录。

32.答:账户状态、当前逾期总额、当前逾期期数、贷记卡 12 个月内未还最低还款额次数、信用卡最近 24 个月每个月的还款状态记录。

33.答:个人信用信息处于异议处理中,还没有最终结果。

34.答:异议申请人(包括代理人)身份证件复印件、授权委托书、授权委托书公证证明或异议申请人的信用报告、异议申请表、异议回复函。

35.答:在异议信息无法核实的情况下。

36.答:个人声明表、异议回复函、有效身份证件复印件。

37.答:异议无法核实的情况下,异议申请人可以向人民银行提交个人声明。个人声明的内容不得包含与异议信息无关的内容,异议申请人对内容真实性负责。异议申请人将个人声明邮寄或送达征信中心。

38.答:1 月 2 万、2 月 4 万、3 月 4 万。

39.答:当前逾期期数 2、累计逾期次数 5、最高逾期期数 3。

40.答:①贷款已还清;②"1"表示 2010 年 2 月、"2"表示 2008 年 3 月;③"#"表示账户已开立,但当前状态未知。

41.答:当前逾期余数 1、累计逾期次数 5、最高逾期期数 3。

42.答:消费者是否能办理贷款由发生贷款业务的商业银行决定;个人信用报告是商业银行审批信贷业务的参考资料之一。

43.答:①错误:拨打电话查询个人信用报告;正确:消费者携带本人有效身份证件及复印件到中国人民银行提交查询申请。②错误:个人信用报告中有"不良记录";正确:个人信用报告中没有"不良记录",而是客观地展示贷款信息的还款记录。③错误:征信中心可以修改信用信息;正确:报送贷款信息的商业银行有信用信息的修改权限。④错误:贷款还清信息就被删除或者保存两年;正确:目前负面信息的展示期限无明确法律规定。

44.答:个人信用报告是商业银行审批信贷业务的参考资料之一。

45.答:个人信用报告用于消费者了解个人信用状况,被称作"经济身份证",是商业银行审批信贷业务的参考资料之一,广泛应用于求职、出国等社会经济生活。

参考文献

[1]白云.个人信用信息法律保护研究[M].北京:法律出版社,2013.

[2]高尚.支持向量机及其个人信用评估[M].西安:西安电子科技大学出版社,2013.

[3]陈勇阳.个人信用管理理论与实践[M].重庆:重庆大学出版社,2011.

[4]王富全.个人信用评估与声誉机制研究[M].济南:山东大学出版社,2010.

[5]冯湘君.档案管理视角下个人信用信息有效性保障研究[M].北京:世界图书出版公司,2010.

[6]刘戒骄.个人信用管理[M].北京:对外经济贸易大学出版社,2003.

[7]吴晶妹.个人信用知识问答[M].北京:中国标准出版社,2008.

[8]郭生祥.信用是什么?——信用读本:寓言、故事及答问[M].北京:东方出版社,2007.

[9]曾康霖,王长庚.信用论[M].北京:中国金融出版社,1993.

[10]李玉琴.经济诚信论[M].南京:江苏人民出版社,2005.

[11]吴晶妹.信用管理概论[M].上海:上海财经大学出版社,2005.

[12]徐宪平.社会信用体系知识读本[M].长沙:湖南人民出版社,2006.

[13]林均跃.企业与消费者信用管理[M].上海:上海财经大学出版社,2005.

[14]艾洪德,范南.市场经济中的个人信用问题研究[M].北京:经济科学出版社,2004.

[15]钟楚男.个人信用征信制度[M].北京:中国金融出版社,2002.

[16]龙西安.个人信用、征信与法[M].北京:中国金融出版社,2004.

[17]潘金生,安贺新,李志强.中国信用制度建设[M].北京:经济科学出版社,2003.

[18]张亦春,等.中国社会信用问题研究[M].北京:中国金融出版社,2004.

[19]姚明龙.信用成长环境研究[M].杭州:浙江大学出版社,2005.

[20]李曙光.中国征信体系框架与发展模式[M].北京:科学出版社,2006.

[21]林功实,林健武.信用卡[M].北京:清华大学出版社,2006.

[22]陈勇阳.信用评估理论与实务[M].北京:清华大学出版社,北京交通大学出版社,2011.

[23]石庆焱,秦宛顺.个人信用评分模型及其应用[M].北京:中国方正出版社,2006.

[24]李曙光.个人信用评估研究[M].北京:中国金融出版社,2008.

[25]李东雷.中国古代信用和信用机构的发展轨迹[J].河海大学常州分校学报,2001(12).

[26]吴汉东.论信用权[J].法学,2001(1).

[27]中国人民银行征信中心 http://www.pbccrc.org.cn

[28]信用中国 http://www.ccn86.com

[29]中国市场信用网 http://www.cmcma.org.cn

[30]国际信用监督网 http://www.ice8000.org